August Nauck

Euripideische Studien

August Nauck

Euripideische Studien

ISBN/EAN: 9783744603959

Hergestellt in Europa, USA, Kanada, Australien, Japan

Cover: Foto ©Thomas Meinert / pixelio.de

Weitere Bücher finden Sie auf **www.hansebooks.com**

MÉMOIRES
DE
L'ACADEMIE IMPÉRIALE DES SCIENCES DE ST.-PÉTERSBOURG, VIIe SÉRIE.
Tome V, N° 6.

EURIPIDEISCHE STUDIEN.

Von

August Nauck,

Mitgliede der Akademie.

Zweiter Theil.

Gelesen am 7. Februar 1862.

St. PETERSBURG, 1862.
Commissionäre der Kaiserlichen Akademie der Wissenschaften:

in St. Petersburg	in Riga	in Leipzig
Eggers et Comp.,	Samuel Schmidt,	Leopold Voss.

Preis: 1 R. 50 Kop. = 1 Thlr. 20 Ngr.

Gedruckt auf Verfügung der Kaiserlichen Akademie der Wissenschaften.

C. Vesselofski, beständiger Secretär.

Im October 1862.

EURIPIDEISCHE STUDIEN.

ZWEITER THEIL.

5. Hippolytus.

Im Prologe des Stückes wird erzählt dass Phaedra in Athen einen Tempel zu Ehren der Aphrodite gründete:

καὶ πρὶν μὲν ἐλθεῖν τήνδε γῆν Τροιζηνίαν,
30 πέτραν παρ' αὐτὴν Παλλάδος κατόψιον
γῆς τῆσδε ναὸν Κύπριδος ἐγκατείσατο,
ἐρῶσ' ἔρωτ' ἔκδημον.

Die Handschriften schwanken V. 31 zwischen ἐγκατίσατο und ἐγκατείσατο, und zwar ist hier die erstere Form besser beglaubigt: ἐγκατίσατο bieten nämlich nach Kirchhoffs Bezeichnung ABdB, ἐγκατίστατο bc, ἐγκατείσατε CEC. Man würde, auch wenn das Verhältniss umgekehrt wäre, schwerlich umhin können dem Iota den Vorzug zu geben, da der erste Aorist κατεῖσα, wo er sich bei den Attikern findet, wie Eur. Phoen. 1188, nichts zu sein scheint als eine falsche Schreibung statt κατῖσα oder ἐκάτισα [1]. Wie man zu dieser Schreibung kam, lässt sich ohne Mühe errathen; einerseits lag die Verwechslung mit καθίημι nahe, wo Formen wie κατεῖναι, κατείς, κατεῖμεν, κατεῖτε, κατεῖσαν vorkommen; andrerseits dachte man an die Formen εἷσα und εἱσάμην, die durch eine Reihe von Zeugnissen namentlich auch der Inschriften gegen jeden Zweifel sicher gestellt sind, die sich aber freilich nicht von ἵζω, sondern nur von ἕζω herleiten lassen. Denn wenn ἰδεῖν den Indicativ εἶδον bildet, so erklärt sich dies aus dem Digamma im Anlaute des Stammes: εἶδον lautete ursprünglich ἔϝιδον. Dass ἵζω jemals ein Digamma gehabt habe, ist meines Wissens nicht nachweisbar, und für die Ableitung der Aoriste εἷσα und εἱσάμην von ἕζω sprechen Stellen wie Hom. Od. κ, 361: ἐς ῥ' ἀσάμινθον ἕσασα, oder ξ, 280: ἐς δίφρον δέ μ' ἕσας ἄγεν, u. ä. Ein Praesens κατίζω ist uns nicht bekannt, und somit werden wir

---

[1] Die Form ἐκάτισα den Attikern absprechen scheint mir unberechtigt, so lange man das Imperfectum ἐκάτιζον und das Futurum καθιῶ als Attisch gelten lässt.

κατίσα für die grammatisch richtige Form, καθίσα für einen Fehler der Orthographie halten müssen. Sicherlich falsch ist das Participium ὑπείσας, das zweimal bei Herodot gelesen wird (3,126 und 6,103): Cobet hat dafür V. L. p. 88 mit Recht ὑπίσας (Ionisch statt ὑφίσας) verlangt, wie wir an einer anderen Stelle κάπετον φυλάκους finden[1]; höchst auffallend ist auch das Participium εἰσάμενος bei Herodot 1, 66; obwohl eben dies εἰσάμενος sich bei Plut. Themist. c. 22 u. Pyrrh. c. 1 findet, wie εἴσομαι bei Apollonius Rhod. 2, 807. — An der obigen Stelle des Euripides ist indess auch ἐγκατίσατο noch nicht das ursprüngliche. Die Praeposition ἐν kann in diesem Verbum nur auf den Ort bezogen werden, wo der Tempel gegründet wurde, und nach dem Zusammenhange in welchem ἐγκατίσατο steht, ist es unmöglich etwas anderes zu verstehen als ἐν τῇδε γῇ, nämlich Τροιζηνίᾳ, ναὸν κατίσατε. Der Tempel wurde aber, bevor Phaedra nach Troezen kam, gegründet πέτραν παρ' αὐτὴν Παλλάδος, d. h. in Athen an der Akropolis, und zwar κατόψιος γῆς τῆσδε, d. h. so dass er der Troezenischen Landschaft zugekehrt war. Nur in diesem Sinne kann die Euripideische Stelle verstanden werden, und dass diese Auffassung richtig ist lehrt auch, wenn es dessen bedarf, Diodorus Sic. 4, 62: Ἱππολύτου ἐπανελθόντος εἰς τὰς Ἀθήνας πρὸς τὰ μυστήρια, Φαίδρα διὰ τὸ κάλλος ἐρασθεῖσα αὐτοῦ τότε μὲν ἀπελθόντος εἰς Τροιζῆνα ἱδρύσατο ἱερὸν Ἀφροδίτης παρὰ τὴν ἀκρόπολιν, ὅθεν ἦν καθορᾶν τὴν Τροιζῆνα, ὕστερον δὲ παρὰ τῷ Πιτθεῖ μετὰ Θησέως καταλύσασα ἠξίου τὸν Ἱππόλυτον μιγῆναι αὐτῇ. Vgl. Asclepiades in den Schol. Od. λ, 321: Φαίδρα δὲ ἐρωτικῶς διατεθεῖσα τοῦ Ἱππολύτου σφοδρῶς ἐπ' αὐτῷ τηκομένη, τὸ μὲν πρῶτον ἱερὸν Ἀφροδίτης ἐν Ἀθήναις ἱδρύσατο τὸ νῦν Ἱππολύτειον καλούμενον, εἰς Τροιζῆνα δὲ ὕστερον παραγενομένη διενοεῖτο πείθειν τὸν νεανίαν ὅπως αὐτῇ μιγείη· χαλεπῶς δ' ἐκείνου προσδεξαμένου τὸν λόγον λέγεται φοβηθεῖσαν αὐτὴν ἀντιστρέψαι τὴν αἰτίαν καὶ πρὸς Θησέα διαβάλλειν ὡς Ἱππολύτου πείσαντος αὐτήν (l. ἐπιθέντος αὐτῇ). Einer andern Sage folgt Pausanias II, 32, 3, wenn er den Tempel der Ἀφροδίτη κατασκοπία in Troezen erwähnt, von welchem aus Phaedra den Hippolytus bei seinen Uebungen in der Rennbahn beobachtet haben sollte[2]. Somit kann ἐγκατίσατο bei Euripides nicht richtig sein, und ich halte es für unzweifelhaft dass zu lesen ist ναὸν Κύπριδος κατίσατε. Bereits Musgrave hat an die Tilgung der Praeposition ἐν gedacht, ohne jedoch des zwingenden Grundes zur Aenderung sich bewusst zu werden. Uebrigens verdankt diese Praeposition ihre Existenz ohne Zweifel der Nebenform ἐκατίσατο. Auf die vorliegende Stelle beziehen sich vielleicht die Glossen des Hesychius: κατίσατε, ἱδρύσατε, und ἐκατίσατε — καὶ ἱδρύσατε.

" ἀλλ' οὔτε ταύτῃ τόνδ' ἔρωτα δεῖ πεσεῖν.

---

[1] Auf keinen Fall darf ὑπείσας vertheidigt werden durch Nicolaus Damasc. fr. 56 bei Müller Fragm. Histor. vol. 3 p. 390: ὃ δὲ (Ἀνάστος) λέγων ὁρείους ἐπεβούλευσε τῷ Ἡραῖ. Hier ist entweder ὑρείς zu schreiben oder allenfalls, wofür die handschriftliche Ueberlieferung bei Suidas v. ὁρίντες spricht, ὁρίντας von ὁρίζω. Letztere Form gehört der gesunkenen Gräcität an, wird jedoch durch eine Reihe von analogen Missbildungen gesichert, wie μεθήσω Cobuth. 125. μεθήσει Etym. M. p. 575, 18. ὁύσης Proclus in Hesiodi Op. 744. λεθήσης Anthol. Palat. append. 204. 6. τὸν ὁρῶντα Vita Aesopi ed. Westerm. p 32, 29. ὁύσῃ Anecd. Bekk. p. 472, 8. Etym. M. p. 790, 46. ὁύσῃς Anth. Pal. append. 204, 8. ἐκδούσης Aristaenetus 1, 5 p. 26 ed. Boiss. u. a bei Lobeck Phryn. p. 721.

[2] Vgl. Leake Topogr. Athens S. 105 der Uebersetzung von Baiter und Sauppe.

So lautet die hergebrachte Lesart, die man erklärt: nicht soll diese Liebe (die Liebe der Phaedra) dahin ausschlagen, nämlich von der Phaedra verheimlicht werden, so dass die Unglückliche allein ihr Leiden trägt und von demselben erdrückt wird. Kirchhoff hat nach den beiden besten Handschriften AB ταύτης statt ταύτῃ geschrieben, wie ich glaube, mit Recht: nur erscheint dann τένδ' ἔρωτα als anstössig; denn ταύτης τένδ' ἔρωτα, diese Liebe der Phaedra, würde an eine andere Leidenschaft der Phaedra zu denken gebieten und ist somit unpassend. Die besser verbürgte Lesart kann nur dann zu ihrem Rechte kommen, wenn wir schreiben: ἀλλ' οὔτι ταύτης τῇδ' ἔρωτα δεῖ πεσεῖν. Mit dem Ausdrucke τῇδε (oder ταύτῃ) πεσεῖν vgl. Herodot 7, 163: καραδοκήσοντα τὴν μάχην τῇ πεσέεται. 7, 168: καραδοκέοντες καὶ οὗτοι τὸν πόλεμον τῇ πεσέεται. 8, 130: ὑπακούσεαν ὅκῃ πεσέεται τὰ Μαρδονίου πρήγματα. Aus diesen Stellen geht hervor dass die von den Scholien gegebene und von Valckenaer gebilligte Erklärung, πεσεῖν sei so viel als ἀνακῦρυπτον εἶναι, nicht ganz treffend ist.

Hippolytus, der von der Jagd heimkehrt, fordert seine Genossen auf, ihre Schutzgöttin Artemis zu preisen. Diese heben an:

   χαῖρέ μοι, ὦ κόρα
 65 Λατοῦς Ἄρτεμι καὶ Διός,
   καλλίστα πολὺ παρθένων,
   ἃ μέγαν κατ' οὐρανὸν
   ναίεις εὐπατέρειαν αὐλάν,
   Ζανὸς πολύχρυσον οἶκον.

Cobet N. L. p. 305 hat nicht Unrecht, wenn er an der Verbindung von αὐλάν und οἶκον Anstoss nimmt: er meint: *unum verbum a sciolo adscriptum locum corrupit: expuncto* οἶκον, *quod olim ad* αὐλάν *appositum est, versus sic constitue:*

   ναίεις εὐπατέρειαν αὐ-
   λὰν Ζανὸς πολύχρυσον.

Dadurch wird einerseits dem Sinne gedient, andrerseits ein passenderes Metrum gewonnen. Gleichwohl erscheint diese Aenderung als verfehlt, weil der Hauptanstoss, den die jetzige Lesart erregt, völlig unbeachtet geblieben ist. Was soll man sich unter einer αὐλὰ εὐπατέρεια denken? Völlig unhaltbar scheint mir die Erklärung von Elmsley zu Soph. Oed. Col. p. 181. εὐπατέρειαν αὐλάν *pro* καλὴν πατρῴαν αὐλήν *dixit*. Lobeck Ai. p. 230 versteht eine αὐλή, *in qua versentur* εὐπάτορες. Die von ihm angeführten Beispiele sind indess nicht ganz analog: ἀγρότερα αὐλή, δῆσσα ἑστία und ähnliche Ausdrücke sind darum weniger anstossig, weil ἀγρότερα, δῆσσα u. ä. mehr adjectivischer Natur sind als εὐπατέρεια. Dies Wort, das oft genug bei Dichtern vorkommt, wird sonst nirgends anders gebraucht als zur Bezeichnung der Tochter eines edlen Vaters. So bei Homer von der Helena und der Tyro, bei Christodorus Ecphr. 99 von der Aphrodite, bei Menander Com. 4 p. 282 von der Nike [1]),

---

[1]) Gegen das hier überlieferte εὐπάτειρα erklärte, wird bestätigt durch die von Bergk (Com. Graec. vol. B sich schon Valckenaer; seine Verbesserung εὐπατέρεια, p. CCLXXXI), nachgewiesene Stelle des Himerius Orat.

bei Tryphiodor 159 von der Komaetho, in den Orphica (Schol. Apoll. Rhod. 3, 467) von der Hecate, bei Macedonius Anth. Pal. 11, 380 von der Dike, bei Apollonius Rhod. 1, 570 von der hier angeredeten Artemis[1]). Dem Euripides eine andere Anwendung zuzutrauen werden wir um so weniger geneigt sein, da sich unsere Stelle ohne Aenderung eines Buchstabens mit dem herrschenden Sprachgebrauch in Einklang setzen lässt, wofern wir — die Richtigkeit von Cobets Vermuthung vorausgesetzt — abtheilen:

νάεις, εὐπάτερει, ἀν' αὐ-
λὰν Ζανὸς πολύχρυσον.

Nun liegt es aber, denke ich, auf der Hand dass nicht αὐλάν, sondern οἶκεν das ursprüngliche ist. Euripides schrieb offenbar:

νάεις, εὐπάτερει, ἀν' οἶ-
κον Ζανὸς πολύχρυσον.

Durch ein leicht erklärliches Versehen wurde εὐπάτερει ἀν' οἶκεν falsch verbunden zu dem monströsen εὐπατέρειαν οἶκεν. War dies geschehen, so verlangte man statt οἶκεν ein Femininum und verfiel auf αὐλάν, was deshalb nahe lag, weil die αὐλή des Zeus öfters vorkommt (vgl. Valckenaer zu d. St.). Die jetzige Verderbniss entsprang also aus εὐπατέρειαν οἶκεν mit übergeschriebenem αὐλάν. Wie es immer belehrend ist die Irrgänge alter Verbesserer kennen zu lernen, so kann die hier gemachte Erfahrung verwendet werden für Soph. Phil. 512:

ἐγὼ μὲν τὸ κείνων κακὸν τῷδε κέρδος
μέγα τιθέμενος.

Statt μέγα τιθέμενος wird jetzt mit Recht allgemein μετατιθέμενος gelesen. Wenn die voraufgehenden Bacchien gegen das Th. I S. 61 f. erwähnte Gesetz verstossen, dem der strophische Vers 397: ἔτ᾽ ἐς τόνδ᾽ Ἀτρειδᾶν ὕβρις πᾶς ἐχώρει, durchaus entspricht, so ist dieser Verstoss aus der Corruptel μέγα τιθέμενος leicht zu erklären. Ich meine, Sophocles schrieb: ἐγὼ μὲν τὸ κείνων κακὸν τῷδ᾽ ὄνασιν μετατιθέμενος. Der Lesefehler τῷδ᾽ ὄνασιν μέγα τιθέμενος hatte zur Folge, dass man statt ὄνασιν ein Neutrum forderte und darum τῷδ᾽ ὄνασιν in τῷδε κέρδος verwandelte.

An die obigen Worte im Hippolytus schliesst sich Folgendes an:

70 χαῖρέ μοι, ὦ καλλίστα,
καλλίστα τῶν κατ᾽ Ὄλυμπον
παρθένων Ἄρτεμι.

Das Metrum dieser Verse scheint mit den voraufgehenden Glyconeen sich nicht zu vertragen, und was den Sinn anbetrifft, so klingt es befremdlich dass Artemis die schönste der

---

19, 8: Ναΐς, χρυσοπτέρυγε, Νίκη, Διὸς τοῦ μεγάλου καὶ εὐπατέρεια καὶ φιλαγχαίως (ταύταις γάρ σε τοῖς ὀνόμασιν ἀγάλλει ἡ ποίησις). Πᾶνες κτε.

1) Die angeführten Beispiele sind von der Art dass der Vater ausdrücklich genannt oder als bekannt vorausgesetzt wird; später verflacht sich εὐπάτρεια zu der Bedeutung „edel, vornehm". So zuerst bei Moschus 2. 29: ἑταίρας — ξυμφέρας εὐπατερείας. Oder sollte hier ξυμφεραῖς zu lesen sein?

Jungfrauen im Olymp genannt wird: ein Lob, das im Grunde sehr wenig besagt, da die
Olympischen Jungfrauen fast ohne Ausnahme eine höchst untergeordnete Rolle spielen. Es
wäre ohne Frage besser gewesen, die in παρθένων liegende Beschränkung fortzulassen.
Diese Gründe mögen G. Hermann bewogen haben V. 70—72 für unecht zu halten. Dass
die jetzige Lesart von Seiten der Ueberlieferung nicht hinlänglich verbürgt ist, lehrt der
codex Havniensis (C), der nach einer früheren Bemerkung (Th. I S. 133) öfters vor allen
übrigen Handschriften den Vorzug verdient: statt παρθένων Ἄρτεμι bietet C nichts weiter
als θεῶν. Dies wäre von Seiten des Sinnes tadellos; metrisch aber ist es offenbar unzulässig.
Vermuthlich waren die angeführten Worte eben auch Glyconeen; unter dieser Voraussetzung könnte man vorschlagen:

χαῖρε, χαῖρέ μοι, ὦ κόρα,
καλλίστα κατ᾽ Ὄλυμπον.

Damit bekämen wir einen durchaus passenden Refrain zu der früheren Anrufung der Artemis. Uebrigens dürfte auch das Metrum von V. 67, ἃ μέγαν κατ᾽ οὐρανόν, nunmehr als
bedenklich erscheinen; vielleicht sind diese Worte erst hinzugefügt nachdem ναίουσα in
ναίεις übergegangen war.

Die folgenden Verse, denen die übliche Bezeichnung des Stückes als Ἱππόλυτος στε-
φανηφόρος ihren Ursprung verdankt, leiden an Schwierigkeiten, die sich nicht vollständig
heben lassen. Hippolytus weiht der Artemis einen Kranz, den er auf einem ἀκήρατος
λειμών gepflückt hat, auf einer den Göttern (und zwar hier ohne Zweifel der Artemis selbst)
geheiligten Wiese:

73 ἐνθ᾽ οὔτε ποιμὴν ἀξιοῖ φέρβειν βοτὰ
    οὐδ᾽ ἦλθέ πω σίδηρος, ἀλλ᾽ ἀκήρατον
    μέλισσα λειμῶν᾽ ἐαρινὸν διέρχεται·
    αἰδὼς δὲ ποταμίαισι κηπεύει δρόσοις,
    ὅσοις διδακτὸν μηδέν, ἀλλ᾽ ἐν τῇ φύσει
80 τὸ σωφρονεῖν εἴληχεν εἰς τὰ πάνθ᾽ ὁμῶς (andere πάντ᾽ ἀεί).
    τούτοις δρέπεσθαι τοῖς κακοῖσι δ᾽ οὐ θέμις.

Hier ist zunächst klar dass οὐδὲ 76 in οὔτε zu corrigiren ist: wer diese Aenderung ohne
urkundliche Zeugnisse für unberechtigt hält, den verweisen wir auf das Citat bei Orion in
Stob. Flor. ed. Meinek. vol. 4 p. 253, 14 und auf die Nachahmung des Sclerias bei Ath. IX
p. 402 B. Ferner dürfte ἐαρινόν 77, wie bereits Valckenaer vermuthet hat, in ἱερινή oder
ἱρινή zu ändern sein; dafür sprechen die Scholien: μέλισσαν δὲ ἀλληγορικῶς αὐτὴν τὴν
ψυχήν — ἐαρινὴν δὲ αὐτὴν λέγει, ἤτοι ὅτι ἡ μέλισσα ἥδεται τῷ ἔαρι διὰ τὰ ἄνθη, ἢ ὅτι αἱ
καθαραὶ ψυχαὶ ἀεὶ ἐν ἄνθεσιν εἰσί. Die Erklärung ist natürlich verkehrt, da ἐαρινόν wie
ἐαρινή nichts weiter bezeichnet als «zur Zeit des Frühlings». Damit würden die ersten drei
Verse verständlich sein; was über die Schonung der heiligen Wiesen gesagt wird, stimmt
mit der Cretischen Satzung (Corp. Inscr. vol. 2 p. 1103), ἵνα μηδεὶς ἐν τῷ ἱερῷ τοῦ Διὸς

τοῦ Δικταίου μήτε ἐνέμῃ μήτε ἐναυλοστατῇ μήτε σπείρῃ μήτε ξυλεύῃ. Vgl. Hesychius: ἀδρέπανον ἄδρεπτον, τοῖς ἀνακείμενον. Σοφοκλῆς¹). — Der nächste Vers 78:

αἰδὼς δὲ ποταμίαισι κηπεύει δρόσοις,

kann wohl kaum etwas anderes bezeichnen als dass die heilige Wiese von Flusswasser getränkt und dadurch befruchtet wird. Wie die αἰδώς, mag man das Wort als Appellativum oder als Nomen proprium betrachten, das κηπεύειν übernehmen soll, ist schlechterdings nicht einzusehen. Oder können wir wohl glauben dass Euripides gesagt habe: «die Biene fliegt zur Frühlingszeit über die Wiese hin und die Sittsamkeit tränkt die Wiese mit dem Thaue des Flusswassers»? Man erwartet statt αἰδώς die Bezeichnung eines Flusses, wie etwa Eubulus Com. 3 p. 237 sagt: οἷα· Ἠριδανοῦ ἁγνοῖς ὕδασι κηπεύει κόρας. Wie dem Fehler abzuhelfen sei, wage ich nicht zu entscheiden. — Um den letzten drei Versen zu einer grammatischen Construction zu verhelfen, hat Porson ὅσοις in ὅστις geändert; dadurch wird der Singularis εἴληχεν möglich, statt dessen weder die ungrammatische Form εἴληχον noch die Alexandrinische Pluralbildung εἴληχαν substituirt werden darf. Aber mit Porsons Aenderung ist dem Sinn der Stelle wenig gedient. «Wer nicht erst durch Unterweisung, sondern schon von Natur σώφρων ist, der darf die Blumen pflücken: den Schlechten ist es nicht erlaubt». Sollte ein derartiger Gedanke dem Euripides zugetraut werden dürfen, in dessen Augen die geistige und sittliche Bildung so hoch steht, der selbst von seinen nächtlichen Studien und seinen gelehrten Bekanntschaften redet (vgl. Eurip. ed. Teubn. 1857 vol. 1 p. XXVII f.)? Es scheint mir unzweifelhaft dass διδακτόν fehlerhaft ist, und dass die Worte

τὸ σωφρονεῖν εἴληχεν εἰς τὰ πάντ' ὁμῶς· (oder τὰ πάντ' ἀεί)

auf einer unzeitigen Reminiscenz beruhen. Bacch. 315 lesen wir: ἀλλ' ἐν τῇ φύσει τὸ σωφρονεῖν ἔνεστιν εἰς τὰ πάντ' ἀεί. Daraus ergiebt sich dass auch der Schluss von V. 79 auf schwachen Füssen steht; und wir werden zufrieden sein müssen, wenn es uns gelingt den ursprünglichen Sinn der fraglichen Verse zu errathen. Man sollte, wenn ich nicht irre, erwarten:

ὅσοις ἄναγνον μηδέν..........
τούτοις δρέπεσθαι· τοῖς κακοῖσι δ' οὐ θέμις.

Ein Diener weist den Hippolytus darauf hin, dass die Menschen es nicht lieben, wenn jemand kalt und vornehm sich von ihnen abwendet, und knüpft daran die Lehre, dass man auch mit den Göttern es nicht verderben dürfe:

91 ΘΕΡ. οἶσθ' οὖν βροτοῖσιν ὃς καθέστηκεν νόμος;
ΙΠΠ. οὐκ οἶδα· τοῦ δὲ καί μ' ἀνιστορεῖς πέρι;
ΘΕΡ. μισεῖν τὸ σεμνὸν καὶ τὸ μὴ πᾶσιν φίλον.

---

1) Soph. Trach. 200: ὦ Ζεῦ, τὸν Οἴτης ἄτομον ὃς λειμῶν' ἔχεις. Ist vielleicht hier zu lesen τὸν Οἴτης ἀδρέπανον λειμῶν' ἔχων? oder sollte die Glosse des Hesychius vielmehr lauten ἄτομον ἀδρέπανον, ἀδρεπτον, θεοῖς ἀνακείμενον?

Nach dieser Interpunction würde der Diener die in V. 91 dem Hippolytus vorgelegte Frage hinterher V. 93 selbst beantworten; in Wirklichkeit aber ist V. 93 nichts als die Vervollständigung von V. 91, und somit ist nach νόμος ein Comma, nach φίλον ein Fragezeichen zu setzen. Denn die Frage οἶσθ᾽ ὃς καθέστηκεν νόμος; »weisst du ein Gesetz, welches existirt?« ist zu allgemein als dass darauf eine Antwort gegeben werden könnte; und wenn Hippolytus fragt, was der Diener von ihm wissen wolle, so kann dieser vernünftiger Weise nicht auf seine eigne Frage antworten. Vielmehr fällt Hippolytus dem Diener ins Wort, bevor dieser seine Frage beendet hat. Verbindet man die Worte des Dieners, wie sie nothwendiger Weise verbunden werden müssen,

οἶσθ᾽ οὖν βροτοῖσιν ὃς καθέστηκεν νόμος,
μισεῖν τὸ σεμνὸν καὶ τὸ μὴ πᾶσιν φίλον;

so tritt klar zu Tage, dass ὅς vielmehr ὡς lauten sollte. Der Bote fragt natürlich »weisst du dass ein Gesetz besteht«, nicht aber »weisst du ein Gesetz welches besteht«.

105   εὐδαιμονοίης νοῦν ἔχων ὅσον σε δεῖ.

Der Zusammenhang lehrt dass νοῦς hier nicht den Verstand, sondern die Gesinnung bezeichnet; der Diener wünscht dass sein Herr keinem Gotte gegenüber sich einer Missachtung schuldig mache. Hartung hat dies richtig erkannt, wenn er übersetzt: »leb glücklich, Herr, bei der Gesinnung, die dir ziemt!« Aber eben weil es nicht auf das Quantum des Verstandes, sondern die Beschaffenheit der Gesinnung ankommt, konnte Euripides nur schreiben νοῦν ἔχων οἷόν σε δεῖ. In gleicher Weise dürfte Androm. 252 zu verbessern sein: λέγω σ᾽ ἐγὼ νοῦν οὐκ ἔχειν οἷόν (statt ὅσον) σε δεῖ. Vgl. Bacch. 948: τὰς δὲ πρὶν φρένας οὐκ εἶχες ὑγιεῖς, νῦν δ᾽ ἔχεις οἵας σε δεῖ.

Die Herrscherin Cypris, so bittet der greise Diener, möge der Jugend ihren stolzen Muth und ihre Thorheit verzeihen:

χρὴ δὲ συγγνώμην ἔχειν,
118   εἴ τίς σ᾽ ὑφ᾽ ἥβης σπλάγχνον ἔντονον φέρων
μάταια βάζει· μὴ δόκει τούτου κλύειν.

Statt ἔντονον (so BC(bcd()) bieten andere Handschriften (AEaß und der Verfasser des Christus pat. 1043) εὔτονον, was Kirchhoff aufgenommen hat. Aber εὔτονον wäre, wie Hartung mit Recht sagt, ein Lob, während hier ein tadelndes Praedicat verlangt wird. Uebrigens werden ἔντονος und εὔτονος sehr häufig verwechselt, wie bei Artemid. 1, 57: ἔτι δὲ καὶ μάχας καὶ ἀντιλογίας πρός τινας, διὰ τοὺς ἄκοντας καὶ τὸν ῥοῖζον καὶ τὸ τάχος, ἃ λέγει ἐοίκασιν εὐτόνοις (l. ἐντόνοις). Aristoph. Plut. 1095: ὡς εὐτόνως (l. ἐντόνως), ὦ Ζεῦ βασιλεῦ, τὸ γρᾴδιον ὥσπερ λεπὰς τῷ μειρακίῳ προσίσχεται.

Der nachfolgende Chorgesang (V. 120 ff.) bietet Schwierigkeiten, deren Lösung mit unsern Handschriften nicht wohl gelingen dürfte; nur dies scheint mir unzweifelhaft dass mit Lachmann *de chor syst.* p. 180 f. und Kirchhoff V. 141 οὐ γὰρ ἔντες und V. 145 οὐδ᾽ ἀμφὶ τὰν πολύχρον (statt οὐ γὰρ ἔντες und οὐ δ᾽ ἀμφὶ τὰν πολύχρον) zu schreiben ist:

die ehemals von mir vorgenommene Umstellung in V. 151, πέσιν ἢ stats ἢ πέσιν, ist zu verwerfen, schon deshalb weil sie ein in der älteren Poesie nicht nachweisbares Hyperbaton dem Euripides zumuthet.

218   βαλιαῖς ἐλάφοις ἐγχριμπτόμεναι.

Kirchhoff hat die frühere Accentuation βαλίαις wieder zurückgerufen, ohne zu bemerken ob dies auf Grund einiger oder aller Handschriften geschehen ist. Dagegen liest man allgemein βαλιὰν ἔλαφον Hec. 90, βαλιαί τε λύγκες Alc. 579, βαλιαῖσι πώλοις Rhes. 356, τρηχὺ βαλιεύς Iph. Aul. 222. Plutarch führt in den Moralia zweimal die obigen Worte an: in der Wyttenbachschen Ausgabe findet sich an der ersten Stelle βαλιαῖς, an der andern βαλίαις. Das Barytonon scheint überliefert zu sein bei Hesychius und Suidas v. βαλίαν, wie an einigen andern Stellen: dagegen ist βαλιὰς ausdrücklich bezeugt durch Theognost. p. 57, 32. Eust. Il. p. 1051, 18. 1190, 12. Hiernach wird bei Euripides βαλιαῖς ἐλάφοις geschrieben werden müssen auch gegen die Codices. Spätere Dichter gebrauchen das Wort in Folge eines Missverständnisses für »schnell«; in dieser Bedeutung scheint allerdings die Barytonesis herrschend zu sein. Nonnus Dionys. 9, 156: ἁπλώσας βαλίῃσιν ὑπηνέμον πτερὸν αὔραις. 10, 386: βαλίεν ἀγῶνες. Nonnus paraphr. 10, 70: βαλίῃσιν ἀέλλαις. Synesius p. 321 A: λήγετε πνοιαὶ βαλίων ἀνέμων. Eben so vermuthlich bei Oppian Cyneg. 2, 314. Anth. Pal. 6, 326 7, 203. Orac. bei Porphyr. Euseb. PE. p. 192 B. Vgl. Wernicke zum Tryphiod. p. 130.

Auf die Frage des Chores, worin die Krankheit der Königin bestehe, entgegnet deren Amme:

271   οὐκ οἶδ᾽ ἐλέγχους᾽· οὐ γὰρ ἐννέπειν θέλει.

Wenn man diese Worte erklärt »ich weiss es trotz meiner Nachfrage nicht«, so wird dem Dichter eine nicht wohl zulässige Undeutlichkeit aufgebürdet. Euripides musste, um dies zu bezeichnen, sagen οὐδὲν ἀνίω ἐλέγχουσα, οὐκ οἶδα καίπερ ἐλέγξασα oder etwas ähnliches, während die jetzigen Worte den Sinn am nächsten legen »ich weiss nicht dass ich forsche«. Unbrauchbar ist die Lesart des Codex A, οὐκ οἶδ᾽ ἐννέπουσα, wo ἐννέπουσα dem folgenden ἐννέπειν seine Entstehung dankt. Man hat nur den Apostroph in ἐλέγχουσ᾽ zu tilgen, um einen unzweideutigen und angemessenen Ausdruck zu bekommen:

οὐκ οἶδ᾽ ἐλέγχους· οὐ γὰρ ἐννέπειν θέλει.

»Ich kenne kein Mittel meine Herrin zu überführen«. Entsprechend Aristoph. Lysistr. 484: ἀλλ᾽ ἀνερώτα καὶ μὴ πείθου καὶ πρόσφερε πάντας ἐλέγχους. Eur. Hipp. 1337: ἔπειτα δ᾽ ἡ τάκευσ᾽ ἀνέλωσεν γυνὴ λέγων ἐλέγχους ὥστε σὴν πεῖσαι φρένα.

ἀπώλεσάς με, μαῖα, καί σε πρὸς θεῶν
312   τοῦδ᾽ ἀνδρὸς αὖθις λίσσομαι σιγᾶν πέρι.

Im zweiten dieser Verse schreibt Kirchhoff αὐτὴς statt αὖθις nach einigen Handschriften, worunter A pr. m. Da ein Verdacht gegen die Richtigkeit der aufgenommenen Lesart nicht geäussert wird, so lässt sich nur voraussetzen, entweder dass αὖθις vom Herausgeber als

Nebenform für αὐτῆς betrachtet wurde, oder dass er αὐτῇ für αὐτῆς nahm. Das letztere würde zwar sprachlich zulässig sein; aber wie αὐτῆς hier dem Sinne dienen soll, ist mir ein Räthsel. Phaedra will von Hippolytus überhaupt nichts hören; unmöglich kann sie bitten, die τροφός möge hier von ihm schweigen, um etwa an einem anderen Orte über dies Thema zu reden. Ausserdem ist die Form αὐτῇ bei Euripides meines Wissens nirgends nachzuweisen; eben so wenig bei Aeschylus, da die verderbte Stelle Suppl. 828: ἰόφ ἔμ αὐτᾶι κάκκαα νυ δυΐαν βεᾶν ἀμφαίνω (so der Mediceus, wofür Hermann ἐστόφρενα λύσιν καββασίας ἐλωλυῖα βόσμα φαίνω geschrieben hat), nichts beweist; bei Sophocles findet sich αὐτῇ einmal, fr. 477: σὺ δ' αὐτε μίμνων πεῦ (πευ Xylander) κατ' Ἰδαίαν χθόνα ποίμνας Ὀλύμπου συναγαγὼν ξυηπόλει, wo vielleicht σὺ δ' αὐτε μίμνων zu lesen ist. Wenn somit αὐτε statt αὐτῆς der Tragoedie wahrscheinlich fremd, sicherlich aber in dem Verse des Hippolytus sinnwidrig ist, so werden wir annehmen müssen, Kirchhoff habe αὐτε als gleichbedeutend mit αὐτῆς betrachtet. Bei späteren Dichtern, wie Lycophr. 732. Phoenix Coloph. bei Ath. VIII p. 359 F. Archias Anth. Pal. 9, 343, findet sich allerdings αὐτε zuweilen statt αὐτῆς gebraucht, nirgends so häufig als bei Callimachus (Meineke p. 7), der schon von alten Grammatikern (Ammonius Valck. p. 27. Etym. Gud. p. 92, 41. womit zu vgl. Epim. Hom. p. 16, 4. Etym. M. p. 169, 23. Anecd. Bekk. p. 463, 7. 8) deshalb getadelt wird; vgl. hymn. Iov. 72: ἀλλά τά μὲν μακάρεσσιν ἐλίζοσιν αὐτε παρῆκας. 94: χαῖρε, πάτερ, χαῖρ' αὐτε· δίδου δ' ἀρετήν τ' ἀφενός τε. hymn. Dian. 46: αὐτε δὲ Κύκλωπας μετεκίαϑε. 241: αὐτε δὲ κύκλῳ στησάμεναι χερὸν εὐρύν. lav. Pallad. 103: τό κεν οὐ παλινάγρετον αὐτε γένοιτο. fr. 70: κῶς αὐτε γενησόμεϑα. fr. 286: αὐτε τόδ' ἐκδύσομι. In der Tragoedie ist von einer derartigen Anwendung der Form αὐτε keine Spur zu finden; denn es war ganz irrthümlich, wenn Ellendt Lex. Soph. vol. 1 p. 262 meinte, Trach. 1010 habe man ἥδ' αὐτε ἕρπει nicht von αὐτε, sondern von αὐτε herzuleiten, wogegen schon die Elision des Iota spricht (vgl. Eurip. Stud. I S. 55 Anm.). Wenn somit einige Grammatiker αὐτῆς, αὐτε und αὐτειν als neben einander bestehende Formen bezeichnen (Schol. Il. Π, 324. Eust. Il. p. 1062, 51. Anecd. Bekk. p. 1347, womit zu vgl. Theognost. p. 161, 33. Eust. Od. p. 1879, 54), so scheint diese Angabe auf einer Ungenauigkeit zu beruhen, sofern erst gelehrte Dichter unrichtiger Weise αὐτε für αὐτῆς nahmen; auf keinen Fall darf dieser Missbrauch in die attische Tragoedie verlegt werden: und ich würde, selbst wenn alle Euripideischen Handschriften an der besprochenen Stelle αὐτε böten, kein Bedenken tragen dafür αὐτῆς zu setzen.

Trotz der Hartnäckigkeit, mit welcher Phaedra sich weigert den Grund ihrer Krankheit zu gestehen, lässt sich die τροφός in zärtlicher Besorgniss um ihre Herrin von weiterem Nachforschen nicht zurückhalten. In dem stichomythischen Zwiegespräche finden wir zwei Verse, die den Zusammenhang augenscheinlich stören, wie sich aus einer Betrachtung der folgenden Stelle leicht ergeben wird:

325 ΦΑΙ. τί δρᾷς; βιάζει χειρὸς ἐξαρτωμένη;
ΤΡΟ. καὶ σῶν γε γονάτων, κοὐ μεϑήσομαί ποτε.

ΦΑΙ. κάκ᾿, ὦ τάλαινα, σοὶ τάδ᾿, εἰ πεύσει, κακά.
ΤΡΟ. μεῖζον γὰρ ἢ σοῦ μὴ τυχεῖν τί μοι κακόν;
ΦΑΙ. ὀλεῖ· τὸ μέντοι πρᾶγμ᾿ ἐμοὶ τιμὴν φέρει.
330 ΤΡΟ. κἄπειτα κρύπτεις χρῆσθ᾿ ἱκνουμένης ἐμοῦ;
ΦΑΙ. ἐκ τῶν γὰρ αἰσχρῶν ἐσθλὰ μηχανώμεθα.
ΤΡΟ. οὐκ οὖν λέγουσα τιμιωτέρα φανεῖ;
ΦΑΙ. ἄπελθε πρὸς θεῶν δεξιᾶς τ᾿ ἐμῆς μέθες.

Zunächst erregen hier die Worte σοῦ μὴ τυχεῖν V. 328 Anstoss. Sollen diese Worte verständlich werden, so muss eine nähere Bestimmung hinzutreten, und zwar entweder ein Objectsaccusativ, wie etwa σοῦ μὴ τυχεῖν ὃ βούλομαι (vgl. Eur. Alc. 686: ἃ δ᾿ ἡμῶν χρῆν σε τυγχάνειν ἔχεις, Orest. 701: τύχοις ἂν αὐτοῦ ῥᾳδίως ὅσων θέλεις, und Eurip. Stud. I S. 49 f.) oder der Genetiv eines Adjectivum, wie σοῦ μὴ τυχεῖν εἴας βούλομαι (vgl. Cobet N. L. p. 200 ff.). Ohne einen derartigen Zusatz sind die Worte σοῦ μὴ τυχεῖν vollkommen unverständlich. Wenn die Scholien erklären «τοῦ στερηθῆναι σοῦ μεῖζον οὐκ ἔστι μοι κακόν», oder die Neueren übersetzen «te orbari, te privari, dich müssen, dir fern sein», so ist dies eine eigenmächtige Willkür: unter Umständen kann μὴ τυχεῖν τινος allerdings so viel bedeuten als στερηθῆναί τινος, wie z. B. τιμῆς μὴ τυχών für ἀτιμασθείς oder τιμῆς στερηθείς gesagt werden kann; hier ist daran nicht zu denken, man müsste denn nachweisen dass einer der seine Eltern verloren hat, jemals γονέων μὴ τυχών genannt worden sei. Einen Zusatz aber von der oben bezeichneten Art in die Worte des Textes zu bringen dürfte geradezu unmöglich sein, wonach σοῦ μὴ τυχεῖν für verderbt zu halten sein wird. Kirchhoffs Vorschlag μεῖζον γάρ, εἰ σου μὴ 'τυχεν, der sich darauf gründet dass die Handschrift A von erster Hand εἰ σοῦ statt ἢ σοῦ bietet, ist mir eben so dunkel als die gangbare Lesart. Hartung vermuthet auf Grund der von den Scholien gegebenen Interpretation:

μεῖζον γὰρ ἢ σοῦ γ᾿ ἀμπλακεῖν τί μοι κακόν;

Dies ist wenigstens sinngemäss und der tragischen Redeweise durchaus entsprechend; dass die Scholien so gelesen hätten, haben wir keinen Grund anzunehmen. Ich würde dieser Aenderung unbedingt beitreten, wenn es nicht ein weit einfacheres Mittel der Heilung gäbe; es ist, wie ich glaube, zu schreiben:

μεῖζον γὰρ ἢ σὲ μὴ εὐτυχεῖν τί μοι κακόν;

Nach der in den Codices üblichen Inconsequenz der Schreibweise bei Krasen und Elisionen (vgl. Th. I S. 73 Anm.) ist es leicht erklärlich dass μὴ εὐτυχεῖν in μὴ τυχεῖν überging; die Verwechslung von σε und σου lag ohnehin sehr nahe. In V. 329 ist ὀλεῖ oder ἐλῇ nicht wohl zu rechtfertigen. Valckenaers Vermuthung, dies Wort sei der Amme beizulegen, streitet gegen die Gesetze der Stichomythie. Mir scheint Musgrave Recht zu haben, wenn er ὀλεῖς verlangte. Phaedra glaubt nämlich, wenn sie ihre Liebe zu Hippolytus verrathe, der sie treffenden Schmach erliegen zu müssen; inwiefern ihre Amme in Folge der Mittheilung des Geheimnisses zu Grunde gehen soll, ist nicht abzusehen. Im folgenden Verse schwanken die Scholien, ob vor oder nach χρηστά zu interpungiren sei; es kann keinem

Zweifel unterliegen, dass χρηστά zu κρύπτεις gehört. Aber der Gedanke «du verbirgst
Gutes» (noch genauer würde sein «Brauchbares») «trotz meiner Bitte» stört den Zusammenhang. Phaedra sagte: «du wirst mich vernichten; die Sache aber gereicht mir zur
Ehre». Unmöglich kann die Amme daraus entnehmen, dass Phaedra Gutes verberge.
Nicht minder ungehörig sind die nächsten Worte, ἐκ τῶν γὰρ αἰσχρῶν ἐσθλὰ μηχανώμεθα,
wofür die meisten Handschriften ἐκ τῶν γὰρ ἐσθλῶν αἰσχρὰ μηχανώμεθα bieten. Die letztere
besser beglaubigte Lesart wird nicht leicht einen Vertheidiger finden; sie steht mit V. 329
wie mit 332 in einem unversöhnlichen Widerspruch und ist deshalb von den neueren
Herausgebern verlassen worden. Aber auch die erstere Lesart, wonach Phaedra sagt dass
sie nach dem Schimpflichen Gutes vorhabe, scheint mit den vorhergehenden Worten sich
nicht zu vertragen. Um das Vorhaben der Phaedra handelt es sich hier überhaupt nicht,
sondern um den Grund ihrer Krankheit, um den Kummer der an ihrem Herzen nagt; und
zuerst Schimpfliches, dann Gutes beabsichtigt zu haben, kann der Phaedra nicht so unbedingt zur Ehre gereichen, wie man nach ihrer Aeusserung in 329 erwarten muss: mindestens wird die Phaedra dadurch nicht τιμιωτέρα (332), dass sie bekennt schimpfliche Absichten gehegt zu haben. Endlich ist kein logischer Zusammenhang wahrzunehmen, wenn
auf die Frage der Amme: «und dann verbirgst du Gutes trotz meiner Bitte?» die Antwort
erfolgt: «denn nach dem Schimpflichen habe ich Gutes vor». Um es kurz zu sagen, die
Verse 330 und 331 sind in der jetzigen Gestalt weder mit den vorhergehenden noch mit
den folgenden Worten verträglich. Dass sie nicht durch irgend welche Correctur dem
gestörten Zusammenhange angepasst werden dürfen, sondern an der jetzigen Stelle durchaus ungehörig sind, kann nicht zweifelhaft sein. Man braucht nur V. 329 und 332 hinter
einander zu lesen:

329   ΦΑΙ. ὀλεῖς· τὸ μέντοι πρᾶγμ' ἐμοὶ τιμὴν φέρει.
332   ΤΡΟ. οὐκ οὖν λέγουσα τιμιωτέρα φανεῖ;

um zu der Einsicht zu gelangen, dass diese beiden Verse unzertrennlich mit einander verbunden sind und nur auf Kosten des Zusammenhangs durch irgend welchen dazwischen
eingeschalteten Gedanken aus einander gerissen werden können. Aus diesem inneren Zusammenhange von V. 329 und 332, auf den ich bereits in meiner ersten Ausgabe hingewiesen
habe, ergibt sich mit unabweislicher Nothwendigkeit die Folgerung, dass V. 330 und 331
entweder an eine falsche Stelle gerathen oder von fremder Hand eingeschaltet sind. Da
ich nicht im Stande bin ihnen einen passenderen Platz anzuweisen, so kann ich nicht
umhin sie für Eindringlinge zu halten. Mögen sie übrigens einer beigeschriebenen Parallelstelle ihren Ursprung danken oder die freie Erfindung eines Interpolators sein, auf keinen
Fall haben wir ein Recht der schlechter verbürgten Lesart αἰσχρῶν ἐσθλὰ deshalb den
Vorzug zu geben, weil sie für den jetzigen Zusammenhang etwas weniger störend ist als
das besser beglaubigte ἐσθλῶν αἰσχρά. Denn wofern die Verse überhaupt ungehörig sind,
ist es eine vergebliche Mühe das Anstössige derselben mittelst der Conjecturalkritik mil-
dern oder verdecken zu wollen.

In leisen Andeutungen lässt Phaedra den Grund ihrer Krankheit ahnen, indem sie von dem in ihrer Familie heimischen Unglück redet; als die Amme entgegnet, diese Andeutungen nicht zu verstehen (οὐδέν τι μᾶλλον οἶδ' ἃ βούλομαι κλύειν), ruft Phaedra aus:

343   πῶς ἂν σύ μοι λέξειας ἁμὲ χρὴ λέγειν;

D. h. wie fange ich es an, damit du dasjenige sagest was du von mir hören willst? wie kann ich dich zur Mitwisserin meines Geheimnisses machen, ohne dass mir peinliche Geständniss über meine Lippen zu bringen? Dass dieser Sinn dem Verse zu Grunde liegt, geht wie aus der Stelle selbst, so aus der witzigen Parodie des Aristophanes hervor, der Eq. 15 den Vers wörtlich entlehnt hat. Bei ihm berathen sich zwei Sclaven des greisen Demos über ein Mittel, das sie von dem Paphlagonier erlösen soll; jeder wünscht vom anderen dieses Mittel zu hören:

OIK. B. τίς οὖν γένοιτ' ἄν; OIK. A. λέγε σύ. OIK. B. σὺ μὲν οὖν μοι λέγε,
            ἵνα μὴ μάχωμαι. OIK. A. μὰ τὸν Ἀπόλλω ἐγὼ μὲν οὔ.
OIK. B. πῶς ἂν σύ μοι λέξειας ἁμὲ χρὴ λέγειν;

Sowohl bei Euripides als bei Aristophanes ist ἁμὲ χρὴ λέγειν, wie der Zusammenhang auf das deutlichste lehrt, so viel als ἃ ἐμὲ βούλει λέγειν. Dafür scheint weder χρή, noch, was bei Euripides die meisten Handschriften bieten, χρῆν das geeignete Wort zu sein: denn χρῆν ἐμὲ λέγειν gibt den hier völlig unpassenden Sinn «ich hätte sagen sollen»; χρὴ ἐμὲ λέγειν bezeichnet «es ist mir durch die Umstände geboten zu sagen». Den durch den Zusammenhang geforderten Sinn βούλει ἐμὲ λέγειν bekommen wir durch die ungemein leichte Aenderung, welche bereits Bergk, wenn ich nicht irre, vorgeschlagen hat.

πῶς ἂν σύ μοι λέξειας ἁμὲ χρῆς λέγειν;

Ueber diese Form handelt am vollständigsten W. Dindorf im Thes. Gr. L. vol. VIII p. 1619 B: «Formam quandam personae secundae ac tertiae, χρῆς et χρῆ, pro χρῄζεις et χρῄζει interdum a poetis dictam annotarunt grammatici, de quo dixi ad Soph. Antig. 887: ἄφετε μόνην ἔρημον, εἴτε χρῇ θανεῖν εἴτ' ἐν τοιαύτῃ ζῶσα τυμβεύειν στέγῃ· ubi restitui χρῇ, quod legit schol., qui per χρῄζει καὶ θέλει explicuit. Eurip. ap. Cicer. Ep. ad Att. 8, 1 et ap. Suidam (s. v. παλαμάσθαι): πρὸς ταῦτ' ὅ τι χρῇ καὶ παλαμάσθω καὶ πᾶν ἐπ' ἐμοὶ τεκταινέσθω [1]). Secundam personam annotarit Hesychius χρῆς per θέλεις, χρῄεις interpretatus. Quae gl. fortasse ex Cratino sumta, quem citat Suidas s. v. χρή, χρῆς δὲ τὸ χρῄζεις καὶ δέῃ. Κρατῖνος Νέμεσι (Com. 2 p. 87), νῦν γὰρ δή σοι πάρα μὲν θεσμοὶ τῶν ἡμετέρων, πάρα δ' ἀλλ' ὅ τι χρῇς. Eandem restitui Soph. Ai. 1373: σοὶ δὲ δρᾶν ἔξεσθ' ἃ χρῇς, ubi inepte legitur χρῇ, ut El. 606: κήρυσσέ μ' εἰς ἅπαντας εἴτε χρὴ κακὴν εἴτε στόμαργον· ubi χρῇς correxit Wunderus. Ceterum formae hae apud Hesych. et Suidam sine iota, et fortasse rectius, scribuntur, tanquam ab χρῇμι derivandae, quod verbum finxit Etym. M. p. 814, 49, ut inde χρῇ derivaretur». Die Schreibung χρῆς und χρῆ, deren sich auch Bergk de reliq. comoed. Att. p. 135 bedient, ist wenigstens durch die von Dindorf geltend gemachten

---

[1]) An dieser Stelle (Eurip. fr. 910, 1) hat zuerst wohl Bergk Comment. de reliq. comoed. Att. ant. p. 135 χρῇ statt χρή, vorgeschlagen.

Gründe nicht erwiesen. Meineke wollte ehemals Choliamb. poes. p. 120 dem Hipponax die Form χρῇ vindiciren in dem bei Ath. VII p. 304 B erhaltenen Fragmente (Bergk Lyr. p. 596): κατέφαγε δὴ τὸν κλῆρον· ὥστε χρῇ σκάπτειν πέτρας τ' ὀρείας σῦκα μέτρια τρώγων. Seine von Bernhardy im Suidas vol. II, 2 p. 1663 und ten Briuk Philol. VI p. 54 gebilligte Vermuthung ὥστε χρῇ σκάπτειν scheint mir unzulässig, weil der Schlemmer, der sein Erbe verprasst hat, nicht das Verlangen hegt zu graben und mit karger Kost sich zu nähren, sondern durch die Noth dazu gezwungen ist; und Meineke selbst hat neuerdings in der Ausgabe des Athenaeus diese Vermuthung wieder aufgegeben. Dagegen dürfte die Form χρῇς noch in einer Sophocleischen Stelle verdunkelt sein, Trach. 749. Nachdem Deianira gefragt hat, ποῦ δ' ἐμπελάζεις τἀνδρὶ καὶ παρίστασαι; kann Hyllus schwerlich antworten: εἰ χρὴ μαθεῖν σε, πάντα δὴ φωνεῖν χρεών. Es ist der Wunsch der Mutter, wodurch Hyllus zur Mittheilung bestimmt wird; also wird zu lesen sein, wie ich bereits in der zweiten Auflage der Schneidewinschen Bearbeitung vorgeschlagen habe, εἰ χρῇς μαθεῖν σύ, πάντα δὴ φωνεῖν χρεών. Statt σύ dürfte indess wohl μου den Vorzug verdienen.

Phaedra stellt Betrachtungen an über die im Leben vorkommenden Widersprüche zwischen der Erkenntniss und dem Thun der Menschen:

<pre>
       ἤδη ποτ' ἄλλως νυκτὸς ἐν μακρῷ χρόνῳ
  373 θνητῶν ἐφρόντισ' ᾗ διέφθαρται βίος.
       καί μοι δοκοῦσιν οὐ κατὰ γνώμης φύσιν
       πράσσειν κάκιον· ἔστι γὰρ τό γ' εὖ φρονεῖν
       πολλοῖσιν· ἀλλὰ τῇδ' ἀθρητέον τόδε.
       τὰ χρήστ' ἐπιστάμεσθα καὶ γιγνώσκομεν,
  380 οὐκ ἐκπονοῦμεν δ', οἱ μὲν ἀργίας ὕπο,
       οἱ δ' ἡδονὴν προθέντες ἀντὶ τοῦ καλοῦ κτέ.
</pre>

Sollte im ersten dieser Verse das Wort ἄλλως richtig sein? Die Uebersetzer lassen es fort oder geben es fälschlich wieder durch alias. Unrichtig und unpassend zugleich ist die Erklärung der Scholien, χωρὶς νόσου τυγχάνουσα. Man würde, so viel ich sehe, das Wort nur im Sinne von μάτην nehmen können, was freilich mit dem Zusammenhange sich nicht verträgt, da Euripides — denn dieser ist es, der durch den Mund der Phaedra zum Publicum redet — seine nächtlichen Grübeleien über philosophische Fragen unmöglich so herabsetzen kann. Falls nicht andere eine angemessenere Erklärung oder Verbesserung zu geben wissen, möchte ich ἄυπνος statt ἄλλως vermuthen. Einen derartigen Begriff lässt auch die bekannte Parodie des Aristophanes erwarten, Ran. 931: ἤδη ποτ' ἐν μακρῷ χρόνῳ νυκτὸς διηγρύπνησα, τὸν ξουθὸν ἱππαλεκτρυόνα ζητῶν τίς ἐστιν ὄρνις. Sicherlich unpassend sind die Worte πράσσειν κάκιον V. 377. Einerseits ist hier der Comparativ anstössig: es müsste mindestens heissen κακῶς πράσσειν, die Menschen scheinen «unglücklich» (nicht aber «unglücklicher») zu sein οὐ κατὰ γνώμης φύσιν. Andrerseits wird durch κακιον (oder κακῶς) πράσσειν ein Zustand bezeichnet, während der Zusammenhang darauf hinweist, dass von dem Thun der Menschen die Rede sein muss. Schon der Begriff γνώμη, Einsicht, bessere Erkenntniss, lehrt auf das deutlichste, dass der Dichter einen Gedanken ausspricht wie er etwa in den Worten des Ovid enthalten ist, *video meliora proboque, deteriora sequor*, oder in Eur. fr. 837: λέληθεν οὐδὲν τῶνδέ μ' ὧν σὺ νουθετεῖς, γνώμην δ' ἔχοντά μ' ἡ φύσις βιάζεται. Sollte ausgedrückt werden, dass es den Menschen übel ergehe trotz ihres dem Besseren zugewendeten Strebens, so musste von πήματα οὐκ αὐταίρετα oder οὐχ ἑκόντα geredet werden, wie oben V. 358: οἱ σώφρονες γὰρ οὐχ ἑκόντες, ἀλλ' ὅμως κακῶν ἐρῶσιν, oder fr. 340: οὐκ αὐταίρετα βροτοῖς ἔρωτες οὐδ' ἑκουσία νόσος. Phaedra konnte, denke ich, nur sagen: «es scheint mir, dass die Menschen vielfach gegen ihre bessere Ueberzeugung handeln». Diesen Sinn weiss ich nicht anders herzustellen als durch den schon früher gemachten Vorschlag: καί μοι δοκοῦσιν οὐ κατὰ γνώμης φύσιν πράσσειν τὰ πλείονα. Die folgenden Worte: ἔστι γὰρ τό γ' εὖ φρονεῖν πολλοῖσιν, geben keine ausreichende Begründung des voraufgehenden Gedankens. Wenn gesagt wird: «die Menschen handeln vielfach gegen ihre bessere Einsicht; denn viele Menschen sind verständig», so vermisst man die unerlässlich nothwendige Ergänzung «und sie handeln doch unverständig». Gegen die Annahme, dass dieser Gedanke leicht supplirt werden könne, auch wenn der Dichter ihn nicht bestimmt ausgesprochen habe, streiten V. 379 f., wo wir den Inhalt der Worte ἔστι τὸ εὖ φρονεῖν πολλοῖσιν mit der hier vermissten Ergänzung wirklich lesen, und zwar in einer passenderen Form, sofern von den Menschen schlechthin, nicht von vielen Menschen gesprochen wird. Hiernach ist es wohl klar, dass die Worte ἔστι γὰρ τό γ' εὖ φρονεῖν πολλοῖσιν, die dasjenige nur unvollständig ausdrücken, was nachher vollständig und besser gesagt wird, für den Zusammenhang störend sind. Endlich nehme ich Anstoss an der Verbindung τῇδ' ἀφρητέον τόδε oder nach anderen Handschriften τάδε. Man findet häufig genug Ausdrücke wie ὅρα καὶ τῇδι, σκόπει καὶ τῇδε, ἐπιθυμῶ τῇδέ πῃ σκέψασθαι, andrerseits nicht minder häufig σκεπτέον καὶ τόδε, σκέψαι δὲ τοῦτο πρῶτον, μετὰ ταῦτα τόδε σκέψαι u. dergl. Dagegen dürfte sich für die Ausdrucksweise τῇδ' ἀφρητέον τόδε schwerlich eine entsprechende Stelle auftreiben lassen, so wenig es im Deutschen jemand einfallen wird zu sagen «aber Folgendes muss man in folgender Weise erwägen». Ist somit τῇδε richtig, so beruht τόδε oder τάδε auf einer Interpolation. Um die erwähnten Uebelstände zu beseitigen, sehe ich kein anderes Mittel als die Worte ἔστι — πολλοῖσιν und τόδε zu tilgen: ich möchte somit schreiben:

καί μοι δοκοῦσιν οὐ κατὰ γνώμης φύσιν
πράσσειν τὰ πλείον'· ἀλλὰ τῇδ' ἀφρητέον.
τὰ χρήστ' ἐπιστάμεσθα καὶ γιγνώσκομεν κτέ.

Schwerlich wird jemand aus dieser Fassung der Stelle den Eindruck bekommen, dass irgend ein Gedanke vermisst werde, und hierin allein liegt schon ein nicht gering anzuschlagendes Argument gegen die Richtigkeit des überlieferten Textes.

Während die Amme durch die von der Phaedra gemachte Mittheilung anfangs im höchsten Grade erregt war, sucht sie hinterher ihre Herrin zu beschwichtigen, indem sie das Schicksal derselben als ein rein menschliches darstellt. Auch anderen Sterblichen begegnet es, sagt sie, dass sie von der Liebe ergriffen werden, ohne darum am Leben zu verzweifeln:

> ὁρᾷς· τί τοῦτο θαῦμα; σὺν πολλοῖς βροτῶν.
> 440 κἄκειτ' ἔρωτος οὕνεκα ψυχὴν ὀλεῖς;
> οὐ τἄρα γ' οὐ δεῖ τοῖς ἐρῶσι τῶν πέλας
> ὅσοι τε μέλλουσ', εἰ θανεῖν αὐτοὺς χρεών.

So lautet, abgesehen von der unerheblichen Variante οὐκ ἄρα, die überlieferte Lesart der beiden letzten, in dieser Gestalt sicherlich unrichtigen Verse. Von den Vorschlägen älterer Gelehrten verdient eine Erwähnung nur Valckenaers οὐ τ' ἄρα (richtiger οὐ τἄρα, d. h. οὐ τοι ἄρα) λύει τοῖς ἐρῶσι τῶν πέλας, dem die meisten der neueren Herausgeber gefolgt sind. Die Scholien erklären: οὐ λυσιτελεῖ, οὐ χρή, οὐ συμφέρει, φησί, τοῖς τῶν πλησίον ἐρῶσι, καὶ ὅσοι μέλλουσιν ἐρᾶν, εἰ χρεών αὐτοῖς ἐστι τοῦ θανεῖν. Dass dieser Erklärung die Lesart λύει zu Grunde liege, lässt sich nicht behaupten; vielmehr zeigen, wie schon Kirchhoff bemerkt, die Worte οὐ χρή, dass der Interpret οὐ δεῖ vorfand. Doch kann uns diese Frage ziemlich gleichgiltig sein, da dem Valckenaerschen Vorschlage der Sinn selbst entgegen steht. «Nicht also nützt es denen welche die Nächsten lieben, wie denen welche künftig lieben werden, wenn sie sterben müssen». Hartung machte geltend dass ein Gegensatz zwischen denen die jetzt lieben und solchen die künftig lieben werden, rein aus der Luft gegriffen sei: ich möchte lieber sagen, dass die ἐρᾶν μέλλοντες hier überhaupt nicht in Betracht gezogen werden können, da nur die vorhandene, nicht die künftige Liebe Qual oder Unheil bringen kann. Ferner erklärt sich Hartung mit Recht gegen die Verbindung τοῖς τῶν πέλας ἐρῶσι. Denn οἱ πέλας sind die Nächsten: weder aber kann hier von der Nächstenliebe die Rede sein, noch würde die in τῶν πέλας liegende Beschränkung passen: es handelt sich einfach um das ἐρᾶν, nicht aber darum ob die ἐρώμενοι der nächsten Umgebung angehören oder nicht. Endlich ist der Gedanke, der nach Ausscheidung der ungehörigen Anhängsel τῶν πέλας und ὅσα μέλλουσιν übrig bleibt, «es frommt den Liebenden nicht, wenn sie sterben müssen», vollkommen nichtssagend nach den vorausgehenden Worten, κἄκειτ' ἔρωτος οὕνεκα ψυχὴν ὀλεῖς; Es scheint mir unzweifelhaft dass die Amme unter den πέλας sich selbst meint, und dass sie den Gedanken ausspricht, den Hartungs Uebersetzung in folgender Weise gibt: «was nützten denn dem Liebenden die Nächsten, die um ihn sich kümmern, wenn er eben sterben muss?» Hartung ändert:

> λύους' ἄρ' οὐδὲν τῶν ἐρῶσι τῶν πέλας
> ὅσοις μέλουσιν, εἰ θανεῖν αὐτοὺς χρεών.

Gegen diese Vermuthung spricht schon das gewaltsame Verfahren in V. 441, ohnehin ist der Ausdruck in hohem Grade dunkel. Ich möchte mit Benutzung von Hartungs Vorschlag schreiben:

> ποῦ τἄρα ποῦ δεῖ τοῖς ἐρῶσι τῶν πέλας
> ὅσοις μέλουσιν, εἰ θανεῖν αὐτοὺς χρεών;

Hier ist die Frage ποῦ δεῖ gleichbedeutend mit der Behauptung οὐ δεῖ. Das handschriftliche

οὐ γάρα γ' οὐ δεῖ beizubehalten scheint unmöglich der Partikel γε wegen, die hier nicht
an ihrer Stelle ist. Ueber die Entstellung von του in οὐ vgl. Th. I S. 8.

    Phaedra verwahrt sich gegen die von der Amme ihr gestellte Zumuthung, der unwiderstehlichen Macht der Liebe nachzugeben; ihr gilt, wie sie sagt, der gute Name mehr als die den Ohren erwünschten Reden; sie will von der laxen Moral nichts wissen, welche sich in gewandte Sophismen kleidet und sich damit tröstet, dass die Welt nicht alles sehe was man im Geheimen thue. Darauf erwidert die Amme:

490   τί σεμνομυθεῖς; οὐ λόγων εὐσχημόνων
    δεῖ σ', ἀλλὰ τἀνδρός. ὡς τάχος διιστέον,
    τὸν εὐθὺν ἐξειπόντας ἀμφὶ σοῦ λόγον.
    εἰ μὲν γὰρ ἦν σοι μὴ 'πὶ συμφοραῖς βίος
    τοιαῖσδε, σώφρων δ' οὖσ' ἐτύγχανες γυνή,
493   οὐκ ἄν ποτ' εὐνῆς οὕνεχ' ἡδονῆς τε σῆς
    προσῆγον ἄν σε δεῦρο· νῦν δ' ἀγὼν μέγας
    σῶσαι βίον σόν, κοὐκ ἐπίφθονον τόδε.

Im Anfange dieser Worte liegt ein Fehler, über dessen Verpflanzung von einer Ausgabe zur andern man sich wundern muss. «Du bedarfst nicht schöner Reden, sondern des Mannes». So könnte die Amme nur sprechen, wenn sie einerseits das Widerstreben der Phaedra bereits gebrochen hätte, andrerseits überzeugt wäre dass Hippolytus die Liebe der Phaedra erwiderte. Aber selbst dann würden die folgenden Worte ὡς τάχος διιστέον unverständlich bleiben, weil man ein Object dazu vermisst. Auch mit der Lesart διοιστέον gewinnen wir nichts; denn die Praeposition διά ist unpassend, wenn bezeichnet werden soll, dass man dem Hippolytus hinterbringen müsse welche Gefühle Phaedra gegen ihn hegt. Die Scholien haben den Sinn der Stelle richtig gefasst, indem sie erklären: ἀλλὰ πειρατέον τῆς γνώμης τοῦ Ἱππολύτου, πῶς ἔσται πρὸς τὰ λεγόμενα. Es war nur die Interpunction nach τἀνδρός zu tilgen: οὐ λόγων εὐσχημόνων δεῖ σ', ἀλλὰ τἀνδρός ὡς τάχος διιστέον, du bedarfst nicht schöner Worte, sondern man muss gerade heraus dem Hippolytus die Sache mittheilen, um seine Gesinnung kennen zu lernen. Natürlich wird nunmehr nicht τοῦ ἀνδρός, sondern τὰ ἀνδρός zu verstehen sein. V. 493 ff. haben, wie von allen anerkannt wird, den ungefähren Sinn: «ich würde dir nicht zumuthen, was ich jetzt dir zumuthe, wenn nicht dein Leben sich in Gefahr befände: so aber kommt es darauf an dein Leben zu erhalten, und dadurch ist meine Handlungsweise entschuldigt». Wenn man indess mit den jetzigen Worten sich abfinden zu können meinte, so musste man dem Dichter Dinge unterlegen die er nicht gesagt hat und das von ihm gesagte willkürlich verdrehen, um eine der Situation angemessene und in sich zusammenhängende Gedankenfolge zu bekommen. Zunächst ist σώφρων verkehrt. Es geht dies, denke ich, schon daraus hervor, dass man sich gestritten hat, ob man zu verstehen habe εἰ σώφρων oder εἰ μὴ σώφρων ἐτύγχανες οὖσα γυνή. Für die letztere Auffassung entschieden sich Markland und Valckenaer, weil sollten dass εἰ σώφρων οὖσα ἐτύγχανες γυνή hier unmöglich ist. Denn wie kann der Phaedra über haupt ein Mangel an σωφροσύνη, d. h. an Selbstbeherrschung und Keuschheit vorgeworfen werden? und wie kann die Amme diesen Vorwurf erheben in dem Augenblicke, wo sie von der Phaedra eine Concession verlangt, die gegen die Gesetze der σωφροσύνη streitet? Valckenaer meinte daher, wolle man nicht εἰ μή, sondern εἰ zu den Worten σώφρων — γυνή suppliren, so müsste man statt σώφρων vielmehr den entgegengesetzten Begriff erwarten; Euripides hätte dann etwa schreiben müssen τοιαῖσδέ γ᾽, ἄφρων δ᾽ οὐσ᾽ ἐτύγχανες γυνή. Als Gegensatz von σώφρων würde hier nicht wohl ἄφρων, sondern eher ein Begriff wie μάχλος zu denken sein. Aber ἄφρων wie μάχλος gäbe einen hier unpassenden Gedanken. «Wärst du unverständig, wärst du unkeusch, so würde ich diese Zumuthung nicht an dich stellen» — unmöglich kann die Amme so sprechen. Denn ob Phaedra verständig oder unverständig ist, kann für den vorliegenden Fall gar nicht in Betracht kommen; wäre sie unkeusch, so würde die Anstrengung oder die Ueberredungskunst von Seiten der Amme höchst überflüssig sein, sie würde das von der Amme angedeutete Mittel ihre Leidenschaft zu kühlen nicht von sich weisen, sondern begierig ergreifen. Man sieht dass mit der von Markland und Valckenaer angenommenen, grammatisch übrigens auf keine Weise zu rechtfertigenden Ergänzung der Negation μή, nichts gewonnen wird: μή σώφρων wäre eben so abgeschmackt als σώφρων. Die neueren Bearbeiter und Uebersetzer unseres Stückes haben die von Markland und Valckenaer geforderte Ergänzung eines μή stillschweigend aufgegeben, ohne an den Worten εἰ σώφρων οὐσ᾽ ἐτύγχανες γυνή Anstoss zu nehmen; ich kann mir dies nur daraus erklären, dass sie entweder über Sinn und Zusammenhang der Stelle sich keine Rechenschaft gaben oder dem Dichter etwas untergeschoben was in den vorliegenden Worten nicht enthalten ist. Wenn F. Fritze übersetzt «fänd ich als ein Weib dich voll Vernunft, niemals der Wollust, noch der Buhlerei zu Lieb᾽ trieb᾽ ich zu solcher That dich», so erhebt sich dagegen ein doppeltes Bedenken: einmal ist es ein schlechtes Compliment welches die Amme ihrer Gebieterin macht, wenn sie diejenige die sie für ihren Plan gewinnen will, als unvernünftig bezeichnet; sodann stimmt Vordersatz und Nachsatz keineswegs zusammen; soll etwa die Unvernunft der Phaedra es rechtfertigen, dass die Amme sie zur Wollust und Buhlerei verleiten will? Man sollte meinen, das Verleiten zur Buhlerei wäre unter allen Umständen gleich verwerflich, ohne Rücksicht auf die geistige oder sittliche Verfassung dessen welcher dazu verleitet wird. Hartungs Uebersetzung «wärst du ruhig bei der Leidenschaft» ist willkürlich, denn in σώφρων γυνή ist weder von der Leidenschaft noch von der Ruhe die Rede; überhaupt ist der Ausdruck «ruhig bei der Leidenschaft» ein seltsames Oxymoron, und wenn die Amme etwas der Art meinte, so würde die jetzt vorliegende Ausdrucksweise nichts enthalten als eine undeutliche Wiederholung des früheren Gedankens «wenn nicht dein Leben auf dem Spiele stände». Wer die vorliegende Situation ins Auge fasst, wird leicht erkennen dass die Amme als einziges Argument für ihre Zumuthung die dringende Gefahr in der das Leben ihrer Gebieterin schwebt geltend machen kann: dies Argument ist in V. 493 vollständig enthalten. V. 494 bringt einen fremdartigen und der Situation widerstreitenden Gedanken, und ich wüsste nicht durch welche Aenderung er dem Zusammenhang angepasst werden könnte; er rührt ohne Frage von einem Interpolator her, der vermuthlich an der Kürze des Ausdrucks

εἰ μὲν γὰρ ἦν σοι μὴ ἐπὶ συμφοραῖς βίος

Anstoss nahm und συμφοραῖς an sich für unbestimmt hielt. Nicht minder unpassend ist V. 495, schon deshalb weil es unzart und unklug ist, wenn die Amme hier von «Beischlaf und Wollust» redet; um das Leben ihrer Herrin zu retten, muss die Amme das Unrecht zu welchem sie dieselbe verleiten will, in der mildesten Form darstellen, darf aber nicht durch Ausdrücke wie εὐνή oder ἡδονή das sittliche Gefühl derselben verletzen. Nach Ausscheidung der beiden interpolirten Verse ist es nicht schwer die ursprüngliche Gestalt der Textesworte herzustellen. Es muss, denke ich, so heissen:

493 εἰ μὲν γὰρ ἦν σοι μὴ ἐπὶ συμφοραῖς βίος,
496 πῶς ἦγον ἄν σε δεῦρο; νῦν δ' ἀγὼν μέγας·
     σῶσαι βίον σόν, κοὐκ ἐπίφθονον τέλη.

Dass προσῆγον hier unpassend war fühlte bereits Scaliger; seine Vermuthung προῆγον hat den Beifall mehrerer unter den neueren Herausgebern gefunden. Allerdings ist προῆγον erträglicher als προσῆγον, aber weder ist die Praeposition πρό hier nothwendig, noch wird mit Scaligers Aenderung den übrigen Schäden des Textes geholfen. Es war zu schreiben πῶς ἦγον ἄν σε δεῦρο; «wie sollte ich dich dazu verleiten?» Alte Verbesserer welche dies nicht sahen, vermissten die Negation, und eben hieraus erklärt sich die Hinzufügung der Worte οὐκ ἄν ποτ' εὐνῆς οὕνεχ' ἡδονῆς τε σῆς (V. 495), in denen ausser οὐκ alles überflüssig oder verkehrt war. Uebrigens findet sich die Verwechslung von πρός und πῶς auch sonst, wie Androm. 27 und Tro. 731.

An die zuletzt angeführten Worte knüpft sich folgende Wechselrede zwischen der Phaedra und ihrer Amme:

ΦΑΙ. ὦ δεινὰ λέξασ', οὐχὶ συγκλῄσεις στόμα
     καὶ μὴ μεθήσεις αὖτις αἰσχίστους λόγους;
500 ΤΡΟ. αἴσχρ', ἀλλ' ἀμείνω τῶν καλῶν τάδ' ἐστί σοι
     κρεῖσσον δὲ τοὔργον, εἴ περ ἐκσώσει γέ σε,
     ἢ τοὔνομ' ᾧ σὺ κατθανεῖ γαυρουμένη.
ΦΑΙ. καὶ μή γε πρὸς θεῶν, εὖ λέγεις γάρ, αἰσχρὰ δέ,
     πέρα προβῇς τῶνδ'· ὡς ὑπείργασμαι μὲν εὖ
505 ψυχὴν ἔρωτι, τἀσχρὰ δ' ἢν λέγῃς καλῶς,
     εἰς τοῦτ' ὃ φεύγω νῦν ἀναλωθήσομαι.

In diesen Worten erregt zunächst V. 500 den Verdacht der Interpolation. Durch das Ausscheiden desselben erleidet der Sinn nicht die mindeste Einbusse, und es will mir nicht eben passend erscheinen, wenn die Amme auf den Vorwurf dass sie αἰσχίστους λόγους ausspreche, die Bestätigung folgen lässt «diese Dinge sind schimpflich, aber besser für dich als die schönen Dinge». In jedem Falle ist der Pluralis τάδε hier, wo nicht von verschiedenen Dingen geredet wird, unberechtigt: und wäre V. 500 echt, so würde man statt des nachfolgenden δέ vielmehr ein γάρ erwarten müssen. Sodann kann V. 503 in der obigen Gestalt nicht richtig sein. Gewöhnlich beruhigt man sich bei Porsons Aenderung καί μή σε πρός θεών, die allerdings in hohem Grade wahrscheinlich ist, da γε auf keine Weise sich erklären lässt, σε dagegen durch ähnliche Redeweisen empfohlen wird, vgl. Elmsley zu Eur. Med. 318. Aber auch καί ist hier unzulässig: die Bitte die Amme möge einhalten kann unmöglich mit der Copula καί an das vorhergehende angereiht werden. Dies hat Kirchhoff richtig erkannt, der deshalb μή μή σε πρός θεών vorschlug. Statt εὖ λέγεις γάρ αἰσχρά δέ bieten die besten Handschriften εὖ λέγεις αἰσχρά δέ oder εὖ λέγεις αἰσχρά τάδε. Darauf gründet Kirchhoff die Vermuthungen εὖ λέγουσ' αἰσχη τάδε oder εὖ λέγουσ' αἰσχιστα δέ. Beide Vorschläge sind besser als die überaus nüchterne Vulgate εὖ λέγεις γάρ. αἰσχρά δέ, aber bei dem einen ist αἰσχη unpassend, bei dem andern das δέ störend, bei beiden erscheint λέγουσα als pleonastisch neben dem nachfolgenden τῶνδε. Ueberhaupt ist es nicht glaublich dass die Worte εὖ λέγεις αἰσχρά hier vom Dichter herrühren, da V. 505 τάσχρά δ' ἦν λέγης καλῶς; folgt. Wie jedoch dem jetzt verdeckten Schaden abzuhelfen sei, wage ich nicht zu entscheiden. Die folgenden Worte, ὑπείργασμαι ψυχήν ἔρωτι, würden bedeuten »mein Herz ist von der Liebe unterjocht«. Nach dem Gegensatze in V. 505 f. muss man vielmehr erwarten »noch bin ich nicht von der Liebe beherrscht«, worauf nachher passend folgen würde: »wenn du aber fortfährst das Schimpfliche zu beschönigen, so werde ich dem was ich fliehe erliegen«. Somit scheint εὖ fehlerhaft: denn dass darin nicht liegen kann, was Hartung in seiner Uebersetzung ausdrückt, »unterthan der Lieb' ist zwar mein Herz in Ehren«, oder was Fritze zu finden meinte, »heimlich nur gehorcht bis jetzt mein Herz der Liebe«, braucht kaum gesagt zu werden: obenein würde keine von beiden Uebertragungen mit dem starken Worte ὑπείργασμαι zusammenstimmen. Es scheint mir unzweifelhaft dass mit Aenderung eines Buchstaben zu lesen ist ὡς ὑπείργασμαι μέν οὐ ψυχήν ἔρωτι, noch bin ich zwar nicht von der Liebe völlig beherrscht. Ueber die Stellung der Negation vgl. statt anderer Stellen Trag. adesp. fr. 461, 9: νῦν δ' οὐκ ἐπιστείς τοῦτ' ἐπίσταμαι μέν οὐ, φέρειν δ' ἀνάγκη. Eine andere Heilung hat Cobet Mnem. IX p. 43 versucht, ὡς ὑπώργασμαι μέν εὖ ψυχήν ἔρωτι. Soll dies etwa bedeuten »zwar bin ich gut erweicht« und soll dies hier passend sein? Mir ist es schlechterdings unmöglich dem Cobetschen Vorschlage einen auch nur erträglichen Sinn abzugewinnen.

Als die Amme sieht dass ihre Reden nicht ohne Wirkung geblieben sind, bietet sie ihrer Herrin ein Zaubermittel an, das diese von ihrer Krankheit heilen werde:

ἔστιν κατ' οἴκους φίλτρα μοι θελκτήρια
510 ἔρωτος, ἦλθε δ' ἄρτι μοι γνώμης ἔσω,
ἅ σ' οὔτ' ἐπ' αἰσχροῖς οὔτ' ἐπὶ βλάβῃ φρενῶν
παύσει νόσου τῆσδ', ἢν σύ μή γένῃ κακή.

So klar und einfach diese Worte sind, so schwer ist es mit der Fortsetzung ihrer Rede sich abzufinden:

δεῖ δ' ἐξ ἐκείνου δή τι τοῦ ποθουμένου
σημεῖον, ἢ λόγον τιν' ἢ πέπλων ἄπο
315   λαβεῖν, συνάψαι τ' ἐκ δυοῖν μίαν χάριν.

Zunächst erscheint hier λόγον als widersinnig: für die von der Amme angeblich beabsichtigte Zauberei kann ein Wort des Hippolytus unmöglich dienen, es ist dazu vielmehr ein sinnlicher Gegenstand erforderlich, und ich halte Reiskes Vermuthung πλόκον für höchst wahrscheinlich. Vgl. Lucian dial. meretr. 4, 4: δεήσει δέ τι αὐτοῦ τοῦ ἀνδρός, οἷον ἱμάτια (οἷον ὧν ἱματίου Valckenaer) ἢ κρηπίδας ἢ ὀλίγας τῶν τριχῶν ἢ τι τῶν τοιούτων. Kaum weniger bedenklich erscheint πέπλων ἄπο, ein mindestens ungeschickter Ausdruck, um das zu bezeichnen, was in einer entsprechenden Situation bei Theocr. 2. 53 heisst, ἀπὸ τᾶς χλαίνας τὸ κράσπεδον. Es ist nicht unmöglich dass ἄπο auf einem Schreibfehler oder einer falschen Ergänzung beruht, und ich würde nichts dagegen haben wenn jemand vermutete dass πέπλωμά τι oder πέπλου ῥάκος oder etwas ähnliches ursprünglich hier gestanden habe. Schwerer aber dürfte es sein die Unklarheit und Ungereimtheit der Worte συνάψαι τ' ἐκ δυοῖν μίαν χάριν zu beseitigen. Gemeint ist «zwei Herzen in Liebe vereinigen». Aber bezeichnet χάρις jemals die Liebe? und wird die Liebe oder das gute Einvernehmen geknüpft ἐκ δυοῖν, aus zwei Menschen? Kein Vernünftiger wird so reden: zwei Menschen werden vereinigt durch das Band der Liebe oder Freundschaft, aber nimmermehr wird die Liebe oder Freundschaft aus ihnen zusammengeknüpft. Und was soll μίαν χάριν bedeuten? Die Tragiker bilden gern aus Zahlbegriffen Gegensätze; aber niemals gestatten sie sich um der Rhetorik willen eine Absurdität. Niemand wird es anstössig finden, wenn Sophocles Trach. 539 sagt: καὶ νῦν δύ' οὖσαι μίμνομεν μιᾶς ὑπὸ χλαίνης ὑπαγκάλισμα, oder Euripides Hec. 896: ὡς τώδ' ἀδελφώ πλησίον μιᾷ φλογί, δισσὴ μέριμνα μητρί, κρυφθῆτον χθονί. Dagegen ist μίαν χάριν in dem jetzigen Zusammenhange genau eben so ungereimt, als das in den Phoenissen überlieferte αἰχμὴν ἐς μίαν καθίστατον (s. Th. I p 90), oder das Deutsche «zwei Personen haben eine einzige Freundschaft geschlossen». Aus dem Bisherigen geht hervor dass die drei Verse in ihrer jetzigen Gestalt, auch wenn man πλόκον statt λόγον emendirt und statt πέπλων ἄπο eine sinngemässe Aenderung vornimmt, gleichwohl eine sprachliche Form zeigen, wie man sie unmöglich dem Euripides zutrauen darf. Als ein weiteres Characteristicum dieser Verse ist hervorzuheben dass die hier erwähnten σημεῖα zur vorliegenden Situation nicht passen. Ich mag kein Gewicht darauf legen dass die Amme sich nicht bemüht die hier als nothwendig bezeichneten Dinge herbeizuschaffen; sie sucht eben ihre Herrin zu täuschen, und was sie oben von ihren φίλτρα θελκτήρια sagt, ist ja auch erlogen[1]). Aber gesetzt, die begehrten σημεῖα wären zur Stelle: wozu konnten sie verwendet werden? Darüber gibt Theocr. 2, 53 uns Auskunft:

τοῦτ' ἀπὸ τᾶς χλαίνας τὸ κράσπεδον ὤλεσε Δέλφις,
ὡγὼ νῦν τίλλοισα κατ' ἀγρίω ἐν πυρὶ βάλλω.

---

[1]) Anders verfuhr Euripides, wie es scheint, in seiner Ἱππολύτῳ καλυπτόμενος, wo er nach dem Ausdrucke ersten Bearbeitung desselben Stoffes, dem sogenannten ἑνὸς alten Grammatikers τὴν ἀπεσχυσίαν πεποιηκώς

und noch bei weitem bestimmter Lucian an der oben angeführten Stelle, dial. meretr. 4, 5, wo es nach den citirten Worten heisst: ΜΕΛΙΤΤΑ. ἔχω τὰς κρηπῖδας αὐτοῦ. ΒΑΚΧΙΣ. ταύτας κρεμάσασα (nämlich ἡ φαρμακίς) ἐκ πατταλόυ ὑπόθυμία τῷ θείῳ, πάττουσα καὶ τῶν ἁλῶν ἐπὶ τὸ πῦρ· ἐπιλέγει δὲ ἀμφοῖν τὰ ὀνόματα, καὶ τὸ ἐκείνου καὶ τὸ σόν. εἶτα ἐκ τοῦ κόλπου προκομίσασα ῥόμβον ἐπιστρέφει, ἐπῳδήν τινα λέγουσα ἐπιτρέχει τῇ γλώττῃ, βαρβαρικὰ καὶ φρικώδη ὀνόματα. Man sieht, die σημεῖα werden verbrannt, und wer die Stellen des Theocrit und Lucian im Zusammenhange liest, wird finden dass durch diese Verbrennung der Geliebte zurückgezaubert wird zu der ehemaligen Geliebten, die er treulos verlassen hat. Die Bedeutung dieser symbolischen Handlung ist leicht zu verstehen: man nimmt ein Gedenkzeichen des entfremdeten Geliebten, eine Locke, ein Stückchen von seinem Gewande oder etwas ähnliches; durch die Vernichtung desselben soll der Treulose mit einem Theile seines Ich auf ewig gebunden und der früheren Geliebten unwiederbringlich verfallen sein. Dieselbe Anschauung finden wir bestimmt ausgesprochen bei Virg. Ecl. 8, 90 ff., wo die Erinnerungszeichen des Geliebten nicht verbrannt, sondern von der Liebenden in die Erde vergraben werden und zwar, was besonders zu beachten ist, unter der Schwelle ihres Hauses:

ducite ab urbe domum, mea carmina, ducite Daphnim.

has olim exuvias mihi perfidus ille reliquit

pignora cara sui, quae nunc ego limine in ipso,

terra, tibi mando; debent haec pignora Daphnim.

Was hieraus für den vorliegenden Fall sich ergibt, braucht kaum gesagt zu werden. Hätte Hippolytus sich eines Treubruches schuldig gemacht, so könnte er durch σημεῖα, d. h. Erinnerungszeichen oder Unterpfänder seiner Liebe, gebannt und wiedergewonnen werden; da er niemals die Phaedra geliebt hat, so ist die Erwähnung der σημεῖα vollkommen sinnlos. Blicken wir endlich auf den Zusammenhang der Euripideischen Stelle, so fragt Phaedra unmittelbar nachher nicht, was doch das natürliche wäre, wozu die σημεῖα gebraucht werden sollten oder wie man sie erlangen könne, sondern ihre Frage lautet:

πότερα δὲ χριστὸν ἢ ποτὸν τὸ φάρμακον;

Sie betrachtet mit andern Worten die drei Verse 513—515 als nicht vorhanden. Die Amme aber verweigert auf diese ihre Frage jede Auskunft: οὐκ οἶδ᾽ ἔασαι, μή μ᾽ ἐκεῖν θέλην, τέκνον. Sie selbst, und damit beschwichtigt sie die Befürchtungen ihrer Gebieterin, werde die Sache wohl ausführen. Wozu dann überhaupt die auf die σημεῖα bezüglichen Details? Die fraglichen drei Verse sind, wie man sieht, durchaus überflüssig und nur störend. Ich glaube nachgewiesen zu haben dass die Worte δεῖ — χάριν in der Form stümperhaft sind, dass sie mit der Situation sich nicht vertragen, dass durch ihre Wegnahme

---

τῶν γυναικῶν. Wie hier Phaedra den Mond herabzuziehen suchte, um die Liebe des Hippolytus zu gewinnen (Schol. Theocr. 2, 10), so ist es wohl glaublich dass zu dem gleichen Zwecke verschiedene magische Mittel auf- geboten wurden. Darauf mag sich Propertius 2, 1, 51 beziehen: *nocuere pocula Phaedrae, pocula principio non nocuere suo.*

der Zusammenhang nichts verliert, sondern nur gewinnt: aus allen diesen Gründen folgt dass sie als interpolirt ausgeschieden werden müssen. Sollte jemand aller Gründe ungeachtet es für gewagt halten drei Verse auf einmal zu verurtheilen, so möchte ich an Alc. 818—820 erinnern, wo die gegen die Gesetze der Stichomythie verstossenden Worte:

πένθος γὰρ ἡμῖν ἐστι· καὶ κουρὰν βλέπεις
μελαμπέπλους στολμούς τε. ΗΡ. τίς δ' ὁ κατθανών;
μῶν ἢ τέκνων τι φροῦδον ἢ πατὴρ γέρων;

an denen ehemals niemand gerüttelt hat, jetzt schwerlich viele Vertheidiger finden werden, seit die Scholien uns die Notiz gebracht haben, ταῦτα τὰ τρία ἔν τισιν οὐκ ἔγκειται. Uebrigens sind dort vielleicht sogar vier Verse zu tilgen, wovon unten.

Zu Anfang des folgenden Chorgesanges las man bisher:

325   Ἔρως, Ἔρως, ὁ κατ' ὀμμάτων
      στάζεις πόθον, εἰσάγων γλυκεῖαν
      ψυχαῖς χάριν οὓς ἐπιστρατεύσῃ.

Statt dessen schreibt Kirchhoff:

      Ἔρως, Ἔρως, ὁ κατ' ὀμμάτων,
      ὅστις στάζεις πόθον εἰσάγων γλυκεῖαν κτἑ.

mit der Bemerkung «ὅστις στάζεις A, omissum ὅστις in ceteris.» Um diese Schreibung zu rechtfertigen, setzt er in der Antistrophe eine Lücke an:

      ἄλλως ἄλλως παρά τ' Ἀλφεῷ
      .... Φοίβου τ' ἐπὶ Πυθίοις τεράμνοις κτἑ.,

eine Lücke, die wenigstens durch den Sinn nicht geboten ist. Schon das Metrum konnte gegen die Aufnahme des ὅστις bedenklich machen, sofern der gleichmässige Bau der drei auf einander folgenden Verse

      στάζεις πόθον, εἰσάγων γλυκεῖαν
      ψυχαῖς χάριν οὓς ἐπιστρατεύσῃ,
      μή μοί ποτε σὺν κακῷ φανείης

durch das hinzugefügte ὅστις zerstört wird. Noch entschiedener aber lehrt der Sinn dass ὅστις ein falsches Supplement ist: denn Ἔρως ὁ κατ' ὀμμάτων lässt sich nicht verstehen. Offenbar rührt ὅστις von einem Interpolator her, der nicht beachtete dass durch die Einschiebung des Relativum die Worte ὁ κατ' ὀμμάτων unverständlich werden. Dass mit der Schreibung ὁ κατ' ὀμμάτων στάζεις πόθον die ursprüngliche Lesart gegeben sei, kann ich nicht glauben: bedenklich bleibt schon dies dass wir sonst nirgends in der Tragoedie ὁ für ὅς gebraucht finden[1]). Dies bewog Hartung σὺ κατ' ὀμμάτων στάζεις πόθον zu setzen, eine Aenderung, deren Richtigkeit mindestens zweifelhaft ist. Mir scheint nämlich auch στάζεις

---

[1]) Iph. A. 468 ist überliefert.
αἰαῖ, τὸν Ἑλένης ὥς μ' ἀπώλεσεν γάμον
γήμας ὁ Πριάμου Πάρις, ὅς μ' εἴργασται τάδε.
Es ist zweifelhaft ob hier ὃς εἴργασται oder ὅ μ' εἴργα- σται zu schreiben sei, wie schon Markland gesehen hat. Ist ὅ μ' εἰργάσθαι das richtige, so müssen wir ὅ als Neutrum fassen. Vgl. Porson zu Eur. Hec. 13.

höchst auffallend. Was κατ' ὀμμάτων στάζει δάκρυ bedeutet, weiss jeder; aber wie Eros aus den Augen Sehnsucht träufeln soll, lässt sich nicht absehen. Sehr verschieden ist bei aller scheinbaren Aehnlichkeit die Stelle des Crinagoras Anth. Plan. 199, wo es vom Eros heisst:

αὐτὸς γὰρ ἄλλων ἐκ μὲν ὀμμάτων δάκρυ
ἔλιψας, ἐν δὲ πικρᾷ καρδίᾳ βέλη
πήξας, ἀφύκτων ἰὸν ἔσταξα πόθων.

Crinagoras redet von den Pfeilen des Eros und kann aus diesen wohl das Gift der Sehnsucht triefen lassen; Euripides spricht dagegen von den Augen des Eros, und da würde στάζειν πόθον das unpassende Bild eines Weinenden uns vorführen, während vernünftiger Weise nur an das Strahlen entsendende Auge des Eros gedacht werden kann, der hier wie im Folgenden (vgl. ἐπιστρατεύσῃ 527 und τὸ τᾶς Ἀφροδίτας βέλος ἵησιν 532) als Kriegsgott erscheint. Wenn es nun darauf ankommt dass einerseits στάζεις πόθον emendirt, andrerseits das jetzt unstatthafte ὁ κατ' ὀμμάτων möglich gemacht werde, so liegt es auf der Hand dass wir für στάζεις ein zweisilbiges Participium Praesentis mit der Endung — εὶς setzen müssen, und hier kann über die Wahl kein Zweifel obwalten. Es ist zu lesen

Ἔρως Ἔρως, ὁ κατ' ὀμμάτων
ἱείς πόθον, εἰσάγων γλυκεῖαν κτἑ.

Die jetzige Lesart erklärt sich daraus dass in ἱείς der erste Buchstabe unleserlich geworden war; auf στάζεις verfiel man wegen des voraufgehenden ὀμμάτων. Die Redeweise ἱέναι πόθον ist dem üblichen ἱέναι βέλος nachgebildet, wie etwa Lucretius 4, 1054 sagt: *seu mulier toto iactans e corpore amorem*.

Um die überschwängliche Macht der Liebe darzuthun, erinnert der Chor an Semele, von deren Schicksal die Stadt Theben zu erzählen wisse:

555   ὦ Θήβας ἱερὸν
τεῖχος, ὦ στόμα Δίρκας,
συνείποιτ' ἂν οἷον ἁ Κύπρις ἕρπει.

Nach Anleitung des strophischen Verses hat Monk die letzten Worte umgestellt. συνείποιτ' ἂν ἁ Κύπρις οἷον ἕρπει. Es dürfte ausserdem noch eine kleine Aenderung nothwendig sein. Das Wort ἕρπει ist hier, wo von dem Walten der Liebesgöttin geredet wird, etwas zu schwach und nichtssagend, und so zweifle ich nicht dass vielmehr ἔρδει oder ἕρδει geschrieben werden muss. Hinsichtlich der Aspiration herrscht bei diesem Worte bekanntlich ein Schwanken, das schon die alten Grammatiker bezeugen (vgl. Schol. Ar. Ach. 330. Lex. περὶ πνευμ. p. 218. Eust. Od. p. 1577, 42), ein Schwanken wie wir es auch sonst bei ursprünglich digammirten Wörtern finden (vgl. meine Bemerkung im Philol. I p. 357). Ueberhaupt und namentlich in den Handschriften der Tragiker ist ἔρδω die herrschende Schreibweise: doch findet sich ἕρξουσιν Med. 1302 in B und geringeren Codices, bei Theognis ist die Aspiration weit besser verbürgt (vgl. 105. 368. 482. 573. 675), und es scheint nicht unglaublich dass ἕρδω die ältere, in der Tragoedie durchweg herzustellende Form sei. Demselben Schwanken unterliegen ἔργμα und ἕργμα, und dass ehemals auch ἔργον existirte, lehrt die inschriftlich bezeugte Schreibung ἐργαζόμενοι bei Keil Schedae epigraph. (Numburgi 1855) p. 8. — Endlich erregt auch die Lesart συνείποιτ' ἄν Bedenken. Wie συμπράττω ein Unterstützen durch die That ausdrückt, so wird συναγορεύω mit den dazu gehörigen Formen συνερῶ, συνείρηκα, συνεῖπον durchgängig nur da angewendet, wo ein Reden zu Gunsten jemandes, ein Unterstützen durch Worte bezeichnet werden soll. Diese Bedeutung ist hier für συνείποιτ' unmöglich. In der besten Handschrift A ist der Diphthong der Endung von zweiter Hand geschrieben; vermuthlich lautete die frühere Lesart συνείποι, was Bbc bieten. Danach hat Kirchhoff συνείπαιτ' gesetzt, eine schon aus dem eben angegebenen Grunde nicht zulässige Aenderung, gegen die vielleicht auch der Umstand spricht dass der Optativ εἴπαιμι statt εἴποιμι schwerlich Attisch ist. Es muss heissen:

συνειδεῖτ' ἄν ἁ Κύπρις οἷον ἔρδει.

Die Orte wo irgend eine That geschehen ist, werden oft als mitwissende der That bezeichnet wie auch als mithandelnd oder mitempfindend (vgl. Schneidewin zu Soph. Ai. 420). Statt vieler andrer Stellen erinnere ich an Soph. Oed. R. 1398: ὦ τρεῖς κέλευθοι καὶ κεκρυμμένη νάπη, δρυμός τε καὶ στενωπὸς ἐν τριπλαῖς ὁδοῖς, αἳ τοὐμὸν αἷμα τῶν ἐμῶν χειρῶν ἄπο ἐπίετε πατρός, ἆρά μου μέμνησθ' ἔτι εἴ' ἔργα δράσας κτέ. Aesch. Agam. 37: οἶκος δ' αὐτός, εἰ φθογγὴν λάβοι, σαφέστατ' ἂν λέξειεν. Daraus erklärt sich die Anwendung des Verbum συνειδέναι, das wir ganz eben so gebraucht finden bei Soph. El. 93: ξυνίσασ' εὐναὶ μογερῶν οἴκων, ὅσα τὸν δύστηνον ἐμὸν θρηνῶ πατέρα. Eur. Herc. F. 368: ξυνοίδε Πηνειὸς ὁ καλλιδίνας. fr. 697, 5: ξυνοιδ' ὄρος Παρθένιον, und sonst.

Phaedra vernimmt das Schelten des Hippolytus, der über die Mittheilungen der Amme im höchsten Grade aufgebracht ist und innerhalb des Hauses seinem Zorne Luft macht; der Chor hört den Lärm, weiss aber noch nicht was er davon halten soll:

585 ἀχὰν μὲν κλύω, σαφὲς δ' οὐκ ἔχω
γεγωνεῖν ὅπα
διὰ πύλας ἔμολεν ἔμολε σοὶ θεά.

Die Handschriften bieten fast ohne Ausnahme ὅπα, was durch das Metrum und noch entschiedener durch den Sinn verurtheilt wird. Die Scholien sagen: τί δὲ ὅπα ἀντὶ τοῦ ὁπόθεν καὶ ἐκ τίνος. Eine derartige Erklärung mag man den Byzantinischen, vielleicht auch den Alexandrinischen Grammatikern gestatten; jetzt weiss jeder dass ὅπα nur bezeichnen kann »auf welchem Wege« oder »auf welche Weise«. Keins von beiden ist hier statthaft. Offenbar ist ὅπου herzustellen.

Das wohlmeinende, aber unkluge Thun der Amme, sagt Phaedra, hat mich vernichtet. Darauf entgegnet der Chor:

598 πῶς οὖν; τί δράσεις, ὦ παθοῦσ' ἀμήχανα;

Statt πῶς οὖν findet sich im Chr. pat. 610 u. 1830 τί οὖν, worüber Kirchhoff sagt: »auctorem in exemplo suo non πῶς οὖν legisse apparet, sed τί οὖν. id certatim correctum a librariis in πῶς οὖν, quod libros occupat. reduxi τί οὖν, quod etiam in Hecubae versu paene oblitteratum in ceteris libris solus praestantissimus servavit A«. Gemeint ist Hec. 820: πῶς οὖν ἔτ' ἂν τις ἐλπίσαι πράξειν καλῶς, wo Kirchhoff nach Ac τί οὖν geschrieben hat, ohne dass der Sinn diese Lesart forderte. Ein gleiches Schwanken der Lesart mag im obigen Verse bestanden haben; aber auf die Autorität des Chr. pat–hin τί οὖν in den Text zu setzen halte ich nicht für erlaubt, zumal da Hec. 876: πῶς οὖν; τί δράσεις; und Med. 1376: πῶς οὖν; τί δράσω; für die hergebrachte Lesart sprechen. Ueberhaupt lässt sich nicht erweisen dass Euripides sich einen Hiatus nach τί gestattet habe; denn auch Phoen. 878: ἀγὼ τί οὐ δρῶν, ποῖα δ' οὐ λέγων ἔπη, schwankt die Lesart; da die besten Handschriften τί δρῶν ὁποῖα bieten, so dürfte die alte Vermuthung τί δρῶν οὔ, ποῖα δ' οὐ λέγων ἔπη, welche auch Dindorf billigt, aufzunehmen sein, falls es nicht gerathner ist mit Porson zu Ar. Eccl. 852 τίν' οὐ δρῶν zu verbessern. Wenn Hipp. 971 ehemals geschrieben wurde τί οὖν τί ταῦτα σεῖς ἁμιλλῶμαι λόγοις, so beruhte diese Lesart auf der Handschrift B: die übrigen Handschriften bieten das jetzt allgemein aufgenommene νῦν οὖν τί ταῦτα. Mag man daher über den Gebrauch des Aeschylus und Sophocles urtheilen wie man will [1]), für Euripides scheint es unzweifelhaft dass er den Hiatus nach τί consequent gemieden hat.

Nachdem Hippolytus dem Zeus ein Mittel an die Hand gegeben hat, wie er, ohne Weiber zu Tage zu fördern, die Fortpflanzung des Menschengeschlechtes hätte bewerkstelligen sollen, folgt die Schilderung des Elendes, das durch die Weiber hervorgerufen wird. Es müsste uns möglich sein, meint der Held des Stückes, die Nachkommen zu kaufen,

      ἐν δὲ δώμασι
      ναίειν ἐλευθέραισι θηλειῶν ἄτερ.
625   νῦν δ' εἰς δόμους μὲν πρῶτον ἄξεσθαι κακὸν
      μέλλοντες ὄλβον δωμάτων ἐκτείνομεν.
      τούτῳ δὲ δῆλον ὡς γυνὴ κακὸν μέγα·
      προσθεὶς γὰρ ὁ σπείρας τε καὶ θρέψας πατὴρ
      φερνὰς ἀπῴκισ', ὡς ἀπαλλαχθῇ κακοῦ·
630   ὁ δ' αὖ λαβὼν ἀτηρὸν εἰς δόμους φυτὸν
      γέγηθε κόσμον προστιθεὶς ἀγάλματι
      καλὸν κακίστῳ καὶ πέπλοισιν ἐκπονεῖ
      δύστηνος, ὄλβον δωμάτων ὑπεξελών.

Ueber V. 627—29 finden wir in Kirchhoffs Ausgabe die Bemerkung: «*Euripidis sunt, sed alienam in sedem illatos esse non possum non indicare. fortasse olim ad marginem scripserat*

---

[1]) Bekanntlich sagt Porson zu Eur. Phoen. 692: *hiatum tragici non admittunt post* τί, *nam paucu, quae adversantur, exempla mendosa sunt*. Es findet sich τί οὖν Aesch. Sept. 208. 704. Pers. 787. Eum. 902. Suppl. 806. Soph. Ai. 873. Phil. 100. τί ἐστιν Phil. 733. 753. τί εἶπας Phil. 917. Trach. 1203. ὅ τι ἄν Soph. fr. 307. Dagegen ist bei Aesch. Suppl. 319 das handschriftliche τί οὖν der Stanleyschen Verbesserung τίς οὖν gewichen. Statt τί οὖν μ' ἄνωγας dürfte bei Aesch. Eum. 902 und Soph. Phil. 100 zu lesen sein τί μ' οὖν ἄνωγας, wie bereits Porson und Erfurdt vorgeschlagen haben. Trach. 1203 möchte ich πῶς εἴπας vermuthen. An den übrigen Stellen lässt sich der Hiatus mit leichten, aber freilich mehr oder weniger zweifelhaften Aenderungen beseitigen. Jedenfalls war es überaus gewagt, wenn Dindorf bei Soph. Phil. 699 nach eigener Vermuthung εἴ τι ἐμπέσοι statt εἴ τις ἐμπέσοι in den Text setzte, oder wenn derselbe Gelehrte Aesch. Agam. 1115 Αἰκτυὸν τί Ἄιδου schrieb

assidua lectoris alicuius diligentia». Nimmt man hinzu dass diese Verse im Texte mit kleinerer Schrift gedruckt sind, so scheint es unzweifelhaft dass Kirchhoff meint dieselben seien aus einem verloren gegangenen Euripideischen Stücke entlehnt: jedenfalls findet er — und gewiss mit Recht — an der Form und dem Gedanken an sich nichts auszusetzen. Was ihn zur Verurtheilung der Sentenz an dieser Stelle bewog, ist leicht zu errathen: V. 625 f. und 627—29 sind offenbar mit einander unverträglich. Zuerst wird gesagt, der Freier opfere seinen Reichthum, um sich ein Unglück aufzubürden, sodann heisst es, der Vater lege die Aussteuer zu, um seine Tochter los zu werden. Eins von beiden Argumenten würde besser fehlen; denn was der Vater opfert, ist ein Gewinn für den Heirathenden, der die Mitgift empfängt; wenn dagegen der Heirathende sein Vermögen daran setzt eine Frau zu bekommen, so braucht der Vater der Braut kein erhebliches Opfer zu bringen. Die Art aber wie Kirchhoff das Unpassende der jetzigen Verbindung beseitigen will, möchte ich nicht billigen, schon deshalb weil die drei verdächtigten Verse sich nicht ausscheiden lassen ohne Störung des Zusammenhanges. Die Worte ὁ δ' αὖ λαβών 630 weisen darauf hin dass vorher von dem Vater die Rede sein muss, der seine Tochter verheirathet; somit ist es schlechterdings unmöglich, an V. 626 sofort V. 630 sich anschliessen zu lassen. Ausserdem aber sprechen mehrere Gründe gegen die Echtheit von 625 f. Wenn wir auch von den beiden in sprachlicher Hinsicht anstössigen Dingen, dem unattischen ἄξασται und dem sicherlich verschriebenen ἐκτένεμεν zunächst absehen, so ist doch der Gedanke, dass derjenige welcher zu heirathen im Begriff stehe, seinen ὄλβος δωμάτων hingeben müsse, meiner Ansicht nach eine Absurdität: einmal weil auch Unbemittelte, ἄνολβοι, heirathen, sodann weil unmöglich das Nehmen einer Frau als etwas absonderlich kostspieliges bezeichnet werden kann. Mag es auch denkbar sein dass dieser oder jener sein Vermögen zum Behufe der Hochzeit aufwendet, so kann doch eine solche Anomalie hier, wo es sich um eine allgemeine Erfahrung handelt, nicht in Betracht kommen. Sodann lassen sich 625 f. ohne irgend welchen Nachtheil für den Zusammenhang beseitigen. Ferner ist 626 zum Theil entlehnt aus 633, wodurch Valckenaer bewogen wurde den letzteren Vers ohne Grund zu verdächtigen. Endlich scheint auch das ἐκτένεμεν die spätere Hand zu verrathen. Die Verbesserungsvorschläge ἐκτίνειμεν (Pierson), ἐκδύωμεν (Monk), ἐκτρίβωμεν (Matthiae), ἐκτήκωμεν (Kirchhoff) sind verfehlt; der Autor der Verse schrieb nichts anderes als was in mehreren Handschriften sich findet, ἐκτένωμεν, ohne zu wissen dass bei den Attikern das Iota in τίνω durchweg kurz ist. Eben deshalb dürfte es nicht gerathen sein der Form ἄξασθαι das zwar regelrechte, aber weniger beglaubigte ἄξεσθαι vorzuziehen. Nach den angegebenen Gründen müssen 625 f., die ich schon in der ersten Ausgabe als verdächtig bezeichnet habe, aus dem Texte verwiesen werden. In V. 630 bieten zwei gute Handschriften AC εἰς δόμους ἰατρόν statt ἰατρὸν εἰς δόμους. Danach wäre es nicht unmöglich dass wir, wie ich ehemals vermuthete, εἰς δώματ' ἰατρὸν φυτόν oder mit Kirchhoff εἰς οἶκον ἰατρὸν φυτόν schreiben müssten; doch halte ich die Vulgate für wahrscheinlicher.

Der Weiberhasser Hippolytus meint, es sei noch das beste eine beschränkte Frau zu haben:

> 638   ῥᾷστον δ' ὅτῳ τὸ μηδὲν ἀλλ' ἀνωφελὴς
> εὐηθίᾳ κατ' οἶκον ἵδρυται γυνή.

Statt ἀνωφελής, unnütz, fordert der Zusammenhang vielmehr einen Begriff wie unschädlich, unbeholfen, unthätig oder etwas ähnliches. Es kommt hinzu dass kurz vorher 636 πενθεροὺς δ' ἀνωφελεῖς am Schlusse eines Verses steht; durch diesen Versausgang mag die Schreibung ἀλλ' ἀνωφελής veranlasst sein. Vielleicht genügt es mit überaus leichter Aenderung ein Adjectivum zu setzen das wir sonst noch einmal (Eur. Orest. 800) in der Tragoedie gebraucht finden, ἀλλὰ νωχελὴς εὐηθίᾳ. — Es folgen die Verse:

> 640   σοφὴν δὲ μισῶ· μὴ γὰρ ἔν γ' ἐμοῖς δόμοις
> εἴη φρονοῦσα πλεῖον ἢ γυναῖκα χρή.

Mit Recht hat W. Dindorf in der Leipziger Ausgabe des Lucian vol. 2 p. VI an der Form πλεῖον Anstoss genommen [1]); sein Vorschlag πλεῖον' ἢ γυναῖκα χρή verdient gewiss Beifall, wenn überhaupt die beiden Verse von Euripides herrühren. Jedenfalls nimmt es sich seltsam aus, wenn Hippolytus, der kurz vorher schlechthin die Existenz der Frauen verwünschte, hier so zahm ist dass er nur die allzu klugen Frauen in seinem Hause nicht dulden möchte. Obenein ist γάρ unpassend; eine Behauptung wie σοφὴν μισῶ kann nicht wohl mit dem Wunsche μὴ εἴη φρονοῦσα begründet werden. Uebrigens erinnert der zweite Vers an Heracl. 979: καὶ τὴν φρονοῦσαν μεῖζον ἢ γυναῖκα χρή, wonach man sich versucht fühlen könnte πλεῖον in μεῖζον zu ändern.

Als Hippolytus seinem Unwillen gegen die Frauen in längerer Rede Luft gemacht hat, beklagt Phaedra ihr Unglück:

---

[1] Die Attiker gebrauchen in der Regel die Formen πλείων, πλείονες u. s. w., im Nom. und Accus. Sing. des Neutrum dagegen πλέον (oder πλεῖν), nicht πλεῖον. An einzelnen Dichterstellen, wo πλεῖον überliefert ist, haben bereits andere den Fehler erkannt und gehoben. Eur. Suppl. 241 ist zu lesen: νέμοντες τῷ φθόνῳ πλέον (statt πλεῖον) μέρος. Desgleichen bei Eur. fr. 362, 20: οὐ πλέον οὐδέν. Aristarch fr. 1, 3 p. 564: πλέον γὰρ οὐδὲν κτλ. Ar. Nub. 1245: τωργύριον πλέον τὸ σόν. Philemon Com. 4 p. 43: πλέον γὰρ οὐδὲν ἄλλο τοῦ ζητεῖν ἔχεις. Eur. fr. 746 bei Stob. Flor. 31, 1: αἰδὼς γὰρ ὀργῆς πλέον (vielmehr πλεῖον) ὠφελεῖ βροτοῖς. Men. Com. 4 p. 237 schrieb οὐκ ἂν ἐκ πλείω τὸ κακὸν ἡμῖν ηὔξητο τὸ τῶν πονηρῶν, eben so Athenicon Com. 4 p. 557 f. V. 10 und 20: ἐπὶ πλεῖον νύξον (αὔξειν) τὴν μαγειρικὴν τέχνην. Bei Alexis Com. 3 p. 500 würde die jetzige Lesart, οὐδ' εἰς οὐδὲν μετὰ προσίετο πλεῖον τοῦ μετρίου, nur dann zulässig sein, wenn statt οὐδὲν ein Neutrum gesetzt wäre; es muss heissen πλεῖω τοῦ μετρίου. Eine andere Stelle eben dieses Dichters lautet nach der Ueberlieferung (Com. 3 p. 454): ἢ ὁπηνίκα δὲ λυπεῖ πλέον ἢ τέρπει πολύ. Statt πλεῖον ἢ (so Schweighäuser) musste zweifelsohne πλέον ἢ geschrieben werden; doch ist auch damit wenig gewonnen; ich vermuthe λυπεῖν πλεῖον ἢ τέρπειν φιλεῖ. Men. Com. 4 p. 229: οὐδεὶς δ' ἔγνωκε πλείον, οὐδ' ὁμεῖς ὅτῳ σὺν ταῖς πᾶπ̓αις, ist erst von Valckenaer aus einer bereits arg corrumpirten Lesart gemacht; niemand würde die ursprünglichen Worte ahnen, wenn sie nicht bei Stobaeus Flor. 86, 6 erhalten wären. οὐδεὶς δ' ἔγνως ἰδεῖν ἂν οὐδ' εἰπεῖν ὅτῳ ἔν τισι πώποτε. Men. Com. 4 p. 249 liest man: ὅταν ἕτερός σοι μηδὲ ἓν πλέον διδῷ, δέξαι τὸ μόριον τοῦ λαβεῖν γὰρ μηδὲ ἓν τι λαβεῖν ἔλαττον πλεῖον ἔσται ὅτι πολύ. Im ersten Verse habe ich Philol. VI p. 422 μηδὲν ἐμπλέον διδῷ verbessert (eben so neuerdings Cobet); im dritten Verse schreibe ich λάβῃς ἔσται ὅτι πολύ. Men. mon. 620: φιλεῖ δ' ἑαυτοῦ πλεῖον οὐδεὶς οὐθένα, sollte man wohl μᾶλλον erwarten. Aesch. Pers. 791 vermuthe ich μηδ' εἰ στράτευμα πλέον ἔτ' ᾖ (statt πλεῖον ἢ) τὸ Μηδικόν. Unecht scheint der Vers ἐπὰν τὸ λυπεῖν πλεῖον ἢ τὸ σώζον ᾖ Philem. Com. 4 p. 44; statt πλεῖον konnte der Autor μεῖζον schreiben. Eur. Tro. 644 und Phoen. 603 werden andere in Ordnung bringen.

τάλαινα; ὦ κακοτυχεῖς
γυναικῶν πότμοι.
670   τίνα νῦν τέχναν ἔχομεν ἢ λόγους
σφαλεῖσαι κάθαμμα λύειν λόγοις;
ἐτύχομεν δίκας· ἰὼ γᾶ καὶ φῶς.

Aus den entsprechenden strophischen Versen 362 ff. geht hervor das 670 ein dochmischer Dimeter sein muss. Darum schreibt man gewöhnlich mit G. Hermann τίνας νῦν τέχνας. Es dürfte mit bei weitem leichterer Aenderung τίν' αὖ νῦν τέχναν zu setzen sein: denn α und αυ lassen sich in den meisten Handschriften kaum unterscheiden und werden daher unendlich oft verwechselt[1]). Sollte jemand den Pluralis τίνας τέχνας deshalb für nothwendig halten, weil nachher ἢ λόγους folgt, so ist dagegen zu erinnern dass dies λόγους unpassend ist und darum nicht als Norm für die Schreibung der voraufgehenden Worte dienen kann. Auch Kirchhoff entschied sich für den Singularis τίνα τέχναν, wollte jedoch ohne ersichtlichen Grund τίν' οὖν ἦ τέχναν. Im Folgenden hat Musgrave λύειν oder λῦσαι statt λύσειν (oder λύσειν) verbessert: die sonstigen Fehler der Stelle werden sich kaum mit völliger Sicherheit heben lassen, da das doppelte λόγους (so die besten Handschriften, während geringere 671 λόγου bieten) es wahrscheinlich macht dass eine stärkere Corruptel vorliegt. Wenn Kirchhoff über λόγους V. 671 bemerkt, «patet aut hoc e versu praecedente huc esse retractum aut illud e nostro illuc immigrasse», so scheint es als hielte er das eine wie das andere λόγους an sich für zulässig und nähme nur Anstoss an der Wiederholung des Wortes. Dass indess das zweite λόγους sinnlos ist braucht kaum gesagt zu werden; an der ersten Stelle würde, falls ἢ richtig ist, ein Ausdruck wie πόρον deutlicher und angemessener sein. Wenn man meinte 671 mit der Aenderung λόγου oder λόγων auszukommen, so konnte man diesen Genetiv nur von κάθαμμα abhängig machen; aber wie soll die Verbindung κάθαμμα λόγων λύειν verstanden werden? Der Ausdruck κάθαμμα λύειν «den Knoten lösen» bedeutet «die Schwierigkeit heben, aus der Verlegenheit helfen» oder etwas der Art; des gleichen Bildes bedient sich Soph. Ai. 1317: εἰ μὴ ξυνάψων, ἀλλὰ συλλύσων πάρει. Ant. 40: τί δὲ λύσω· ἂν εἶδ' ἅπτουσα προστιθείμην πλέον; Ant. 1112: αὐτός τ' ἔδησα καὶ παρὼν ἐκλύσομαι. Aus diesen Stellen geht hervor dass κάθαμμα λύειν einer näheren Bestimmung nicht bedarf; sollte aber eine nähere Bestimmung gegeben werden, so müsste etwas anderes stehen als das nichtssagende λόγου oder λόγων. Bis andere etwas besseres finden, möchte ich vorschlagen:

τίν' αὖ νῦν τέχναν ἔχομεν αἴ λόγου
σφαλεῖσαι κάθαμμα λύειν δόλοις;

---

[1]) Dahin gehört Eur. Herc. F. 1081:
τάχα φόνον ἕτερον ἐπὶ φόνῳ βαλών
ἀναπαύσεται Καδμείων πόλιν.
Dem dochmischen Metrum hat man durch verschiedene Einschaltungen aufzuhelfen gesucht; ich möchte ἕτερον in ἑτέρων ändern und nachher αὖ αἵ βακχεύσει schreiben, womit Eur. El. 1121: ὁρᾷς, ἂν αὖ αἱ ζωπυρεῖς νείκη νέα, zu vergleichen ist. Einige andere Belege dieser Verwechslung habe ich in der Zeitschr. f. d. Alt.-Wiss. 1865 p. 276 beigebracht. Die daselbst ausgesprochenen Vermuthungen über die Vita Secundi bei Orelli Opusc. sent. I p. 210. 211 διὰ τοῦ λόγου (statt δι' αὐτοῦ λόγου) und διὰ τῆς σιωπῆς (statt δι' αὐτῆς σιωπῆς) sind neuerdings urkundlich bestätigt worden durch das von Tischendorf aus Aegypten gebrachte Papyrusfragment, über welches H. Sauppe Philol. XVII p. 150 ff. berichtet hat.

War λόγου σφαλείσαι in λόγους σφαλείσαι übergegangen [1]), so ergab sich die Veränderung von αἱ in ἡ mit einer gewissen Nothwendigkeit. Der Ausdruck λόγου σφαλείς, getäuscht in der Berechnung, ist durch σφάλλεσθαι βουλευμάτων, δόξης, ἐλπίδων und ähnliche Verbindungen hinlänglich geschützt.

Seiner Gebieterin beistimmend ruft der Chor aus:

680   φεῦ φεῦ· πέπρακται, κοὐ κατώρθωνται τέχναι,
       δέσποινα, τῆς σῆς προσπόλου, κακῶς δ' ἔχει.

Zwei nicht unwichtige Handschriften CE bieten κατώρθωται τέχνη: in AB ist der Singularis κατώρθωται durch Tilgung des Ny hergestellt. Nicht sowohl wegen dieses Schwankens der Ueberlieferung als um der Concinnität willen möchte ich schreiben κοὐ κατώρθωται τέχνη, wodurch wir für πέπρακται, οὐ κατώρθωται, κακῶς ἔχει dasselbe unpersönliche Subject bekommen würden.

Phaedra verwünscht die Anstifterin des jetzigen Unheiles mit den Worten:

683   Ζεύς σ' ὁ γεννήτωρ ἐμὸς
       πρόρριζον ἐκτρίψειεν οὐτάσας πυρί.

Die ungewöhnliche Wortstellung ὁ γεννήτωρ ἐμός statt ὁ ἐμὸς γεννήτωρ macht es wahrscheinlich dass mit G. Wolff zu Soph. Ai. p. 142 σε statt σ' ὁ zu schreiben ist, wie in dem ganz entsprechenden Falle Soph. Ai. 573 bereits Schaefer μήτε λυμεών ἐμός statt μήτ' ὁ λυμεών ἐμός vermuthet hat. Dindorf sucht beide Stellen zu vertheidigen durch Redeweisen wie τῷ Δἰ Ὀλυμπίῳ, τῷ Ἀπόλλων Ἀρισταίῳ, τοῦ Διός Βουσσουριτίου u. dgl. (Keil Syll. inser. Boeot. p. 73), die allerdings unantastbar, aber freilich nicht ganz entsprechend sind. Bei Andocides 1, 47 findet sich in einigen Handschriften ὁ πατὴρ ἐμός.

Die Troezenischen Frauen, welche den Chor bilden, geloben über das Vorgefallene zu schweigen, worauf Phaedra ihren Plan sich an Hippolytus zu rächen mit folgenden Worten einleitet:

715   καλῶς ἔλεξας. ἐν δὲ προτρέπουσ' ἐγώ
       εὕρημα δῆτα τῆσδε συμφορᾶς ἔχω,
       ὥστ' εὐκλεᾶ μὲν παισὶ προσθεῖναι βίον.
       αὐτή τ' ὄνασθαι πρὸς τὰ νῦν πεπτωκότα.

Die beiden ersten Verse sind vollkommen sinnlos; erstens ist προτρέπουσα, antreibend, hier ungereimt; zweitens streitet εὕρημα, was einen glücklichen Fund bezeichnet, gegen den Zusammenhang, der vielmehr den Begriff «Heilmittel» fordert; endlich kann ich δῆτα nicht für zulässig erachten, da es eine objective Gewissheit ausdrückt. Wo so viele Bedenken zusammen kommen, dürfte es kaum möglich sein mit einiger Sicherheit über die ursprüngliche Fassung der Stelle zu entscheiden. Der ungefähre Sinn muss der sein, welchen die Scholien angeben: μεταστρέπουσα, φησί, καὶ πολλὰ δοκιμάζουσι καὶ εἰς πολλὰ μεταφέρουσά μου τὴν γνώμην, ἓν μόνον ἴαμα τῆς συμφορᾶς εὗρον. Mit Hilfe dieser Paraphrase schreibt

---

[1]) Ueber derartige Fehler vgl. *Mélanges Gréco-Ro-* p. 256: τῷ ταυτὶ Ἀλεξάνδρῳ μὴ βουλὶς ἐπίκτοον (l. ἐπίμαινε) II p. 219. Procop. Epist. 77 bei Mai Class. auct. IV μεισο), νέαι ἡλικίαν ἐπὶ πολὺ διατρέμενος.

Hartung: ἐν δὲ περιτρέπουσ' ἐγὼ ἴαμα δή τι τῆσδε συμφορᾶς ἔχω. Hier ist zunächst dem Verbum περιτρέπειν eine Anwendung beigelegt die sich durch kein auch nur entfernt ähnliches Beispiel belegen lässt; sodann erscheint ἴαμα, ein späteres, der Tragoedie durchaus fremdes Wort, als höchst bedenklich; denn bei Aeschylus fr. 343 ist ἴαμα nur eine falsche, jetzt beseitigte Lesart statt θῦμα: endlich ist δή τι eben so unpassend als δῆτα. Ganz anders lautet Kirchhoffs Vorschlag: ἐν δ' ὃ πρῶτ' εἰπούσ' ἔχω, εὕρηκα δῆτα τῆσδε συμφορᾶς ἄκος. Dass ich die Stelle nicht als geheilt ansehen kann, wenn δῆτα beibehalten wird, brauche ich nicht zu sagen. Aber auch die Aenderung ἐν δ' ὃ πρῶτ' εἰπούσ' ἔχω halte ich für missglückt. Phaedra soll damit an ihre früheren Worte V. 599 f. erinnern: οὐκ οἶδα πλὴν ἕν, κατθανεῖν ὅσον τάχος, τῶν νῦν παρόντων πημάτων ἄκος μόνον. Aber einerseits ist diese Beziehung schwer zu errathen; andrerseits ist der Tod der Phaedra, und nur an ihren Tod hatte sie früher gedacht, nach dem was mittlerweile geschehen ist, noch kein ausreichendes Mittel um ihre Ehre zu retten; vielmehr will sie jetzt so sterben dass Hippolytus für ihren Tod büsst und durch denselben gedemüthigt wird, dass sie in den Augen des Theseus als rein und schuldlos, ihr Stiefsohn als verbrecherisch erscheint. Von diesem Plane weiss noch niemand ausser ihr, und somit kann sie unmöglich sagen ὃ πρῶτ' εἰπούσ' ἔχω. Monk hat vorgeschlagen ἐν δὲ προσκοπούσ' ἐγώ, eine nicht eben kühne, aber freilich keineswegs sichere Aenderung, der man die Vermuthung ἐν δὲ περινοούσ' ἐγώ an die Seite stellen könnte, falls nicht andere durch das angeführte Scholion auf etwas besseres geführt werden. Im zweiten Verse scheint δῆτα nichts als ein Supplement zur Ergänzung eines fehlenden Fusses. Mit Benutzung von Kirchhoffs Vermuthung möchte ich schreiben:

εὕρηκα μοῦνον τῆσδε συμφορᾶς ἄκος.

Statt μοῦνον oder μόνον mag ein Abschreiber die zuweilen vorkommende Abkürzung α angewendet haben; kein Wunder dass dann εὕρηκα α τῆσδε in εὕρηκα τῆσδε oder εὕρημα τῆσδε corrumpirt wurde. Ueber die Verwechslung von α und μόνον vgl. Dobree Advers. 2 p. 155. Häufiger noch wird α zur Bezeichnung von πρῶτος gebraucht. Daraus erklärt sich die jetzige Lesart bei Phalaris Epist. 142: οὐ νῦν ἀλλὰ πολλάκις ἤδη σοι γέγραφα, wo zu schreiben ist οὐ νῦν α ἀλλὰ πολλάκις, d. h. οὐ νῦν πρῶτον ἀλλὰ πολλάκις. In ähnlicher Weise ist bei Plat. Criton p. 46 B der ursprüngliche Text, ἐγὼ οὐ νῦν πρῶτον ἀλλὰ καὶ ἀεὶ τοιοῦτος (vgl. Eurip. Stud. Th. I p. 139), nachdem zunächst πρῶτον in Folge der üblichen Abkürzung ausgefallen war, in οὐ μόνον νῦν ἀλλὰ καὶ ἀεὶ τοιοῦτος verändert worden. Im letzten der obigen Verse ist ohne Zweifel, wie Hartung bemerkt hat, αὐτή δ' ὀνήσεται statt αὐτή τ' ὀνήσεται zu verbessern. Endlich ist noch zu erwähnen dass V. 715 fast alle Handschriften καλῶς ἐλέξατ' bieten. Für den Singularis καλῶς ἔλεξας, der auf einer Florentiner Handschrift zu beruhen scheint, dürfte die formelhafte Anwendung des καλῶς ἔλεξας (vgl. Valck. zu d. St.) sprechen, vielleicht auch der Umstand dass hier nur der Coryphaeus gesprochen hat, zu dem auch nachher Phaedra im Singularis redet, καὶ σύ γ' εὖ με νουθετεῖ V. 724.

Der Chor wünscht hinweggehoben zu sein an die äussersten Enden der Welt, zum

Eridanus und zu den Hesperiden. ἵν' ὁ ποντομέδων πορφυρέας λίμνας ναύταις οὐκέτ' ὁδὸν νέμει, σεμνὸν τέρμονα ναίων οὐρανοῦ, τὸν Ἄτλας ἔχει, κρῆναί τ' ἀμβρόσιαι χέονται

Ζηνὸς μελάθρων παρὰ κείταις,
750   ἵν' ὀλβιόδωρος αὔξει ζάθεα
χθὼν εὐδαιμονίαν θεοῖς.

Aus einer Vergleichung der strophischen Verse, εἰς εἷμα πατρὸς τάλαιναι | κόραι Φαέθοντος οἴκτῳ δακρύων | τὰς ἠλεκτροφαεῖς αὐγάς, ergibt sich dass man statt παρὰ κείταις V. 749 einen Bacchius, statt θεοῖς V. 751 einen Spondeus erwarten sollte. Daher hat Hermann παρὰ κείταις in παρ' εὐναῖς, Kirchhoff θεοῖς in θεοῖσιν geändert. Allein ausser dem Metrum war auch der Sinn in Betracht zu ziehen. Dass die κεῖται μελάθρων Ζηνὸς sehr auffallend sind, theils an sich, weil der Ausdruck nichts weiter als eben κεῖται Ζηνὸς besagen kann, theils in diesem Zusammenhange, da Zeus sich zwar an den Enden der Welt bei den Aethiopen gern aufhält, aber nicht gerade da vorzugsweise schläft, scheint Kirchhoff gefühlt zu haben, wenn er die kurze Bemerkung macht «παρὰ κείταις *corrupta*». Um Ambrosia zu trinken brauchen die Götter nicht erst nach den entlegensten Punkten der Erde zu gehen, und es wäre seltsam, wenn neben dem Schlafgemach des Zeus die ambrosischen Quellen fliessen sollten. Vielmehr muss statt παρὰ κείταις ein Begriff stehen, welcher die Bewohner jener entlegensten Gegenden bezeichnet, die einen engeren Verkehr mit den Göttern unterhalten und ein überreich gesegnetes Land bewohnen, ein Land wo Milch und Honig, oder nach Griechischer Anschauung, Ambrosia fliesst. Der Dichter denkt nämlich an eins jener Wunderländer (Schlaraffenland nach der bei uns üblichen Bezeichnung), wie sie die kindliche Phantasie aller Völker gern sich ausmalt, die immer in unerreichbarer Ferne, also am äussersten Erdrande, liegen, ohne dass ein Geograph im Stande wäre die Lage genau zu fixiren, und die darum bald mit diesem bald mit jenem Namen genannt werden, bis sie schliesslich vor der skeptischen Aufklärung mehr und mehr verschwinden. Statt παρὰ κείταις vermuthe ich παροίκοις: war dies in παρακεις übergegangen (bekanntlich werden α und ει unendlich oft vertauscht), so konnte ein gedankenloser Verbesserer wohl sich dazu verirren κεις in κείταις umzuändern. In ähnlicher Weise wird statt θεοῖς V. 751 der Begriff «Menschen» stehen müssen, also θνητοῖς: der Segen des Landes kommt natürlich am meisten seinen Bewohnern zu Statten. Ueber die Verwechslung von θεός und θνητός verweise ich auf Soph. Phil. 177, wo Lachmann ὦ παλάμαι θεῶν statt ὦ παλάμαι θνητῶν hergestellt hat. Endlich dürfte für ἵν' ὀλβιόδωρος (oder nach E ἵνα βιόδωρος) mit Valckenaer ἵν' ἁ βιόδωρος zu verbessern sein, wie auch die Scholien gelesen zu haben scheinen; dadurch bekommen wir ein besser verbürgtes und für das worauf es hier ankommt weit bezeichnenderes Wort. Somit schreibe ich:

κρῆναί τ' ἀμβρόσιαι χέονται
Ζηνὸς μελάθρων παροίκοις,
ἵν' ἁ βιόδωρος αὔξει ζάθεα
χθὼν εὐδαιμονίαν θνητοῖς.

Fast scheint es als habe Euripides in den letzten Worten die Sage von dem Sonnenmahle der μακρόβιοι Αἰθίοπες berücksichtigt, die Herodot 3, 17. 18 erwähnt und mit klügelndem Rationalismus deutet, während der sich selbst deckende Tisch, von dem jeder nach Belieben essen kann, ohne dass die Vorräthe schwinden, zum Wesen des Wunderlandes gehört und keinen anderen Sinn hat als das «Tischchen decke dich» unserer Mährchen.

Als der Chor sein Lied geschlossen hat, vernimmt man einen Hilferuf:

ἰού ἰού·

778   βοηδρομεῖτε πάντες οἱ πέλας δόμων·
ἐν ἀγχόναις δέσποινα, Θησέως δάμαρ.

Da πάντες in der besten Handschrift fehlt, so dürfte zu schreiben sein ἰού, βοηδρομεῖτ᾽ ὅσοι πέλας δόμων, oder wohl besser ἰού ἰού, βοηδρομεῖτ᾽ ὅσοι πέλας. — Bald darauf erscheint Theseus und fragt nach dem Grunde der Aufregung und Unruhe:

790   γυναῖκες, ἔστε τίς ποτ᾽ ἐν δόμοις βοή;
ἠχὼ βαρεῖα προσπόλων [μ᾽] ἀφίκετο.

Das in den Handschriften fehlende Pronomen με hat Markland hinzugefügt, dem die Herausgeber mit Recht gefolgt sind. Vorher macht Kirchhoff den Vorschlag βοῆς statt βοή. Ohne Zweifel nahm er Anstoss an der Verbindung ἠχὼ προσπόλων, worunter man gewöhnlich das Geschrei der Diener versteht, während ἠχώ vielmehr den Widerhall oder Schall bezeichnet. Aber die von Kirchhoff geforderte Verbindung, τίς ἐν δόμοις βοῆς ἠχὼ βαρεῖα προσπόλων, welcher laute Schall des im Hause sich erhebenden Geschreies der Diener, gibt einen schwerfälligen und überladenen Ausdruck, der hier um so störender ist, da die Erregtheit des Theseus zur Kürze drängt. Der hier erforderliche Sinn, Geschrei der Diener, lässt sich mit ganz leichter Aenderung gewinnen; es muss heissen

ἠχὴ βαρεῖα προσπόλων μ᾽ ἀφίκετο.

Dass die Abschreiber statt des ihnen weniger geläufigen ἠχή das vulgäre ἠχώ setzten, kann eben so wenig befremden als wenn etwa Ammonius in Aristot. p. 100 b 13 ed. Br. an einer andern Euripideischen Stelle (Phoen. 1378) ἦχος statt ἠχή substituirte. Allerdings sind ἠχή und ἠχώ sehr verwandte Begriffe, und ich halte σάλπιγγος ἠχή Phoen. 1378 und σάλπιγγος ἠχώ Tro. 1267 für gleich zulässig; aber daraus folgt keineswegs dass man προσπόλων ἠχώ sagen könne. Auch bei Soph. El. 109 scheint es nothwendig zu verbessern μὴ οὐ τεκνολέτειρ᾽ ὥς τις ἀηδὼν ἐπὶ κωκυτῷ τῶνδε πατρῴων πρὸ θυρῶν ἠχὴν (statt ἠχώ) πᾶσι προφωνεῖν. In gleicher Weise dürfte Eur. Hipp. 1201 ἠχὴ χθονὸς βαρὺν βρόμον μεθῆκε den Vorzug verdienen vor der Vulgate ἠχὼ χθονός, und eben so möchte ich Hec. 155 lesen: τί ποτ᾽ ἀπύσω; ποίαν ἀχάν (statt ἀχώ), ποῖον ὀδυρμόν. Uebrigens wird βοή, wenn ich nicht irre, geschützt durch die Anecd. Bekk. p. 372, 13: ἄκουε σίγα. Κρατῖνος — καὶ Σοφοκλῆς «ἄκουε σίγα· τίς ποτ᾽ ἐν δόμοις βοή;» Vielleicht bezieht sich der Grammatiker gerade auf die vorliegende Stelle. Verwechslungen von Sophocles und Euripides sind bei den Alten an der Tagesordnung; für Varianten wie ἄκουε σίγα und γυναῖκες ἔστε fehlt es bei Euripides nicht an entsprechenden Beispielen (vgl. meine Observ. crit. de trag. Gr. fragm. p. 32

oder Trag. Graec. Fragm. p. 283), und was die Hauptsache ist, ἄκουε σῖγα verdient dem Sinne nach vor dem nüchternen ἴστε bei weitem den Vorzug.

Theseus fragt weiter:

μῶν Πιτθέως τι γῆρας εἴργασται νέον;
795   πρόσω μὲν ἤδη βιότος, ἀλλ' ὅμως ἔτ' ἂν
λυπηρὸς ἡμῖν τοῦσδ' ἂν ἐκλίποι δόμους.

Im mittleren Verse ist ἔτι an sich nicht recht angemessen und die Richtigkeit der jetzigen Lesart um so mehr zu bezweifeln, da AB ὅμως ἴστ' ἂν bieten. Vielleicht ist zu verbessern ἀλλ' ὅμως τὰ νῦν. Wenigstens würde sich daraus die hergebrachte Schreibung ἔτ' ἂν oder ἴστ' ἂν am ungezwungensten erklären; man hätte nur anzunehmen dass die letzten beiden Buchstaben der Zeile unleserlich geworden wären. Dass man nicht ἀλλ' ὅμως πάνυ λυπηρὸς ἡμῖν schreiben darf ist klar; das Wort πάνυ ist überhaupt dem Euripides fremd, was den Interpolatoren entging, die Hec. 831 τῶν τε νυκτέρων πάνυ setzten (vgl. Th. I p. 18). Aber möglich dass Kirchhoffs ἀλλ' ὅμως θανών das Richtige trifft. Seltsam ist es übrigens dass Hartung, der sonst das doppelte ἂν völlig grundlos zu beanstanden und mit den willkürlichsten Aenderungen zu beseitigen pflegt, hier ἔτ' ἂν — τοῦσδ' ἂν geduldet hat.

Auf die Frage des Theseus, wie Phaedra umgekommen sei, entgegnet der Chor:

802   βρόχον κρεμαστὸν ἀγχόνης ἀνήψατο.

Einige Grammatiker (Schol. Ar. Ach. 125. Schol. Eur. Andr. 817. Etym. M. p. 194, 49. Suidas v. ἀγχόνη) behaupten, ἀγχόνη bezeichne den Strick, ἀγχονή das Erhenken. Diese Unterscheidung scheint auf einer blossen Erfindung zu beruhen; in unseren Handschriften findet sich ἀγχόνη stets als Paroxytonon, und bei den alten Schriftstellern dürfte die Bedeutung «Strick» nirgends vorkommen, ausser vielleicht bei Simonides Amorg. fr. 1, 18 p. 577: εἰ δ' ἀγχόνην ἥψαντε δυστήνῳ μόρῳ, obgleich auch diese Stelle anders gefasst werden kann[1]). Hiernach klingt der Ausdruck βρόχος ἀγχόνης nicht minder befremdlich als wenn man im Lateinischen *suspendii laqueus* sagen wollte. Es dürfte zu schreiben sein:

βρόχον κρεμαστὸν ἀρτάνης ἀνήψατο.

Wenigstens erscheint der Vers in dieser Gestalt bei Georgius Lecap. in Matth. lect. Mosq. 2 p 59, einem Grammatiker der sonst allerdings für die Verbesserung unserer Texte kaum irgend welchen Ertrag verspricht.

Theseus verlangt die Leiche der Phaedra zu sehen:

ἐκλύεθ' ἁρμούς, ὡς ἴδω δυσδαίμονα
810   γυναικός, ἥ με κατθανοῦσ' ἀπώλεσεν.

So die besten Handschriften, deren sinnloser Lesart man mit der alten Correctur ὡς ἴδω τὸν δαίμονα γυναικὸς umsonst nachzuhelfen suchte. Wenn neuere Kritiker dies τὸν δαίμονα

---

1) Dasselbe gilt von ἀγχόνης ἀνάπτει bei Apollod. 3, 13. 3. Andere Stellen die im Thes. Gr. L. v. ἀγχόνη für die Bedeutung «Strick» angeführt werden, wie ἀγχόνης μοι δεῖ Alciphr 3, 6 u. ähnl. können nicht in Betracht kommen. Zweifelhaft ist die Lesart bei Neophr. Trag. fr. 3 βρόχῳ τὸν ἀγχόνης ἐπισπάσας, wo Pierson Moer. p. 81 nach dem Muster der Euripideischen Stelle βρόχον κρεμαστὸν ἀγχόνης ἐπισπάσαι zu schreiben vorschlug.

γυναικός billigten, so war das, wie Lehrs Popul. Aufs. p. 168 f. mit vollem Rechte sagt, einigermaassen lächerlich. Augemessen wäre die seit Brunck meistens befolgte Schreibung ὡς ἰδὼ πικρὰν ˵ίαν γυναικός, aber leider ist sie diplomatisch durchaus nicht hinreichend beglaubigt. Es bleiben uns, so viel ich sehe, nur zwei Möglichkeiten übrig: entweder ist V. 810, wie Kirchhoff meint, irgend wie verderbt, oder — und dies halte ich für wahrscheinlicher — die Worte γυναικός bis ἀπώλεσεν sind überhaupt nichts weiter als die ungeschickte Erweiterung eines zu δυσδαίμονα beigeschriebenen γυναῖκα.

In den Klagen des Theseus finden wir folgende übel zugerichtete Dochmien:

840   τίνος κλύω; πόθεν θανάσιμος τύχα,
         γύναι, σὰν ἐπέβα, τάλαινα, καρδίαν;

So die besseren Handschriften, wo nur im zweiten Verse ein Schwanken zwischen ἐπέβα und dem weniger verbürgten ἔβα sich zeigt. Mit Recht hat Kirchhoff τίνα κλύω verbessert: wenn er dagegen nachher schreibt

         γύναι, σὰν ἔβα, τάλαινα, κραδίαν;

so kann ich nicht beistimmen; einmal weil der entsprechende strophische Vers (822: κακῶν δ' ὦ τάλας πέλαγος εἰσορῶ) eine andere Form des Dochmius erwarten lässt, sodann was ungleich wichtiger ist, weil die Tragiker überhaupt beim Dochmius die zweite Arsis nur dann in zwei Kürzen auflösen, wenn eine Auflösung auch der ersten Arsis stattfindet, weil mit anderen Worten die acht dochmischen Formen die aus dem Schema ⏑ ¯ ⏑ ⏑ ¯ ⏑ ¯ sich ergeben, als unrhythmisch gemieden werden. Das Verdienst dieses wichtige Gesetz zuerst beobachtet zu haben, gebührt R. Enger, vgl. Philol. XII p. 457 ff., wo die scheinbar oder wirklich widerstrebenden Euripideischen Stellen p. 463—469 einer sorgfältigen Besprechung unterworfen werden. Zu den widerstrebenden Stellen gehörte vor dem Erscheinen der Kirchhoffschen Ausgabe auch der erste der oben angeführten Verse, wo man las: τίνος δὴ κλύω; πόθεν θανάσιμος, was jetzt auf Grund der handschriftlichen Autorität beseitigt ist. Kein Wunder wenn die ungeheure Entstellung in der die Euripideischen Tragoedien uns überliefert sind, nicht wenige Contraventionsfälle auch gegen dieses Gesetz hervorgerufen hat. Zum grossen Theile beruhen diese Fälle auf falschen Conjecturen neuerer Kritiker (wie ἀκέσσαι' ἀκέσσαι', Ἅλιε, τυφλόν Hec. 1068. δέρει παρὰ ποταμὸν Orest. 1307. ἀκτὶς ἀελίου Med. 1252. μάταν ἄρα γένος Med. 1262. ἅλις δ' ὁ πάρος ἀρχαγὸς Ion 723) oder auf unrichtiger Versabtheilung (wie λεπτοῦ δόνακος ὦ Orest. 146. ὕπνου γλυκυτάταν Orest. 159. ὅτῳ πολυφόνου Rhes. 465. πύστῃ κατά με γᾶ; Rhes. 831). An anderen Stellen ist die fehlerhafte Form des Dochmius bereits von solchen beseitigt worden, die von Engers Gesetz nichts wussten. Iph. T. 852 wird statt ἐγώ μέλεος οἶδ', ὅτε φάσγανον mit Kirchhoff zu lesen sein: ἐγὼ ἐγὼ μέλεος οἶδ', ὅτε φάσγανον. Herc. F. 1021 ist entweder nach Kirchhoffs Vermuthung κόρῳ oder vielleicht besser τάλαν zu tilgen; statt des fehlerhaften Dochmius κόρῳ μονοτέκνου bekämen wir dann die richtig gebauten: διογενὲς κόρῳ, μονοτέκνου Πρόκνης φόνευ ἐγὼ λέξαι δυέμενον Μούσαις. Wenn die erwähnten Stellen, wie billig, in Abzug gebracht werden, so bleiben überaus wenige Belege jenes von Enger verurtheilten

Dochmius übrig (wie etwa Hipp. 815. 883. Ion 676. 695. 782. Iph. T. 840 Bacch. 982. 1002), und die Mehrzahl selbst dieser Stellen ist so beschaffen dass man schon längst aus anderen Gründen sie als verderbt betrachtet und mit verschiedenen Vorschlägen zu heilen gesucht hat. Hipp. 814 f. ist überliefert: ἀνοσίῳ τε συμφορᾷ, σᾶς χερὸς παλαισμα μελέας. Vermuthlich ist mit Enger zu schreiben: ἀνοσίῳ τε συμφορᾷ, σᾶ; πάλαισμα μελέας χερός. Hipp. 883 schreibt man gewöhnlich: τόδε μὲν οὐκέτι στόματος ἐν πύλαις κατέξω δυσεκπέρατον, ἐλεὸν κακόν· ἰώ πόλις. Statt ἰώ bieten die Handschriften ὤ, und einige verdoppeln das Wort ὀλοόν, andere das Wort πόλις. Dass πόλις hier nicht recht passen will fühlte Dindorf, der dafür τάλας vermuthet hat. Eine andere Heilung versucht Enger p. 465 f.; ich möchte die Worte ὀλεὸν und ὦ πόλις tilgen. Dass Ion 782 die Ueberlieferung

πῶς φῄς; ἄφατον ἄφατον ἀναύδητον
λόγον ἐμοὶ προεῖς,

nicht richtig sein kann, ist von selbst klar; dem zweiten Dochmius fehlt eine Kürze. Auch hier scheinen die ursprünglichen Worte ungeschickt erweitert zu sein: ich vermuthe ἄφατον ἄρρητον λόγον ἐμοὶ προεῖς. Iph. T. 840 lautet gewöhnlich: τί φῶ; θαυμάτων πέρα καὶ λόγου πρόσω τάδ᾽ ἐπέβα. Ob hier zu schreiben sei καὶ πρόσω τάδ᾽ ἐπέβα λόγου (wie Enger will) oder καὶ λόγου τάδ᾽ ἐπέβα πρόσω oder καὶ λόγου πρόσω ταῦτ᾽ ἔβα, mögen andere entscheiden. Ueber andere Stellen gehe ich mit Stillschweigen hinweg, da ich bis jetzt nicht im Stande bin einen mir selbst irgend wie genügenden Vorschlag zu ihrer Verbesserung zu machen[1]). Was endlich die Worte betrifft von denen wir ausgingen, so bieten sich uns, so viel ich sehe, zwei Wege sie mit dem strophischen Verse in Einklang zu setzen; entweder wird zu schreiben sein θανάσιμος τύχα 'πέβα σάν, τάλαινα, κραδίαν, γύναι; oder θανάσιμος τύχα, γύναι, σάν, τάλαινα, κραδίαν, ἔβα; Bei der ersten Schreibung würde sich das Schwanken der Ueberlieferung zwischen ἔβα und ἐπέβα sehr einfach erklären; dagegen ist der zweite Vorschlag palaeographisch leichter.

Als Theseus in den Händen der Phaedra den Brief wahrnimmt, durch den diese sich an Hippolytus zu rächen sucht, fürchtet der Chor neues Unglück:

866   φεῦ φεῦ· τόδ᾽ αὖ νεοχμὸν ἐκδοχαῖς
ἐπιφέρει θεὸς κακόν. ἐμοὶ μὲν οὖν
ἀβίοτος βίου τύχα πρὸς τὸ κρανθὲν εἴη τυχεῖν.

Wie im ersten Verse das dochmische Maass, das man nach dem Folgenden erwarten muss, herzustellen sei ist ungewiss; ich vermuthete ehemals τοῦτε δ᾽ αὖ statt τόδ᾽ αὖ, glaube

---

[1]) Am schlimmsten ist es mit Bacch. 982 und 1002 bestellt, an deren Heilung Enger p. 469 sich vergebens hat. Um Bacch. 1002 in Ordnung zu bringen, will er V. 1004 ἐλύσας βιοῖ schreiben. Aber das Praesens βιοῖ ist den Attikern gänzlich unbekannt. Das einzige dafür geltend zu machende Beispiel Eur. fr. 340: οὐκ ἔστις ὅστις ἡδέως ζητῶν βιοῦν εὐκλεῶς ἀπεκύρησεν', ἀλλὰ χρή καμεῖν, kann der fest stehenden Thatsache gegenüber natürlich gar nicht in Betracht kommen. Vermuthlich ist zu lesen ἡδέως ζύγῳ βίου (vgl. Philol. XII p. 643). Unrichtiger Weise wurde ehemals dem Euripides der Vers beigelegt, μοὶ γὰρ οὐδεὶς ὃν προαιρεῖται τρόπος; er gehört diesem so wenig als dem Diphilus (vgl. Meineke Com. vol. 4 p. 434 und meine Trag. Fragm. p. XI). Endlich war es eine offenbare Uebereilung, wenn F. W. Schmidt glauben konnte, Soph. El. 861 sei τὸν ἀοίητον βιοῦν zu lesen.

aber jetzt dass der Fehler tiefer liegt. Ganz unverständlich sind die Worte εἰς τυχεῖν, die den Wunsch ausdrücken würden dass dem Chore eine ἀβίοτος βίου τύχα zufallen möge. Hartung sagt es sei ohne Zweifel εἰ χρή σκοπεῖν zu schreiben; ich finde diese Aenderung weder hinlänglich leicht noch irgend wie sinngemäss. Auch Kirchhoffs Vorschlag, πρὸς τὸ κρανθὲν οὐκ εὐτυχές, will mir nicht zusagen. Bis andere etwas besseres finden, möchte ich versuchen: ἐμοὶ μὲν οὖν ἀβίοτον βίου τύχαν πρὸς τὸ κρανθὲν εἷμαι τυχεῖν. Mit πρὸς τὸ κρανθὲν lässt sich vergleichen πρὸς τὰ νῦν πεπτωκότα Hipp. 718. Iphig. A. 1343. πρὸς τὰ πίπτον El. 639 u. ä. Der Accusativ ἀβίοτον — τύχαν findet sich, was Kirchhoff übersehen zu haben scheint, im Codex Havniensis, der nach einer früheren Bemerkung (oben S. 5) öfters allein die ursprüngliche Lesart erhalten hat. Aus dem in Rede stehenden Drama gehören dahin V. 817, wo nur der Havn. ἑκάτον statt ὧν ἑπάτον bietet; ferner V. 1324, wo Kirchhoff mit den übrigen Handschriften ἀρᾶς ἀφῆκας edirt, während der Havn. ἀρᾶς ἐφῆκας gibt, das Schaefer in Schol. Ap. Rhod. p. 206 schon durch Conjectur gefunden hatte; eben so V. 1326, wo mit dem Havn. ἔτ᾽ ἔστι σοὶ καὶ τῶνδε συγγνώμης τυχεῖν zu verbessern ist[1]) statt der bisher geduldeten, unhaltbaren Lesart καὶ σοὶ τῶνδε. Auch V. 1431 dürfte mit dem Havn. λαβοῦ zu schreiben sein statt λάβε oder λαβέ. Wenn Hipp. 897 der Havn. ἢ τῆσδε γῆς (statt χώρας) ἐκπεσών bietet, so kann man hiernach zweifeln, ob die Vulgate beizubehalten oder ἢ τῆσδε τῆς γῆς ἐκπεσών zu verbessern ist. Sicherlich aber müssen wir an einer anderen Stelle des Hippolytus eine Lesart des Havn. als Grundlage der Emendation ansehen, V. 903. Hippolytus tritt auf mit folgenden Worten:

902   κραυγῆς ἀκούσας σῆς ἀφικόμην, πάτερ,
      σπουδῇ· τὸ μέντοι πρᾶγμ᾽ ἐφ᾽ ᾧτινι στένεις
      οὐκ οἶδα, βουλοίμην δ᾽ ἂν ἐκ σέθεν κλύειν.

Im mittleren Verse lässt der Havn. σπουδῇ fort und bietet am Schlusse ἐφ᾽ ᾧ νῦν στένεις. Wenn das Fehlen des Wortes σπουδῇ nicht auf einem blossen Versehen beruht, so könnte man vermuthen:

      κραυγῆς ἀκούσας δεῦρο σῆς ἀφικόμην,
      πάτερ.

Doch mag ich in Betreff dieses Punktes nichts behaupten; denn weder ist δεῦρο absolut nothwendig noch σπουδῇ irgend wie anstössig. Dagegen halte ich ᾧτινι für entschieden unrichtig, weil die Attiker dafür ὅτῳ zu gebrauchen pflegen. Das einzige Beispiel welches aus den scenischen Dichtern für ᾧτινι ehemals beigebracht werden konnte, Soph. Oed. Col. 1673, ist jetzt durch die Emendation ὧτινι von Badham Philol. X p. 339 für immer beseitigt. In gleicher Weise sagen die Dramatiker nicht οὕτινος, ὧντινων, οἷστισι, sondern ὅτου, ὅτων, ὅτοις[²]). Was aus der Lesart des Havn. zu machen sei, weiss ich nicht mit Be-

---

1) Eine Bestätigung liefert, wenn es dieser bedarf, Libanius Decl. vol. 4 p. 680, 18, wo mit offenbarer Bezugnahme auf die Euripideische Stelle gesagt wird: ἔστι δὲ οἷς καὶ τούτων αὐτῶν ὑπάρξει συγγνώμης τυχεῖν.

2. Einmal findet sich οἷστισι bei Aristoph. Pac. 1279: ἀλλὰ τί δῆτ᾽ ᾄδεις σὺ γὰρ εἰκὶ μοι οἷστισι χαίρεις. Sicherlich ist diese Stelle unrichtig; das Versmaass kann die ungebräuchliche Form nicht entschuldigen, da οὕτινος

stimmtheit anzugeben; ich denke entweder τὸ μέντοι πρᾶγμα, νῦν ἐφ' ᾧ στένεις, oder mit dem Verfasser des Christ. pat. 844 τὸ μέντοι πρᾶγμ', ἐφ' ᾧ τὰ νῦν στένεις. Die leichteste Aenderung wäre ἐφ' ᾧ νυνὶ στένεις: aber νυνί ist der Tragoedie fremd und kann durch die fehlerhafte Ueberlieferung von Eur. Suppl. 306 nicht erwiesen werden.

Theseus ergeht sich in Schmähungen seines Sohnes, dem er namentlich dies vorwirft dass er mit schönen Worten und mit dem gleissnerischen Scheine gewisser Kasteiungen andere zu täuschen suche, um desto sicherer seinen Lastern zu fröhnen:

ἤδη νυν αὔχει καὶ δι' ἀψύχου βορᾶς
σίτοις καπήλευ', Ὀρφέα τ' ἄνακτ' ἔχων
βάκχευε, πολλῶν γραμμάτων τιμῶν καπνούς·
953 ἐπεί γ' ἐλήφθης. τοὺς δὲ τοιούτους ἐγὼ
φεύγειν προφωνῶ πᾶσι· θηρεύουσι γὰρ
σεμνοῖς λόγοισιν, αἰσχρὰ μηχανώμενοι.

Hippolytus war nach dieser Stelle ein Anhänger der Orphischen Lebensweise, d. h. er genoss nur Pflanzenkost, wie dies in den Worten δι' ἀψύχου βορᾶς angedeutet wird (vgl. Lobeck Aglaoph. p. 244 ff.). Unerträglich ist, wie schon andere gefühlt haben, die Verbindung δι' ἀψύχου βορᾶς· σίτοις καπήλευε, wo das allgemeinere σίτοις absolut nichts neues hinzufügt. Mit Recht hat man in σίτοις den Fehler gesucht; aber von den mir bekannten Verbesserungsvorschlägen (ἦθος wollte Musgrave, σύ τοι Valckenaer, σίτοις Reiske, λόγους Hartung, ἀστοῖς Badham, σιτοῦ Kirchhoff) ist keiner, wie ich glaube, zulässig. Statt σίτοις hätte Reiske mindestens σῖτον schreiben sollen. Dass jedoch weder σῖτον noch ἦθος noch λόγους hier passt, ergibt sich aus dem Gebrauche des Verbum καπηλεύειν, welches in metaphorischer Anwendung «betrügerischen Handel treiben» bezeichnet und den Gegenstand mit dem jemand wuchert, aus dem er schmutzigen Gewinn zieht, im Accusativ zu sich nimmt. Vgl. ἔοικεν οὐ καπηλεύσειν μάχην Aesch. Sept. 545 (nachgeahmt von Ennius Annal. 201: *non componantes bellum, sed belligerantes ferro non auro vitam cernamus utrique*), οἱ τὰ μαθήματα περιάγοντες κατὰ τὰς πόλεις καὶ πωλοῦντες καὶ καπηλεύοντες τῷ ἀεὶ ἐπιθυμοῦντι Plat. Protag. p. 313 D, καπηλεύοντες τὸν λόγον τοῦ θεοῦ Paulus epist. 2 ad Corinth. 2, 17 (worüber Bentley im Philol. 3 p. 385 ff.), χρηματίζεσθαί τε καὶ τὴν σοφίαν καπηλεύειν Philostr. de Apollon. Tyan. 1, 13 p. 8, 7. Valckenaers σύ τοι wird durch die jetzige Wortstellung widerlegt, ἀστοῖς ist müssig. Was die Vermuthung δι' ἀψύχου βορᾶς σιτοῦ soll ist mir dunkel: σιτεῖσθαι διά τινος hat meines Wissens niemand gesagt; darum glaubte ich ehemals Kirchhoff habe σίτου gewollt; doch bekämen wir auch damit nichts als einen lästigen Pleonasmus. Das Wort σίτεις würde angemessen sein, wenn es zu αύχει gehörte, und vielleicht lautete ursprünglich die Stelle so:

σίτεις νυν αύχει καὶ δι' ἀψύχου βορᾶς
ἰὼν καπήλευ᾽, Ὀρφέα τ᾽ ἄνακτ᾽ ἔχων κτέ.

Vermuthlich wurde das σίτεις des ersten Verses durch einen leicht erklärlichen und nicht eben seltenen Fehler (vgl. meine Observ. crit. de trag. Graec. fragm. p. 24 f.) im zweiten Verse wiederholt, und hinterher änderte ein Corrector an falscher Stelle. Wie dem auch sei, δι' ἀψύχου βορᾶς ἰών halte ich für unzweifelhaft richtig, weil ich für den hier auszudrückenden Sinn eine passendere Form nicht kenne. Aehnliche Redeweisen sind διὰ τύχης τοιᾶσδ᾽ ἰών Soph. Oed. R. 773, διὰ δίκης ἰὼν πατρί Ant. 742, διὰ φιλημάτων ἰών Eur. Andr. 416, διὰ τῆς αὐτῆς βασάνου ἰών Antiphon 5, 35, Ἀλκιβιάδῃ διὰ χρηστῶν ἰόντι καὶ πονηρῶν ὁμοίως Plut. Alcib. c. 23 u. dgl. — V. 954 klingt βάκχευε befremdlich. Trotz der engen Verwandtschaft der Ὀρφικοί und Βακχικοί (vgl. Herodot 2, 81: ὁμολογέουσι δὲ ταῦτα τοῖσι Ὀρφικοῖσι καλευμένοισι καὶ Βακχικοῖσι, ἐοῦσι δὲ Αἰγυπτίοισι καὶ Πυθαγορείοισι) lässt sich an einen Dienst des Gottes Dionysus hier nicht denken; es wäre widersinnig, wenn die Diener des Dionysus den Orpheus als ihren Gebieter verehrten. Eben so scheint es mir unzulässig βακχεύειν an der vorliegenden Stelle von bakchantischer Begeisterung zu verstehen, weil damit sich die Vorstellung des übermässigen Weingenusses verbindet, Hippolytus dagegen nur als ein sich in Entsagung übender gedacht werden kann. Ist βακχεύειν richtig, so kann es wohl nur bezeichnen «ein βάκχος sein», d. h. ein Geweihter, wie wir das Substantivum gebraucht finden bei Eur. fr. 475, 15: καὶ Κουρήτων βάκχος ἐκλήθην ὁσιωθείς, wo es am Schlusse heisst: τήν τ᾽ ἐμψύχων βρῶσιν ἐδεστῶν πεφύλαγμαι. Sonst würde statt βάκχευε der Begriff ἅγνευε dem Zusammenhange gemäss sein. Hippolytus befleissigt sich der ἁγνεία, wie schon V. 655 angedeutet wird, und gerade darin zeigt er die ἁγνεία dass er den Fleischgenuss meidet (vgl. Herodot 1, 140: die Aegyptischen Priester ἁγνεύουσι ἔμψυχον μηδὲν κτείνειν. Plut. Mor. p. 286 D: νενόμισται τοὺς ἁγνεύοντας ὀσπρίων ἀπέχεσθαι). Ἁγνός ist nämlich derjenige welcher sich vor jeglicher Befleckung hütet [1]), und somit ist ἁγνεύειν eine passende Bezeichnung der Werkheiligkeit, welche Theseus an dem Hippolytus wahrzunehmen glaubt, um so passender, da er den Hippolytus trotz dieser ἁγνεία für einen ἄναγνος hält. An dem folgenden πολλῶν γραμμάτων hat Musgrave vielleicht mit Recht Anstoss genommen; sein Vorschag πολιῶν γραμμάτων ist leicht und ansprechend, wie auch Lobeck Aglaoph. p. 338 einräumt, der ähnliche Ausdrücke beibringt; vgl. γέρον γράμμα Aesch. fr. 323, γέρων δὲ δή τις ἐστι Καδμείων λόγος Eur. Herc. F. 26, ἐν πολιαῖσι φήμαις El. 701, πολιὸς χρόνος Anth. Pal. 9, 499. Wenn wir Eur. fr. 629 lesen: εἰσὶν γάρ εἰσι διφθέραι μελεγγραφεῖς πολλῶν γέμουσαι Λοξίου γηρυμάτων, so liegt es nahe auch hier πολιῶν zu vermuthen.

---

[1]) Wenn in einem Epigramme gesagt wird: ἁγνείη δ᾽ ἐστὶ φρονεῖν ὅσια (Anthol. Append. 99), so ist dies nicht eine Erklärung des Begriffes von ἁγνεία, sondern eine Berichtigung der gewöhnlichen Ansicht, dass der Mensch durch Waschungen, Sühnungen und ähnliche äusserliche Dinge gereinigt werde.

Oft sind die Jünglinge, sagt Theseus, durchaus nicht zuverlässiger als die Frauen.
999   ὅταν ταράξῃ Κύπρις ἡβῶσαν φρένα.
Statt ταράξῃ habe ich χαράξῃ vorgeschlagen nach Anleitung von Eur. fr. 434: Ἔρως γάρ ἄνδρας οὐ μόνους ἐπέρχεται οὐδ' αὖ γυναῖκας, ἀλλὰ καὶ θεῶν ἄνω ψυχὰς χαράσσει κἀπὶ πόντον ἔρχεται. So nämlich lautet das von einigen mit Unrecht dem Sophocles beigelegte Bruchstück bei Stobaeus, während Clemens Alex. ψυχὰς ταράσσει bietet.

Hippolytus betheuert dass er weder gethan noch gedacht habe was Theseus ihm vorwirft:
ἦ τἄρ' ὀλοίμην ἀκλεὴς ἀνώνυμος,
ἄπολις ἄοικος, φυγὰς ἀλητεύων χθόνα,
1030   καὶ μήτε πόντος μήτε γῆ δέξαιτό μου
σάρκας θανόντος, εἰ κακὸς πέφυκ' ἀνήρ.

Den zweiten Vers hat Valckenaer als unecht bezeichnet, wogegen Kirchhoff sagt: «non delendus versus, sed corrigendum erat χθόνα librorum. reposui χθονός». Diese Verbesserung ist vielleicht richtig, und gewiss müssen wir einräumen dass die Stelle des Chr. pat. 527 ff.: ἦ καταλοίμην ἀκλεὴς ἀνώνυμος, καὶ μήτε πόντος μήτε γῆ μήτ' αὖ πόλις τὸ σῶμά μου δέξαιτο, es unentschieden lässt, ob der Verfasser dieses Drama den in Rede stehenden Vers nicht gekannt oder aus irgend welchem Grunde geflissentlich ausgeschieden hat. Gleichwohl halte ich Valckenaers Urtheil für vollkommen berechtigt, und zwar deshalb weil Theseus bald nachher 1048 sagt: ἀλλ' ἐκ πατρῴας φυγὰς ἀλητεύων χθονός. Es würde den Eindruck einer komischen Parodie machen, wenn Theseus die Worte φυγὰς ἀλητεύων χθονός vom Hippolytus entlehnte, oder anders aufgefasst, es ist undenkbar dass Euripides ohne einen erkennbaren Zweck die Worte φυγὰς ἀλητεύων χθονός innerhalb eines Umfangs von zwanzig Versen zweimal angewendet haben sollte. Dazu kommt dass durch die Weglassung von 1029 die Verwünschung des Hippolytus weit kräftiger und nachdrücklicher wird: wir bekommen dann die Vorstellung eines spurlos verschwundenen, von den Harpyien geraubten, womit das in 1029 angedeutete Umherpilgern des heimathlosen Flüchtlings sich nicht wohl verträgt. Keine Frage also dass die zweite Hälfte von 1029 aus 1048 entlehnt ist: die Worte ἄπολις ἄοικος will Valckenaer aus Trag. adesp. 107 herleiten: jedenfalls verständiger als Hartungs Einfall, der Vers ἄπολις ἄοικος, φυγὰς ἀλητεύων χθόνα, sei im Phoenix des Euripides vorgekommen. Das sinnlose χθόνα lässt sich vielleicht erklären aus der Byzantinischen Neigung den Trimeter mit einem Paroxytonon zu schliessen.

Auf die zuletzt angeführten Worte folgt der Schluss der Rede des Hippolytus:
εἰ δ' ἥδε δειμαίνουσ' ἀπώλεσεν βίον
οὐκ οἶδ'· ἐμοὶ γὰρ οὐ θέμις πέρα λέγειν.
ἐσωφρόνησε δ' οὐκ ἔχουσα σωφρονεῖν,
1035   ἡμεῖς δ' ἔχοντες οὐ καλῶς ἐχρώμεθα.

Die ersten Worte «ob Phaedra sich aus Furcht das Leben nahm, weiss ich nicht», muss ich als sinnlos bezeichnen, sofern damit die Möglichkeit eines anderen Motives zum Selbstmord angedeutet wird, über das man gleichwohl schlechterdings nichts erfährt, und sofern mit der Gewissheit dass Furcht das Motiv der That war, noch nichts erklärt ist, so lange man nicht weiss wovor Phaedra sich gefürchtet habe. Es war mit Aenderung eines Buchstaben zu helfen: τί δ' ἥδε δειμαίνουσ' ἀπώλεσεν βίον οὐκ οἶδα, *quid metuens ista mortem sibi consciverit nescio*. Die beiden letzten Verse sind zunächst schon deshalb anstössig, weil Hippolytus trotz des voraufgehenden ἐμοὶ γὰρ οὐ θέμις πέρα λέγειν dennoch hier πέρα λέγει, und zwar über den Charakter und die Handlungsweise der Phaedra: sodann aber sind die denselben zu Grunde liegenden Gedanken theils unklar ausgedrückt, theils für die Situation unangemessen. Wenn Hippolytus sagt:

ἐσωφρόνησε δ' οὐκ ἔχουσα σωφρονεῖν,

so kann dies nur bedeuten: «Phaedra war σώφρων, ohne die Kraft dazu zu haben». Man könnte dies allenfalls so verstehen: «sie unternahm, indem sie sich bemühte σώφρων zu sein, etwas was ihre Fähigkeit überstieg, und an diesem Kampfe mit sich selbst ging sie zu Grunde». Aber warum besass Phaedra nicht so gut als jeder andere Mensch die Fähigkeit σώφρων zu sein? Hippolytus kann unmöglich das verbrecherische Gelüst der Phaedra damit entschuldigen wollen dass sie nicht im Stande gewesen sei ihre Natur zu bekämpfen. Noch weniger kann er meinen dass die Phaedra wirklich ἐσωφρόνησε: durch die Amme hat er über seine Stiefmutter eben nur Dinge gehört die sein sittliches Gefühl auf das äusserste empören, durch deren Mittheilung er selbst befleckt zu sein glaubt, die ihn zu einer Verwünschung des ganzen Weibervolkes fortreissen. Hartungs Uebersetzung, «sie ward zur Tugendheldin ohn' ein Recht dazu», lässt sich mit unserem Texte auf keine Weise vereinigen; denn ἐσωφρόνησε kann nicht bedeuten «sie gab sich den Schein der σωφροσύνη», und οὐκ ἔχουσα σωφρονεῖν ist etwas anderes als οὐκ οὖσα σώφρων. Ueber den zweiten Vers,

ἡμεῖς δ' ἔχοντες οὐ καλῶς ἐχρώμεθα,

ist es kaum nöthig noch etwas hinzuzufügen. Zu ἔχοντες lässt sich nur σωφρονεῖν ergänzen. Somit ergibt sich der Sinn: «wir aber, die wir im Stande waren Selbstbeherrschung zu üben, machten nicht in der rechten Weise Gebrauch davon» — wovon? vermuthlich von der σωφροσύνη. Damit würde Hippolytus sein Verhalten tadeln oder bereuen; das eine wäre so undenkbar wie das andere. Ausserdem ist ἔχοντες σωφρονεῖν eine unklare Wendung statt ὄντες σώφρονες. Man wird die gerügten Mängel und Unklarheiten des Ausdrucks nicht damit entschuldigen können, dass Hippolytus absichtlich sich undeutlich äussere, weil er dem Theseus das Vorgefallene mitzutheilen nicht über sich bringe. Auch dem Zuschauer, der den Sachverhalt kennt, sind die letzten beiden Verse dunkel und unverständlich. Es dürfte unmöglich sein durch irgend welche Emendation den überlieferten Worten einen angemessenen Sinn zu geben und sie mit der Situation und dem Charakter des Hippolytus in Einklang zu setzen; daher halte ich es für wahrscheinlich dass die beiden Verse überhaupt dem Euripides fremd sind. Ihr Wegfall ist kein Verlust, sondern ein Gewinn: Hippolytus hat sich durch einen Eid verpflichtet über den wahren Sachverhalt seinem Vater gegenüber zu schweigen; obwohl er voreilig geschworen hat und überlistet zu sein glaubt (daher jenes berühmte Sophisma, ἡ γλῶσσ' ὀμώμοχ', ἡ δὲ φρὴν ἀνώμοτος V. 612), so mag er doch seinen Eid nicht brechen (vgl. 656 ff.), und wie er ihn wirklich hält, so werden die halben Andeutungen in V. 1034 f., aus denen man nichts erfährt, besser ganz und gar fehlen.

Hippolytus wundert sich dass Theseus die gelinde Strafe der Verbannung über ihn verhänge, statt ihn, entsprechend dem ihm zugetrauten Vergehen, sofort zu tödten. Theseus entgegnet darauf:

  1045 ὡς ἄξιον τόδ᾽ εἶπας· οὐχ οὕτω ᾽χανεῖ
    ὥσπερ σὺ σαυτῷ τόνδε προύτηκας νόμον·
    ταχὺς γὰρ Ἅιδης ῥᾷστος ἀνδρὶ δυσσεβεῖ
    ἀλλ᾽ ἐκ πατρῴας φυγὰς ἀλητεύων χθονός
    ξένην ἐπ᾽ αἶαν λυπρὸν ἀντλήσεις βίον·
  1050 μιστὸς γὰρ οὗτός ἐστιν ἀνδρὶ δυσσεβεῖ.

Die ersten Worte ὡς ἄξιον sind so unbestimmt dass ich nicht umhin kann hier einen Fehler zu vermuthen. Noch sicherer glaube ich behaupten zu müssen dass die beiden letzten Verse nicht von Euripides herrühren. Den vorletzten derselben hat schon Bergk verurtheilt: er ist entlehnt aus einer früheren Stelle des Stückes, wo Theseus sagt: ἢ τῆσδε χώρας ἐκπεσὼν ἀλώμενος ξένην ἐπ᾽ αἶαν λυπρὸν ἀντλήσει βίον (897 f.). Dort ist der Vers unentbehrlich; hier ist er von einem Interpolator hinzugefügt, der zu ἀλητεύων das Verbum finitum vermisste, ohne zu sehen dass man ᾽χανεῖ zu ergänzen hat[1]). Der letzte Vers, μιστὸς γὰρ οὗτός ἐστιν ἀνδρὶ δυσσεβεῖ, ist nichts als eine matte Variation von 1047 und eben deshalb, weil er die voraufgehenden Worte armselig wiederholt und statt der obigen klaren Sentenz einen unklaren Gedanken gibt, unbedenklich zu tilgen.

Theseus erklärt dass er kein Bedenken trage den unwürdigen Sohn mit eigener Hand zu verstossen:

  1089 οὐ γάρ τις οἶκτός σῆς μ᾽ ὑπέρχεται φυγῆς.

Nach einigen Handschriften (AEc) hat Kirchhoff ἐπέρχεται edirt. Für ὑπέρχεται sprechen Ausdrücke wie ταῦμά τοί μ᾽ ὑπέρχεται Soph. El. 928, ὥς μ᾽ ὑπέρχεται φόβος El. 1112, ὥς μ᾽ ὑπῆλθέ τις φόβος Phil. 1231, ἵμερός μ᾽ ὑπῆλθε Eur. Med. 57. Philem. Com. 4 p. 26 u. a. Eine analoge Anwendung des Verbum ἐπιέναι vermag ich nicht nachzuweisen. Man könnte vermuthen σῆς μ᾽ ἐσέρχεται φυγῆς (wie εἰσῆλθέ μ᾽ οἶκτος Eur. Med. 931, ἄλλως τέ μ᾽ ἔλεος ἐσῆλθε Iph. A. 492, πόθος μ᾽ ἐσέρχεται Iph. A. 1411 u. a.), wenn überhaupt ein Grund vorhanden wäre ὑπέρχεται aufzugeben. Die Variante ἐπέρχεται erklärt sich daraus dass statt μ᾽ ὑπέρχεται auch με ὑπέρχεται oder με 'πέρχεται geschrieben wurde, vgl. Th. I S. 73 Anm.

Der Bote erzählt von dem Unglück welches den Hippolytus in Folge des von seinem Vater ausgesprochenen Fluches ereilt hat. Unter dem Geleite vieler Freunde hat sich der

---

[1]) Dass die Participia, deren Beziehung dem ober- | mehrere derartige Beispiele aus Sophocles habe ich in flächlichen Blicke leicht entgeht, öfters den Anlass zu | den N. Jahrb. f. Philol. und Paedag. 1862 im Märzhefte Interpolationen boten lässt sich auch sonst wahrnehmen: | zusammengestellt.

des Landes verwiesene Königssohn nach der Meeresküste begeben, um zu Wagen die Heimath zu verlassen. Schon sind die Rosse angeschirrt, Hippolytus ergreift die Zügel, und nachdem er nochmals seine Unschuld betheuert, beginnt er die Fahrt:

    κἂν τῷδ' ἐπῆγε κέντρον εἰς χεῖρας λαβὼν
1188   πώλοις· ὁμαρτῇ· πρόσπολοι δ' ἐφ' ἅρματος
    πέλας χαλινῶν εἱπόμεσθα δεσπότῃ
    τὴν εὐθὺς Ἄργους κἀπιδαυρίας ὁδόν.

Offenbar ist hier der Dativus πώλαις nur von ἐπῆγε, nicht von ὁμαρτῇ abhängig; dagegen gehört ὁμαρτῇ zu κἂν τῷδε. Diese Beziehung würde deutlicher hervortreten, wenn es hiesse: κἂν τῷδ' ὁμαρτῇ κέντρον εἰς χεῖρας λαβὼν πώλοις ἐπῆγε, und so hat vermuthlich der Dichter geschrieben, da sich kein Grund denken lässt, weshalb er den Ausdruck absichtlich unklar gemacht haben sollte. Ueber ähnliche Versehen der Abschreiber vgl. Th. I S. 48. Weniger einfach ist die Emendation des nachfolgenden ἐφ' ἅρματος, das sich sofort als unzulässig erweist. Früher las man dafür ὑφ' ἅρματος, vielleicht nach irgend einer geringeren Handschrift. Hartung gibt ἀμφ' ἅρματι und bemerkt dazu: »Weder ὑφ' ἅρματος unter dem Wagen noch ἐφ' ἅρματος auf dem Wagen können die Begleiter sich befunden haben, sondern nur entweder hinter oder neben dem Wagen. Das letztere drückt die Praeposition ἀμφί aus (zu beiden Seiten), und diese muss daher hergestellt werden«. Ganz anders wird das Urtheil über diese Stelle lauten müssen, wenn wir Kirchhoffs Mittheilung über die Lesart des Venetus 471 beachten. Nachdem die Lesarten der anderen Handschriften aufgeführt sind (ἐφ' ἅρματος BcC, ἀμφ' ἅρματος b, ἐφ' ἅρματι CE, ὑφ' ἅρματος [B]), heisst es in seiner Ausgabe: »at in A prima manu scripta leguntur haec: ἐφάσκομ., quae licet iamiam evanida facile tamen agnoscuntur, nisi quod de ultima dubitari posse fatendum est. ea sic correxit manus sec., ut a mutaret in ρ, litterae κ induceret μ, inter o et μ finale insereret τ. unde patet eam ἐφάρματος sive ἐφάρματι dare voluisse. iam illud puto dubitari non posse, quin, quae sunt in libris ceteris, ἐφ' ἅρματος, ἐφ' ἅρματι, ὑφ' ἅρματος, librariorum corrigentium habeamus tentamina, genuina autem servaverit libri A manus antiqua. eam dedisse suspicor ἐφάσκομεν. quo recepto versu sequente addendum erit δ' post χαλινῶν«. Allerdings können wir ἐφ' ἅρματος und ἐφ' ἅρματι nur für falsche Conjecturen halten und müssen auf die ursprüngliche Lesart der Handschrift A unsere Verbesserung basiren; aber Kirchhoffs Vorschlag ist mir räthselhaft: ich begreife durchaus nicht was πρόσπολοι δ' ἐφάσκομεν hier soll. Vielleicht gelingt es andern die Elemente προσπολοιδεφασκομ.. zu entziffern; ich habe in der zweiten Ausgabe des Euripides vermuthet πρόσπολοι δ' ἄκασχ' ὁμοῦ — εἱπόμεσθα, und weiss bis jetzt nichts wahrscheinlicheres ausfindig zu machen. Das Adverbium ἄκασκα (s. v. a. ἡσύχως, βραδέως) kennen wir durch Anführungen der Grammatiker aus Cratinus Com. 2 p. 88: ἡ πρεσβῦται πάνυ γραλέοι σκήπτροισιν ἄκασκα προβῶντες, wo Meineke zu vergleichen ist. Ein Derivatum des Wortes versteckt sich, wenn ich nicht irre, bei Hesychius: ἀκαπτόφρων συνετός, wo ich ἀκασκόφρων ἀσύνετος schreiben möchte. — In den folgenden Worten ist πέλας χαλινῶν eine seltsame Bezeichnung, »in der Nähe der

Zügel», wofür man erwartet «in der Nähe des Wagens». Endlich hat V. 1197 der Gebrauch von εὐθύς statt εὐθύ Anstoss erregt. Das von Photius Lex. p. 32, 12 verglichene εὐθὺς Λυκείου bei Pherecrates in den Μεταλλῆς (Com. 2 p. 306) hielt der Grammatiker Eratosthenes für auffallend genug, um es mit als Grund gegen die Echtheit der Μεταλλῆς geltend zu machen. Daher meinte Dindorf Poet. scen. Lips. 1830 p. XXII, εὐθὺς Ἀργους sei an unserer Stelle erst nach der Zeit des Eratosthenes in die Handschriften eingedrungen, und schlug vor τὴν εὐθὺ Ἀργους. Da jedoch dieser Hiatus für Euripides sich schwerlich rechtfertigen lässt¹), so würde ich der Vermuthung von Blaydes (zu Soph. Oed. R. 541) τὴν εὐθὺ τ' Ἀργους unbedingt den Vorzug geben. Indess erfahren wir aus Ammonius p. 62, dass auch Menander (Com. 4 p. 109) εὐθὺ statt εὐθύς gebraucht hat, Ἐλευθερῶν ἀπῆλθεν εὐθὺς ὡς τάχος. Darum scheint es gewagt an εὐθὺς Ἀργους zu rütteln. Nach Eurip. fr. 1027, 4: τούτου ταχεῖαν νέμεσιν εὐθὺς προσδόκα wird mancher geneigt sein zu glauben dass Euripides auch umgekehrt εὐθὺ im Sinne von εὐθὺς sich zuweilen gestattet habe; wenigstens hat Bothe, dem ich ehemals gefolgt bin, hier εὐθὺ προσδόκα geschrieben; aber vielleicht ist προσδόκα fehlerhaft, ich möchte εὐθὺς ἐκδέχου für das ursprüngliche halten. Eur. fr. 692 hat schon Lobeck τὴν πεῖραν εὐθὺς (statt εὐθύ) λάμβανε verbessert, gewiss mit vollem Rechte. Hiernach lässt sich überhaupt zweifeln, ob das Adverbium εὐθύ jemals von einem Tragiker gebraucht worden sei; denn bei Soph. Oed. R. 1242 lautet die unverfälschte Ueberlieferung

τυραννος, ἵετ' εὐθὺς πρὸς τὰ νυμφικά
λέχη,

und es dürfte schwer sein gegen das εὐθὺς ἐς einiger Handschriften einen triftigen Grund geltend zu machen.

Von den scheu gewordenen Rossen des Hippolytus sagt der Bote:

αἱ δ' ἐνδακοῦσαι στόμια πυριγενῆ γνάθμοις
βίᾳ φέρουσιν, οὔτε ναυκλήρου χερὸς
1223 οὔθ' ἱππιδέσμων οὔτε κολλητῶν ὄχων
μεταστρέφουσαι.

Dass die wilden Pferde sich nicht um die Hand ihres Lenkers kümmern ist verständlich und klar; dagegen scheinen die folgenden Worte οὔθ' ἱππιδέσμων οὔτε κολλητῶν ὄχων μεταστρέφουσαι eine genügende Erklärung nicht zuzulassen. Wenn die Pferde in die στόμια beissen, so kann man nicht wohl sagen dass sie ἱππιδέσμων οὐ μεταστρέφουσιν: die στόμια machen, denke ich, einen sehr wesentlichen Theil der ἱππιδέσμα aus. Noch weniger

---

1) Dindorf giebt drei Belege dieses Hiatus. Antiphanes (Com. 8 p. 79) bei Ath. VI p. 258 E: οὐχ ἡδύ· ἐμοὶ μὲν μετὰ τὸ πλουτεῖν δεύτερον. Archilochus (fr. 76) bei Stob. Flor. 110, 10: τοῖσι δ' ἡδὺ ἦν ὁρᾶν, wo freilich die Ueberlieferung falsch, die Art der Heilung zweifelhaft ist. Empedocles 283: ὅτ' ἂν ἐπ' ὀξὺ βῇ. Dazu kommt Sosiphanes Trag. fr. 2 p. 638 bei Stob. Flor. 20, 18: νῦν ἡδύ ὀργήν, ἡνία' ἔνδωκεν, λαβεῖν (wo die Handschriften vielleicht ὀργὴν bieten). Vielleicht auch Panyasis bei Ath. XI p. 498 D: σαυκροὺς αἰνύμενος θαμίας πότον ἠδὲ ἔπινεν, wo ich κατὰ ἡδὺ ἔπινεν vermuthe. Die frühere Lesart bei Theocr. 15, 30: μὴ πωλῶ ἔκλησε, ist dagegen entschieden unrichtig und in den neusten Ausgaben mit Recht beseitigt.

begreift man was κολλητῶν ἔχων hier soll; die Pferde ziehen den Wagen fort, ich wüsste nicht wie sie sich anderweitig um ihn bekümmern sollten. Somit scheint 1225 eine spätere Zuthat, veranlasst durch das vorausgehende οὔτε. Der Vers wird entbehrlich, wenn wir schreiben οὔτε ναυκλήρου χειρὸς μεταστρέφουσαι. Uebrigens verdient es beachtet zu werden dass ἱππόδεσμα nur auf dieser Stelle beruht.

Dass in den nachher folgenden Worten,

1247 ἵππους δ' ἔκρυψεν καὶ τὸ δύστηνον τέρας
      ταύρου λεπαίας οὗ κάτοιδ' ὅπου χθονός,

die ganz vereinzelt stehende Form ἔκρυψεν schwerlich richtig ist habe ich früher bemerkt, vgl. Th. I S. 88. Unerheblich ist die Schreibung ἔκρυψε des Codex B. Vielleicht schrieb der Dichter ἵππου δὲ φροῦδοι.

Die gegen Ende des Stückes erscheinende Artemis übernimmt es den Hippolytus in den Augen seines Vaters zu rechtfertigen. Phaedra war von der Aphrodite in die Liebe zu ihrem Stiefsohne verstrickt worden:

1301   τῆς γὰρ ἐχθίστης θεῶν
1303   δηχθεῖσα κέντροις παιδὸς ἠράσθη σέθεν.

Wer würde bei diesen Worten irgend etwas vermissen? Gleichwohl finden wir in den Handschriften zwischen den angeführten Versen noch den Zusatz

ἡμῖν, ὅσαισι παρθένειος ἡδονή,

an dessen Authentie bisher meines Wissens niemand gezweifelt hat. Mir scheint dieser Zusatz schon um des Sinnes willen sehr unpassend. Es ist eine platte Tautologie zu sagen dass Aphrodite von allen denen gehasst wird, welche auf ihre Jungfräulichkeit halten, und in dem Relativsatz liegt eine Beschränkung mit welcher sich ὅσαισι nicht wohl vertragen will; denn wenn Aphrodite nur von den Damen gehasst wird welche von der Liebe und dem Ehestande nichts wissen wollen, so ist die Zahl ihrer Gegnerinnen ausserordentlich klein. Dazu nehme man nun noch die ungeschickte Redeweise, »uns die wir jungfräuliche Lust kennen«! Worin besteht die παρθένειος ἡδονή? An Jagd und ähnliche Vergnügungen zu denken ist unmöglich, da an sich weder die Jagd noch irgend eine andere Vergnügung für aphrodisische Genüsse unempfänglich macht. Somit dürfte nur das Hüten der Keuschheit übrig bleiben; mit welchem Rechte dies aber als eine ἡδονή bezeichnet wird ist schlechterdings unbegreiflich. Der Vers ist zwar älter als Eustathius, der II. p. 502, 31 sich auf denselben bezieht, aber sicherlich nicht Euripideisch; vermuthlich wurde er veranlasst durch ein zu ἐχθίστης beigeschriebenes ἡμῖν. Dieses ἡμῖν, das einzige in V. 1302 nicht störende Wort, wird zu ἐχθίστης leicht ergänzt; sollte die Auslassung desselben unstatthaft sein, so würde die Aenderung τῆς γὰρ αἰσχίστης θεῶν dem Uebelstande abhelfen, wie αἴσχιστος und ἔχθιστος sehr oft verwechselt werden. Statt δηχθεῖσα κέντροις würde, wie bereits Valckenaer gesehen hat, πληγεῖσα κέντροις angemessener und natürlicher sein.

In der den Schluss bildenden Scene verzeiht Hippolytus vor seinem Tode dem Vater, der von höheren Mächten irre geleitet war, als er den Fluch aussprach. Hier finden wir folgendes Zwiegespräch:

1450 ΘΗΣ. τί φής; ἀφήσεις αἵματός μ' ἐλεύθερον;
ΙΠΠ. τὴν τοξόδαμνον Ἄρτεμιν μαρτύρομαι.
ΘΗΣ. ὦ φίλταθ', ὡς γενναῖος ἐκφαίνει πατρί.
ΙΠΠ. ὦ χαῖρε καὶ σύ, χαῖρε πολλά μοι, πάτερ.
ΘΗΣ. ὤμοι φρενὸς σῆς εὐσεβοῦς τε κἀγαθῆς.

Zu Anfang beruht das Futurum ἀφήσεις auf den Handschriften [B]Eabc, ἀφίης bietet *B* und wie es scheint die übrigen, namentlich also wohl auch der Havniensis (C), über den freilich eine positive Angabe nicht vorliegt. Von Seiten des Sinnes scheint das Praesens den Vorzug zu verdienen. Aus ἀφίης oder nach einer öfters vorkommenden fehlerhaften Schreibweise ἀφίαις (vgl. Th. I S. 31) konnte sehr leicht ἀφίσις d. h. ἀφήσεις entstehen. Im zweiten Verse scheint Ἄρτεμιν ein Glossem zu sein, durch welches die ursprüngliche Bezeichnung der Göttin verdrängt wurde. Diphilus Com. 4 p. 388 sagt: Λητοῦς Διός τε τοξόδαμνε παρθένε, ὥς οἱ τραγῳδεῖ φασιν. Hiernach vermuthe ich

τὴν τοξόδαμνον παρθένον μαρτύρομαι.

Erst so bekommt τὴν τοξόδαμνον seine Berechtigung, während es in der hergebrachten Lesart als ein müssiges Beiwort erscheint. Dass bekannte Eigennamen nicht selten von den Abschreibern eingeschmuggelt worden sind, ist weder neu noch auffallend: vgl. Elmsley zu Eur. Iph. Taur. 824. Den Namen der Artemis finden wir nochmals an unrechter Stelle Iphig. A. 1570:

ἔλεξε δ'· ὦ Διὸς Ἄρτεμι θηροκτόνε.

So schrieb man gewöhnlich nach *C*, wogegen die älteren Ausgaben bieten: ἔλεξε δ'· ὦ θηρόκτον' (oder θηροκτόν') Ἄρτεμι παῖ Διός. Da der Vers zu der unechten Schlusspartie der Iphig. Aul. gehört, so konnte man nicht einmal wissen ob man berechtigt war die fehlerhaften Anapaesten Διὸς Ἄρτεμις oder Ἄρτεμι παῖ zu beseitigen; eben so war es ungewiss welche der bisherigen Fassungen den Vorzug verdiente. Jetzt kennen wir die Lesart der für die Iph. Aul. maassgebenden Handschrift *B* (Palat. 287), wo wir von erster Hand einen siebenfüssigen Vers finden,

ἔλεξε δ'· ὦ παῖ Ζηνὸς Ἄρτεμις θηροκτόνε,

und nun kann die Emendation wohl nicht weiter zweifelhaft sein. Offenbar ist mit Tilgung des Namens der Göttin zu lesen:

ἔλεξε δ'· ὦ παῖ Ζηνός, ὦ θηροκτόνε,

wie ich bereits in der ersten Ausgabe des Euripides vol. 2 p. XXXII bemerkt habe. — Nach Hipp. 1452 vermuthet Kirchhoff den Ausfall zweier Verse, *quorum posterior orsus fuerit a formula χαῖρ' ὦ*. Die letzten Worte sind mir unverständlich; wenn zwei Verse fehlen, so konnte der zweite derselben gewiss eben so gut auf irgend eine andere Weise als mit der Formel χαῖρ' ὦ beginnen. Kirchhoff meint, die Stelle habe ehemals so gelautet:

ΘΗΣ. ὦ φίλτατ᾽, ὡς γενναῖος ἐκφαίνῃ πατρί.
ΙΠΠ. . . . .
ΘΗΣ. χαῖρ᾽ ὦ . . . .
ΙΠΠ. ὦ χαῖρε καὶ σύ, χαῖρε πολλά μοι, πάτερ.

Aber der Ausfall zweier Verse wird durch diese Annahme nicht erklärt, und somit erscheint die Annahme selbst als überflüssig; mit gleichem Rechte könnte man die Hypothese aufstellen, der zweite der beiden fehlenden Verse habe mit der Formel νῦν δὴ begonnen. Weshalb aber wird überhaupt der Ausfall zweier Verse vorausgesetzt? Offenbar weil die Worte ὦ χαῖρε καὶ σύ darauf hinzuweisen scheinen dass Theseus zuerst dem Hippolytus ein χαῖρε zugerufen habe, wie z. B. Orest. 476 f. Menelaus und Tyndareos sich begrüssen:

ΜΕΝ. ὦ πρέσβυ χαῖρε, Ζηνὸς ὁμόλεκτρον κάρα.
ΤΥΝ. ὦ χαῖρε καὶ σύ Μενέλεως, κήδευμ᾽ ἐμόν.

Eben so Admet und Hercules Alc. 509 f.: ΑΔΜ. χαῖρ᾽, ὦ Διὸς καὶ Περσέως τ᾽ ἀφ᾽ αἵματος. ΗΡ. Ἄδμητε καὶ σύ χαῖρε, Θεσσαλῶν ἄναξ. Aegeus und Medea Med. 663. 665. In ähnlicher Weise bei Xenoph. Cyri inst. VII, 2, 9: ὁ δὲ Κροῖσος ὡς εἶδε τὸν Κῦρον, χαῖρε, ὦ δέσποτα, ἔφη — καὶ σύ γε, ἔφη, ὦ Κροῖσε. So namentlich auf Sepulcralinschriften, vgl. L. Stephani Titul. Graec. IV p. 21 Anm. An der in Rede stehenden Stelle wäre es jedoch geradezu unpassend, wenn Theseus zuerst dem sterbenden Sohne ein Lebewohl zugerufen hätte. Wie es mit Recht als grob oder taktlos angesehen wird, wenn jemand seinem Gaste mit dem Adieu zuvorkommt und ihn gleichsam aus der Thüre hinauscomplimentirt, so würde es noch in viel höherem Grade unziemend sein einem Sterbenden gegenüber mit dem χαῖρε den Anfang zu machen; es hiesse dies die Zeit nicht erwarten können wo der Sterbende seine Augen schliesst. Ja es ist nicht einmal üblich dass die Ueberlebenden das χαῖρε eines Sterbenden erwidern, wie sich unter andern aus dem Abschiede der sterbenden Alcestis ergibt, vgl. Eur. Alc. 388 ff.:

ΑΔΜ. ἔρπευ πρόσωπον, μὴ λίπῃς παῖδας σέθεν.
ΑΛΚ. οὐ δῆτ᾽ ἑκοῦσά γ᾽, ἀλλὰ χαίρετ᾽, ὦ τέκνα.
ΑΔΜ. βλέψον πρὸς αὐτούς, βλέψον. ΑΛΚ. οὐδέν εἰμ᾽ ἔτι.
ΑΔΜ. τί δρᾷς; προλείπεις; ΑΛΚ. χαῖρ᾽. ΑΔΜ. ἀπωλόμην τάλας.
ΧΟΡ. βέβηκεν, οὐκέτ᾽ ἔστιν Ἀδμήτου γυνή.

Ganz entsprechend Hec. 426 f., wo die zum Tode bestimmte Polyxena ihre Mutter mit χαῖρ᾽ ὦ τεκοῦσα anredet, diese dagegen antwortet: χαίρουσιν ἄλλοι, μητρὶ δ᾽ οὐκ ἔστιν τόδε. Desgleichen bei der Verbrennung des Hercules auf dem Oeta, Soph. Trach. 1264: χαίρετ᾽, ὀπαδοί, μεγάλην μὲν ἐμοὶ τούτων σέμνει συγγνωμοσύνην, μεγάλην δὲ θεοῖς τῶν πρασσομένων, und sonst. Der Grund dieser Erscheinung ist leicht zu verstehen; der Sterbende spricht das Abschiedswort, weil er durch die unbeugsame Nothwendigkeit den Seinigen entrissen wird; die Nachbleibenden entschliessen sich nicht die Trennung auszusprechen, weil sie nicht von dem Sterbenden lassen mögen und sich auch mit den Todten, die einst ihnen nahe standen, eng verbunden wissen [1]). Wenn somit Kirchhoffs Ansetzen einer Lücke durchaus der vorliegenden Situation widerstreitet, so werden wir annehmen müssen dass in den Worten καὶ σύ ein Fehler steckt. Wahrscheinlich ist zu lesen

ὦ χαῖρε καὶ ζῆ, χαῖρε πολλά μοι, πάτερ.

Dadurch wird ein vollkommen angemessener Sinn gewonnen, und die Verwechslung von ζῆ und σύ kann um so weniger befremden, da der Imperativ ζῆ den Griechen der späteren Zeit unbekannt war. Man hat vermuthet dass in gleicher Weise Iph. Taur. 593 καὶ σύ aus καὶ ζῆ entstanden sei; indess lässt sich an der Richtigkeit dieser Vermuthung zweifeln. Einem unverständlichen ὦ χαῖρε καὶ σύ begegnen wir auch Heracl. 660, wovon künftig.

Der Euripideische Hippolytus bildet den Schluss unter den häufiger gelesenen und benutzten Tragoedien. · Zu den von Kirchhoff gegebenen Nachweisungen der Citate füge ich nachstehendes Supplement hinzu, wobei ich der Kirchhoffschen Verszählung folge.

V. 1 u. 2 Herodian περὶ σολοικ. bei Boissonade Anecd. vol. 3 p. 257. — V. 1 benutzt von Ammonius in Aristot. p. 95 b 19 ed. Berol.

V. 7 u. 8 (nicht 8 u. 9) Schol. Il. P, 567.

V. 32 f. Tzetzes in Lycophr. 610.

V. 48 Schol. Aristoph. Ran. 314, wo καλόν gelesen wird; allerdings fehlt das Scholion in den wichtigeren Handschriften.

V. 72 f. Georgius Pisida de exped. Pers. 3, 379 f. p. 43 ed. Bonn., Clemens Alex. hymn. in paed. p. 313 ed. Pott., berücksichtigt von Themistius XV p. 185 A.

V. 94 Men. mon. 663.

V. 101 benutzt von Themist. XVI p. 211 B, welcher πόρρωτεν statt πρόσωτεν bietet.

V. 122 βαπτάν· ἀντλουμένην Hesychius vol. 1 p. 690.

V. 135 f. Eust. Il. p. 438, 26.

V. 142 Schol. Aesch. Sept. 7 p. 301, 7 ed. Dind.

V. 171 Eust. Il. p. 144, 38, wo νέφωσιν statt νέφος sich findet.

V. 200 Eust. Il. p. 189, 11.

V. 210 f. Eust. Il. p. 308, 33.

V. 219 Eust. Opusc. p. 356, 45. Auctor Timarionis in Notices et Extr. IX p. 170.

V. 231 Eust. Il. p. 361, 22. Vgl. Hesychius vol. 1 p. 1234: Ἐνετίδας πώλους στεφαν. ἐκφόρω, ἀπὸ τῆς περὶ τὴν Ἀδρίαν Ἐνετίδος· διαφέρει γὰρ ἐκεῖ. In στεφανέκφορω liegt offenbar στεφανηφόρω (Musurus schrieb στεφανηφόρους), und es scheint mir kaum zweifelhaft dass vorher Εὐριπίδης Ἱππολύτῳ ausgefallen ist. Der Anfang der Glosse sollte hiernach wohl lauten: Ἐνέτας· Ἐνετίδας πώλους· Εὐριπίδης Ἱππολύτῳ στεφανηφόρω.

---

[1]) Den weit verbreiteten Irrthum, dass mit dem χαῖρε auf Sepulcralmonumenten das letzte Lebewohl gemeint sei, welches die Nachbleibenden dem ihnen theueren Todten zum Abschiede zurufen sollen, hat L. Stephani Titul. Graec. IV p. 20 ff. in der überzeugendsten Weise für immer beseitigt. Interessant wäre es zu wissen in welchem Zusammenhange jene drei Trimeter vorkamen, welche Stobaeus Flor. 120, 15 aus dem Nauplius des Astydamas (Trag. Graec. Fragm. p. 604) anführt.

χαῖρ', εἰ τὸ χαίρειν ἔστι που κάτω μετοικεῖ·
ποιοῖ δ'· ὅπου γὰρ μὴ ἔστι κωτείσθαι, λίαν
ἔστι τὸ χαίρειν τῶν κακῶν διατριβή.

V. 233— 235 Suidas v. νῦν δή.

V. 280 f. Schol. Eur. Hipp. 150 ed. Matth.

V. 283 Eustathius Il. p. 333, 44 (nicht p. 335).

V. 353 Proclus in Plat. Alcib. vol. 3 p. 164 ed. Cousin. Olympiod. in Plat. Alcib. p. 30. 102 ed. Creuz.

V. 376 Eust. Il. p. 82, 37.

V. 377 Eust. Il. p. 168, 4.

V. 426 Theodorus Metoch. p. 550 f. Constantinus Man. ed. Boiss. 1, 33.

V. 437 Eust. Il. p. 333, 44.

V. 438 Eust. Il. p. 67, 9. 77, 37. Georgius Pachym. ed. Boiss. p. 233 f.

V. 480 benutzt von Plut. Mor. p. 759 B. Horat. Epist. 1, 1, 34.

V. 596 ἀναπτυχαί· ἀνατολαί, ἀκτῖνες Hesychius vol. 1 p. 180 ed. M. Schmidt.

V. 607 Maximus Tyr. vol. 2 p. 270. Append. Prov. 2, 100. Iustinus Martyr vol. 1 p. 216. Gregor. Naz. ed. Colon. vol. 2 p. 228 A. Theophylactus Simoc. Epist. 67 p. 72. Eust. Opusc. p. 52, 22. 122, 52. Nicetas Chon. p. 179, 3. Ovid. Heroid. 21, 135 ff.

V. 652 Schol. Eur. Hipp. 607 ed. Matth.

V. 697 Eust. Il. p. 186, 9 (nicht p. 786). Floril. Monac. p. 277, 20 ed. Meinek.

V. 797 Georgius Lecap. in Matthaei Lect. Mosq. vol. 2 p. 59, von dessen Lesart ἀρτάνης statt ἀγχόνης schon oben S. 33 die Rede war.

V. 831 vgl. Hesychius vol. 2 p. 1398: τὸ κατὰ γᾶς.

V. 902 f. Eust. Il. p. 174, 30.

V. 986 Aristot. Rhet. 2, 22 p. 1395 b 28.

V. 1000 Eust. Il. p. 161 z. E.

V. 1055 f. Cyrillus c. Iul. X p. 361 E. — Die Glosse ὑπὲρ κάρα φοιτῶντα steht auch Anecd. Bachm. vol. 1 p. 396, 7 und bei Suidas.

V. 1116 Eust. Il. p. 513, 42 (nicht p. 515).

V. 1124 Schol. Eur. Hipp. 227 ed. Matth.

V. 1126 Eust. Il. p. 599 (nicht p. 456).

V. 1178 Schol. Eur. Phoen. 3. Eust. Il. p. 599 (nicht p. 559).

V. 1179 Eust. Il. p. 133, 23.

V. 1200 wird parodirt von Eubulus Com. 3 p. 259: λοπὰς καφλάζει βαρβάρῳ λαλήματι.

V. 1212 Schol. Eur. Phoen. 3.

V. 1237 Eust. Il. p. 488, 19.

V. 1291 Eust. Il. p. 502, 31.

V. 1311 Eust. Il. p. 488, wo μάντεως statt μάντεων bemerkt zu werden verdient.

V. 1364 Eust. Il. p. 138, 18.

6. Alcestis.

Admet soll, wie Apollo im Prologe mittheilt, dem Tode entgehen, wenn er jemand findet, der sich entschliesst an seiner Stelle zu sterben;

15 πάντας δ' ἐλέγξας καὶ διεξελθὼν φίλους,
    πατέρα γεραιάν θ' ἥ σφ' ἔτικτε μητέρα,
    οὐχ εὗρε πλὴν γυναικὸς ἥτις ἤθελε
    θανεῖν πρὸ κείνου μηδ' ἔτ' εἰσορᾶν φάος.

Die Worte πατέρα γεραιάν τε μητέρα können nach dem Zusammenhange nur als Apposition zu πάντας φίλους genommen werden; dass es aber vollkommen sinnlos ist πάντας φίλους durch πατέρα καὶ μητέρα zu erläutern, wird jeder zugeben müssen. Soll V. 16 dem Sinne nicht widerstreben, so müssen die Worte πατέρα μητέρα τε durch eine Copula mit πάντας φίλους verbunden werden. Es wird also πατέρα τε γραῖάν θ' ἥ σφ' ἔτικτε μητέρα zu schreiben sein oder, was ich vorziehen möchte,

καὶ πατέρα γραῖάν θ' ἥ σφ' ἔτικτε μητέρα.

In den folgenden Worten halte ich ἥτις für unzulässig: οὐχ εὗρεν ἥτις ἤθελε θανεῖν würde heissen «er fand kein Weib, das sterben wollte». Nach dem von Apollo und den Moiren abgeschlossenen Vergleiche konnte jedoch auch ein Mann den Admet retten, wie dies aus dem Verlaufe des Stückes auf das deutlichste hervorgeht; folglich musste gesagt werden «er fand keinen Menschen, der statt seiner sterben wollte», d. h. es ist mit Reiske zu verbessern: οὐχ εὗρε πλὴν γυναικὸς ὅστις ἤθελε κτί. Für einen gedankenlosen Abschreiber lag es sehr nahe γυναικὸς ὅστις in γυναικὸς ἥτις zu corrigiren. V. 18 wollte Reiske θανεῖν πρὸ κείνου μηκέτ' εἰσορᾶν φάος, eine zwar ansprechende, aber keineswegs überzeugende Vermuthung, die wohl nur durch die ehemalige Lesart μηκέτ' εἰσορᾶν hervorgerufen wurde; Reiske konnte nicht wissen dass die beiden besten Handschriften (BC) μηδ' ἔτ' εἰσορᾶν bieten.

Apollo sieht den Thanatos, der sich pünktlich eingefunden hat, um das ihm zufallende Opfer entgegenzunehmen und nach dem Hades hinabzuführen:

26 σύμμετρος δ' ἀφίκετε,
    φρουρῶν τόδ' ἦμαρ, ᾧ θανεῖν αὐτὴν χρεών.

Statt συμμέτρως habe ich ohne Bedenken σύμμετρος geschrieben, wie es der Sprachgebrauch forderte. Vgl. ποίᾳ ξύμμετρος προύβην τύχῃ Soph. Ant. 387. καιρίαν στείχουσαν Oed. R. 631. καίριος γὰρ ἥλυθες Eur. El. 598. ὦ χρόνος ἐλθὼν σῆς δάμαρτος ἐς χέρας Hel. 566 u. ähnl. bei Krüger Gramm. II § 57, 5 Anm. 4.

Der Todesgott ahnt in welcher Absicht Apollo bei dem Hause des Admet sich aufhalte, und begrüsst ihn daher nicht eben freundlich:

    τί σὺ πρὸς μελάθροις; τί σὺ τῇδε πωλεῖς,
30 Φοῖβ'; ἀδικεῖς αὖ τιμὰς ἐνέρων
    ἀφοριζόμενος καὶ καταπαύων.

Nach allem was wir über die Bedeutung des Verbum ἀφορίζειν wissen, theils aus der Etymologie des Wortes, theils aus der keineswegs seltenen Anwendung desselben bei verschiedenen Autoren, lässt sich mit völliger Gewissheit behaupten dass ἀφοριζόμενος hier unpassend ist und dass Euripides so nicht geschrieben hat. Mit leichter Aenderung ein angemessenes Wort zu substituiren dürfte nicht wohl möglich sein. Erträglicher zwar ist καταπαύων, doch zweifle ich auch an der Authentie dieses Ausdrucks: er ist zu stark für das was hier bezeichnet werden muss; denn damit dass Apollo zuerst den Admet am Leben erhielt und dann die Gattin desselben gegen die Angriffe des Thanatos schützen möchte, werden die finsteren Mächte des Hades in ihren Rechten gekränkt, nicht aber aller ihrer Ansprüche an die Oberwelt beraubt. Das was hier der Zusammenhang fordert ist eben so klar als bündig enthalten in den Worten ἀδικεῖς αὖ τιμὰς ἐνέρων, d. h. du vergreifst dich an den Ehren der Unterirdischen. Ganz entsprechend sagt Euripides Phoen. 958 vom Seher, der aus Mitleid den Menschen Falsches weissagt, ἀδικεῖ τὰ τῶν θεῶν, und ähnlich ἐμοῦ δὲ πατρὸς ἠδίκεις λέχη El. 920. Verwandt ist auch ἀδικεῖν γῆν, ein Land verwüsten (Thucyd.), ἀδικεῖν τὴν φιλίαν (Plut. Mor. p. 65 B. Boisson. Anecd. vol. 1 p. 125 u. s.). Es scheint mir klar dass die Worte ἀφοριζόμενος καὶ καταπαύων nicht vom Dichter herrühren, der unmöglich mit diesem sprach- und sinnwidrigen Anhängsel den Gedanken verderben konnte, sondern von einem Leser, welcher zu dem Accusativus τιμάς ein Verbum vermisste, weil er ἀδικεῖς τιμὰς ἐνέρων nicht verstand. Die Häufung ἀφοριζόμενος καὶ καταπαύων ist am einfachsten daraus zu erklären, dass der erste Ergänzer zwischen zwei Verba die Wahl liess. Den Betrug zu entdecken würde uns weniger leicht geworden sein, wenn es hiesse ἀφανίζων καὶ καταπαύων, aber auch in dieser oder einer ähnlichen Gestalt wären die Worte nur störend, und es kann daher ihr Ursprung nicht zweifelhaft sein.

Nachdem Apollo und Thanatos abgetreten sind, erscheint der Chor Pheräischer Greise, um über das Loos der Königin sich zu unterrichten. Die Anapaesten mit denen er auftritt, leiden zum Theil an auffallenden Fehlern. So namentlich V. 79 ff.:

ἀλλ' οὐδὲ φίλων πέλας οὐδείς,
80   ὅστις ἂν εἴποι πότερον φθιμένην
βασίλειαν πενθεῖν χρὴ ἢ ζῶσ'
ἔτι φῶς τόδε λεύσσει Πελίου παῖς
Ἄλκηστις, ἐμοὶ πᾶσί τ' ἀρίστη
δόξασα γυνὴ
85   πόσιν εἰς αὑτῆς γεγενῆσθαι.

Zunächst hat man mit Recht V. 79 den Paroemiacus beanstandet, der hier unpassend ist, weil er durchaus nicht den Abschluss eines Gedankens bezeichnet. Alte Verbesserer haben nicht glücklich nach φίλων das Wörtchen τις eingeschaltet; durch diese Interpolation wurde Dobree verleitet ἀλλ' οὐδὲ φίλων τις πέλας οὐδείς vorzuschlagen (Advers. 2 p. 73). Ehemals versuchte ich ἀλλ' οὐδὲ φίλων οὐ πέλας οὐδείς, jetzt halte ich Monks Vorschlag ἀλλ' οὐδὲ φίλων πέλας ἐστ' οὐδείς für den annehmbarsten; dass ἐστί sehr oft ausfällt und weshalb, ist bekannt. Im zweiten Verse wurde ehemals ὅστις ἂν ἐνέποι gelesen, eine fehlerhafte anapaestische Form (vgl. Th. I S. 4), die hier schon durch die Autorität der Handschriften ihre Erledigung findet; eben das εἶποι, was jetzt als diplomatisch besser beglaubigt in den Texten steht, hatte Monk (zu Eur. Hipp. p. 166) durch Conjectur hergestellt. V. 61 beruht die übliche Schreibweise βασίλειαν χρὴ πενθεῖν nur auf der Handschrift C, die in den neun besser erhaltenen Stücken wesentlich nur insofern einen Werth hat als sie über die Irrgänge und bösen Gewohnheiten Byzantinischer Verbesserer uns vielfach aufklärt. Mit Recht hat Kirchhoff sich durch C nicht in seinem Urtheile bestimmen lassen; aber mit seinem Vorschlage, βασίλειαν πενθεῖν χρή μ' ἢ ζῶσ', ist zwar der fehlerhafte Hiatus beseitigt, nicht aber die nothwendige Caesur gewonnen. Offenbar hat der Schreiber des Codex C ganz richtig gesehen das χρή an eine falsche Stelle gerathen ist; nur musste er χρὴ βασίλειαν πενθεῖν ἢ ζῶσ' herstellen. Die überlieferte falsche Wortstellung ist dadurch veranlasst dass man βασίλειαν an φθιμένην heranrückte, zu dem es dem Sinne nach gehört. Ganz ähnlich im folgenden Verse, wo ebenfalls die Caesur fehlt, weil man τόδε unrichtig zu φῶς zog; die neueren Kritiker haben nach dem Vorgange des Musurus das τόδε getilgt und damit an unpassender Stelle einen Paroemiacus hervorgerufen; der Rhythmus weist darauf hin das ἔτι φῶς λεύσσει Πελίου τόδε παῖς zu schreiben ist.

Der Chor verzweifelt an der Möglichkeit durch irgend welches Mittel die Alcestis aus den Händen des Todes zu erlösen:

Str.   ἀλλ' οὐδὲ ναυκληρίαν ἔσθ' ὅποι τις αἴας
       στείλας ἢ Λυκίας
113   εἴτ' ἐπὶ τὰς ἀνύδρους Ἀμμωνιάδας ἕδρας
       δυστάνου παραλῦσαι
       ψυχάν· μόρος γὰρ ἀπότομος πλάθει· θεῶν δ' ἐπ' ἐσχάραις
120   οὐκ ἔχω ἐπὶ τίνα μηλοθύταν πορευθῶ.
Ant.   μόνος δ' ἄν, εἰ φῶς τόδ' ἦν ὄμμασιν δεδορκώς
       Φοίβου παῖς, προλιποῦσ'
123   ἦλθεν ἕδρας σκοτίας Ἅιδα τε πύλας·
       δμαθέντας γὰρ ἀνίστη,
       πρὶν αὐτὸν εἷλε διόβολον πλῆκτρον πυρὸς κεραυνίου.
130   νῦν δὲ τίν' ἔτι βίου ἐλπίδα προσδέχομαι;

So lautet in der Hauptsache die Ueberlieferung: V. 118 bieten jedoch die Handschriften ἄποτμος, wofür Blomfield ἀπότομος gesetzt hat, und V. 131 ist προσδέχωμαι Musgraves Besserung statt προσδέχομαι. Den Infinitiv παραλῦσαι V. 117 hat man nach dem Vorgang von Matthiae in den Optativ παραλύσαι verwandelt; wollte Euripides den Optativ schreiben, so hätte er wohl die Form παραλύσειαν gebraucht [1]), ich möchte daher παραλῦσαι vorziehen.

---

[1]) Im Optativus Aor. 1. Act. gebrauchen die Attiker Formen wie λύσειας, λύσειαν), λύσειεν, wogegen λύσαις, λύσαι, λύσαιεν ihnen fremd zu sein scheinen. Das Verkennen dieser auch für viele nichtattische Schriftsteller geltenden Thatsache hat nicht wenige falsche Vermuthungen zur Folge gehabt; ausführlicher gedenke ich bei der Besprechung von Eur. Bacch. 747 diese Frage zu behandeln.

Vorher hat Musgrave Ἀμμωνίδας ἕδρας geschrieben, und hiernach setzte Hermann in der Antistrophe Ἀιδα τε πυλῶνας, wogegen Dindorf nach πύλας ein καὶ einfügte, καὶ ἁμαθέντας γὰρ ἀνέστη. Was dieses καὶ soll ist nicht wohl abzusehen. Von den πύλαι Ἀιδου wird oft genug geredet; πυλῶνες Ἀιδου kommen weder in der Tragoedie noch meines Wissens sonst vor. Für Musgraves Aenderung Ἀμμωνίδας ἕδρας spricht El. 734: ξηραί τ᾽ Ἀμμωνίδες ἕδραι. Doch liegt darin kein triftiger Grund Ἀμμωνάδας für unrichtig zu halten: Ἀμμωνίς und Ἀμμωνιάς können so gut neben einander bestehen als Ἑλικωνίς und Ἑλικωνιάς, Ἰωνίς und Ἰωνιάς, Τιτανίς und Τιτανιάς, Φαεθοντίς und Φαεθοντιάς, um von zahllosen anderen Belegen abzusehen, vgl. Lobeck Pathol. proleg. p. 463 ff. und Meier in Müllers Fragm. hist. Gr. vol. 2 p. 121. Wenn Kirchhoff Ἀμμωνιάδας ἕδρας beibehält und in der Antistrophe Ἀιδα τε ... πύλας drucken lässt, so kann ich darin nur ein verzweifeltes Mittel sehen das Iota der Ueberlieferung trotz des offen liegenden Fehlers retten zu wollen. Was in der angesetzten Lücke gestanden habe erfährt man nicht; es muss wohl ein entbehrliches Wörtchen gewesen sein, da der Sinn zur Annahme einer Lücke nicht nöthigt. Abweichend von den erwähnten Vorschlägen vermuthe ich:

   εἶτ᾽ ἐφ᾽ ἕδρας ἀνίθρους Ἀμμωνίδας   und in der Antistr.
   ἤλθον ἕδρας σκοτίας Ἀιδα τε πύλας.

Für diese Aenderung spricht namentlich der Umstand, dass ἕδρας in der Strophe und in der Antistrophe dieselbe Stelle des Verses bekommt: bekanntlich lieben die Tragiker in strophischen Chorpartieen gleiche oder ähnlich lautende Wörter an gleichen Versstellen anzuwenden, vgl. unter andern Meineke Beitr. zur philol. Kritik der Antig. p. 49 f. Einen von den Abschreibern ebenfalls verwischten Beleg für diese Neigung finden wir am Schlusse des obigen Strophenpaares. V. 119 f. hat schon Reiske die Verbindung θεῶν ἐπ᾽ ἐσχάραις ἐπὶ τίνα μηλοθύταν beanstandet und dafür θεῶν δέ γ᾽ ἐσχάραν ἐπὶ τίνα μηλοθύτον vermuthet. Nach ihm bemerkte Monk: »*Forsan tamen scripserit poeta* θεῶν δ᾽ ἐπ᾽ ἐσχάραν οὐκ ἔχω τίνα μηλοθύταν πορευθῶ, *et in antistr. v. 130 omittendum sit* ἔτι. *Certe dura est repetitio praepositionis cum diverso regimine intra tantillum spatium; et* βωμοὺς μηλοθύτας *habet noster El.* (vielmehr *Iph. T.) 1116*». Endlich hat Hartung das Richtige hergestellt:

Str.   θεῶν δ᾽ ἐπ᾽ ἐσχάραν
    οὐκέτ᾽ ἔχω τίνα μηλοθύταν πορευθῶ.
Antistr.   πυρὸς κεραυνίου·
    νῦν δὲ βίου τίν᾽ ἔτ᾽ ἐλπίδα προσδέχωμαι;

Dass hier τίνα in Strophe und Antistrophe an gleicher Stelle wiederkehrt, ist gewiss nicht für zufällig zu erachten, obgleich natürlich dadurch die Hartungsche Aenderung nur empfohlen, nicht begründet werden kann. Unrichtig aber ist θεῶν ἐπ᾽ ἐσχάραις ἐπὶ τίνα μηλοθύταν πορευθῶ, schon deshalb weil μηλοθύτης der älteren Graecität sicherlich eben so fremd ist als θύτης, ἱεροθύτης, βουθύτης. Auch Iphig. Taur. 1116 lässt sich βωμούς τε μηλοθύτας auf keine Weise rechtfertigen; es muss heissen βωμούς τε μηλοθύτους, nach Analogie von βούθυτον ἑστίαν Soph. Oed. Col. 1495, βουθύτοις ἐπ᾽ ἐσχάραις Ar. Av. 1232, βουθύτοις ἐν ἤμασιν Aesch. Choeph. 261, βούθυτον ἀμέραν Eur. Hel. 1474, βουθύτοισι τιμαῖς Aesch. Suppl. 706, ταυροθύτους λοιβάς Orph. Arg. 617. Eben diese Stellen geben uns die Gewissheit dass an obiger Stelle das überlieferte ἐπ' ἐσχάραις ἐπὶ τίνα μηλοθύταν in ἐπ' ἐσχάραν τίνα μηλοθύταν zu ändern ist, und wer dies zugibt, wird auch der weiteren Nachbesserung von Hartung beipflichten müssen. — Noch ist das erste Wort der Antistrophe verderbt; Wakefields Vorschlag μούνως scheint das Richtige nicht zu treffen.

An den Chorgesang schliessen sich folgende Worte an:

πάντα γὰρ ἤδη τετέλεσται βασιλεῦσι,
πάντων δὲ θεῶν ἐπὶ βωμοῖς
αἱμόρραντοι θυσίαι πλήρεις,
135   οὐδ' ἔστι κακῶν ἄκος οὐδέν.

Das anapaestische Metrum wird durch die Worte τετέλεσται βασιλεῦσι gestört, und eben diese Worte sind von Seiten des Sinnes ihrer Unklarheit wegen anstössig; nachher befremdet der Paroemiacus πάντων δὲ θεῶν ἐπὶ βωμοῖς, und endlich ist πλήρεις als Attribut von θυσίαι unverständlich. Nimmt man alles dies zusammen, so dürfte die Annahme nicht unwahrscheinlich sein dass in der ursprünglichen Handschrift die Enden dreier auf einander folgender Zeilen unleserlich waren und in Folge dessen falsche Ergänzungen sich eindrängten; ich glaube daher die Worte τετέλεσται βασιλεῦσι, ἐπὶ βωμοῖς und πλήρεις als verdächtig bezeichnen zu müssen, räume jedoch ein dass diese Worte nicht durchweg auf freier Erfindung beruhen, sondern auf einer mehr oder weniger willkürlichen Verwendung halb verblichener Reste der ursprünglichen Schrift. Vielleicht gelingt es anderen eine Verbesserung zu geben. Nicht plausibel ist mir Kirchhoffs Anordnung der Stelle: πάντα γὰρ ἤδη.... | τετέλεσται,.... | βασιλεῦσι.... | πάντων δὲ θεῶν.... | ἐπὶ βωμοῖσι.... | αἱμόρραντοι θυσίαι πλήρεις, wozu bemerkt wird: «*lacera systematis anapaestici membra in ordinem digessi lacunis dimidiorum fere versuum indicatis*». Eine Ausfüllung der hier angenommenen Lücken hat Kirchhoff selbst nicht versucht. Uebrigens erinnerte Dindorf dass die von Bekker Anecd. p. 1308 gegebene Notiz, «αἱματέρραντοι θυσίαι Choerob. cod. Barocc. 50», auf die vorliegenden Verse geht; leider hat es Bekker unterlassen die Stelle des Choeroboscus genauer mitzutheilen; in Cramers Anecd. habe ich dieselbe vergeblich gesucht.

Alcestis nimmt, wie eine Dienerin erzählt, von dem ehelichen Lager Abschied mit folgenden Worten:

ὦ λέκτρον, ἔνθα παρθένει' ἔλυσ' ἐγώ
κορεύματ' ἐκ τοῦδ' ἀνδρός, οὗ θνήσκω πέρι.
χαῖρ'· οὐ γὰρ ἐχθαίρω σ'· ἀπώλεσας δέ με
180   μόνην· προδοῦναι γάρ σ' ὀκνοῦσα καὶ πόσιν
θνήσκω. σὲ δ' ἄλλη τις γυνὴ κεκτήσεται κτέ.

Die Ausdrucksweise παρθένεια κορεύματα λύειν erklärt sich aus dem bekannten λύειν (λύεσθαι) ζώνην. Statt ἔλυσ' ἐγώ werden manche vielleicht geneigt sein ἐλυσάμην zu schreiben, da in der Regel λύειν vom Manne gesagt wird (vgl. Hom. Od. λ, 245: λῦσε δὲ παρβενίην ζώνην. Moschus 2, 164: λύσε δέ οἱ μίτρην. Plut. Lycurg. c. 15: ὁ δὲ νυμφίος οὐ μεθύων οὐδὲ θρυπτόμενος, ἀλλὰ νήφων ἔλυε τὴν ζώνην), von der Frau dagegen das Medium üblicher ist (wie Anth. Pal. 7, 324: μούνῳ ἑνὶ ζώναν ἀνέρι λυσαμένα. Maneth. 6, 174: λάθρῃ παρθενίης ζώνην λύσαντο τεκεῦσιν. Nonnus Dionys. 13, 225: ἕν ποτε νύμφη λυσαμένη Μίνως σαόφρονος ἧμμα κορείης Φαιστιὰς Ἀνδρογένεια Κυδωναίῃ τέκεν εὐνῇ). Indess findet sich auch bei Pind. Isthm. 8, 45 das Activum von der Braut, λύει κεν (Thetis) χαλινὸν ὑφ᾽ ἥρωι παρθενίας, und eben so heisst es von der geschändeten Casandra bei Eur. Tro. 501: οἴαις ἔλυσας συμφοραῖς ἄγνευμα σόν, während umgekehrt Musaeus V. 272 vom Leander sagt: ὁ δ᾽ αὐτίκα λύσατο μίτρην. Somit wird ἔλυσ᾽ ἐγώ nicht zu beanstanden sein. Um so mehr erregt der folgende Vers Bedenken. Der Ausdruck παρθένεια κορεύματα ist tautologisch; denn das nur hier vorkommende κόρευμα¹) kann nichts anderes bezeichnen als die Jungfräulichkeit, wie κορεύεσθαι Alc. 313 »jungfräulich leben« heisst (vgl. Corp. Inscr. 28: σῆμα Φρασικλείας· κούρη κεκλήσομαι Ἀρηι, ἀντὶ γάμου παρὰ θεῶν τοῦτο λαχοῦσ᾽ ὄνομα), wie das Entjungfern durch διακορεῖν oder ἐκκορεῖν bezeichnet wird, wie Moschus 2, 165 von der Europa sagt: ἣ δὲ πάρος κούρη Ζηνὸς γένετ᾽ αὐτίκα νύμφη. Daher dürfte es schwer sein die Verbindung παρθένεια κορεύματα zu rechtfertigen; wesentlich verschieden sind Redeweisen wie εὔτρεπμος πλάτα, λόγος κακόστρους, κόρος μενέπαις u. ähnl. (vgl. Th. I S. 72); eben so wenig kann man sich auf das Epigramm des Euripides bei Ath. Π p. 61 B berufen: μητέρα παρθενικήν τε κόρην δισσούς τε συναίμους, wo κόρη die Tochter bedeutet. Ferner ist in der Verbindung παρθένει᾽ ἔλυσ᾽ ἐγώ κορεύματ᾽ ἐκ τοῦδ᾽ ἀνδρός die Praeposition ἐκ befremdlich und auf keine Weise zu rechtfertigen. Auch τεῦδε scheint nicht glücklich gewählt, da Admet nicht anwesend ist. Endlich hat schon Valckenaer zu Eur. Phoen. 1336 bemerkt dass οὐ θνήσκω πέρι ungewöhnlich ist; seine Vermuthung οὐ θνήσκω γ᾽ ὑπέρ ist von der Hand zu weisen, so lange die sonstigen Uebelstände in V. 178 nicht gehoben sind. Mir scheint der ganze Vers ein späteres Fabricat zu sein, das nur auf Tilgung, nicht auf Nachbesserung Ansprüche machen kann. Wenn im Folgenden μόνην richtig ist, so werden wir ἀπώλεσα· δ᾽ ἐμὲ (statt δέ με) μόνην schreiben müssen; vielleicht aber ist mit Reiske μόνη προδοῦναι zu verbessern.

Von der Alcestis, die sich vom Lager erhebt und das Schlafgemach zu verlassen sich anschickt, heisst es:

187   καὶ πολλὰ θαλαμον ἐξιοῦσ᾽ ἐπεστράφη
      κἄρριψεν αὑτὴν αὖθις εἰς κοίτην πάλιν.

---

1) Das dem Ursprung und der Bedeutung nach verwandte κορεία ist, wenn ich nicht irre, bei Theocr. 27, 26 herzustellen:

οὐκ ὀδύναι, τοκ ἄλγος ἔχει γάμος, ἀλλὰ χορεῖαι.

Es bedarf wohl keines Nachweises dass es widersinnig ist wenn der verliebte Daphnis zu dem seinen Wünschen widerstrebenden Mädchen sagt, die Ehe bringe nicht Leiden, sondern Tänze. Das Vergnügen des Tanzens ist ein fast ausschliessliches Vorrecht der Jungfrauen, und man hat schwerlich gehört dass ein Mädchen sich verheirathet habe um häufiger tanzen zu können. Will jemand an die Hochzeitstanz denken, so ist damit nichts gewonnen, schon deshalb weil man auch bei den Hochzeiten anderer tanzen kann. Der Dichter schrieb vermuthlich: οὐκ ὀδύναι, οὐκ ἄλγος ἔχει γάμος, ἀλλὰ κορεία.

Statt θάλαμον habe ich θαλάμων vorgeschlagen, und dass dies angemessener sei wird sich nicht in Abrede stellen lassen. Niemand wird im Deutschen sagen «oft wendete sie sich nach dem Zimmer zurück beim Verlassen desselben», da der Begriff «Zimmer» mit dem Verbum des Hinausgehens als dem logischen Prius verbunden werden muss. Kein Wunder also dass die neueren Uebersetzer den Fehler des Griechischen Ausdrucks unbewusst vermeiden, wenn sie z. B. sagen: «und kehrt sich, aus der Kammer scheidend, oft noch um» (Hartung), oder «und oft noch, dem Gemach entstürmt, kehrt sie zurück» (Fritze), oder «et saepe egressa ex thalamo, eodem saepe rediit» (Musgrave). Im Griechischen würde θάλαμον um so ungeschickter sein, da ἐξιοῦσα unmittelbar daneben steht. Dass endlich θάλαμος und θάλαμοι von Dichtern in gleichem Sinne gebraucht wird ist bekannt; bei Euripides herrscht der Pluralis des Wortes durchaus vor.

Die Dienerin schliesst ihre Erzählung, indem sie ihre Theilnahme für Admet kund gibt: 196 τοιαῦτ' ἐν οἴκοις ἐστὶν Ἀδμήτου κακά.
καὶ κατθανών τ' ἂν ὤλετ', ἐκφυγὼν δ' ἔχει
τοσοῦτον ἄλγος, οὐ ποτ' οὐ λελήσεται.

Im zweiten dieser Verse sollte man κατθανών τ' ἂν ὤλετ', ἐκφυγών τ' ἔχει erwarten, wie Dobree Adv. 2 p. 73 zu schreiben vorschlug. Allerdings fehlt es wie sonst so auch bei den Tragikern keineswegs an Stellen, wo τε und δέ sich entsprechen; vgl. Soph. Ai. 835: τὰς ἀεί τε παρθένους, ἀεί δ' ὁρώσας πάντα τὰν βροτοῖς πάθη. Ant. 1096: τό τ' εἰκαθεῖν γὰρ δεινόν, ἀντιστάντα δὲ ἄτῃ κατάξαι θυμὸν ἐν δεινῷ κάρα. Trach. 285: ταῦτα γὰρ πόσις τε σὸς ἐφεῖτ', ἐγὼ δὲ πιστὸς ὢν κείνῳ τελῶ. Trach. 333: ὡς σὺ δ' οἱ θέλεις σπεύδῃς, ἐγὼ δὲ τἄνδον ἐξαρκῆ τιθῶ. Eur. Iph. T. 1414: πόντου δ' ἀνάκτωρ Ἴλιόν τ' ἐπισκοπεῖ σεμνὸς Ποσειδῶν, Πελοπίδαις δ' ἐναντίος. Med. 1250: φίλοι τ' ἔφυσαν, δυστυχὴς δ' ἐγὼ γυνή. Phoen. 1625: σοί τ' εὖ λέλεκται γόνατα μὴ χρῴζειν ἐμά, ἐγὼ δὲ ναίειν σ' οὐκ ἐάσαιμ' ἂν χθόνα. Freilich ist die Verwechslung von τε und δέ wie von οὔτε und οὐδέ so an der Tagesordnung dass wir fürchten müssen vielfach von Abschreiberversehen getäuscht zu werden, wie denn auch an den angeführten Stellen Schwankungen der Handschriften mehrfach sich finden. Ueber die Worte οὐ ποτ' οὐ λελήσεται sind ehemals, wo man sich durch die Interpolation der Aldina irre leiten liess[1]), vielerlei unhaltbare Meinungen vorgebracht worden, die jetzt füglich mit Stillschweigen übergangen werden. Indess meinte noch Hermann zu Soph. Trach. 161, dass es erlaubt sei ποτ' οὐ statt οὔποτε zu sagen, ohne jedoch einen anderen Beleg als die vorliegende Stelle beizubringen, und Dindorf machte das Metrum als einzige Entschuldigung für die ungewöhnliche Redeweise geltend. Es bedarf einer überaus leichten Aenderung, um οὔποτε statt ποτ' οὐ zu bekommen; es muss heissen οὔποτ' οὐ λελήσεται. Den Anlass zur Corruptel bot die Nachstellung des Pron. relat., die sich oft genug findet, wie Med. 332: Ζεῦ, μὴ λάθοι σε τῶνδ' ὃς αἴτιος κακῶν, Soph. Trach. 200: ὦ Ζεῦ, τὸν Οἴτης ἄτομον ὃς λειμῶν' ἔχεις.

---

1) Codex B bietet ὁ ὕποτε λελήσεται, woraus Musurus | ποτε ἀπο ποτ' οὐ entstanden war. Die Verwechslung von οὔποτ' ἐπιλελήσεται gemacht hat, weil er übersah dass | ε und ου im übrigen häufig. Vgl. Th. I S. 65.

Nachdem die Dienerin abgetreten ist, beklagt der in zwei Hälften getheilte Chor das Unglück des Herrscherhauses. Die Strophe beginnt mit den Worten:

213   ἰὼ Ζεῦ, τίς ἂν πᾶ πόρος κακῶν
γένοιτο καὶ λύσις τύχας, ἃ πάρεστι κοιράνοις;

In der Antistrophe 226 f. lautet die entsprechende Stelle: παπαῖ· ὦ παῖ Φέρητος, οἷ᾽ ἔπραξας δάμαρτος σᾶς στερηθείς. So total verschieden lauten in der jetzigen Zerrüttung unseres Textes strophische Verse, welche ursprünglich vollkommen dasselbe Metrum hatten. Die Herausgeber haben sich zu leichten Kaufes aus der Schwierigkeit geholfen; indem sie eine grosse Lücke und einige kleine Licenzen zu Hilfe nahmen, setzten sie den obigen Worten der Strophe folgenden Passus in der Antistrophe entgegen:

παπαῖ . . . .
ὦ παῖ Φέρητος, οἷ᾽ ἔπραξας δάμαρτος σᾶς στερείς.

Dass hier πάρεστι κοιράνοις und δάμαρτος σᾶς στερείς sich entsprechen sollen ist schwerlich zu rechtfertigen; bedenklich ist auch der Spondeus ὦ παῖ, wo man einen Iambus erwarten sollte. Ein viel triftigerer Grund gegen die Richtigkeit der jetzt üblichen Lesart liegt jedoch in der ganzen rhythmischen Composition; V. 213 entsagt in der zweiten Hälfte jedem Gesetz, und V. 214 bietet in seinem raschen und entschiedenen Schritte einen keineswegs passenden Ausdruck für die bange Stimmung des Chors. Natürlich lassen sich über die ursprüngliche Gestalt der Worte nur ungewisse Hypothesen aufstellen; indess glaube ich dies mit Sicherheit behaupten zu können dass wir zum Theil wenigstens in den angeführten Stellen Bacchien zu suchen haben. Spuren derselben liegen deutlich genug vor, ἰὼ Ζεῦ, τίς ἂν πῶς — τύχας, ἃ πάρεστι(ν), und ἔπραξα, δάμαρτες — στερηθείς. Vielleicht ist es hiernach gerechtfertigt, wenn ich folgenden Versuch der Herstellung wage:

Str.   ἰὼ Ζεῦ, τίς ἂν πῶς πόρος πᾷ γένοιτ᾽ ἂν τύχας, ἃ πάρεστιν;
Ant.   ἰὼ παῖ Φέρητος, παπαῖ, οἷ᾽ ἔπραξας δάμαρτος στερηθείς.

Nicht minder verunstaltet ist bald nachher die Stelle eines Kommos, die ich nach der verderbten Ueberlieferung hierher setze, um andere zu ihrer Heilung aufzufordern. Der Alcestis wird Folgendes in den Mund gelegt:

Str.   ὁρῶ δίκωπον ὁρῶ σκάφος·
ἐν λίμνᾳ, νεκύων δὲ πορθμεύς
ἔχων χεῖρ᾽ ἐπὶ κοντῷ Χάρων μ᾽ ἤδη καλεῖ·
253   τί μέλλεις; ἐπείγου·
σὺ κατείργεις· τάδε τοι με σπερχόμενος ταχύνει.
Ant.   ἄγει μ᾽ ἄγει μέ τις, οὐχ ὁρᾷς;
260   νεκύων εἰς αὐλὰν
ὑπ᾽ ὀφρύσι κυαναυγέσι βλέπων πτερωτὸς Ἅιδας. μέθες με.
τί πράξεις;
ἄφες. οἵαν ὁδὸν ἁ δειλαιοτάτα προβαίνω.

V. 254 hat Musurus ἔχων χέρ᾽ geschrieben, V. 260 derselbe ἐς αὐλάν. V. 261 ändert

Kirchhoff κυαναυγές βλέκων, wie ich glaube, mit Recht; ob dagegen πτερωτός Ἀίδας aus Ἀίδας πτεροί; entstanden sei, wage ich nicht zu entscheiden. In der Abtheilung der Verse bin ich hie und da von der bisherigen Weise abgegangen, natürlich nur nach unsicheren Vermuthungen; die richtige Anordnung ist wesentlich abhängig von der Emendation der Stelle. Ohne auf sonstige Emendationsversuche mich einzulassen, möchte ich nur einen Punkt berühren: sollte nicht zu ἐν λίμνᾳ V. 253 das entsprechende antistrophische Glied in εἰς αὐλάν liegen, mit anderen Worten V. 260 εἰς αὐλάν νεκύων umzustellen sein?

Alcestis sagt ihren Kindern Lebewohl mit den Worten:

272   χαίροντες, ὦ τέκνα, τόδε φάος ὁρῶτον.

Hier wie in den vorhergehenden Versen ist das Metrum unsicher; zwar lassen sich die Worte mit Dindorf Metra p. 151 iambisch messen, $- \cup - -, \cup - \cup -, \cup - -$, aber es ist hart dass die Endsilbe von τέκνα in die Arsis fällt. Da die Worte nicht strophisch sind, so halte ich es für kaum möglich zu irgend einer Sicherheit über ihre ursprüngliche Form zu gelangen. Statt ὁρῶτον aber muss man in jedem Falle ὁρώτην erwarten, wie Monk geschrieben hat nach dem Vorgange von Elmsley zu Ar. Ach. 733. In gleicher Weise hat Meineke bei Aristophanes Av. 127 οἰκοίτην statt οἰκεῖτ᾽ ἄν mit Cobet hergestellt; eben so wird Eur. Med. 1073 mit Elmsley εὐδαιμονοίτην zu verbessern sein; die ehemalige Lesart φθάνοιτον Ar. Plut. 485 ist jetzt dem besser verbürgten φθάνατι gewichen; auf dem nämlichen Fehler mag εἴητον bei Plat. Euthyd. p. 273 E beruhen. Elmsley hat es sehr wahrscheinlich gemacht dass bei den Attikern die zweite und dritte Person Dualis activer Flexion im Indicativus der historischen Tempora eine und dieselbe Endung ην hatten, und somit wird man geneigt sein müssen ein gleiches Verhältniss auch für die Dualformen der Optative vorauszusetzen. Alte Correctoren haben sich redlich bemüht ην als Endung der zweiten Person Dualis auszutilgen: kein Wunder daher, wenn bei dem seltenen Gebrauch des Dualis nur wenige Belege der richtigen Formation in den Handschriften stehen geblieben sind — Belege, die zum grossen Theile wieder von neueren Kritikern angefochten wurden. Vgl. Soph. Oed. R. 1511: σφῶν δ᾽, ὦ τέκν᾽, εἰ μὲν εἰχέτην ἤδη φρένας, πόλλ᾽ ἂν καρήνευν. wo Brunck εἴχετόν γ᾽ ἤδη substituirte, was neuerdings Blaydes wieder in den Text gebracht hat. Eur. Alc. 661: κἄντι τῶνδέ μοι χάριν τοιάνδε καὶ σὺ χή τεκοῦσ᾽ ἠλλαξάτην, wo Valckenaer ἠλλάξατον ändern wollte. Skolion bei Ath. XV p. 695 B: ἀεὶ σφῶν κλέος ἔσσεται κατ᾽ αἶαν, φίλταθ᾽ Ἀρμόδιος καὶ Ἀριστογείτων, ὅτι τὸν τύραννον κανέτην ἰσονόμους τ᾽ Ἀθήνας ἐποιησάτην, woran sich wiederum Brunck umsonst versucht hat. Am zahlreichsten sind die Belege bei Plato: so εὑρέτην und ἐπεδημησάτην Euthyd. p. 273 E, ἤστην Euthyd. p. 294 E, ἐκοινωνησάτην de Leg. VI p. 753 A, εἰκέτην Symp. p. 189 C, ἐπετελεσάτην Eryx. p. 399 D, wo Bekker überall die Endung ον verlangte. Auch bei Homer ist ην als Endung der zweiten Person Dualis auf das beste verbürgt; aus den Scholien erfahren wir dass Zenodot Il. Θ, 448 καμέτην, wie K, 545 λαβέτην und Λ, 782 ἠθελέτην las: es klingt seltsam, wenn Fritzsche zu Ar. Thesm. p. 531 die Formen καμέτην, λαβέτην, ἠθελέτην als Conjecturen des Zenodot bezeichnet, und I. Bekker hätte diese Reste auverfälschter Ueberlieferung nicht von der Hand weisen sollen. Wie leicht ἦν in σν corrumpirt wurde, lässt sich daraus entnehmen dass bei Ar. Thesm. 1230 sogar die dritte Person Dualis ἀντακοδοίτην von den Abschreibern mit der Endung τον ausgestattet worden ist.

Eine längere an den Admet gerichtete Abschiedsrede beginnt Alcestis mit den Worten:

282   ἐγώ σε πρεσβεύουσα [κἀντὶ τῆς ἐμῆς
        ψυχῆς καταστήσασα] φῶς τόδ᾽ εἰσορᾶν
        ϑνήσκω παρόν μοι μὴ ϑανεῖν ὑπὲρ σέϑεν.

Die eingeklammerten Worte scheinen das Werk eines Grammatikers zu sein, der an der Verbindung πρεσβεύουσά σε φῶς τόδ᾽ εἰσορᾶν sich stiess, weil er meinte πρεσβεύουσά σε bedeutete hier »dich ehrend«. Das Verbum καταστήσασα ist offenbar höchst unpassend und durch keinen entsprechenden Ausdruck zu rechtfertigen. Manche werden vielleicht ἀναστήσασα dafür erwarten (vgl. 625: ἀναστήσασα δὲ ἡμᾶς πίτνοντας); aber das Bild ist hier nicht passend und die Verschiedenheit des Tempus in den beiden Participien nicht hinlänglich motivirt. Wenn es einfach heisst

        ἐγώ σε πρεσβεύουσα φῶς τόδ᾽ εἰσορᾶν,

so bekommt man die klarste und angemessenste Form für den hier erforderlichen Gedanken, »ich sterbe, weil ich einen Werth darauf lege (oder weil ich es vorziehe) dass du lebest«. Mit der Construction πρεσβεύουσά σε ζῆν lässt sich vergleichen Soph. Trach. 722: ἥτις προτιμᾷ μὴ κακή πεφυκέναι. Als verdächtig muss ich auch V. 308 bezeichnen,

        μὴ δῆτα δράσῃς ταῦτά γ᾽, αἰτοῦμαί σ᾽ ἐγώ.

Der Vers ist überaus matt; der Pluralis ταῦτα erscheint als unpassend, da Alcestis nur eine Bitte ausgesprochen hat, Admet möge den Kindern keine Stiefmutter zuführen, und das γε verräth den ungeschickten Flickpoeten, der dieser Partikel bedurfte um dem Hiatus zu entgehen.

Zu ihrer Tochter gewendet sagt Alcestis:

313   σὺ δ᾽ ὦ τέκνον μοι, πῶς κορευϑήσει καλῶς;

So möchte ich lieber interpungiren als mit Kirchhoff σὺ δ᾽, ὦ τέκνον, μοι πῶς κορευϑήσῃ καλῶς; Das μοι schliesst sich nämlich an den voraufgehenden Vocativ auf das engste an, und man darf weder ὦ τέκνον μου noch gar ὦ τέκνον πῶς μοι ändern wollen. Letzteres ist, wenn ich recht vermuthe, die Ansicht von Cobet, der wenigstens bei Eur. fr. 364, 32 statt

        ἀλλ᾽ ὦ τέκνον μοι δὸς χέρ᾽, ὡς ϑίγῃ πατήρ,

mit gewohnter Unfehlbarkeit ἀλλ᾽ ὦ τέκνον, δός μοι χέρ᾽, ὡς ϑίγῃ πατήρ zu schreiben gebietet (Mnemos. IX p. 105). Es wird genügen zur Abweisung dieses Vorschlags an einige ähnliche Stellen zu erinnern, über die Cobet mit Stillschweigen hinweg gegangen ist. Eur. fr. 308: ἄγ᾽ ὦ φίλον μοι Πηγάσου πτερόν. Hel. 1028: σὺ δ᾽ ὦ ϑανών μοι πάτερ, ὅσον γ᾽ ἐγὼ σϑένω, οὔποτε κεκλήσει δυσσεβής· ἀντ᾽ εὐσεβοῦς. Herc. F. 626: σύ τ᾽ ὦ γύναι μοι σύλλεγε ψυχῆς λαβὲ τρόμου τε παῦσαι. Iphig. A. 613: σὺ δ᾽ ὦ τέκνον μοι, λεῖπε πωλικοὺς ὄχους. Orest. 124: ἴτ᾽ ὦ τέκνον μοι, σπεῦδε. Arist. Pac. 76: ὦ Πηγάσιόν μοι, φησί, γενναῖον πτερόν. Endlich Soph. El. 1361: χαῖρ᾽ ὦ πάτερ μοι· πατέρα γάρ σ᾽ ὁρᾶν δοκῶ. Denn so wird zu schreiben sein statt der sinnlosen Ueberlieferung χαῖρ' ὦ πάτερ· πατέρα γάρ εἰσορᾶν δοκῶ, da Electra nicht ihren gemordeten Vater zu sehen meint, sondern den alten Paedagogen mit denselben Empfindungen der Liebe und Dankbarkeit wie ein Kind seinen Vater betrachtet.

Ueber das ihrer Tochter bevorstehende Loos äussert sich Alcestis in folgender Weise:

317   οὐ γάρ σε μήτηρ οὔτε νυμφεύσει ποτὲ
      οὔτ' ἐν τόκοισι τοῖσι σοῖσι θαρσυνεῖ
      παροῦσ', ἵν' οὐδὲν μητρὸς εὐμενέστερον.

Das kakophonische τέκοισι τοῖσι σοῖσι lässt sich allerdings durch ähnliche Homoeoteleuta stützen (vgl. Lobeck Ai. p. 334 f. Paral. p. 53 f.); gleichwohl halte ich es für wahrscheinlich dass Euripides τόκοισι τοῖσι σεῖς σε θαρσυνεῖ geschrieben. Sicherer ist es dass nachher in den Worten,   320   δεῖ γάρ θανεῖν με· καὶ τόδ' οὐκ εἰς αὔριον
      οὐδ' εἰς τρίτην μοι μηνὸς ἔρχεται κακόν,

statt εἰς αὔριον vielmehr ἐς αὔριον, was aus C angemerkt wird, zu lesen ist. Im tragischen Trimeter wird nämlich zu Anfang des fünften Fusses vor Vocalen die Form ἐς gebraucht [1]). Dies ergibt sich aus folgenden Belegen: ἐς ἀγκάλας Eur. Alc. 190. Hel. 1062. 1436. Herc. F. 1362. Ion 1598. ἐς αἰθέρα fr. 688. 961. ἐς ἀμβολάς Hel. 1297. Heracl. 270. ἐς ἁρπαγάς Hel. 904. ἐς αὔριον Soph. Oed. Col. 567. Eur. Rhes. 96. 600. ἐς αὐχένας Ion 1200. ἐς ἐλπίδα Hel. 826. ἐς ἐμβολήν Herc. F. 869. ἐς Ἴλιον Hel. 58. ἐς εὐδρ' ἁλός Hec. 26. ἐς οὐρανόν Aesch. Sept. 442. Eur. Hel. 613. Suppl. 687. Hipp. 1203. ἐς οὕς σε δεῖ Orest. 453. ἐς ὕστερον Soph. Ant. 1194. Eur. Iph. A. 720. ἐς ὠλένας Tro. 1142. ἐσείδομεν El. 1242. Iph. T. 308. 1354. ἐσῆλθέ τι El. 619. ἐσόψεται El. 635. Allerdings fehlt es auch nicht an widerstrebenden Stellen: εἰς Ἑλλάδα Bacch. 465. εἰς εὐγενῆ Ion 1540. εἰς Ἴλιον Soph. El. 574. Eur. El. 1283. εἰς οὕς τ' ἴδρυν Soph. Oed. Col. 976. εἰς οὓς δεῖ Eur. Or. 616. εἰσάξομεν (jedoch ἐσάξομεν BC) Alc. 543. εἰσέρχεται Iph. A. 522. 1411. εἰσήγαγε Phoen. 365. εἰσόψεται El. 49. Aber diese wenigen Ausnahmen dürften nach der allgemeinen Regel zu corrigiren sein, wofür auch der Umstand spricht, dass auf die Praeposition ἐς oder εἰς, wenn sie den fünften Fuss beginnt, nur selten ein Consonant folgt. — Nachher V. 321 ist μηνὸς ein störender Zusatz: die Vorschläge κηρός ἔρχεται κακόν und μῆκος ἔρχεται κακοῦ sind verfehlt; wie der Fehler zu heben sei, weiss ich nicht zu sagen.

Admet verspricht seiner Gattin sich nicht wieder zu verheirathen:

332   οὐκ ἔστιν οὕτως οὔτε πατρὸς εὐγενοῦς
      οὔτ' εἶδος ἄλλως εὐπρεπεστάτη γυνή.

---

[1]) Vgl. Elmsley zu Eur. Heracl. 271: « Si vera mei quae de ἐς dixi in praefatione ad Soph. Oed. T. p. v, nostro loco scribendum εἰς ἐμβολάς. Sed hodie suspicor tragicos in quinto semarii pede iambum spondeo praetulisse, saltem ubi diversam eiusdem vocis scripturam adhibendo brevem syllabam pro longa exhibere possent. De qua re alias plures dicemus». Die hier versprochene Erörterung hat Elmsley meines Wissens nicht gegeben: in der Vorrede zum Oed. T. stellt er das Princip auf, ἐς sei nur dann zuzulassen, wenn εἰς dem Metrum widerstrebe. Dindorf schreibt dagegen vor Consonanten immer ἐς, vor Vocalen überall wo das Metrum es gestattet εἰς, ein willkürliches und entschieden unrichtiges Verfahren, welchem Meineke im Aristophanes nicht beitreten durfte.

Der zweite dieser Verse kann in vorstehender Fassung dem Euripides nicht zugetraut werden: weder lässt sich ἄλλως verstehen, da Vornehmheit und Schönheit von einander völlig unabhängige Eigenschaften sind, noch ist der Superlativ εὐπρεπεστάτη hier zulässig. Erträglicher würde etwa Folgendes sein:

οὐκ ἔστιν· οὔτις οὔτε πατρὸς εὐγενοῦς
οὔτ' εἶδος οὕτως εὐπρεπὴς ἔφυ γυνή.

Aber auch wenn man zu so unwahrscheinlichen Aenderungen sich entschliessen wollte, immer bleibt die Beziehung von οὕτως unklar; man kann nur errathen ob οὕτως ὡς σύ oder οὕτως ὥστ' ἐμοὶ γαμεῖσθαι gemeint sei; und der Gedanke ist sehr matt, da statt der Vornehmheit und Schönheit anderer Frauen vielmehr die aufopfernde Liebe der Alcestis hervorzuheben war. Da obenein beide Verse aus oft gebrauchten Redensarten zusammengesetzt sind (vgl. Heracl. 490. Hec. 269), so kann man sich des Verdachtes einer Interpolation kaum erwehren.

Admet versichert: wenn mir die Gabe des Gesanges wie dem Orpheus verliehen wäre, um die Herrscher der Unterwelt zu bezaubern und dich aus dem Hades wiederzugewinnen,

360 κατῆλθον ἄν, καί μ' οὔθ' ὁ Πλούτωνος κύων
οὔθ' οὑπὶ κώπῃ ψυχοπομπὸς ἂν Χάρων
ἔσχον, πρὶν εἰς φῶς σὸν καταστῆσαι βίον.

Dass die Aoriste κατῆλθον und ἔσχον ἄν hier ungehörig sind, fühlten die Uebersetzer, welche *descenderem* und *retinerent*, «ich stieg hinunter» und «es hemmten mich» substituiren. Aber der Griechische Ausdruck besagt vielmehr «ich wäre hinunter gestiegen» und «es hätten mich gehemmt», was für den Zusammenhang allerdings nicht passend ist, da Alcestis selbst sich noch auf der Oberwelt befindet. Statt ἔσχον wird εἶχον zu setzen sein; statt κατῆλθον ἄν könnte man vielleicht κατῄα τἂν oder κατῄα γ' ἄν vermuthen. Befremdlich klingt auch σὸν βίον für σὲ ζῶσαν. Es liegt nahe an σὸν καταστῆσαι δόμας zu denken; aber Bacch. 1339 finden wir einen ganz entsprechenden Ausdruck, μακάρων τ' ἐς αἶαν σόν, καθιδρύσει βίον.

Ihr meine Kinder, sagt Alcestis, habt gehört dass euer Vater versprochen

μὴ γαμεῖν ἄλλην τινά
373 γυναῖκ' ἐφ' ὑμῖν μηδ' ἀτιμάσειν ἐμά.

Unter ἐφ' ὑμῖν versteht man *in vestrum damnum*. Ist es auch an sich nicht unmöglich ἐφ' ὑμῖν für καθ' ὑμῶν zu gebrauchen, so liegt doch in dem «zu eurem Nachtheile» eine hier nicht angemessene Beschränkung, da Admet überhaupt nicht wieder heirathen zu wollen erklärt. Wenn Hartung übersetzt «dass er nie ein andres Weib nach mir noch freien, meiner nie vergessen will», so hat er den erforderlichen Sinn wiedergegeben, den wir durch die leichte Aenderung μὴ γαμεῖν ἄλλην τινὰ γυναῖκ' ἐφ' ἡμῖν gewinnen. Ganz entsprechend heisst es Med. 694: γυναῖκ' ἐφ' ἡμῖν δεσπότιν δόμων ἔχει. Aehnlich von der Penelope Orest. 589: σὺ γὰρ ἐπεγάμει πόσει πόσιν. Wenn Alc. 305 gesagt wird: καὶ μὴ ἐπιγήμῃς τοῖσδε μητρυιὰν τέκνοις, so ist eben auch zu verstehen μὴ ἐπ' ἐμοὶ γήμῃς γυναῖκα, τοῖσδε τέκνοις μητρυιάν ἰσομένην. An der Verbindung von ἐφ' ἡμῖν und ἐμέ wird niemand Anstoss nehmen, vgl. Th. I S. 2 f. Observ. crit. de trag. Graec. fragm. p. 35. Soph. Ant. 734: πόλις γάρ ἡμῖν ἁμὲ χρή τάσσειν ἐρεῖ; — Nach den angeführten Worten erwidert Admet:

<blockquote>574   καὶ νῦν γε φημί, καὶ τελευτήσω τάδε.</blockquote>

Angemessener scheint καὶ νῦν δὲ φημί, «und auch jetzt sage ich es». In gleicher Weise möchte ich El. 1057 schreiben: καὶ νῦν δὲ (statt νῦν γε) φημὶ κοὐκ ἀπαρνοῦμαι, τέκνον[1]. Vgl. Men. Com. 4 p. 333: ἤρων, ὁμολογῶ· καὶ νῦν δ' ἐρῶ. Dagegen halte ich es für unrichtig, wenn Kirchhoff Hipp. 724: XO. εὔφημος ἴσθι. ΦΑΙ. καὶ σύ γ' εὖ με νουθέτει, und Hipp. 1041: καὶ σοῦ γε κάρτα ταῦτα θαυμάζω, πάτερ, die Partikel γε in δὲ ändern will; an beiden Stellen ist, so viel ich sehe, καὶ — δέ schlechterdings unmöglich.

V. 427 las man ehemals κουρᾷ ξυρῆκει καὶ μελαμπέπλῳ στολῇ nach den Handschriften BC: da statt μελαμπέπλῳ στολῇ die besseren Codices μελαγχίμοις πέπλοις bieten, so habe ich kein Bedenken getragen μελαγχίμοις πέπλοις zu schreiben mit bc. Denn wenn gegen μελαγχίμοις πέπλοις geltend gemacht wurde, diese Lesart scheine aus Phoen. 372 entlehnt zu sein, so wird man mit demselben Rechte vermuthen dürfen, μελαμπέπλῳ στολῇ stamme aus Alc. 819. Wahrscheinlich ging die ursprüngliche Lesart μελαγχίμοις πέπλοις durch ein Versehen über in μελαμπέπλοις πέπλοις, und daraus machte man μελαμπέπλῳ στολῇ. Phoen. 372 aber ist von Kirchhoff mit Recht als unecht bezeichnet worden und scheint lediglich ein Abklatsch des in Rede stehenden Verses zu sein. Ob man nun μελαγχίμοις (bc) oder μελαγχείμοις (BC) zu setzen habe, lässt sich nicht nach der Autorität der Handschriften entscheiden, die in derartigen Fragen ohne alles Gewicht sind, sondern nach der Beobachtung des Metrum. Dass es μελάγχιμος heisst ergibt sich aus Aesch. Pers. 301. Suppl. 719. 745. Cho. 11. fr. 111. Eur. Phoen. 372. Apoll. Rhod. 4, 1508. An allen diesen Stellen fordert das Metrum eine kurze Penultima: wogegen nicht eine einzige Stelle für die entgegengesetzte Messung sich beibringen lässt. Zur Bestätigung dient das entsprechend gebildete δύσχιμος, dessen kurze Penultima durch Aesch. Sept. 503. Pers. 567. Cho. 186. fr. 333. Eur. Suppl. 962 erwiesen wird, während der Diphthong ει am Gebrauche der Dichter keine Stütze findet. Es ist somit, wie bereits Elmsley zu Eur. Bacch. 15 gesehen hat, unzweifelhaft dass μελάγχειμος und δύσχειμος bei keinem Attiker geduldet werden dürfen. Ueberhaupt beruht diese Schreibweise lediglich auf der Byzantinischen Aussprache, welche ι und ει nicht unterschied, und auf einer falschen Etymologie; man brachte δύσχιμος in Verbindung mit χεῖμα und δυσχείμερος. So bieten bei Aesch. Pers. 567 die Handschriften δυσχειμέρους τε κελεύθους statt δυσχίμους τε κελεύθους. So fabelt ein Byzantiner (Schol. Aesch. Sept. 503 p. 356, 26 Dind.): ὤφειλε δὲ τὸ δύσχιμον διὰ διφθόγγου γράφεσθαι ἀπὸ τοῦ χειμῶνος, νῦν δὲ ἠναγκάσθη διὰ τὸ μέτρον καὶ συνέστειλεν αὐτό. Wenn hiernach Kirchhoff Eur. Suppl. 962 πνευμάτων ὑπὸ δυσχίμων mit Recht aufnahm, obwohl

---

[1] Vielleicht ist zu lesen κοὐκ ἀπαρνοῦμαι τὸ μή, We- 96: κόμπος πάρεστι κοὐκ ἀπαρνοῦμαι τὸ μή, und Ant. 443. Dagegen sprechen dafür zwei Sophocleische Stellen, Al. | καὶ φημὶ δρᾶσαι κοὐκ ἀπαρνοῦμαι τὸ μή.

die Handschriften δυσχείμων bieten, so hätte er Alc. 427 μελαγχείμοις, Rhes. 962 μελάγχειμον, Bacch. 15 δύσχειμον nicht im Texte dulden sollen. Wie oft die Codices zwischen ι und ει schwanken ist hinreichend bekannt. So cursirt neben ἀνδρεία die Form ἀνδρία: obwohl letztere Schreibweise von Apollonius Dyscolus empfohlen wird und überaus häufig in alten und guten Codices sich findet, so hat sich doch Elmsley mit gutem Grunde dahin entschieden dass bei den Attikern nur ἀνδρεία zu dulden sei. Dafür spricht ausser der Autorität der Inschriften einerseits das Ionische ἀνδρηίη, andrerseits der Gebrauch der Dichter, wie Ar. Nub. 510: ἀλλ' ἴθι χαίρων τῆς ἀνδρείας οὕνεκα ταύτης. Bei Eur. Herc. F. 475 bietet allerdings unsere Handschrift μέγα φρονῶν ἐπ' ἀνδρίᾳ, aber offenbar ist mit Elmsley εὐανδρίᾳ zu lesen, wogegen bei Byzantinischen Dichtern wirklich ἀνδρία sich findet: vgl. Thes. Gr. L. vol. 1, 2 p. 646 f. und Anecd. Paris. vol. 4 p. 266, 9.

In dem Chorgesange V. 435 ff., welcher die Treue der Alcestis feiert, lesen wir folgende Stelle:

Str.   – – – – – κοῦφά σοι
        463   χθὼν ἐπάνωθεν πέσοι, γύναι.
              εἰ δέ τι καινὸν ἕλοιτο λέχος πόσις,
              ἦ μάλ' ἂν ἔμοιγ' ἂν εἴη κτέ.
Ant.   τοιαύτας εἴη μοι κυρῆσαι
        473   συνδυάδος φιλίας ἀλόχου.
              τοῦτο γὰρ ἐν βιότῳ σπάνιον μέρος·
              ἦ γὰρ ἂν ἔμοιγ' ἄλυπος κτέ.

Um das Metrum in Ordnung zu bringen, hat man 463 ἐπάνωθε, 472 κῦρσαι, 474 τὸ γάρ geschrieben. Die letzte Aenderung scheint mir weder überzeugend noch auch nur wahrscheinlich. Obwohl τὸ γάρ statt τοῦτο γάρ angewendet werden kann (vgl. meine Bem. zu Soph. El 45), so würden doch die Worte τὸ γὰρ σπάνιον μέρος kaum verständlich sein; um die Undeutlichkeit zu heben, hätte der Dichter τὸ γὰρ ἔφυ σπάνιον μέρος oder etwas ähnliches sagen müssen. Ausserdem ist τοῦτο γάρ, wie aus einer Vergleichung der Strophe hervorgeht, in rhythmischer Hinsicht bei weitem angemessener als τὸ γάρ. Somit wird der Fehler in V. 473 zu suchen sein, und zwar vermuthe ich dass hier ἀλόχου, wie im entsprechenden strophischen Verse γύναι zu tilgen sei. Freilich ist damit der Hauptanstoss in V. 473 noch nicht beseitigt; dieser liegt in dem wunderlichen συνδυάδος, welches von einigen Lexikographen als Adjectivum (coniuncta), von andern als Substantivum (coniux) genommen wird. Lobeck Prol. Pathol. p. 441 hält es für unzweifelhaft dass συνδυάς substantivisch gebraucht sei und wirft die Frage auf, ob es coniugium oder coniux bedeute. Man wird über Natur und Bedeutung dieses wirklichen oder vermeintlichen Wortes sich nicht eher einigen können als bis eine analoge Bildung nachgewiesen sein wird. Da ich nichts analoges kenne, auch nicht so bescheiden bin um ein Wort, dessen Bestandtheile vollkommen klar und dessen Sinn mir vollkommen räthselhaft ist, für gesund zu halten, so kann ich nicht umhin συνδυάς als unmöglich, d. h. die gangbare Lesart als verschrieben zu bezeichnen. Statt συνδυάδες muss, wie ich glaube, ein Wort stehen das *coniugis* bedeutet und durch ἀλόχου erklärt wurde: vielleicht wissen andere das ursprüngliche ausfindig zu machen. Aus dem Wunsche des Chores, es möge ihm eine der Alcestis ähnliche Gattin zu Theil werden, scheint übrigens hervorzugehen dass der Chor aus jüngeren Männern besteht, nicht aus Greisen, wie es in der Hypothesis des Stückes heisst[1]).

Hercules tritt auf mit der Frage ob er den Admet zu Hause treffe. Der Chor gibt eine bejahende Antwort und erkundigt sich weshalb Hercules nach Pherae gekommen sei. Darauf heisst es:

481   HP. Τιρυνθίῳ πράσσω τιν᾽ Εὐρυσθεῖ πόνον.
       XO. καὶ ποῖ πορεύῃ; τῷ προσζεῦξαι πλάνῳ;
       HP. Θρῃκὸς τέτρωρον ἅρμα Διομήδους μέτα.

Statt προσζεῦξαι 482 bietet die zweite Klasse der Handschriften συνζεῦξαι. Für προσζεῦξαι konnte man ehemals Hipp. 1389 geltend machen, ὦ τλῆμον, οἵᾳ συμφορᾷ προσεζύγης. Aber hier wird jetzt mit Recht nach den Codices οἵαις συμφοραῖς συνεζύγης edirt, und ein weiterer Beleg ist für das Compositum προσζεύγνυμι aus älterer Zeit überhaupt nicht vorhanden. Dagegen wird συνζεῦξαι gestützt wie durch Hipp. 1389 so durch Andr. 98: στερρὸν δαίμον᾽ ᾧ συνεζύγην, Hel. 255: τίνι πότμῳ συνεζύγην, Lucian Ocyp. 129: εἰδὼς τί δεινὸν ᾧ συνεύκται κακῷ. Somit halte ich es für absolut nothwendig hier den geringeren Handschriften BC zu folgen, die auch sonst in unserem Stücke zuweilen die richtige Lesart bieten, wie V. 47 νερτέραν (statt νερτέρων) ὑπὸ χθόνα, 53 δόκει statt δοκεῖ, 259 ἄγει μ᾽ ἄγει μέ τις statt ἄγει μ᾽ ἄγει τις oder ἄγει μ᾽ ἄγει τις ἄγει μέ τις, 395 ἁλίῳ statt ἡλίῳ, 439 κώπᾳ statt κώπῃ, 446 ὀρείαν statt οὐρείαν, 497 ἐ ἐρέψας statt ἐρέψας, u. s. Weit häufiger werden wir in den Troades der zweiten Klasse der Handschriften den Vorzug geben müssen. Höchst auffallend ist nun im obigem Verse das Wort πλάνῳ. Dass Hercules ein unstetes Wanderleben geführt, reicht schwerlich aus um die Frage τῷ συνζεῦξαι πλάνῳ; zu motiviren: denn noch ist davon hier nichts erwähnt, und wenn der Chor von den früheren Thaten des Hercules mehr weiss als wir hier erfahren, wenn er davon unterrichtet ist dass Hercules vor seinem Zuge nach den Rossen des Diomedes bereits sieben Kämpfe im Auftrag des Eurystheus vollbracht hat, so erscheint die ganze Frage als unnütz. Triftiger aber ist das sprachliche Bedenken, zu dem die Verbindung συνεζεῦξαι πλάνῳ Anlass gibt: ich glaube nicht dass ein Grieche so reden konnte, so wenig als es im Deutschen erlaubt ist zu sagen »an Irrfahrten gekettet sein«; πλάνος und ζυγῆναι sind zu heterogene

---

[1] Die betreffenden Worte lauten: συνέστηκε δὲ ὁ χορὸς ἔκ τινων πρεσβυτῶν ἐντοπίων, οἳ καὶ παραγίνονται συμπαθήσοντες τῆς Ἀλκήστιδος συμφοραῖς. So die Handschrift B, τῆς Ἀλκήστιδος συμφορᾷ C, wonach ich in der zweiten Auflage τῇ Ἀλκήστιδος συμφορᾷ verbessert habe. — Bald nachher heisst es: περὶ τῶν τραγικῶν ἐκβάλλεται ὡς ἀνοίκεια τῆς τραγικῆς ποιήσεως ὅ τε Ὀρέστης καὶ ἡ Ἀλκη- στις. Statt τραγικῶν habe ich γραμματικῶν geschrieben. Da ich diese Verbesserung vor Jahren in einer philologischen Zeitschrift gelesen zu haben glaube, so sagte ich grammaticorum scripsi nescio quo prooemio. Inzwischen ist es weder mir noch anderen gelungen meinen Zweifel zu erledigen, und ich muss daher wohl glauben dass mein Gedächtniss mich getäuscht hat.

Begriffe, um sich mit einander zu vertragen. Mir scheint kaum etwas anderes hier möglich zu sein als τῷ συνζεῦξαι πότμῳ.

Hercules zittert, wie er sagt, vor keiner Gefahr:

305   ἀλλ' οὔτις ἐστιν ὅς τὸν Ἀλκμήνης γόνον
       τρέσαντα χεῖρα πολεμίων ποτ' ὄψεται.

Statt χεῖρα πολεμίων hat Dobree Adv. 2 p. 74 mit seinem Takte χεῖρα πολεμίαν vermuthet. Dafür sprechen Redeweisen wie ἔρυμα πολεμίᾳ χερός Med. 1322, ἐτραυματίσθη πολεμίῳ βραχίονι fr. 700, κερκίδ' Ἡδωνῆς χερός Hec. 1153, βροτησίᾳ χερί Orest. 271 u. ä. Obenein findet sich πολεμίαν in zwei Handschriften Cd, unter denen die erstere öfters allein das richtige hat (vgl. oben S. 5 und 36).

Im Zwiegespräche des Admet und Hercules heisst es:

       HP. οὐ μὴν γυνή γ' ὄλωλεν Ἄλκηστις σέθεν;
       ΑΔ. διπλοῦς ἐπ' αὐτῇ μῦθος ἐστι μοι λέγειν.
520   HP. πότερα θανούσης εἶπας ἢ ζώσης ἔτι;

Das Wort ἔτι V. 520 ist überflüssig und störend. Die Genetive θανούσης und ζώσης sind obenein jetzt unpassend, da sie bezeichnen würden «sprichst du während Alcestis todt ist oder lebt», wo der Sinn fordert «sprichst du von ihr als einer todten oder lebenden». Darum halte ich es für unerlässlich auch hier wie V. 482 den Handschriften BC zu folgen, deren Lesart ζώσης πέρι jeden Anstoss beseitigt.

Bald nachher richtet Hercules an den Admet die Worte:

526   ἆ, μὴ πρόκλαι' ἄκοιτιν, εἰς τόδ' ἀναβαλοῦ.

Es ist im höchsten Grade unwahrscheinlich dass Euripides ohne allen ersichtlichen Grund im fünften Fusse einen Tribrachys gebraucht habe, den er so leicht vermeiden konnte; wir werden um so weniger Bedenken tragen εἰς τόδ' ἀμβαλοῦ zu schreiben, da wir anderwärts Versausgänge finden wie ἐς ἀμβολάς Hel. 1297. Heracl. 270, τὸν ἀμβάτην Bacch. 1107, οὐ κδόντες ἀμπνοάς Andr. 1137. In gleicher Weise ist ἀμμένει herzustellen Hec. 1281: φόνια λουτρά σ' ἀναμένει, und Andr. 444: ἐλπὶς ἀναμένει. Vgl. Soph. El. 1397: κρύψας πρὸς τοῦτο τέρμα, κοὺκ ἔτ' ἀμμένει. Weniger sicher ist das Urtheil über Eur. Iph. T. 23: τὸ καλλιστεῖον εἰς ἔμ' ἀναφέρων, wo ich ἀμφέρων vorziehen möchte, wie vermuthlich bei Soph. Oed. Col. 989 mit L. Dindorf ἀμφέρεις statt ἀμφέρεις oder ἐμφερεῖς, und Eur. Phoen. 1410 nach einigen Handschriften ἀμφέρει zu schreiben ist. Noch bedenklicher scheint es Eur. Cycl. 240 dem Versausgange τ' ἐς μυλῶνα καταβαλεῖν durch die Aenderung καββαλεῖν nachzuhelfen; denn καββαλών ist bei Amipsias Com. 2 p. 706 höchst zweifelhaft, κάκπισε steht bei Aesch. Agam. 1553 nicht im Trimeter. Scheinbar, aber nicht sicher ist Meinekes Vermuthung Eur. fr. 1002: τὸ μὲν τέθνηκε σῶμα, τοῦτο δ' ἀμβλέπει, statt des allerdings fehlerhaften τοῦτο δ' ἀναβλέπει. Ansprechender dürfte die Aenderung sein τὸ μὲν τέθνηκε σώματος, τὸ δ' αὖ βλέπει. An anderen Stellen hat man ohne Grund die apocopirte Form der Praeposition gefordert, wie Soph. El. 693: Ἀργείοις μὲν ἀνακαλούμενος, El. 715: ὁμοῦ δὲ πάντες ἀναμεμιγμένοι, Trach. 910: αὐτὴ τὸν αὑτῆς δαίμον' ἀνακαλουμένη, was eben so wenig beanstandet werden durfte als παισὶν ἀναμιμιγμέναι Bacch. 37, νέρθεν ἀνακαλούμενον Hel. 966, ἐγγὺς ἀναβοήσεται Iphig. A. 465 u. ä. Zu missbilligen ist das von Elmsley zu Ar. Ach. 733 vorgeschlagene Participium κατψύμενος oder καπψύμενος (Eur. El. 1299. Suppl. 984. Rhes. 378), was nach der Bemerkung von Buttmann Sprachl. II p. 373 mindestens doch καφύμενος heissen müsste; aber auch καφύμενος lässt sich für die Tragoedie nicht hinlänglich stützen, und ich halte es für unerlaubt nicht nachweisbare Verkürzungen den Tragikern aufzudrängen; wie eigensinnig auch hier der Sprachgebrauch verfuhr, lässt sich schon daraus entnehmen dass die Tragiker nur κατθανεῖν, nicht καταθανεῖν sagen; anderes dieser Art hat Lobeck Phryn. p. 340 angemerkt. Bei Eur. Hipp. 354 liest man γυναῖκας, οὐκ ἀνασχέτ᾽, οὐκ ἀνέξομαι, wofür BC οὐκ ἐπ᾽ ἀνάσχετα bieten; vielleicht also οὐκ ἐπ᾽ ἀνασχέτ᾽, οὐκ ἀνέξομαι. Eur. fr. 1075 ist überliefert: ἀνοχοῦ πάσχων, δρῶν γὰρ ἔχαιρες, was möglicher Weise in ἀνοχοῦ πάσχων zu corrigiren ist. Aber beide Vermuthungen sind höchst zweifelhaft; denn auf ἠνεχόμην Soph. Ant. 467 ist nichts zu geben. Dagegen dürfte ἤνετα δ᾽ ἐξ ἑδράνων (statt ἀλλ᾽ ἄνα ἐξ ἑδράνων) bei Soph. Ai. 193 herzustellen sein, womit ἀνστάσεις El. 138 und ἀνστήσας Aesch. Suppl. 323 sich vergleichen lässt. — Selten finden sich in der Tragoedie ausser der Zusammensetzung apocopirte Praepositionen, wie ἀμ πέτραις Aesch. Suppl. 350, ἵπποις ἀμ πτεροέσσαις Eur. El. 466, ἂν δ᾽ ἐφέσσεν λεώς (denn so wird des antistrophischen Verses wegen zu schreiben sein) Tro. 522, πὰρ ποταμούς Aesch. Suppl. 553, Μηλίδα πὰρ λίμναν Soph. Trach. 636, vielleicht auch τὰν πὰρ προθύροις (statt τὰν παρά τε προθύροις) φυλακὰν κατέχουσ᾽ Eur. Tro. 194.

Hercules weigert sich von der Gastlichkeit des Admet Gebrauch zu machen mit der Sentenz:

342   αἰσχρὸν παρὰ κλαίουσι θοινᾶσθαι φίλοις.

Sicherlich ist der Vers fehlerhaft, denn die Endsilbe in παρά kann durch κλ nicht gedehnt werden (vgl. Th. I S. 126). Unter den mir bekannten Vorschlägen, αἰσχρὸν δὲ παρὰ κλ., αἰσχρόν τε παρὰ κλ., αἰσχρόν τι παρὰ κλ., αἰσχρὸν φίλοις κλαίουσι θοινᾶσθαι πάρα, ist keiner überzeugend; einstweilen möchte ich das Elmsleysche αἰσχρόν τι für das annehmbarste halten.

Der greise Pheres tritt auf, um der Alcestis, die seinem Sohne das Leben erhalten, sich dankbar zu erweisen und ihre Leiche zu schmücken. Admet empfängt ihn 629 ff. mit barschen Worten und weist den für die Todte bestimmten Schmuck von der Hand:

κόσμον δὲ τὸν σὸν εὖ ποτ᾽ ἥδ᾽ ἐνδύσεται·
632   οὐ γάρ τι τῶν σῶν ἐνδεὴς ταφήσεται.

Die im zweiten Verse gegebene Begründung für das Zurückweisen der Schmucksachen ist unpassend schon an sich und zumal in dieser Situation; kein Todter bedarf des Schmuckes, und nicht darum weil Alcestis schon hinlänglich versorgt ist, sondern weil Pheres sein Leben mehr geliebt als seinen Sohn und weil er somit den Tod der Alcestis verschuldet, werden seine Gaben verschmäht. Es scheint daher unzweifelhaft dass V. 632 dem Dichter fremd ist; vermuthlich haben wir in den Worten τῶν σῶν ἐνδεὴς einen Doppelgänger zu τὸν σὸν ἐνδύσεται. Jedenfalls konnte ein Abschreiber durch ἐνδύσεται leicht auf ἐνδεής geführt werden, woraus die Veränderung des τὸν σὸν in τῶν σῶν sich von selbst ergab. Schon das τὸν σὸν und τῶν σῶν an gleicher Versstelle scheint gegen die Echtheit des V. 632 zu sprechen, der allerdings weniger anstössig sein würde, wenn es hiesse: οὐ γάρ τι τῶν σῶν ἐνδεὴς δώρων ἐγώ. — Noch dringender ist der Verdacht der Interpolation wenige Zeilen später:

οὐκ ἦσθ' ἄρ' ὀρθῶς τοῦδε σώματος πατήρ,
οὐδ' ἡ τεκεῖν φάσκουσα καὶ κεκλημένη
μήτηρ μ' ἔτικτε· δουλίου δ' ἀφ' αἵματος
μαστῷ γυναικὸς σῆς ὑπεβλήθην λάθρᾳ.
640 ἔδειξας εἰς ἔλεγχον ἐξελθὼν ὃς εἶ,
καί μ' οὐ νομίζω παῖδα σὸν πεφυκέναι.

Ueber den letzten dieser Verse sagt Dobree Adv. 2 p. 74: «*Insulsissimus versus, neque huius loci. Cum tamen utcunque defendi possit, non temere delendus; loquacitati quippe Euripideae fortasse tribuendus*». Mir scheint dieser Vers nicht sowohl abgeschmackt oder unangemessen als vielmehr entbehrlich zu sein; wir erfahren durch denselben das was wir schon vorher V. 636 gehört haben. Die Geschwätzigkeit des Dichters, von der seit Aristophanes viel gesprochen worden ist, besteht aber keineswegs in zweckloser Wiederholung des bereits gesagten oder in umständlicher Weitläufigkeit (im Gegentheil zeichnet sich Euripides durch die grösste Leichtigkeit und Raschheit der Darstellung aus), sondern vielmehr in dem Herbeiziehen fremdartiger Reflexionen, die vom Thema abschweifen und vielfach an unpassender Stelle eingelegt werden. Die Neigung des Euripides philosophische oder praktische Fragen auf die Bühne zu bringen und sich in Gemeinplätzen zu ergehen hat ihm den Vorwurf der Geschwätzigkeit zugezogen, nicht aber der Reichthum an Worten ohne Inhalt. Die vermeintliche Geschwätzigkeit des Dichters dürfte somit keine ausreichende Entschuldigung für V. 641 abgeben. Indess kann man sich hier den Ueberfluss gefallen lassen, sofern Admet oben von dem Pheres, hier von sich redet. «Du hast nicht als Vater gegen mich gehandelt, und somit glaube ich meiner Kindespflichten überhoben zu sein». Dies ungefähr ist es was 636 und 641 besagen, und ich glaube dass damit 641 sich vertheidigen lässt, wenngleich der Vers nüchtern genug klingt und ohne Nachtheil wegfallen könnte. Dagegen sind V. 638 und 639 völlig ungereimt. Soll wirklich Admet in seinem Eifer so weit gehen, sich als den Sohn einer Sklavin zu bezeichnen, als einen Bastard der seiner Mutter heimlich untergeschoben sei? Unmöglich kann er sich selbst so herabsetzen und beschimpfen, unmöglich konnte ein auch nur mittelmässiger Dichter eine solche Thorheit ihm in den Mund legen. Darum habe ich V. 638—640 als verdächtig eingeklammert, weil es mir schien dass diese drei Verse mit einander stehen oder fallen. Jetzt möchte ich nur die beiden letzten verurtheilen: die Worte

οὐκ ἦσθ' ἄρ' ὀρθῶς τοῦδε σώματος πατήρ
οὐδ' ἡ τεκεῖν φάσκουσα καὶ κεκλημένη·

lassen sich, denke ich, so verstehen: «nicht also warst du mein Vater» (d. h. nicht handeltest du väterlich gegen mich), «so wenig als sie die für meine Mutter gilt» (meine Mutter war, d. h. mütterlich gegen mich handelte). Lässt man sich diese Auffassung gefallen, so wäre zugleich der Anlass zur Interpolation ersichtlich; es lag sehr nahe zu dem Subjecte ἡ τεκεῖν φάσκουσα καὶ κεκλημένη als Praedicat ein ἔτικτέ με hinzuzufügen. In jedem Falle dürfen die Worte des Admet nicht so verstanden werden als stelle er in Abrede dass Pheres sein Vater sei: es wäre unvernünftig, wenn Admet auf die Vortheile einer legitimen Geburt verzichten wollte, und bald nachher V. 655 sagt er selbst, καὶς δ' ἦν ἐγώ σοι τῶνδε διάδοχος δόμων¹). Folglich kann er nur in dem Sinne die Anerkennung des Pheres als seines Vaters verweigern, wie er nachher 646 f. sagt, dass er mit Fug und Recht sein Weib als seinen Vater und seine Mutter betrachten dürfe, natürlich in ethischem, nicht in physischem Sinne.

Die zuletzt berührten Worte lauten:

ἦν ἐγώ καὶ μητέρα
646   πατέρα τ' ἂν ἐνδίκως ἂν ἠγούμην μόνην.

Statt μόνην bieten die besseren Handschriften BC ἐμόν. Dies bestimmte Kirchhoff zu der Annahme, sowohl ἐμόν als μόνην seien willkürliche Ergänzungen einer ursprünglichen Lücke, die er mit dem Worte ταυτὶν auszufüllen vorschlägt. Ich kann nicht finden dass ταυτὶν dem Sinne der Stelle zusage; eben so wenig vermag ich die Voraussetzung zu thei-

---

1) Ob Euripides im Sinne des Lat. *eram* ἦν oder ἦ gesagt habe, ist eine noch nicht erledigte Frage. Elmsley (Soph. Oed. Tyr. p. XII) sagt hierüber: «ἦ pro ἦν, eram, quater reponsui. Ἦν aliquoties ante vocalem legitur apud Euripidem, ut in Hipp. 1012, Alc. 655, Iph. Aul. 944, Ion. 280. Quamquam haec omnia corrupta esse suspicor. Sic etiam ter Aristophanes, sed in Pluto, novissima omnium fabula, v. 29, 695, 815. Nihil tale apud Sophoclem repertum». Anders L. Dindorf in Thes. Gr. L. vol. 3 p. 262 B, wo dem Euripides die Form ἦ gänzlich abgesprochen wird, und wieder anders Cobet N. L. p. 187, der sich dahin entscheidet, *ut in antiqua Atthide ubique ἦ pro ἦν ante consonantem reponatur*, der somit ἦ für die regelrechte und gewöhnliche Form des älteren Atticismus hält, ἦν jedoch als Nothbehelf zur Vermeidung des Hiatus gelten lässt. In den neueren Ausgaben des Euripides wird fast ohne Ausnahme ἦν geschrieben, auch vor Consonanten [wie Alc. 660. Andr. 59. 204. Herc. 13. 15. 384. 809. Hel. 61. Herc. F. 232. 508. Suppl. 639. 1048 Hipp. 700. Iph. A. 489. 1158. Iph. T. 957. Ion 641. Rhes 63. παρῇν Ion 781), an einer Stelle jedoch ἦ, nämlich Ion 838: παῶς δ' ἐν εὐχαῖς ἢ λόγοισιν ἢ δρωμέν, wo in der überlieferten Corruptel ἦ γόοισιν ἦ δρωμέν die richtige Form sich versteckt hat. Da die Abschreiber mit erstaunlicher Consequenz das ihnen anstössige ἦ in ἦν corrigirt haben, so ist es nicht möglich nach unseren Handschriften die Frage zu entscheiden. Nach aller Analogie müssen wir dem Elmsleyschen Urtheile beitreten, dass Euripides nur ἦ gebrauchen konnte, dass somit alle Stellen wo ἦν als erste Person vor einem Vocale steht, verschrieben sind. Ich habe sechs derartige Stellen in den neunzehn Dramen des Euripides mir angemerkt. I. Alc. 655, wo ich schon früher lediglich des Sinnes wegen γέγως σοι statt ἐγώ σοι vermuthet habe (wie bei Plutarch Mor. p. 120 A ἐγώ σ' aus γέγως geworden ist, vgl. Th. I S. 3), weil die Hervorhebung des ἐγώ mir unpassend schien. II. Hel. 982: ἐλαινὸς ἦν ἂν μᾶλλον ἢ δραστήριος. Hier ist die Lesart unserer Handschrift C gewiss; wie es scheint, fehlt ἂν in derselben. III. Herc. F. 1416: ὡς εἰς τὸ λῆμα παντὸς ἦν ἥσσων ἀνήρ. Vielleicht ist zu lesen παντὸς ἥμων τέσσεις. IV. Hipp. 1012: μάταιος ἄρ' ἦν, οὐδαμοῦ μὲν οὖν φρενῶν. Nach den Spuren der besseren Handschriften hat Kirchhoff κόσμου μετὴν φρενῶν vorgeschlagen, wodurch ἦν vor einen Consonanten zu stehen kommt, also ἦ möglich wird. V. Iph. A. 944: ἐγώ κάκιστος ἦν ἄρ' Ἀργείων ἀνήρ. Reiske änderte ἄρ' in ἂν: ich möchte lieber ἐγώγ' ἂν ἦ κάκιστος Ἀργείων ἀνήρ. VI. Ion 280: οὐ δ' ἐξεσώθης ταῖς κασιγνήταιν μόνη; KP βρέφος ὢν ἐγώ μητρὸς ἦν ἐν ἀγκάλαις. Angemessener scheint μητρὸς οὖσ' ἐν ἀγκάλαις, und der Grund weshalb man das Participium verliess, ist leicht ersichtlich. Jedenfalls wäre es seltsam, wenn Euripides lediglich zu Gunsten des metrischen Bedürfnisses sich gestattet hätte ἦν statt ἦ zu gebrauchen.

len, von welcher Kirchhoff bei seiner Vermuthung ausgeht. Nach den Varianten ἡγοίμην ἐμόν und ἡγοίμην μόνην auf ein ursprüngliches ἡγοίμην.... schliessen heisst glauben dass zwei von einander unabhängige Ergänzer bei ihren Ausfüllungen in den Elementen μέν zufällig übereinstimmten. Eben diese Uebereinstimmung lehrt auf das deutlichste dass hier nicht eine willkürliche Erfindung vorliegt, durch welche ein fehlendes Wort wie θανεῖν ersetzt werden sollte. Vielmehr sehe ich nur zwei Möglichkeiten: entweder ist ἐμόν die ursprüngliche Lesart, die in μόνην verderbt wurde, nachdem das ε undeutlich geworden war; oder wir haben aus den Varianten ἐμόν und μόνην die Elemente μέν als sicher gestellt zu entnehmen und werden dann geneigt sein das weniger angemessene ἐμόν für eine falsche, μόνην für die richtige Ergänzung zu halten. — Ganz ähnlich ist eine frühere Stelle unseres Stückes, wo wir ein weit auffallenderes Schwanken der Lesart im Ausgange des Trimeters finden, ein Schwanken dessen Ursprung bisher noch von niemand erkannt worden ist. V. 434 heisst es:

ἀξία δέ μοι
τιμᾶν, ἐπεὶ τέθνηκεν ἀντ' ἐμοῦ μόνη.

Hier beruht μόνη auf BC (obwohl über B keine positive Angabe vorliegt), während Bd μόνην, Ca λίαν bieten. Wenn Kirchhoff bemerkt: «antiqua haec est varietas, quam peperit aliquando omissa describentis errore vox finalis bisyllaba», so ist mit dieser nahe liegenden und scheinbar so natürlichen Erklärung eigentlich doch nichts erklärt; wenigstens scheint es mir nicht glaublich dass das sinnlose μόνην von einem Ergänzer herrühre. Wenn ich nicht irre, schrieb der Dichter:

ἀξία δέ μοι
τιμᾶν, ἐπεὶ τέτλχκεν ἀντ' ἐμοῦ θανεῖν.

Nachdem statt dessen in Folge eines leicht erklärlichen Versehens ἐπεὶ τέθνηκεν ἀντ' ἐμοῦ θανεῖν geschrieben war, suchten ungeschickte Verbesserer den Fehler an falscher Stelle, indem sie die erste Silbe von θανεῖν zu einem abgeschmackten λίαν verwendeten, oder dem Sinne nachgehend auf μόνη verfielen, was über θανεῖν geschrieben auch μόνην gedeutet wurde. Denselben Hergang fanden wir Med. 741: aus ἕστηκας ἐν λόγοις wurde ἔλεξας ἐν λόγοις, und daraus machten vorwitzige Correctoren ἔλεξας, ὦ γύναι, vgl. Th. I S. 124. Ausführlicher hierüber zu Tro. 940—942.

Admet räth seinem Vater sich nach anderen Pflegern seines Alters umzusehen, da er nicht gesonnen sei Kindespflichten ferner noch an ihm zu üben:

τέθνηκα γάρ δή, τοὐπὶ σ' · εἰ δ' ἄλλου τυχών
σωτῆρος· αὐγὰς εἰσορῶ, κείνου λέγω
καὶ παῖδά μ' εἶναι καὶ φίλον γηροτρόφον.

Unter dem ἄλλος σωτήρ, von welchem Admet hier redet, kann nur Alcestis verstanden werden; dass Admet sich als deren Sohn betrachtet, ist nicht auffallender als wenn es oben hiess: γυναῖκ' ὀθνείαν, ἣν ἐγὼ καὶ μητέρα πατέρα τ' ἂν ἐνδίκως ἂν ἡγοίμην μόνην. Vgl. Eur. fr. 858: ἀλλ' ἥδε μ' ἐξέσωσεν, ἥδε μοι τροφός, μήτηρ, ἀδελφή, δμωίς, ἄγκυρα, στέγη. Alexis Com. 3 p. 395: αὕτη πατήρ σοι καὶ πάλιν μήτηρ μόνη. Orakel bei Porphyrius περὶ τῆς ἐκ λογ. φιλ. p. 146 f.: τύνη δ' ἐσσὶ πατὴρ καὶ μητέρος ἀγλαὸν εἶδος καὶ τεκέων τέρεν ἄνθος. Libanins Decl. vol. 4 p. 752, 17: ὃς ἦν σοι τὰ πάντα, πατήρ, φίλος, μήτηρ, συγγενής. ἱεράκων, χειραγωγός, δοῦλος, ἀναγκαιότατος. Clemens Alex. Paed. p. 123: ὁ λόγος τὰ πάντα τῷ νηπίῳ, καὶ πατὴρ καὶ μήτηρ καὶ παιδαγωγὸς καὶ τροφεύς. Und ähnlich an unzähligen Stellen, wie schon Il. Z, 429: Ἕκτορ, ἀτὰρ σύ μοί ἐσσι πατὴρ καὶ πότνια μήτηρ ἠδὲ κασίγνητος, σὺ δέ μοι θαλερὸς παρακοίτης. Mit derartigen Redeweisen wird man es aber nicht entschuldigen können dass Admet sich als γηροτρόφος seiner verstorbenen Gattin bezeichnet. Soll γηροτρόφος einen Sinn haben, so muss Admet die Alcestis in ihrem Alter pflegen, ihr die letzten Lebenstage erleichtern, kurz ihr dasjenige erweisen was die greisen Eltern von ihren Kindern als einen Tribut der Pietät in Anspruch nehmen. Davon kann in der vorliegenden Situation, wo Alcestis todt ist, nicht die Rede sein, und es scheint mir unmöglich die Worte φίλον γηροτρόφον durch irgend welche analoge Redeweise zu vertheidigen. Daher vermuthe ich dass V. 668 auf späterer Ergänzung beruht. Statt κείνου λέγω möchte ich κείνου τόδε vorziehen, wonach der Sinn der Stelle sein würde: «wenn ich aber einen andern Retter fand, der mir das Leben erhielt, so ist das nicht dein Verdienst, sondern eine Wohlthat die mir jener erwies». Den Vorschlag κείνου τόδε halte ich selbst für höchst unsicher; man könnte mit gleicher Wahrscheinlichkeit an κεῖνον σέβω denken: die Tilgung von 668 scheint mir unerlässlich. — In der sich anschliessenden allgemeinen Sentenz kann ich die Worte

671   ἦν δ' ἐγγὺς ἔλθῃ θάνατος, οὐδεὶς βούλεται
        θνῄσκειν

nicht für richtig halten. Der Versausgang οὐδεὶς βούλεται ist in der Tragoedie nicht minder unzulässig als οὐδὲν θάτερον Phoen. 747 oder οὐδὲν γίγνεται fr. 497, wogegen οὐδὲν δεῖ ποιεῖν Soph. Oed. Col. 1022 und οὐδὲν δεῖ φίλων Eur. Herc. F. 1338 weniger bedenklich erscheinen, weil auf οὐδέν ein einsilbiges Wort folgt. Wenn Porson an den bezeichneten Stellen οὐδ' εἷς und οὐδ' ἓν schreiben will, so ist damit nichts gewonnen; immer wird man οὐδ' εἷς | βούλεται, nicht οὐδ' | εἷς βούλεται trennen müssen, und ausserdem sagt man entweder οὐδείς oder οὐδὲ εἷς[1]), nicht aber οὐδ' εἷς. Alc. 671 könnte man vielleicht οὐδ' ἂν εἷς θέλοι und fr. 497 οὔτε γίγνεται vermuthen; für Phoen. 747 vermisse ich ein hinlängliches einfaches Mittel der Heilung.

Pheres weist die ungebührliche Forderung seines Sohnes zurück, der zufrieden sein könne mit dem was er von ihm dem Vater empfangen habe:

687   πολλῶν μὲν ἄρχεις, πολυπλέθρους δέ σοι γύας
        λείψω· πατρὸς γὰρ ταῦτ' ἐδεξάμην πάρα.

Der begründende Satz πατρὸς — πάρα ist höchst nüchtern und nicht einmal passend für den Zweck des Pheres, der zeigen will dass er für seinen Sohn genug gethan habe. Das

---

[1]) Das in der Attischen Comoedie überaus häufige οὐδὲ εἷς, οὐδὲ ἓν scheint den Tragikern gänzlich fremd zu sein (vgl. meine Bemerkung zu Dionys. Trag. fr. 7 p. 559. 492. p. 618), wie es bei nicht Attischen Dichtern nur selten vorkommt nach der Beobachtung von Meineke zu Theocr.

Futurum λείψω scheint sich mit πολλῶν ἄρχεις nicht zu vertragen; wenn Admet bereits König ist, so hat er nicht auf den Tod des Vaters zu warten, um in den Besitz der πολυπλέτρει γύαι zu gelangen. Die Stelle würde somit gewinnen, wenn V. 688 fehlte, d. h. wenn man vorher schriebe πολλῶν μὲν ἄρχεις, πολυπλέτρους δ' ἔχεις γύας.

713   καὶ μὴν Διός γε μεῖζον' ἂν ζώοις χρόνον.

So Kirchhoff mit der Bemerkung: «ζώεις BB et ut videtur ceteri, excepto C, qui ζώης». Eine Form ζώεις lässt sich auf keine Weise rechtfertigen; es müsste wenigstens ζώοις heissen. Das Ionische ζώω findet sich allerdings zuweilen in der Tragoedie (ζώει Soph. El. 157. ζώειν Oed. Col. 1213), aber nur in lyrischen Partieen; im obigen Trimeter muss nothwendig ζώης hergestellt werden, wie bereits Schaefer Melet. crit. p. 120 erinnert hat (vgl. ζώην Orest. 1147. Suppl. 454. Herc. F. 676. ζώης Soph. El. 1090. ζῶμεν Oed. Col. 799), und eben so dürfte bei Soph. fr. 533 ζώη statt ζώει zu schreiben sein. Die von Schaefer vorgeschlagene und neuerdings von Cobet N. L. p. 238 gebilligte Tilgung der Partikel ἂν (μεῖζονα ζώης χρόνον) ist durchaus unzulässig: ζώης ἂν bedeutet «du möchtest leben», wobei man εἰ δύναιο, εἴ σοι ἐξείη oder etwas ähnliches zu denken hat; der blosse Optativ würde den einfachen Wunsch ausdrücken «mögest du länger als Zeus leben». Von einem Wunsche dieses Inhalts kann hier nicht die Rede sein. Allerdings aber ist es befremdlich — und eben hierin liegt der Anlass zu Schaefers Irrthum —, wenn an den obigen Vers sich die Frage des Pheres anschliesst: ἀρᾷ γονεῦσιν, οὐδὲν ἔκδικον παθών; worauf Admet entgegnet: μακροῦ βίου γὰρ ᾐσθόμην ἐρῶντά σε. Unmöglich kann, wie G. Hermann wollte, aus der Antwort des Pheres hervorgehn dass in Admets Worten ein Wunsch enthalten sei; was die Worte des Admet besagen, muss aus diesen selbst, nicht aus der darauf erfolgenden Antwort sich ergeben. In V. 713 liegt der Gedanke «du möchtest nie sterben, während du doch lange genug gelebt hast». In dieser Aeusserung des Sohnes wird man eine lieblose Kälte erblicken müssen, nimmermehr aber eine Verwünschung; folglich ist das ἀρᾷ γονεῦσιν in dem jetzigen Zusammenhange unpassend. Dagegen ist in dem was Admet später (V. 719) sagt, εἴ⟨θ'⟩ ἀνδρὸς ἔλθοις τοῦδέ γ' εἰς χρείαν ποτέ, «möchtest du dich einst genöthigt sehen meine Hilfe in Anspruch zu nehmen», eine Verwünschung enthalten, und ich vermuthe daher dass V. 714 und 715 nach V. 719 zu stellen sind. Dann bekämen wir diese Wechselrede:

713   ΑΔΜ. καὶ μὴν Διός γε μεῖζον' ἂν ζώης χρόνον.
716   ΦΕΡ. ἀλλ' οὐ σὺ νεκρόν γ' ἀντὶ σοῦ τόνδ' ἐκφέρεις.
       ΑΔΜ. σημεῖα τῆς σῆς, ὦ κάκιστ', ἀψυχίας.
       ΦΕΡ. οὔτοι πρὸς ἡμῶν γ' ὤλετ'· οὐκ ἐρεῖς τόδε.
719   ΑΔΜ. φεῦ· εἴθ' ἀνδρὸς ἔλθοις τοῦδέ γ' εἰς χρείαν ποτέ.
714   ΦΕΡ. ἀρᾷ γονεῦσιν, οὐδὲν ἔκδικον παθών;
715   ΑΔΜ. μακροῦ βίου γὰρ ᾐσθόμην ἐρῶντά σε.
720   ΦΕΡ. μνήστευε πολλάς, ὡς θάνωσι πλείονες.

V. 716 erscheint das aus B aufgenommene γ' in der jetzigen Stellung als unangemessen, weil es an den hier unstatthaften Gegensatz ζῶντας ἐκφέρειν zu denken gebietet: die Lesart der Handschrift B dürfte gleichwohl eine Spur des richtigen enthalten. Ich vermuthe ἀλλ' οὐ νεκρὸν σύ γ' ἀντὶ σοῦ τόνδ' ἐκφέρεις.

Als Pheres sich entfernt, ruft ihm Admet die herben Worte nach:

ἔρροις νυν αὐτὸς χἠ ξυνοικήσασά σοι.
735 ἄπαιδε παιδὸς ὄντος ὥσπερ ἄξιοι
γηράσκετ'· οὐ γὰρ τῷδέ γ' εἰς ταὐτὸν στέγος νεῖσθε κτέ.

Kein Kritiker hat an dieser Stelle Anstoss genommen, und doch ist es klar dass der Optativ ἔρροις, wofür man ehemals nach BC das unerhörte ἔρρου las, hier nicht wohl stehen kann, da der Sinn vielmehr den Imperativ fordert; ferner hat die Verbindung ἔρροις αὐτὸς χἠ ξυνοικήσασά σοι eine gewisse Härte; seiner Mutter kann Admet wenigstens nicht in dem Sinne wie seinem Vater ein ἔρρε zurufen, da sie nicht anwesend ist: endlich befremdet das Asyndeton ἔρροις — γηράσκετε. Diese Uebelstände werden gehoben durch das in den Schol. Vat. überlieferte ἔρρων, eine Lesart die gewiss nicht von einem Grammatiker erfunden ist, sondern die Hand des Dichters wiedergibt. Es ist klar dass man an der Verbindung ἔρρων νυν αὐτὸς χἠ ξυνοικήσασά σοι ἄπαιδε — γηράσκετε Anstoss nahm und darum ἔρρων in ἔρροις oder ἔρρου verwandelte. Dass ἔρρων grammatisch richtig ist lässt sich aus vielen ähnlichen Stellen entnehmen. Vgl. Soph. Ai. 1386: ὡς ὁ στρατηγὸς οὐπιβρενθυνθεὶς μολὼν αὐτός τε χὠ ξύναιμος ἠθελησάτην. Xen. Anab. 7, 1, 40: προσελθὼν δὲ Τιμασίων ὁ Δαρδανεὺς καὶ Νέων ὁ Ἀσιναῖος καὶ Κλεάνωρ ὁ Ὀρχομένιος ἔλεγον Κοιρατάδῃ μὴ ἰέναι. 2, 4, 16: ἔπεμψέ με Ἀριαῖος καὶ Ἀρτάοζος πιστοὶ ὄντες Κύρῳ. Xen. Cyri inst. 7, 3, 11: παρῆν δὲ ὁ Γωβρύας καὶ ὁ Γαδάτας πολὺν καὶ καλὸν κόσμον φέροντες. Lysias 12, 12: ἐπιτυγχάνει Μηλόβιός τε καὶ Μνησιθείδης ἐκ τοῦ ἐργαστηρίου ἀπιόντες. Plat. Apol. p. 36 A: εἰ μὴ ἀνέβη Ἄνυτος καὶ Λύκων κατηγορήσοντες ἐμοῦ.

780   τὰ θνητὰ πράγματ' οἶδας ἣν ἔχει φύσιν;

Die in der Tragoedie sonst nirgends, bei späteren Schriftstellern dagegen sehr häufig vorkommende Form οἶδας ist, wie ich glaube, aus εἶσθας entstanden, einer an vielen Stellen verdrängten, aber doch durch eine Reihe von Zeugnissen insoweit sicher gestellten Form, dass ich das verwerfende Urtheil meines Freundes J. Richter (Ar. Vesp. p. 178: *formam εἶσθας barbaram atque etiam forma οἶδας multo sequiorem esse puto*) für unbegründet erachten muss. Obgleich ich mich begnügen könnte über εἶσθας auf Pierson Moer. p. 283. Meinek. Men. p. 122. Thes. Gr. L. vol. 3 p. 200 zu verweisen, so wird es doch nicht überflüssig sein die wichtigsten Belege hier anzuführen. Eust. Od. p. 1773, 27: τὸ δὲ «οἶσθα γὰρ εἰς θυμὸς» ἐλέγχει Ζηνόδοτον καὶ τοὺς κατ' αὐτὸν κακῶς γράφοντας τὸ οἶσθας παρὰ τῷ ποιητῇ. ἐν τέλει μὲν γὰρ στίχου ἢ καὶ ἐπιφορᾷ φωνήεντος εἴη ἂν γενέσθαι συγχωρηθεῖσαν τοιαύτην γραφήν, ἐνταῦθα δὲ οὐκ ἂν γένοιτο διὰ τὸ κακομέτρητον. Αἴλιος μέντοι Διονύσιος γράφει ὅτι καὶ τὸ οἶσθα καὶ τὸ οἶσθας ἄμφω Ἑλληνικά (vielmehr Ἀττικά, wie bereits Pierson erkannte), κατὰ καὶ ᾔδεα καὶ ᾔδεας. ἅπαξ δέ, φασί, παρ' Ὁμήρῳ τὸ οἶδα· ἐν τῷ (Od. α, 337) «πολλὰ γὰρ ἄλλα βροτῶν θελκτήρια εἴδας». Photius p. 323, 18 und Suidas: εἴσθα· ἀντὶ τοῦ οἶδας. λέγεται καὶ χωρὶς τοῦ Σ, μετὰ δὲ τοῦ Σ ποτὲ ἢ διὰ μέτρον ἢ διὰ τὸ μὴ συγκροῦσαι σύμφωνα (σύμφωνον Suid., φωνήεντα Köster). Hesychius: εἴσθας· εἶδας, ἑκατέρως Ἀττικῶς (doch wohl Ἀττικοί, d. h. die Attiker gebrauchen bald εἴσθας bald εἴσθαι). Choerob. in Theodos. p. 592, 21: εὕρηται δὲ καὶ μετὰ τοῦ Σ εἴσθας (εἶδας substituirt der Barocc.), ὡς παρὰ Κρατίνῳ ἐν Μαλθακοῖς (Com. 2 p. 80). Hom. Il. A, 85: θαρσήσας μάλα εἰπὲ θεοπρόπιον (denn so ist statt θεοπρόπιον zu verbessern) ὅ τι εἴσθα, wo andere εἴσθας lasen. Orakel bei Plut. Mor. p. 408 A: αἲ τὺ ἐμεῦ Λιβύην μηλοτρόφον εἴσθας ἄμεινον (dafür εἶδας ἄμεινον bei Herodot 4, 157). Alexis Com. 3 p. 389 bei Ath. III p. 118 A: οὐκ εἴσθας, ὦ μακάριε (so A. während εἴσθά γ' ὦ μ. in den Abschriften sich findet). Philem. Com. 4 p. 14: εἴσθας ἀγαθόν (so Meineke statt εἴσθ' ἀγαθόν). Menander Com. 4 p. 174: οὐδὲν εἴσθας ἄθλια (so Meineke statt οὐδέ μ' εἴσθα σ' ἄθλια). Nicolaus Damasc. fr. 66 bei Müller Fragm. Hist. vol. 3 p. 404: ὃς οὐκ εἴσθας (so die Handschrift) ὑπ' ἐκείνων τοὺς αἰχμάλους ἐπιστρωθέντας ἐπὶ τάδε τὰ πράγματα. An allen bisher angeführten Stellen ist εἴσθας entweder ausdrücklich bezeugt oder durch die überlieferte Lesart unzweifelhaft indicirt. Eben dieses εἴσθας glaube ich Eur. Iph. Taur. 814 wiedererkannt zu haben. In der handschriftlichen Lesart

ταῦτ' οὖν ὑφήνασ' οἶσθ' ἐν εὐπήνοις ὑφαῖς

ist die Praeposition ἐν unpassend; man muss den blossen Dativ erwarten, wie bald nachher V. 817: ὕφηνα καὶ τόδ' εἶδος εὐμίτοις πλοκαῖς. Darum habe ich εἴσθας εὐπήνοις ὑφαῖς geschrieben. Theocr. 22, 116 hat Meinekes ehemalige Vermuthung, εἰπὲ δή· σὺ γὰρ εἴσθας, ἐγὼ δ' ἑτέρων ὑπερτής, einen hohen Grad von Wahrscheinlichkeit, obgleich in der dritten Ausgabe p. 358 das überlieferte εἴσθα von ihm in Schutz genommen wird. Unsicher ist die Entscheidung über Cornelius Longus Anth. Pal. 6, 191: ἐκ πενίης, ὡς εἴσθα, ἀκραιφνέος, und Nicarchus Anth. Pal. 11, 73: γραῖα καλή· τί γάρ; εἴσθα ὅτ' ἦν νέα· ἀλλὰ τότ' ἦτε, wo Meineke ὡς εἴσθας ἀκραιφνές und εἴσθα ὅτ' ἦν νέα vorschlug. Eben so kann man bei Posidippus Com. 4 p. 523: αὐτὸς ὁ Σεύθης· εἴσθα, ὦ βέλτιστ' ὅτι, zweifeln ob mit Grotius εἴσθα δ' oder mit Pierson εἴσθας zu lesen sei. Auch bei Aristoph. Vesp. 4 schwankt die Lesart zwischen ἆρ' εἴσθά γ' εἶεν, ἆρ' εἴσθ' οἶεν und ἆρ' εἴσθας εἶον. Vorzugsweise aber wurde εἴσθας verdrängt durch das von späteren Autoren oft gebrauchte, bei Moeris ausdrücklich als Ἑλληνικόν bezeichnete εἶδας. Belege für diese Form aus Dio Chrys., Philo Iud., Plutarch, Philostratus, Lucian, Alciphron gibt Lobeck Phryn. p. 236 f., vgl. Babrius 63, 12. Xenoph. Ephes. 2, 11, 7. 5, 9, 6. Georgius Pachym. Rhet. vol. 1 p. 574, 15. Schol. Hes. Theog. 655 u. a. In den Texten der älteren Dichter wird jetzt öfters εἶδας geschrieben, wie Od. α, 337: πολλὰ γὰρ ἄλλα βροτῶν θελκτήρια εἶδας. Hymn. Merc. 456: νῦν δ' ἐπεὶ οὖν ὀλίγος περ ἐὼν κλυτὰ μήδεα εἶδας. 467: σὺ δὲ φρεσὶ πάντ' εὖ εἶδας [¹]. Theognis 491: ἀρνεῖσθαι δ' οὐκ εἶδας· ἀνίκητος δέ τοι οὗτος κτέ. Philem. Com. 4

---

[1] Auf diese drei Stellen gründet sich, wie es scheint, die Bemerkung von Lehrs Quaest. epic. p. 275: «Sie memini in fine versus εἶδας solere epicos scribere non εἴσθα. Et sensui tum apud Homerum εἶδας debebatur in exitu versus a. 337: et altero loco, ubi in exitu est haec secunda persona. A. 85, οἶσθα quidem ferebatur, sed in aliis exemplaribus εἴσθας.

p. 14 οὐκ οἶδας, ἐμβρόντητα σύ; Phoenicides Com. 4 p. 510: οὗτος, ὥσπερ οἶδας, ἑστίαι μέχρι ἂν διδῷ τις. Strato Com. 4 p. 546: Ὅμηρον οὐκ οἶδας λέγοντα; Die Mehrzahl dieser Stellen dürfte unrichtig sein; mögen auch Phoenicides und Strato die Form οἶδας gebraucht haben; dass Philemon οἶδας und οἶσθας verbunden habe, halte ich für höchst unwahrscheinlich, zumal da bereits oben bei Choeroboscus und in dem von Plutarch und Herodot überlieferten Orakel ein Schwanken zwischen beiden Formen nachgewiesen wurde. Allerdings kann ich nicht umhin οἶσθας als eine höchst auffallende Bildung und, wenn man so will, als einen Sprachfehler anzuerkennen; aber jede Sprache macht gewisse Fehler, d. h. sie bringt einzelne gesetzwidrige, auf Missverständnissen beruhende oder nach falscher Analogie gebildete Formen hervor, die trotz ihrer Missbildung von Munde zu Munde gehen und in Folge der Allgewalt des Sprachgebrauchs über die Gesetze der Grammatik den Sieg davontragen, auch wohl dem falschen Princip, dem sie ihr Dasein verdanken, zu weiterer Anerkennung verhelfen. Hinterher pflegen wir Epigonen dasjenige als Barbarismus zu verdammen was erst in den Zeiten des Verfalls aufkommt, dagegen Sprachfehler welche bei Classikern der besten Zeit sich finden, als einfache Thatsachen hinzunehmen oder nach Möglichkeit zu entschuldigen. — Zu dem ungrammatischen, aber durch die besten Autoritäten sicher gestellten οἶσθας finden wir ein ganz entsprechendes Analogon in dem ihm vermuthlich nachgebildeten, bei weitem seltenern ἦσθας, welches Aelius Dionysius in der oben angeführten Stelle des Eustathius bezeugt. Diese jetzt fast verschollene Form hat Euripides einigemal gebraucht. Hel. 587 richtet Menelaus an die Helena, die er in Aegypten wiederfindet, während in Troja nur ein Schattenbild seiner Gattin gewesen war, die verwunderte Frage:

πῶς οὖν ἂν ἐνταῦθ' ἦσθ' ἐν Τροίᾳ δ' ἅμα;

So die Handschrift. Man hat sich jetzt so ziemlich darüber geeinigt dass mit einem Englischen Gelehrten in Quarterly Review XIX p. 392 ἅμ' ἐνταῦθ' herzustellen ist (über das doppelte ἅμα vgl. Dindorf zu Soph. Ant. 436), obgleich G. Hermann das sinnwidrige ἄν vertheidigen wollte. Den prosodischen Fehler ἦσθ' ἐν hat man mit verschiedenen Vorschlägen zu heben gesucht: ἦσθά τ' ἐν wollte Barnes, ἦσθ' ἄρ' ἐν der vorher erwähnte Engländer in Quart. Rev., ἦσθ' ἂν ἐν Porson Adv. p. 269, ἦσθά γ' ἐν Badham. Ueberlieferung und Sinn fordern

πῶς οὖν ἅμ' ἐνταῦθ' ἦσθας ἐν Τροίᾳ δ' ἅμα;

Wie leicht ἦσθας in ἦσθ' übergehen konnte, bedarf keines Nachweises: so ist, wie ich an einer andern Stelle gezeigt habe, bei Phrynichus Bekk. p. 16, 30 κατὰ μόνας· οὐ κατωμίλητε statt κατὰ μόνου κατωμίλητε herzustellen, so ist bei Menander Com. 4 p. 143 εὐδαιμονεῖ εἶωθεν aus εὐδαιμονίᾳ εἴωθεν geworden, und in gleicher Weise, wie oben gesagt wurde, bei Philem. Com. 4 p. 14 οἶσθ' aus οἶσθας. Einen zweiten Beleg für die Form ἦσθας finden wir Eur. Heracl. 65:

ΙΟ. οὔτοι βίᾳ γέ μ' οὐδὲ τοῦσδ' ἄξεις λαβών.
ΚΟ. γνώσει σύ· μάντις δ' ἦσθ' ἄρ' οὐ καλός τάδε.

Das ἄρα ist hier sinnlos und verkehrt; μάντις ἦσθ᾽ ἄρ᾽ οὐ καλός würde bedeuten «du warst also, wie sich jetzt zeigt, ein schlechter Prophet». Da erst künftig dem Iolaus klar werden wird dass er in seiner Erwartung sich täuschte, so ist ἄρα zu tilgen; es muss mit andern Worten heissen: μάντις δ᾽ ἦσθας οὐ καλός τάδε. Vielleicht ist auch Herc. F. 341 hierher zu ziehen:

   ὦ Ζεῦ, μάτην ἄρ᾽ ὁμόγαμόν σ᾽ ἐκτησάμην,
   μάτην δὲ παιδὸς τὸν νέων ἐκλήζομεν·
   σὺ δ᾽ ἦσθ᾽ ἄρ᾽ ἦσσον ἢ ἐδόκεις εἶναι φίλος.

Dass hier das zweite ἄρα unmöglich sei, mag ich nicht behaupten; aber angemessener wäre, wie mir scheint, σὺ δ᾽ ἦσθας ἦσσον ἢ ἐδόκεις εἶναι (oder ἡμῖν?) φίλος. Endlich findet sich Il. E, 898 eine Spur eben dieser Form: καί κεν δὴ πάλαι ἦσθας ἐνέρτερος οὐρανιώνων So nämlich steht im cod. Venetus, während jetzt ἦσθα ἐνέρτερος geschrieben wird. Diese Nachweisungen werden genügen, um Buttmanns Aeusserung, ἦσθας sei ein Fehler des gemeinen Lebens (Griech. Sprachl. I p. 529 Anm.), als völlig grundlos erscheinen zu lassen.

  Hercules hält dem ihm aufwartenden Diener, dessen saures Gesicht ihn befremdet, eine etwas burleske Strafpredigt, durch die er ihn zum Lebensgenuss zu ermuntern sucht. Trink mit mir, sagt er unter anderm,

     καὶ σάφ᾽ εἰδ᾽ ὁθούνεκα
797 τοῦ νῦν σκυθρωποῦ καὶ ξυνεστῶτος κακοῦ
    μεθορμιεῖ σε πίτυλος ἐμπεσὼν σκύφου.

Hier ist ξυνεστῶτος κακοῦ die Lesart der Handschriften BC, wogegen die übrigen ξυνεστῶτος φρενῶν bieten. Da weder das eine noch das andere Wort passend ist, so kann ich nicht umhin aus der auffallenden Variante den Schluss zu ziehen dass in der ursprünglichen Handschrift das Ende des Verses undeutlich geworden war und man hiernach in verschiedener Weise die fehlenden Silben ergänzte. Daraus würde sich die Nothwendigkeit ergeben bei dem Suchen nach einem passenden Worte lediglich den Sinn entscheiden zu lassen, ohne die Forderung zu stellen dass das gesuchte Wort von palaeographischer Seite dem κακοῦ oder dem φρενῶν ähnlich sehe. Hiernach vermuthe ich, was mir das natürlichste zu sein scheint, ξυνεστῶτος τρόπου, womit zu vergleichen πικρὸς τρόπος, πονηρὸς τρόπος, τρόπος δίκαιος, φιλάνθρωπος τρόπος und ähnliches.

  Den Gedanken dass der Tod einer Fremden ihm seinen guten Humor nicht verderben dürfe, kleidet Hercules in die Form einer Frage:

  810 οὐ χρῆν μ᾽ ὀθνείου γ᾽ οὕνεκ᾽ εὖ πάσχειν νεκροῦ;

Das εὖ πάσχειν wird von Monk durch bene tractari erklärt, wogegen Matthiae einwendet es bedeute vielmehr bene sibi esse velle. Die letztere Auffassung ist allein sinngemäss, wenn sie nur mit dem Sprachgebrauch sich vertrüge. Aber εὖ πάσχειν bezeichnet nicht «sich wohl fühlen, glücklich sein», sondern «gut behandelt werden, Gutes erleben». Vom Wohlbefinden kann es nur insofern gebraucht werden, als unser Wohl oder Wehe bedingt ist durch das was uns widerfährt, wie Soph. Phil. 503: κἀπικινδύνως βροτοῖς κεῖται παθεῖν μὲν εὖ. παθεῖν ἀλλ' θάτερα [1]). Hier wo es auf das innere Behagen ankommt, werden wir nicht umhin können εὖ πράσσειν herzustellen. Die Verwechslung von πράσσειν und πάσχειν lag deshalb sehr nahe, weil π und πρ in den Handschriften sich öfters kaum unterscheiden lassen; vgl. Soph. Ant. 1037, wo τἀπὸ Σάρδεων in τα πρεσάρδιων übergegangen ist. Uebrigens haben V. 810 und 811 mit den beiden folgenden Versen die Stelle gewechselt; es muss offenbar folgende Ordnung hergestellt werden:

    ΘΕ. _ _ _ οὐ κάτοισθα τἀν δόμοις κακά;
    ΗΡ. εἰ μή τι σός με δεσπότης ἐψεύσατο.
809   ΘΕ. ἄγαν ἐκεῖνός ἐστ' ἄγαν φιλόξενος.
812   ΗΡ. μῶν ξυμφοράν τιν' οὖσαν οὐκ ἐφραζέ μοι;
813   ΘΕ. χαίρων ἴθ'· ἡμῖν δεσποτῶν μέλει κακά.
810   ΗΡ. οὐ χρῆν μ' ὀθνείου γ' οὕνεκ' εὖ πράσσειν νεκροῦ;
811   ΘΕ. ἦ κάρτα μέντοι καὶ λίαν οἰκεῖος ἦν.
814   ΗΡ. ὅδ' οὐ θυραίων πημάτων ἄρχει λόγος.

Die bisherige Aufeinanderfolge der Verse gibt durchaus keinen vernünftigen Zusammenhang, wie jeder einsehen wird der mit Aufmerksamkeit die Stelle betrachtet, und Euripides hätte sich einer grossen Nachlässigkeit schuldig gemacht, wenn er es dem Zuhörer überlassen hätte in V. 811 und 812 den Wechsel des Subjectes zu errathen: denn λίαν οἰκεῖος ἦν geht auf den Todten, οὐκ ἐφραζέ μοι auf Admet. An V. 809 kann sich nur 812 anschliessen; die δεσποτῶν κακά in 813 müssen den Hercules an den ὀθνεῖος νεκρός 810 erinnern, von welchem Admet gesprochen hatte, und ganz unverkennbar ist die Beziehung in welcher 811 und 814 zu einander stehen.

Das weitere Gespräch des Hercules mit dem Diener führt uns zu nachstehenden Versen:

815   ΘΕ. οὐ γάρ τι κωμάζοντ' ἂν ἠχθόμην σ' ὁρῶν.
    ΗΡ. ἀλλ' ἦ πέπονθα δεῖν' ὑπὸ ξένων ἐμῶν;
    ΘΕ. οὐκ ἦλθες ἐν δέοντι δέξασθαι δόμοις·
    πένθος γάρ ἡμῖν ἐστι, καὶ κουρὰν βλέπεις
    μελαμπέπλους στολμούς τε. ΗΡ. τίς δ' ὁ κατθανών;
820   μῶν ἢ τέκνων τι φροῦδον γένος ἢ πατὴρ γέρων;
    ΘΕ. γυνὴ μὲν οὖν ὄλωλεν Ἀδμήτου, ξένε.

---

[1]) Unrichtig liest man εὖ παθεῖν Soph. Trach. 946: εὖ γάρ ἐσθ' ἦ γ' αὔριον, πρὶν εὖ πάθῃ τις τὴν παροῦσαν ἡμέραν. Gegen meine frühere Vermuthung ἐπ' ἐλπῇ würde M. Seyffert nicht neuerdings (Rhein. Mus. N. F. XV p. 615) polemisirt haben, wenn ihm bekannt gewesen wäre dass ich dieselbe in meiner Bearbeitung des Stückes (Berlin 1857) zurückgenommen habe. Allerdings aber halte ich εὖ πάθῃ an der bezeichneten Stelle für abgeschmackt; εὖ πράξῃ oder εὐτυχήσῃ würde nicht minder unstatthaft sein, weil der morgende Tag auch denen anbrechen kann die sich heute in Unglück und Noth befinden, weil — wie ich schon vor fünf Jahren gesagt habe — das Kommen des morgenden Tages von unserm Wohl oder Wehe nicht abhängig ist. Darum halte ich πρὶν ἐπιτρέψῃς oder πρὶν ἂν παρέχῃς wie früher so auch jetzt für nothwendig. Die von Seyffert eben da geäusserte Vermuthung über Soph. fr. 396, wo er lesen will:

  τῷ γὰρ κακῶς πράσσοντι μυρία μία
  νὺξ ἐστιν, εὖ παθόντι δ' ἡμέρα φανεῖ,

wird den meisten oder allen Lesern unverständlich sein. Die letzten Worte sollen bedeuten: «dem Glücklichen wird die Nacht leuchten wie der Tag». Dass man ἦτες

Für die Beurtheilung dieser Stelle ist von unschätzbarer Wichtigkeit ein von Cobet edirtes Scholion aus der Haudschrift B zu V. 820: μῶν ἢ τέκνων τι φροῦδον· ἆρα, φησίν, ἀφανής ἐγένετό τις τῶν παίδων ἢ ὁ γέρων πατὴρ ἀπέθανεν; ταῦτα δὲ τὰ τρία ἐν τισιν οὐκ ἔγκειται. Nach dem Vorgange von Kirchhoff habe ich hiernach 818—820 als verdächtig bezeichnet, zumal da V. 818 und 819 gegen die Gesetze der Stichomythie in einer auffallenden Weise verstossen. Die Art wie Klotz gegen diese Ansicht polemisirt, ist höchst befremdlich. Zunächst erlaubt er sich eine Entstellung des Thatbestandes, wenn er behauptet: *Quod stichomythiae ratio hoc loco turbatur, iam reteres critici itemque recentiores, de quibus dixi in adnot. critica, hos tres versus de interpolatione suspectos habuerunt.* Dass ein alter Kritiker an der Verletzung der Stichomythie Anstoss genommen habe, davon ist kein Sterbenswörtchen überliefert; die Scholien berichten einfach dass «diese drei Verse in einigen Handschriften sich nicht finden». Wäre die Verletzung der Stichomythie für die Schreiber jener Handschriften ein Grund zur Annahme einer Interpolation gewesen, so würden sie sich begnügt haben den Verdacht auf V. 818 und 819 zu beschränken; denn nur diese beiden Verse streiten gegen die Stichomythie. Sodann stellt Klotz den Satz auf: «*in hoc loco, in quo ipse nodus totius fabulae habetur, iustissima ac maxime idonea causa stichomythiae negligendae inesse videtur*». Inwiefern in der Mittheilung dass Alcestis todt sei der Knoten des ganzen Stückes enthalten ist, oder, wie es nachher heisst, gelöst wird, ist mir ein vollständiges Räthsel. Den Zuschauern wird wenigstens damit durchaus nichts neues oder überraschendes gesagt. Neu und überraschend ist es dagegen dass durch die Lösung des dramatischen Knotens die Verletzung der Stichomythie entschuldigt werden soll. *Nam ubi,* sagt Klotz, *ipse fabulae nodus solvitur et tota paene fabulae ratio immutatur, ibi etiam ipsa oratio atque tota actio immutanda erat.* Auf welche Beobachtungen diese Lehre sich gründet, vermag ich nicht anzugeben; einen Beweis anzutreten hat der Urheber derselben für überflüssig erachtet. Endlich ist die auf Alcestis bezügliche Mittheilung in V. 821 enthalten, der den Gesetzen der Stichomythie auf das beste entspricht. Nicht glücklicher ist die Art, wie Klotz im Einzelnen den gangbaren Text zu rechtfertigen sucht. Mit 816, meint er, war dem Diener Anlass gegeben zu einer längeren Erzählung *de funere Alcestidis*. Diesen Anlass benutzend hebt er an: οὐκ ἦλθες — στολμούς τι. Bevor er zu Ende ist, wird er vom Hercules unterbrochen, weil dieser *omnis humanitatis expers esset, si id usque ad finem narrari sibi pateretur,* und weil der Diener nicht zu erzählen brauchte was aus dem Verlaufe des Stückes bekannt war, und so wird ihm die Nothwendigkeit auferlegt *ut statim quid factum sit pronuntiet.* So lautet die Apologie, die ich als eine völlig unhaltbare bezeichnen muss. Zu einer längeren Erzählung *de funere Alcestidis* fehlte jeder Anlass; es haudelt sich nur darum, wer gestorben

φαίνει, σελήνη, φαίνει sagt ist bekannt: unter νὺξ φαίνει vermag ich mir nichts zu denken. Die Auslassung des ὡς bedarf, wie Seyffert meint, für den Kundigen keiner Bemerkung; ich kann nicht glauben dass Sophocles sein Publicum mit Räthseln zum Besten haben wollte. Endlich ist es ein seltsamer Gegensatz, wenn für den Unglücklichen eine einzige Nacht eine tausendfache (d. h. un- endlich lang, vgl. Apollod. Com. 4 p. 431. Lucian Anth. Pal. 10, 28) sein soll, für den Glücklichen dagegen so hell wie der Tag. Auch mit dem andern Vorschlage, τῷ καλόντι δ' ἕσπερος φανεῖ, dem Glücklichen wird der Abendstern scheinen, vermag ich mich nicht zu befreunden.

sei, ob ein ὁτωεῖος oder ein εἰκαῖος. Mit den Worten des Dieners in V. 817—19 wird keineswegs eine längere Erzählung eingeleitet, sondern nur bekanntes und hier ungehöriges vorgebracht. Endlich kann man nicht sagen dass Hercules den Diener unterbricht; In den Worten des Dieners wird nichts vermisst, weder für den Gedanken noch für die grammatische Construction. Doch genug von dem was Klotz hier sagt; denn es ist meistentheils eine vergebliche Bemühung diejenigen welchen das bequeme *non temnere libros* als höchstes oder alleiniges Princip der Kritik gilt, mit Gründen zu überzeugen. Die Superstition wird lieber das sinnloseste vertheidigen und bewundern, als sich zu der Kühnheit erheben, Verse die in allen unseren Handschriften stehen als untergeschoben anzuerkennen; sie duldet alles was diplomatisch beglaubigt ist, nur nicht Zeugnisse des Alterthums gegen die Echtheit eines Verses. — Was ist nun von der vorliegenden Stelle zu halten? Dass die Verse 818 und 819, die gegen die Stichomythie verstossen, einem Fälscher gehören scheint mir unzweifelhaft: durch die Tilgung derselben erleidet der Zusammenhang nicht die geringste Einbusse. Tilgt man dagegen zugleich V. 820, so entsteht eine Lücke; dieser Vers ist nämlich einerseits für den Sinn nothwendig, andrerseits durch die Stichomythie insofern gefordert als der Diener nicht 817 und 821 hinter einander sprechen kann. Sind also 818—820 unecht, so muss man annehmen dass sie, wie Kirchhoff sagt, *lacunae explendae causa* eingeschaltet sind. Wenn 820 das Wort γένος ausgeschieden wird, wie es schon alte Verbesserer der Handschriften BC gethan haben, so ist der Vers in jeder Hinsicht tadellos. Dagegen erscheinen 816 und 817 als überflüssig und störend; namentlich ist der Ausdruck πέπονθα δεινά ungeschickt, da von einer Misshandlung des Hercules hier nicht die Rede sein kann. Darum glaube ich dass die Bemerkung der Scholien ungenau ist, dass in den Handschriften von welchen sie reden nicht V. 818—820, sondern V. 816—819 fehlten. Jedenfalls leidet der Zusammenhang nicht im mindesten, wenn an 815 sich sofort 820 anschliesst. Auch ist es bekannt dass die Scholien oft an eine falsche Stelle gerathen sind (vgl. Philol. 4 p. 546), und eine Verwechslung von τρία und τέτταρα ist nicht befremdlicher als das häufige Schwanken zwischen τρίτος und τέταρτος.

Auf die Frage des Hercules, wo Alcestis bestattet sei, erwidert der Diener:

833 ὀρθὴν παρ' οἶμον, ἢ ἐπὶ Λάρισσαν φέρει,
τύμβον κατόψει ξεστὸν ἐκ προαστείου.

Statt Λάρισσαν werden wir Λάρισαν schreiben müssen; so fordern die Grammatiker (vgl. Arcad. p. 77, 17. Choerob. Anecd. Oxon. vol. 2 p. 236, 8) in Uebereinstimmung mit den Münzen und Inschriften (Corp. Inscr. 1775. 1792), und mit Recht ist hiernach in den neueren Texten der Schriftsteller das einfache Sigma mehr und mehr zur Geltung gekommen; unsere Codices können in derartigen Fragen keine Entscheidung abgeben. Nachher bieten die Handschriften, wie es scheint, ohne Ausnahme προαστείου statt des schon von Musurus hergestellten προαστίου. Die Form προάστιον ist auch bei Pind. fr. 106, Soph. El. 1431 und Polemo Anth. Pal. 11, 38 durch das Metrum gesichert, eben so das adjectivische γῆς προαστίας Soph fr. 649. Dagegen ist nicht eine einzige Dichterstelle bekannt, welche den Diphthongen forderte. Daher möchte ich nicht mit Lobeck Paral. p. 253 glauben, dass προάστειον die prosaische, προάστιον die dichterische Form sei, wofür allerdings Choeroboscus Anecd. Oxon. vol. 2 p. 250 und Suidas v. προάστειον zu sprechen scheinen; vielmehr werden wir προάστιον für die richtige Form halten müssen, προάστειον für eine falsche Schreibung, welche durch das Adjectivum ἀστεῖος veranlasst sein mag. Andere Composita von ἄστυ, die sich mit προάστιος oder προάστιον vergleichen liessen, vermag ich nicht beizubringen; denn ἀνάστειος und ὑπεράστειος sind von ἀστεῖος abgeleitet, συνάστεος, was Lobeck aus Simonides fr. XXVI. 191 anführt, ist mir unbekannt.

     νῦν δεῖξον οἷον παῖδά σ' ἡ Τιρυνθία
     Ἠλεκτρυώνος γείνατ' Ἀλκμήνη Διί.

Worte des Hercules, der im Folgenden seinen Entschluss mittheilt die Alcestis aus den Händen des Todes zu retten. Das fehlende Augment in der Form γείνατο lässt sich auf keine Weise rechtfertigen; es wird daher mit Blomfield Ἠλεκτρυόνος ἐγείνατ' Ἀλκμήνη Διί herzustellen sein, zumal da Ἠλεκτρυόνος sich in der Handschrift C findet. Dass Ἠλεκτρυόνος, nicht Ἠλεκτρύονος, zu schreiben sei hat W. Dindorf im Thes. Gr. L. vol. 4 p. 128 B richtig bemerkt, wo die kurze Penultima auch aus einigen Prosaikern nachgewiesen wird. Eine ähnliche Doppelflexion (ωνος und ονος) finden wir bei Ἀκταίων, Αἴσων, Κίκων, Νάρων u. sonst. Zu der gewaltsameren Aenderung ἐγείνατ' Ἠλεκτρυώνος Ἀλκμήνη Διί, welche Monk und Roeper Philol. IX p. 20 vornahmen, sehe ich keinen Grund.

  Admet klagt über den Verlust seiner Gattin und gedenkt in Wehmuth der besseren Zeiten, wo er mit Alcestis sich vermählte:

     πολυάχητος δ' εἵπετο κῶμος,
     τήν τε θανοῦσαν κἄμ' ὀλβίζων
     ὡς εὐπατρίδαι καὶ ἀπ' ἀμφοτέρων
     ὄντες ἀρίστων σύζυγες ἦμεν.

Aus dem Zusammenhange geht hervor dass ἀρίστων, wie zuerst Dobree Adv. 2 p. 74 erinnert hat, in ἀριστέων verwandelt werden muss. Die Verwechslung beider Wörter und speciell dieser Formen findet sich häufig genug, vgl. Porson und Schaefer zu Eur. Med. 5. Wenn aber Kirchhoff nach dem Vorgange von G. Hermann ἀριστῶν schreibt, so weiss ich nicht wie diese Form entschuldigt werden soll. Bekanntlich wird bei den Attikern der Genetiv der Wörter auf εύς contrahirt, wenn vor der Endung εύς ein Vocal steht, also in Formen wie Πειραιῶς, χεῶς und ähnlichen [1]: eine Form wie βασιλῶς oder βασιλῶν ist mir gänzlich unbekannt. Für die Synizesis der Endvocale in ἀριστέων genügt es an Ἀχιλλέως

---

[1] So findet sich Πειραιεῖς Corp. Inser. 141, 9. 150, 47. Πειραιεῖς 155, 27. Ἀξηνιεῖς 298, 3. Πειραιεῖν 101, 10. Ἀναικιεῖς Ross Demen p. 81. Κυφισιεῶν p. 77. Vgl. Pierson zu Moer. p. 316. Allerdings fehlt es auch nicht an Ausnahmen, wie Πειραιέων Corp. Inser. 101, 4. 15. 25. 33. Πειραιέων 102, 6. Κυφισιέως Ross Demen p. 94. 104. Φλυέως p. 102. Ἁλαιεύς C. I. 124, 21. Παιανιέως 170 b (vol. I p. 913). Ross Demen p. 89 96. Αἰγιλιέως C. I. 559. Demselben Wechsel der Formen begegnen wir im Accusativ; vgl. Τριμμιέα Corp. Inser. 115, 9. Κυδαθηναιέα 213, 2. Βησαιέα 4 9; dagegen Πειραιέα 102, 21. Πειραιέα 102, 22. 103, 58. 258, 4. Πειραιέας 102, 3. 5 u. k. Hiernach fragt

an Andr. 25 zu erinnern¹). Statt σύζυγες ἡμεν (εἰμέν B) pflegt man jetzt σύζυγας εἰμεν zu schreiben nach Heaths Vermuthung. Die Optativformen εἰμεν und εἶτε sind jedoch in der Tragoedie nicht mit Sicherheit nachzuweisen (denn Aesch. Eum. 766 ed. Herm. Soph. Ant. 215. Eur. Hipp. 349 können dafür nicht mit grösserem Rechte geltend gemacht werden als die vorliegende Stelle); hier ist das Imperfectum vollständig gerechtfertigt durch das voraufgehende εἶκετο. Ganz ähnlich, obwohl auffallender und doch von niemand bezweifelt ist das bekannte *non tu corpus eras sine pectore* bei Hor. Epist. 1, 4, 6. Ueber die Worte ἀπ' ἀμφοτέρων bemerke ich noch, was bemerkt zu werden kaum verdient, dass die Scholien Recht haben, wenn sie ἀπ' ἀμφοτέρων γονέων verstehen. Dies hervorzuheben sehe ich mich bewogen durch das was M. Seyffert im Rhein. Mus. N. F. XV p. 620 über ein Euripideisches Bruchstück vorgetragen hat. Eur. fr. 214 lautet in der Ueberlieferung bei Stob. Flor. 70, 10:

πᾶσι δ' ἀγγέλλω βροτοῖς
ἐσθλῶν ἀπ' ἀνδρῶν εὐγενῆ σπείρειν τέκνα.

Statt ἀπ' ἀνδρῶν habe ich ἀπ' ἀμφοῖν vermuthet unter Hinweisung auf Eur. fr. 524: ἡγησάμην οὖν, εἰ παραζεύξειέ τις χρηστῷ πονηρὸν λέκτρον, οὐκ ἂν εὐτεκνεῖν ἐσθλοῖν δ' ἀπ' ἀμφοῖν ἐσθλὸν ἂν φύναι γόνον, und Theodect. fr. 3: θεῶν δ' ἀπ' ἀμφοῖν ἐκγονον βιζωμάτων τίς ἂν προσειπεῖν ἀξιώσειεν λάτριν; Seyffert findet in dieser Vermuthung ein sprachliches Bedenken und meint, die beiden von mir angezogenen Stellen beweisen nicht, was ich behauptet, ἀπ' ἀμφοῖν bedeute *a patre et a matre*. Denn Eur. fr. 524 müsse man bei ἀμφοῖν aus dem Vorhergehenden λέκτρων denken, bei Theodectes stehe geradezu ἀπ' ἀμφοῖν ῥιζωμάτων. Mich hat diese Belehrung nicht wenig überrascht. In den Worten des Theodectes ἀπ' ἀμφοῖν ῥιζωμάτων zu verbinden ist unmöglich; die Worte bezeichnen einen der ἀπ' ἀμφοῖν, von Seiten des Vaters und der Mutter, ein ἔκγονος θεῶν ῥιζωμάτων ist; man hat zu verstehen: *divina stirps utrimque oriundum quis ausit appellare servum?* Mithin ist ἀπ' ἀμφοῖν nichts anderes als *a patre et a matre*. Wie soll man vollends bei Eur. fr. 524 ἀπ' ἀμφοῖν λέκτρον verstehen? Seyffert glaubt in allem Ernste, Euripides meine εἴ τις χρηστῷ λέκτρῳ πονηρὸν λέκτρον παραζεύξειεν, als ob irgend ein Autor so hätte reden können oder bei den Griechen unter Umständen nicht zwei Menschen, sondern zwei Betten sich geheirathet hätten. Natürlich ist χρηστῷ so viel als χρηστῷ ἀνδρί, dagegen πονηρὸν λέκτρον oder πονηρὸν λέχος nichts anderes als πονηρὰν γυναῖκα[1]). Das ἀπ' ἀμφοῖν aber bedeutet wiederum *a patre et a matre*. Eben so sagt Herodot 3, 31: ἦν οἱ ἀπ' ἀμφοτέρων ἀδελφεή, und 7, 97: Ἀχαιμένης Ξέρξεω ἐὼν ἀπ' ἀμφοτέρων ἀδελφεός, desgleichen Pausanias 3, 4, 7: Δωριεὺς δὲ ἀπ' ἀμφοτέρων ἀδελφόν. Auch an diesen drei Stellen ist ἀπ' ἀμφοτέρων nichts weiter als eben *a patre et a matre*. Vielleicht darf ich hoffen hiermit Seyfferts sprachliches Bedenken gegen ἀπ' ἀμφοῖν erledigt zu haben. Zur Sicherheit erwähne ich noch den gleichen Gebrauch von ἀμφοτέρωθεν und utrimque bei Paus. 1, 7, 1: οὗτος ὁ Πτολεμαῖος Ἀρσινόης ἀδελφῆς ἀμφοτέρωθεν ἐραστής; ἔγημεν αὐτήν (wo vielleicht ἀμφοτέρωθεν ἀδελφῆς zu schreiben ist, sicherlich nicht ἀμφοτέρωθεν ἐραστής verbunden werden darf), und Tacitus Hist. 1, 14: *Pisо M. Crasso et Scribonia genitus, nobilis utrimque*. Ueber Seyfferts Vorschlag ἐσθλῶν ἀπ' ἐνῶν kann ich nur dies sagen dass ich ihn nicht verstehe.

Admet findet den Tod der ihm entrissenen Gattin beneidenswerther als sein trauriges Leben ohne sie:

941   πῶς γὰρ δόμων τῶνδ' εἰσόδους ἀνέξομαι;
         τίν' ἂν προσειπών, τοῦ δὲ προσρηθεὶς ὕπο,
         τερπνῆς τύχοιμ' ἂν εἰσόδου; ποῖ τρέψομαι;
         ἡ μὲν γὰρ ἔνδον ἐξελᾷ μ' ἐρημία κτέ.

Im dritten Verse erscheint τερπνῆς als unpassend; wenn Admet vorher gesagt hat, sein verödetes Haus sei ihm unerträglich, so kann er nicht füglich fortfahren dass keine Anrede die er an jemand richte oder die an ihn gerichtet werde, sein Eingehen in das Haus zu einem ergötzlichen machen werde. Wenn ich recht vermuthe, ist V. 943 später hinzugefügt, um zu den Participien προσειπών und προσρηθείς ein Verbum finitum zu bekommen: man übersah dass die beiden Participien zu ἀνέξομαι gehörten. Denselben Anlass zur Interpolation berührten wir oben S. 41. Weiter unten erscheint V. 1014 verdächtig,

ὡς δὴ θυραίου πήματος σπουδὴν ἔχων,

als eine Wiederholung von 778: σὺ δ' ἀνδρὸς ἑταίρου δεσπότου παρόντ' ἐρῶν, στυγνῷ προσώπῳ καὶ συνωφρυωμένῳ δέχῃ, θυραίου πήματος σπουδὴν ἔχων.

Im zweiten Strophenpaare des nachfolgenden Chorgesangs heisst es von der Alcestis:

Str.   φίλα μὲν ἔτ' ἦν μεθ' ἡμῶν,   Ant.   αὕτη ποτὲ προὔθανεν ἀνδρός,
991   φίλα δὲ [καὶ] θανοῦσ' ἔσται.   1002   νῦν δ' ἐστὶ μάκαιρα δαίμων.

Um V. 991 mit 1002 in Uebereinstimmung zu bringen, hat man in der Antistrophe mit Recht προὔθαν' ἀνδρός geschrieben, was kaum als eine Aenderung zu betrachten ist. Schwieriger ist es 992 zu emendiren; denn dass dieser Vers nach dem antistrophischen

---

1) Dass λέχος oder λέκτρον den Gatten bezeichnen könne, wird weder durch Eur. El. 481 noch durch irgend eine andere Stelle erwiesen.

zu verbessern ist lässt sich wohl nicht bezweifeln. Die diplomatische Ueberlieferung zeigt folgende Schwankungen: φίλα δὲ καὶ BbBC, φίλα δὲ Ccd. ϑανοῦσ' BCcdC, ϑανοῦσα bB. ἔσται BCbcd, ἐστίν BC. Hiernach erscheint die ehemalige Lesart φίλα δ' ἔτι καὶ ϑανοῦσα als ganz willkürlich; ausserdem ist das ἔτι unpassend. Tilgt man das Wörtchen καὶ mit Ccd, so hat man nur ἔσται in ἐς ἀεί zu ändern, um das Metrum herzustellen und einen angemessenen Sinn zu bekommen. Man sieht wie leicht ΕCAEI oder in Folge der Byzantinischen Aussprache ΕCAI in ΕCTAI übergehen konnte. Das in der ersten Ausgabe von mir vermuthete φίλα δὲ ϑανοῦσα κεῖται ist weniger leicht und weniger sinngemäss. Andere wollen sehr naiv φίλα δὲ ϑανοῦσα ἔσται.

Hercules richtet an Admet die Frage, ob er nicht daran denke sich wieder zu verheirathen: HP. τί δ'; οὐ γαμεῖς γάρ, ἀλλὰ χηρεύσει λέχος;
1000   AΔ. οὐκ ἔστιν ἥτις τῷδ' ἀνδρὶ συγκλιθήσεται.

So lautet der zweite Vers in den besten Handschriften BC, während die übrigen τῷδε συγκλιθήσεται lesen. Will man nicht, wie es ehemals geschah, gegen den Werth der Handschriften sich völlig indifferent verhalten, so wird man nicht umhin können τῷδε συγκλιθήσεται als eine zu Gunsten des Metrum vorgenommene Verbesserung zu betrachten, die unser Urtheil nicht im mindesten bestimmen kann. Wahrscheinlich liegt der Fehler nicht in τῷδ' ἀνδρί, sondern in ἥτις. Kirchhoff hat dafür ἤ vermuthet, woran auch ich ehemals dachte. Dass man statt des üblichen οὐκ ἔστιν ὅστις zuweilen οὐκ ἔστιν ὅς sich gestattet habe, scheint mir unzweifelhaft. Vgl. Il. X, 348: ὡς οὐκ ἔστ' ὃς σῆς γε κύνας κεφαλῆς ἀπαλάλκοι. Soph. Ant. 220: οὐκ ἔστιν οὕτω μῶρος ὃς ϑανεῖν ἐρᾷ. Diphilus Com. 4 p. 418: οὐκ ἔστι βίος ὃς οὐχὶ (ὃς οὐ die Handschriften) κέκτηται κακά. Soph. Trach. 1001: τίς γὰρ ἀοιδός, τίς ὁ χειροτέχνης ἰατορίας, ὃς τήνδ' ἄτην χωρὶς Ζηνὸς κατακηλήσει; Oed. Col. 309: τίς γὰρ ἔσϑ' ὃς (so habe ich statt ἐσϑλὸς verbessert) οὐχ αὐτῷ φίλος; Ant. 750: ταύτην ποτ' οὐκ ἔσϑ' ὡς ἔτι ζῶσαν γαμεῖς. Phil. 196: οὐκ ἔστ' ὡς οὐ ϑεῶν του μελέτῃ[1]). Inzwischen

---

[1] Hier hat Porson Rec. p. 101 (ed. Lips. 1824) ἔσϑ' ὡς statt ἔσϑ' ὅπως hergestellt. In Bothes Augen ist diese inelegans quam quod maxime, usu continuo positis vocibus monosyllabis. Aber im einzigen Ued. R. finden sich sechs einsilbige Wörter hinter einander an folgenden Stellen: V. 630. 500. 671. 964. 1038. 1369. 1445, einmal (V. 1489) sogar acht: ὅρως' ἄν, εἰ τοῖς' ἰσϑ' ἃ, εἰ μή τοῦ ϑεοῦ, ohne dass Bothe oder Mangel an Eleganz sich beklagt hätte. Verfehlt ist die Aeusserung des Triclinius, οὐκ ἔστιν ὅπως οὐ ϑεῶν μελέτῃ, welche gleichwohl sich lange in den Texten erhalten hat, zuletzt noch bei G. Hermann, Hartung und Bergk. Wenn Bergk diese Aenderung des Triclinius sich beilegt (er sagt: οὐκ ἔστιν ὅπως οὐ ϑεῶν scripsi, et in cancellis sepsi, libri veteres οὐκ ἔσϑ' ὅπως οὐ ϑεῶν του), so möchte man fragen wo und mit welchen Hilfsmitteln er den Tauchnitzer Sophocles gearbeitet habe. Eine andere Vermuthung eben dieses Triclinius nimmt er Oed. Col. 92 für sich in Anspruch.

Um so weniger kann es befremden, wenn er die Priorität neuerer Gelehrten so wenig respectirt und Verbesserungsvorschläge von Arndt, Brunck, Burges, Cobet, Dindorf, Dobree, Enger, Erfurdt, Faehse, Hartung, Hermann, A. Jacob, v. Karajan, Lachmann, L. Lange, Monk, Musgrave, Nitzsch, Reiske, Valckenaer, Wex, Wiesler, Wunder und anderen stillschweigend sich zuschreibt. Viel auffallender als derartige Unterlassungssünden, aber aus ganz derselben Quelle herzuleiten sind folgende Proben der übermüthigen Laune, mit welcher Bergk im Sophocles schaltet: er schreibt in einem anapaestischen Verse καὶ γῆς ἰσόμοιρος ἀήρ El. 87; er macht den Trimeter ἐγὼ οὔτ' ἀνανύσαν τήνδε τὴν πόλιν ἄγων Oed. Col. 959; er ellidirt Al, indem er vermuthet ὅταν δὲ πόλιν ἔχη';, ἐγὼ κακός Oed. R. 76; er überrascht uns mit dem denkwürdigen Griechisch ἡδέως ἐμ' ἔχητ (im Deutsch wes berührte mich angenehm») Ant. 436. Wen meinte also Bergk mit den alii, deren Eile er p. V anklagt?

kann ich mir nicht denken dass ein überliefertes ἢ τῷδ' ἀνδρί von irgend jemand in ἥτις τῷδ' ἀνδρί geändert worden wäre. Vielmehr werden wir schreiben müssen:

οὐκ ἔστι· τίς τῷδ' ἀνδρὶ συγκλιθήσεται;

Diese Aenderung ist leichter und besonders darum annehmbarer, weil so die Entstehung der handschriftlichen Lesart am einfachsten erklärt wird. Ganz demselben Fehler begegnen wir Ion 324: τάλαινά σ' ἡ τεκοῦσ', ἥτις ποτ' ἦν ἄρα, wo Jodrell τίς ποτ' ἦν ἄρα hergestellt hat. An beiden Stellen kann man zweifeln, ob die mit τίς angefügten Sätze als Fragen zu nehmen sind, oder τίς für ἥτις steht. Für die letztere Ansicht entscheidet sich L. Dindorf im Thes. Gr. L. vol. 7 p. 2219 D, wogegen Kirchhoff interpungirt hat

τάλαινά σ' ἡ τεκοῦσα· τίς ποτ' ἦν ἄρα.

Die Fragform dürfte den Vorzug verdienen: denn die aus älteren Schriftstellern beigebrachten Belege für τίς statt ὅστις sind durchgängig von der Art dass die ursprüngliche Bedeutung des τίς noch deutlich hervortritt, wie in dem öfters wiederkehrenden οὐδ' ἔχω τί φῶ (Aesch. Cho. 91. Eur. Hel. 564. Soph. Oed. C. 317), οὐκ ἔχω τί πρῶτον εἴπω (Eur. Suppl. 687), ὥστε μ' ὠδίνειν τί φῇς (Soph. Ai. 794), oder in einem Orakel τίς σοφίᾳ πρῶτος πάντων; τούτου τρίποδ' αὐδῶ (Diod. Sic. exc. Vat. p. 17, 7 und Diog. L. 1, 28), wo Menage ὅς statt τίς verlangte. Vgl. Philol. IX p. 177. Meineke Callim. p. 281. 309. Zu den auffallendsten Stellen gehört das Fragment des Antiphanes (Com. 3 p. 150) oder Theophilus (Com. 3 p. 630), τίς φησὶ τοὺς ἐρῶντας οὐχὶ νοῦν ἔχειν, ἢ πού τίς ἐστι τοὺς τρόπους ἀβέλτερος. Wenn hier zu ändern ist, so lässt sich meines Erachtens nur an ὅς φησι denken.

Den Entschluss des Admet findet Hercules löblich, aber gleichwohl unverständig. Darauf bekräftigt Admet die frühere Versicherung:

1094   ὡς μήποτ' ἄνδρα τόνδε νυμφίον καλῶν.

Diese Worte stehen ausser allem grammatischen Zusammenhange; denn wenn Hermann ὡς καλῶν abhängig machen wollte von einem Imperativ αἴνει, den man aus den voraufgehenden Worten des Hercules (αἰνῶ μὲν αἰνῶ· μωρίαν δ' ὀφλισκάνεις) sich denken soll, so ist dies hart und willkürlich, ausserdem nicht einmal sinngemäss. Kirchhoff sagt: «ante hunc versum excidisse duo alii videntur», d. h. er verzweifelte an der Möglichkeit einer Emendation. Die Scholien haben, wie aus der Paraphrase ἔστι μὴ καλέσω με νυμφίον hervorgeht, den nothwendigen Sinn richtig erkannt. Es wird zu schreiben sein:

ἴσθ' οὔκετ' ἄνδρα τόνδε νυμφίον καλῶν.

Die ersten beiden Silben waren, wie ich glaube, in der Quelle unserer Handschriften undeutlich geworden, und ὡς μή beruht auf falscher Ergänzung. Als unbrauchbar erweisen sich die Varianten καλόν (B) und καλεῖν (AC) statt καλῶν.

Admet bittet das Weib zu entfernen, das Hercules ihm aufdringen will. An diese seine Bitte, ἡ γυνὴ ἀπελθέτω, schliesst sich Folgendes an:

1105   HP. ἄπεισιν, εἰ χρή· πρῶτα δ' εἰ χρεὼν ἄθρει.
AΔ. χρή, σοῦ γε μὴ μέλλοντος ὀργαίνειν ἐμοί.
HP. εἰδώς τι κἀγὼ τήνδ' ἔχω προθυμίαν.

ΑΔ. νίκα νυν· οὐ μὴν ἁνδάνοντά μοι ποιεῖς.
HP. ἀλλ' ἔσθ' ὅτ' ἡμᾶς αἰνέσεις· πιθοῦ μόνον.
1110 ΑΔ. κομίζετ', εἰ χρὴ τήνδε δέξασθαι δόμοις.
HP. οὐκ ἂν μεθείην τὴν γυναῖκα προσπόλοις.
ΑΔ. σὺ δ' αὐτὸς αὐτὴν εἴσαγ', εἰ βούλει, δόμους.
HP. εἰς σὰς μὲν οὖν ἔγωγε θήσομαι χέρας.
ΑΔ. οὐκ ἂν θίγοιμι· δῶματ' εἰσελθεῖν πάρα.

Es bedarf nur einer aufmerksamen Betrachtung des Inhaltes vorstehender Verse, um einzusehen dass V. 1108, νίκα νυν· οὐ μὴν ἁνδάνοντά μοι ποιεῖς, in diesen Zusammenhang nicht wohl passt. Admet würde mit dem νίκα νυν sich für überwunden, seinen Widerstand für gebrochen erklären; hat er dies gethan, so kann er nicht, wie es im Folgenden geschieht, weitere Versuche machen der Bitte des Hercules sich zu entziehen. Er will zunächst V. 1110 sich dazu verstehen dass die Diener die Unbekannte in das Haus geleiten, dann fordert er den Hercules dies zu thun auf, endlich meint er sie solle selbst hineingehen. Mit derartigen allmählichen Zugeständnissen verträgt es sich nicht, dass er sich vorher so gefangen gibt, wie die Worte νίκα νυν es besagen. Dazu kommt dass der anstössige Vers 1108 in C gänzlich fehlt, in B am Rande steht. Wir haben somit selbst nach der diplomatischen Ueberlieferung allen Grund die Authentie desselben zu bezweifeln, und ich habe ihn bereits in der ersten Ausgabe durch Klammern als verdächtig bezeichnet. Der voraufgehende Vers,

εἰδώς τι κἀγὼ τήνδ' ἔχω προθυμίαν,

ist mindestens sehr unbestimmt. Mag man auch das εἰδώς τι damit entschuldigen dass Hercules nicht sagen will weshalb er seine Bitte erfüllt zu sehen wünscht, so sind doch die Worte τήνδ' ἔχω προθυμίαν kaum zu verstehen. Was das zunächst liegende wäre, τήνδε προθυμίαν für τοῦ ἐργαίνειν προθυμίαν zu nehmen, ist sinnwidrig; eben so wenig ist an τοῦ ἀπιέναι τὴν γυναῖκα προθυμίαν ἔχω zu denken. Also kann τήνδε wohl nur bedeuten ἣν ἔχω, und der Sinn des Verses wird sein «etwas wissend wünsche ich was ich wünsche». Aber wie verträgt sich damit das Wort κἀγώ? Das καὶ ist verkehrt, da Hercules dem χρή (nämlich ἀπιέναι τὴν γυναῖκα) des Admet nicht beistimmt, und der Verfasser von 1107 würde statt εἰδώς τι κἀγώ weit besser εἰδὼς ἐγώ τι geschrieben haben. In diesem Verse ist vermutlich nur ein Wort echt, nämlich προθυμίαν, eine zu πιθοῦ μόνον in 1109 gehörige Variante, die von einem Interpolator zu einem Trimeter erweitert wurde, der dann die Hinzufügung von 1108 nach sich zog. Somit werden wir 1107 und 1108 tilgen müssen. V. 1109 halte ich die überlieferte Fassung für untadlig; sollte aber προθυμίαν die ursprüngliche Lesart sein, so könnte man mit leichter Aenderung schreiben: ἀλλ' ἔσθ' ὅτ' ἡμῶν αἰνέσεις προθυμίαν.

Bald nachher heisst es:

HP. τόλμα προτεῖναι χεῖρα καὶ θιγεῖν ξένης.
1118 ΑΔ. καὶ δὴ προτείνω, Γοργόν' ὡς καρατόμῳ.

Da die Tragiker niemals das Iota im Dativ elidiren, so kann die überlieferte Lesart nichts anderes bedeuten als ὡς Γοργόνα καρατόμῳ. Diesen Worten aber einen Sinn abzugewinnen ist mir nicht möglich. Elmsleys Vermuthung Γοργόν' ὡς καρατόμον verträgt sich auf keine Weise mit dem Verbum προτείνω: für diesen Accus. wäre ein Participium wie εἰσορῶν oder φοβούμενος erforderlich. Ueber Γοργοῖ ὡς καρατόμῳ, wie man im Hartungschen Texte liest, mag ich kein Wort verlieren. Die richtige Lesart Γοργόν' ὡς καρατομῶν hat Lobeck Ai. p. 354 hergestellt. Admet vergleicht sich mit dem Perseus, welcher nach Apollod. 2, 4, 2 ἀπεστραμμένος ἐκαρατόμησε τὴν Γοργόνα. Ueber ähnliche Benutzungen der Gorgo, wo es sich um ein Abwenden des Gesichts handelt, vgl. Valck. Phoen. 458.

Admet, der in dem von Hercules gebrachten Weibe seine Gattin zu sehen glaubt, äussert sein Erstaunen in den Worten:

ὦ θεοί, τί λέξω; θαῦμ' ἀνέλπιστον τόδε·
γυναῖκα λεύσσω τὴν ἐμὴν ἐτητύμως,
1123   ἦ κέρτομός με θεοῦ τις ἐκπλήσσει χαρά;

Obgleich gegen θαῦμα ἀνέλπιστον an sich nichts einzuwenden ist (vgl. Soph. Trach. 673: τοιοῦτον ἐκβέβηκεν εἶεν, ἣν φράσω, γυναῖκες, ὑμῖν θαῦμ' ἀνέλπιστον μαθεῖν), so kann ich doch hier θαῦμα nicht für angemessen erachten: statt des unverhofften Wunders muss man, denke ich, eine unverhoffte Erscheinung erwarten. Daher schreibe ich φάσμ' ἀνέλπιστον τόδε, wofür einige ähnliche Stellen sprechen. Ion 1395: τί δῆτα φάσμα τῶν ἀνελπίστων ὁρῶ; Orest. 879: ὁρῶ δ' ἄελπτον φάσμ', ὃ μήποτ' ὤφελεν. Auch bei Hom. Od. ι, 190 würde ich in der Beschreibung des Polyphem vorziehen: καὶ γὰρ φάσμ' ἐτέτυκτο (statt θαῦμ' ἐτέτυκτο) πελώριον, nach Analogie des Sophocleischen ὑψίκερῳ τετραόρῳ φάσμα ταύρῳ Trach. 508, und besonders nach Virg. Aen. 3, 658: *pastorem Polyphemum — monstrum horrendum informe ingens*, wo *monstrum* genau den Begriff des Griechischen φάσμα wiedergibt. Im Anfange von Alc. 1123 beruht ὦ θεοί, τί λέξω auf der zweiten Classe der Handschriften (vgl. oben S. 63); die erste Classe bietet ὦ θεοί, τί λεύσσω, wo λεύσσω aus dem folgenden Verse herübergenommen zu sein scheint. Eben so findet sich τί λέξω Hec. 488. Iph. T. 777. Hel. 483. Soph. El. 1174. Oed. Col. 310. τί λέξεις Eur. Hec. 511. 713. 1124. τί λέξομεν Soph. Oed. R. 1427. Endlich zweifle ich ob Alc. 1125 die Worte ἐκπλήσσει χαρά für den hier erforderlichen Gedanken »treibt ein Gott sein Spiel mit mir?« einen bezeichnenden Ausdruck bieten. In der Entgegnung des Hercules,

1126   οὐκ ἔστιν, ἀλλὰ τήνδ' ὁρᾷς δάμαρτα σήν,

scheint οὐκ ἔστιν an sich zu unbestimmt; vielleicht ist zu lesen οὐκ ἔστιν ἄλλως· τήνδ' ὁρᾷς δάμαρτα σήν. Ueber οὐκ ἔστιν ἄλλως vgl. Med. 814. Suppl. 1224.

Die Alcestis gehört bereits zu den seltner gelesenen Euripideischen Stücken; von Citaten finde ich daher nur weniges nachzutragen.

V. 312 Gregorius Naz. vol. 1 p. 64 A.

V. 557: λυπουμένους ὀχληρός, εἰ μόλοι ξένος. Wahrscheinlich bezieht sich, wie Leutsch vermuthet hat, auf diese Stelle Macarius 6, 83: ἐχληρὲς δὲ ξένος ὄψες μελών· αὔτη Εὐριπίδου ἐστίν.

V. 637 f. εὖ σοὶ γένοιτο καὶ ἐν Ἅιδος δόμοις Isidorus Pelus. Epist. 4, 125.

V. 789: στυγνῷ προσώπῳ καὶ συνωφρυωμένῳ. Wie Kirchhoff eine andere Stelle des vorliegenden Stückes mit Hilfe des Hesychius v. περιέσσεται ὥρας höchst glücklich verbessert hat, so ist vielleicht hier συνωφρυωμένος aufzunehmen aus Hesych. vol. 2 p. 1311: συνεφρυωμένος (so die Handschrift, συνωφρυωμένος Musurus), λυπούμενος.

V. 1087 vgl. Phot. Lex. p. 57, 15 und Suidas: ἠβάσκει· ἀκμάζει.

V. 1162 f. auch bei Clem. Alex. Strom. VI p. 744, wie der erste Vers noch bei Eust. II. p. 239, der zweite bei Libanius Epist. 1036 b p. 485.

V. 1166 Eust. Opusc. p. 306, 1.

Auf einen Vers der Alcestis bezieht sich, wenn ich nicht irre, auch folgende Glosse des Hesychius, die allerdings weder mit unserem Texte des Euripides übereinstimmt, noch eine Verbesserung desselben enthält: προσήκται· προσέοικε. Vermuthlich geht diese Glosse zurück auf Alc. 1063 (1065 Kirchh.), wo es heisst:

ἥτις ποτ' εἶ σύ, ταὔτ' ἔχουσ' Ἀλκήστιδι
μορφῆς μέτρ' ἴσθι καὶ προσήξαι δέμας.

Ob bei Hesychius προσήξαι· προσέοικα zu schreiben sei oder bei Euripides ehemals die Variante προσήκται δέμας existirte, lässt sich nicht entscheiden; sicher aber scheint mir dies, dass wir für das προσήξαι der Euripideischen Handschriften in der Glosse des Hesychius die einzige Stütze besitzen, sofern weder das Perfectum προσήιγμαι noch irgend eine andere Form von προσείσκω anderweitig bezeugt ist. Bei Homer findet sich ἤικτο in der viermal wiederkehrenden Verbindung δέμας δ' ἤικτο γυναικί Od. δ, 796. ν, 288. π, 157. υ, 31 und ἔικτο Il. Ψ, 107: καί μοι ἕκαστ' ἐπέτελλεν, ἔικτε δὲ ὑάσκελον αὐτῷ, wo auch ἐπέτελλ', ἤικτε δὲ möglich wäre. Die Perfectform ἤικται hat Nicander Ther. 658 sich gestattet. Es liegt auf der Hand dass damit die auffällige Form προσήξαι bei Euripides in keiner Weise entschuldigt ist. Ferner lässt sich nicht absehen warum Euripides ἔχουσα ἴσθι καὶ προσήξαι verbunden habe; angemessener war es zu sagen entweder ἴσθι ταῦτα μορφῆς μέτρα ἔχουσα καὶ δέμας ἐοικυῖα Ἀλκήστιδι oder ἔχουσα ταῦτα μορφῆς μέτρα καὶ ὅμοιον δέμας; jetzt ist die Rede so inconcinn wie nur möglich. Wir können hiernach nicht anders als annehmen dass προσήξαι von einem gelehrten Grammatiker herrührt, der vermuthlich einen verderbten oder zu Ende undeutlich gewordenen Vers in seiner Weise interpolirte. Der Dichter schrieb wahrscheinlich καὶ δέμας προσεμφερές. Bei Hesychius finden wir πρὸς ἐλαφερές statt προσεμφερές geschrieben; schon eine derartige leichte Corruptel konnte zur Interpolation προσήξαι δέμας veranlassen. Das Adjectivum προσεμφερής ist aus zwei tragischen Stellen bisher bekannt, Eur. fr. 385, 13: τὸ λοίσθιον δὲ τῷ τρίτῳ προσεμφερές, und Trag. adesp. 90: ἄγαλμα θεῖον καὶ θεῷ προσεμφερές. Häufiger finden wir das synonyme προσφερής, welches Trag. adesp. 377 herzustellen war, καὶ παιδὶ καὶ γέροντι προσφέρων (l. προσφερὴς) τρόπους.

7. Andromache.

Die Heldin des Stückes schildert im Prologe die schweren Leiden, welche sie betroffen; einst war sie die beneidete Gattin des Hector, jetzt ist sie ein unglückliches Weib:

     5   ζηλωτὸς ἔν γε τῷ πρὶν Ἀνδρομάχη χρόνῳ,
           νῦν δ' εἴ τις ἄλλη δυστυχεστάτη γυνὴ
           ἐμοῦ πέφυκεν ἢ γενήσεταί ποτε.

Ist V. 7 echt, so wird man vorher mit Scaliger δυστυχεστέρα γυνὴ schreiben müssen, nicht als ob δυστυχίστατός τινος an sich unmöglich wäre, sondern weil in dem statt des Comparativ gebrauchten Superlativ eine hier unzulässige Steigerung liegen würde. Od. λ, 483 heisst es: σεῖο δ', Ἀχιλλεῦ, οὔτις ἀνὴρ προπάροιθε μακάρτατος οὔτ' ἄρ' ὀπίσσω. Es war eine nahe liegende aber schwerlich berechtigte Aenderung hier μακάρτερος zu substituiren, wie I. Bekker nach dem Vorgange von Elmsley zu Eur. Med. 68 gethan hat; der Genetiv σεῖο bedeutet «von dir aus betrachtet», d. h. «mit dir verglichen», wie in ὀχυρώτατος ἄλλων II. A, 505. λῷστε τῶν πρὶν ἐντόπων Soph. Phil. 1171. ἀξιολογώτατεν τῶν προγεγενημένων Thuc. 1, 1 und sonst: vgl. meine Observ. crit. de trag. Graec. fragm. p. 15. Indess hat Valckenaer zu Eur. Phoen. 1589, gestützt auf die Variante εἴ τις statt οὔτις, Andr. 7 für interpolirt erklärt, weil der Vers ungemein nüchtern sei und durch den Wegfall desselben keine Lücke entstehe, sondern die Stelle gewinne. Diesem Urtheile werden wir jetzt um so mehr beitreten müssen, da εἴ τις die meisten Handschriften für sich hat (AEabcd, vermuthlich auch B, wogegen οὔτις auf BCC beruht), und da die neuerdings edirten Scholien in AB uns mittheilen: οἱ ὑποκριταὶ τὸν ἴαμβον προσέθηκαν, ὑπονοήσαντες εἶναι τὴν γραφὴν δὴ τίς, ἵν' ᾖ οὔτως «νῦν δὴ τίς ἄλλη» καὶ ἀντὶ τοῦ συγκριτικοῦ τὸ δυστυχεστάτη φασίν. Ob es ein Schauspieler oder, was mir wahrscheinlicher vorkommt, ein Grammatiker gewesen ist dem wir den Vers ἐμοῦ πέφυκεν ἢ γενήσεταί ποτε zu danken haben[1]), kann uns ziemlich gleichgiltig sein; genug dass wir in der kürzeren Form,

           ζηλωτὸς ἔν γε τῷ πρὶν Ἀνδρομάχη χρόνῳ,
           νῦν δ' εἴ τις ἄλλη δυστυχεστάτη γυνή,

den angemessensten Ausdruck haben für den hier erforderlichen Begriff «unglücklicher denn irgend ein Weib». Valckenaer hat bereits ähnliche Redeweisen angemerkt, wie Ar. Plut. 655: ἄνδρα τότε μὲν ἀθλιώτατον, νῦν δ' εἴ τιν' ἄλλον μακάριον κεὐδαίμονα. Soph. Trach. 8: νυμφείων ὄκνον ἄλγιστον ἔσχον, εἴ τις Αἰτωλὶς γυνή.

           κἀγὼ δόμοις τοῖσδ' ἄρσεν ἐντίκτω κόρον,
     23   πλαθεῖσ' Ἀχιλλέως παιδὶ δεσπότῃ τ' ἐμῷ.

Da mit Ἀχιλλέως παῖς und δεσπότης eine und dieselbe Person bezeichnet wird, nämlich

---

[1] Lenting sagt p. 171: ego paene credo ad εἴ τις ἄλλη e nescio quo magistello quum adscriptum esset ἢ ἐγένετο ἢ γενήσεται. hoc scholion quum in textum irrepsisset, venustum senariem evasisse. Eine durchaus nicht unwahrscheinliche Vermuthung. Was Lenting über Phoen. 196 hinzufügt, bezieht sich ohne Zweifel auf Phoen. 143 (145 Valck.), dessen Unechtheit somit Lenting vor mir (Eurip. Stud. I S. 69) erkannt hat.

Neoptolemus, dem Andromache als Beute zugefallen ist, so kann das copulative τε nicht richtig sein, und zwar muss es heissen nicht δεσπότῃ γ' ἐμῷ, wie Brunck schrieb, sondern δεσπότῃ δ' ἐμῷ [1]) nach Elmsley zu Eur. Med. p. 226. Vorher ist ἐντίκτω in einem Sinne gebraucht, der mit der anderweitig gesicherten Bedeutung des Wortes sich nicht verträgt; denn wie das Lateinische *ingignere* wird ἐντίκτειν nur da gebraucht wo vom Einpflanzen eines Keimes oder einer Mitgift der Natur die Rede ist; hier muss man das Simplex τίκτω erwarten, wie es Hel. 8 heisst: τίκτω δὲ τέκνα δισσὰ τοῖσδε δώμασι. Darum schreibt Lenting ἄρσεν' ἕνα τίκτω κόρον, wofür abgesehen von der Variante ἄρσενα τίκτω κόρον (so C) namentlich die Interpretation der Scholien, ἕνα παῖδα, zu sprechen scheint. Will man nicht etwa ἄρσεν' αὖ τίκτω κόρον schreiben, so wird Lentings Vermuthung anzunehmen sein. Es folgen die Worte:

26 καὶ πρὶν μὲν ἐν κακοῖσι κειμένην ὅμως
· ἐλπίς μ' ἀεὶ προσῆγε σωθέντος τέκνου
ἀλκήν τιν' εὑρεῖν κἀπικούρησιν κακῶν.

Dass hier προσῆγε richtig sei kann ich nicht glauben; jedenfalls ist die von Lenting versuchte Rechtfertigung höchst unzulänglich, und überhaupt kommt weniger die Möglickeit irgend welcher Erklärung als die Uebereinstimmung mit dem sonstigen Sprachgebrauche in Betracht. An Vermuthungen ist kein Mangel: προύχηνε Pierson, παρῆγε Musgrave, προσῆς Elmsley, προῆγε Matthiae. Mit Recht hat man προύχηνε für ungriechisch, προσῆς für unattisch erklärt; παρῆγε wäre gegen den Sinn der Stelle, προῆγε gegen den Sprachgebrauch. Jacobs wollte ἐλπίς μ' ἀεί ποτ' εἶχε, wofür die leichtere Aenderung ἀεί πως εἶχε vorzuziehen sein dürfte, wenn nicht der Ausdruck ἐλπίς με ἔχει bedenklich wäre. Wie im Lateinischen *spes me tenet* gesagt wird, so ist ἐλπίς με ἔχει wohl denkbar, aber es ist mir wenigstens kein Beleg für diese Redeweise im Gedächtniss. Wie öfters ἀρθεὶς oder ἐπαιρόμενος ταῖς ἐλπίσι gesagt wird, so könnte man vielleicht hier ἐλπίς μ' ἀεί πως ᾖρε vermuthen. Mit V. 28 hat eine gewisse Aehnlichkeit Soph. Oed. R. 218: ἀλκὴν λάβοις ἂν κἀνακούφισιν κακῶν. Dadurch wurde, wie es scheint, Elmsley bewogen zu dem Vorschlage κἀπικουφίσιν κακῶν. Warum dann nicht wenigstens κἀνακούφισιν? Aber gegen ἐπικούρησις κακῶν lässt sich nichts einwenden: ἐπίκουρες ἀδήλων θανάτων sagt Soph. Oed. R. 497. σὴν χέρ' ἐπίκουρον κακῶν Eur. Iph. A. 1027. ἐπικούρημα τῆς χιόνος Xen. Anab. 4, 5, 13. εἰ δὲ τῳ ἢ χειμῶνα ἐπικούρησα ἢ πολέμιον ἀπήρυξα Anab. 5, 8, 25. Fremdartig ist das von Lenting aus Soph. Oed. R. 217 angeführte τἄμ' ἐὰν θέλῃς ἔπη κλύων δέχεσθαι τῇ νόσῳ θ' ὑπηρετεῖν, und obenein nicht einmal richtig: offenbar muss es heissen τῷ θεῷ θ' ὑπηρετεῖν. Man las OCωI statt ΘEωI und sah sich nunmehr genöthigt daraus NOCωI zu machen und demgemäss τῷ in τῇ zu verwandeln.

Andromache betheuert dass sie ehemals wider Willen das Bett des Neoptolemus

---

1) Derselbe Fehler findet sich Med. 970: πατρὸς νέαν φόν — ηὐθρηλάτησεν. Beide Stellen hat Elmsley berichtigt, indem er δεσπότιν δ' ἐμὴν und αὐτοῦ δ' ἐθέλησεν forderte.

getheilt und jetzt, seit dieser die Spartanerin Hermione zur Frau genommen, demselben völlig entsagt habe:

> ἐγὼ τὸ πρόσθεν οὐχ ἑκοῦσ' ἐδεξάμην,
> νῦν δ' ἐκλέλοιπα· Ζεὺς τάδ' εἰδείη μέγας,
> 38 ὡς οὐχ ἑκοῦσα τῷδ' ἀκοινώνην λέχει.

Der letzte Vers macht den Eindruck einer Interpolation. Abgesehen von der etwas nüchternen Wiederholung des οὐχ ἑκοῦσα weist τάδε V. 37 darauf hin dass mehreres zugleich betheuert wird, während V. 38 eine Beschränkung auf den ersten, hier gerade ganz unwesentlichen Punkt enthält. Ob Andromache gern oder ungern die Gattin des Neoptolemus wurde, ist für ihr Verhältniss zu Hermione von untergeordneter Wichtigkeit; für die folgende Handlung, deren Triebfeder die Eifersucht der Hermione ist, kommt hauptsächlich dies in Betracht dass Andromache jetzt durch ihre Nebenbuhlerin aus ihrer früheren Stellung verdrängt, die Eifersucht der Hermione somit unberechtigt ist. Das ἐκλελειπέναι muss vorzugsweise betheuert werden, d. h. der entbehrliche und störende V. 38 muss fortfallen.

Auf die Mittheilung einer Dienerin dass Menelaus und Hermione damit umgehen den Sohn der Andromache zu tödten, entgegnet diese:

> 70 οἴμοι· πέπυσται τὸν ἐμὸν ἔκτιτον γόνον
> πόθεν ποτ'; ὦ δύστηνος, ὡς ἀπωλόμην.

Dass hier πέπυσται unpassend sei hat L. Dindorf richtig erkannt; er sagt: »quis tandem πέπυσται? Menelausne an Hermiona? Enimvero ambo, ut et praecedenti versu est κτείνειν μέλλουσι et ubique per totam hanc scenam. Vitiosa igitur oratio est quae ex duobus quorum eodem utrique iure intelligi potest unum memorat, nec tamen nominat«. Der von Pflugk und Hermann dagegen erhobene Einwand, πέπυσται sei auf Hermione zu beziehen, an welche Andromache vorzugsweise denken müsse und der im Folgenden (V. 73) Menelaus gegenübergestellt werde, ist nichtig; einmal wäre es in der Ordnung gewesen zu πέπυσται das fehlende Subject hinzuzufügen, sodann aber wäre, wenn es etwa hiesse ἀφ' Ἑρμιόνης πέπυσται, die Beschränkung auf Hermione höchst wunderlich und ganz unerklärlich. Wenn L. Dindorf nun aber meint, Euripides habe πέπυστε geschrieben, und die Dienerin selbst habe von Andromache über die Beseitigung des Molossus nichts erfahren, so halte ich beides für durchaus unwahrscheinlich. Die zweite Person πέπυστε ist befremdlich, da man nur an Menelaus und Hermione zu denken hat, von denen vorher und nachher in der dritten Person geredet wird. Dass Andromache ihren Sohn auf eigene Hand beiseit geschafft habe, ohne ihrer nächsten Umgebung und namentlich der im Stücke auftretenden Dienerin ein Wörtchen davon mitzutheilen, ist absolut undenkbar; gerade ihre Schritte werden von der Gegnerin beständig überwacht, und um ihr Unternehmen ausführen zu können, brauchte sie Mitwisser des Geheimnisses und Helfershelfer. Somit ist πέπυστε nicht viel wahrscheinlicher als das unmögliche πέπυσται. Falls nicht der Fehler tiefer liegt, wird πέπυστον zu lesen sein, was den hervorgehobenen Bedenken abhilft; dass Dualis und Pluralis wechseln, ist nicht auffallend. In den voraufgehenden Worten der Dienerin,

τὸν παῖδά σου μέλλουσιν, ὦ δύστηνε σύ,
κτείνειν, ὃν ἔξω δωμάτων ὑπεξέθου,

scheint mir κτείνειν unzulässig; statt des Praesens muss man, da von einer vorübergehenden Handlung die Rede ist, den Aoristus erwarten, also κτανεῖν, wie 407. 571. 661.

Paris brachte, so klagt Andromache, das Uebermaass des Unheils über sein Vaterland, indem er die Helena heimführte,

103 ἇς ἕνεκ', ὦ Τροία, δορὶ καὶ πυρὶ δηάλωτον
εἷλέ σ' ὁ χιλιόναυς Ἑλλάδος ὠκὺς Ἄρης
καὶ τὸν ἐμὸν μελέας πόσιν Ἕκτορα κτέ.

Obgleich die Raschheit des Gottes Ares oft genug hervorgehoben wird, wie namentlich Od. θ, 330: ὡς καὶ νῦν Ἥφαιστος ἐὼν βραδὺς εἷλεν Ἄρηα, ὠκύτατόν περ ἐόντα θεῶν οἳ Ὄλυμπον ἔχουσιν, so ist doch hier, wo Ἄρης nicht den Gott, sondern den Krieg bezeichnet, das Epitheton ὠκύς gewiss fehlerhaft; der zehnjährige Trojanische Krieg ist eben, wie Hor. Epist. 1, 2, 7 ihn nennt, ein *lentum duellum*, und ich weiss nicht welche Sophismen jemand aufbieten könnte, um ὠκὺς Ἄρης in diesem Zusammenhange zu rechtfertigen oder zu entschuldigen. Bekanntlich werden κ und μ ausserordentlich häufig mit einander verwechselt; darum wird es nicht allzu verwegen sein wenn ich ὠμὸς Ἄρης vermuthe. Durch ὠμός, welches eben so gut von dem Gotte als von dem Kriege gebraucht werden kann, wie im Lateinischen *cruentum bellum* und *cruentus Mars* sich findet, wird die Blutgier des μιαιφόνος Ἄρης oder die schonungslose Härte und Grausamkeit des Krieges passend hervorgehoben [1]).

In den Worten εἴ τί σοι δυναίμαν ἄκος τῶν δυσλύτων πόνων τεμεῖν V. 121 findet sich in einer Pariser Abschrift von C die auffallende Lesart πόνων εὑρεῖν (statt πόνων τεμεῖν), wonach Kirchhoff vermuthet εὑρεῖν sei im *archetypus*, d. h. in der Quelle unserer Euripideshandschriften, als Glosse von zweiter Hand angemerkt gewesen. Aber der Verfertiger jener Pariser Abschrift hatte den Codex C vor Augen, nicht den *archetypus*; somit weiss ich nicht wie Kirchhoffs Voraussetzung zulässig sein soll. Das Glossem εὑρεῖν dürfte vielmehr die völlig werthlose Erfindung eines Byzantiners sein, welcher τεμεῖν und τετμεῖν verwechselte. Ganz entsprechend existirt bei Aesch. Suppl. 807 zu τέμνω die Variante εὕρω, die auf derselben Confusion beruht.

Das zweite Strophenpaar der Parodos lautet nach der Ueberlieferung:

Str. 135 ἀλλ' ἴθι λεῖπε θεᾶς Νηρηΐδος ἀγλαὸν ἕδραν,
γνῶθι δ' οὖσ' ἐπὶ ξένας,
δμωὶς ἐπ' ἀλλοτρίας
πόλεως, ἔνθ' οὐ φίλων τιν' εἰσορᾷς

---

[1]) Dasselbe Adjectivum wird bei Soph. Ai. 816 herzustellen sein, wo Tecmessa den Aias anredet:
οὐ γάρ μοι πατρὶδ' ἥτισωσε θόρει,
καὶ μητέρ' ἄλλη μοῖρα τὴν φύσαντά τε
καθεῖλεν Ἅιδου θανασίμους οἰκήτορας

Statt des matten ἄλλη μοῖρα ist vermuthlich ὠμή μοῖρα zu schreiben, ein grausames Schicksal. Vgl. ὠμοῦ δαίμονος Soph. Oed. R. 828. ὡς ὠμοφρόνως δαίμων ἐνέβη Περσῶν γενεᾷ Aesch. Pers. 911. ὅστις ὠμότατος δαιμόνων Synesius Epist. 79. ὠμοὶ μιάστορες Eur. Med. 1371.

σῶν, ὦ δυστυχεστάτα,
140 πανταλαινα νύμφα.

Ant. οἰκτροτάτα γάρ ἔμοιγ᾽ ἔμολες, γύναι Ἰλιάς, οἴκους·
δεσποτῶν δ᾽ ἐμῶν φόβῳ
ἡσυχίαν ἄγομεν,
τὸ δὲ σὸν οἴκτῳ φέρουσα τυγχάνω,
145 μὴ παῖς τᾶς Διὸς κόρας
σοί μ᾽ εὖ φρονοῦσαν ἴδῃ.

V. 138 hatte Kirchhoff die Verbesserung πόλεος von G. Hermann annehmen, die ehemalige Versabtheilung ὁμῶς· ἐπ᾽ ἀλλοτρίας πόλεως und ἡσυχίαν ἄγομεν τὸ δὲ σὸν dagegen aufgeben sollen. Mit dem Verse

πόλεος, ἔνθ᾽ οὐ φίλων τιν᾽ εἰσορᾷς = τὸ δὲ σὸν οἴκτῳ φέρουσα τυγχάνω

hat Dindorf Metra p. 174 f. verglichen Andr. 276: ἦλθ᾽ ὁ Μαίας τε καὶ Διὸς τόκος = 286: νίψαν αἰγλᾶντα σώματα ῥοαῖς, von dem sich der vorstehende Vers nur insofern unterscheidet als die erste Länge des beginnenden Creticus aufgelöst ist. Dasselbe Maass $\stackrel{\cdot}{-} \cup -, \stackrel{\cdot}{-} \cup -, \stackrel{\cdot}{-} \cup -$, finden wir Aesch. Agam. 438 = 457. 1454 = 1474. Eum. 916 = 938. Suppl. 161 = 172. Eur. Iph. A. 277, wo der antistrophische Vers 289 stark verdorben ist. Ganz ähnlich sind die Verse Aesch. Pers. 126 = 133. 585 = 594. Eum. 491 = 500. 956 = 976, nur gehen zwei Cretici den Trochaeen voraus, $\stackrel{\cdot}{-} \cup -, \stackrel{\cdot}{-} \cup -, \stackrel{\cdot}{-} \cup -$ $\stackrel{\cdot}{-} \cup -$. In anderer Hinsicht lässt sich vergleichen Eur. Andr. 485: ὁπόταν εὑρεῖν θέλωσι καιρόν = 493: μετατροπαὶ τῶνδ᾽ ἔπεισιν ἔργων, und Soph. Oed. C. 1680: τί γὰρ ὅτῳ μήτ᾽ Ἄρης μήτε πόντος ἀντέκυρσεν = 1706: ἄσκοπα κεῖται δ᾽ ἔχει κρυφὰν εὐσκίαστον αἰών. — Zu Ende der obigen Antistrophe schreibt man gewöhnlich mit Musgrave εἴδῃ statt ἴδῃ, wogegen Hermann εὕρῃ vorzog. V. 140 ist πανταλαινα νύμφα die am besten verbürgte Ueberlieferung (so die Handschriften ABCEabcd), während B τάλαινα νύμφα bietet, C ὦ πανταλαινα νύμφα. Vermuthlich ist ὦ von einem Verbesserer eingeschaltet; die Aenderung will mir deshalb nicht zusagen, weil sie einen schwerlich statthaften Hiatus herbeiführt. Daher habe ich ehemals κάμκαν τάλαινα νύμφα vorgezogen; das in der Tragoedie seltene κάμκαν findet sich bei Eur. Med 1091. fr. 196, 2. Möglich aber dass V. 140 πανταλαινα νύμφα die richtige Lesart ist und V. 146 schwerer gelitten hat als man bisher meinte. Wenigstens schliesst das erste Strophenpaar mit einem ithyphallischen Verse, und auch sonst wird dieser Vers nicht selten zum Abschlusse einer Strophe verwendet. Bergk will sogar, wenn ich seine Worte recht verstehe, den Ithyphallicus nur *in extrema stropha* gelten lassen. In einem Programm der Universität Halle vom J. 1859 sagt er Folgendes. «*Apud Sophoclem in Inacho fr. 238 scripsi: Εὐδαίμονες οἱ τότε γένναν ἀφθίτου θείας λαχόντες, cum apud Schol. Aristoph. Pac. 531, qui servavit hunc versum, legeretur εὐδ. οἱ τ. γενεᾶς ἀφθίτου λαχόντες, θείου numeris corruptis. Neque tamen Nauckius obtemperavit, sed magis sibi placero dicit, quod ipse conicit ἀφθίτου λαχόντες ἰσοθέου*[1]). *Non reputavit se ithyphallicum colon inferre, cui locus*

---

1) Meine Worte lauten (Trag. Graec. fragm. p. 182): ἀφθίτου θείας λαχόντες et. Bergkius, mallem ἀφθίτου λα-

in extrema tantum stropha in hoc numerorum genere apud tragicos concessus est (nam singulare plane est exemplum quod legitur in Rheso v. 224. 232): atque ille versus haud dubie primus est chorici carminis, quo Sophocles priscorum hominum felicitatem celebravit: itaque reiicienda est ista coniectura». Möglich dass meine Vermuthung falsch ist; sicherlich muss von den beiden Verbesserungen welche Bergk aufstellt, ἀφθίτου θείας λαχόντες und ἀφθίτου θεῶν λαχόντες, eine unrichtig sein; auf Wahrscheinlichkeit kann freilich keine von beiden Anspruch machen. Der metrische Grund aber, welchen Bergk gegen mich vorbringt, hat mich überrascht. Warum müssen denn die Worte ἀφθίτου λαχόντες ἰσοθέου so abgetheit werden dass mit ἰσοθέου ein neuer Vers beginnt? Gesetzt aber die überlieferten Worte ἀφθίτου λαχόντες bilden einen eigenen Vers, gesetzt auch die Strophe hob an mit εὐδαίμονες οἱ τότε γέννας, was ist dagegen einzuwenden? «Ithyphallico colo locus in extrema tantum stropha in hoc numerorum genere apud tragicos concessus est». Es wäre nicht überflüssig gewesen, wenn Bergk den etwas unbestimmten Ausdruck in hoc numerorum genere näher erläutert hätte; das singulare plane exemplum im Rhesus lautet:

Str. Θυμβραῖς καὶ Δαλίαι καὶ Λυκίας   Ant. μόλοι δὲ ναυκλήρια, καὶ στρατιᾶς
     ναὸν ἐμβατεύων,   Ἑλλάδος διόπτας,
     Ἀπολλον, ὦ δία κεφαλά κτέ.   ἵκοιτο, καὶ κάμψειε πάλιν κτέ.

Danach möchte ich fragen, was Bergk von dem Anfange des in Rede stehenden Chorgesangs der Andromache hält:

ὦ γύναι, ἃ Θέτιδος δάπεδον καὶ ἀνάκτορα θάσσεις
δαρὸν οὐδὲ λείπεις,
Φθιὰς ὅμως ἔμολεν ποτὶ σὰν Ἀσιήτιδα γένναν,
εἴ τί σοι δυναίμαν
ἄκος τῶν δυσλύτων πόνων τεμεῖν.

Vermuthlich ist hier wie an zahlreichen anderen Stellen wo der Ithyphallicus nicht in extrema stropha sich findet, das numerorum genus diversum. So müssen wir denn abwarten ob es Bergk, der von Griechischer Metrik mehr zu wissen scheint als bisher jemand geahnt hat, künftig einmal gefällt anzugeben nach welchen sicher erkennbaren rhythmischen Gesetzen der Ithyphallicus bei Soph. fr. 258 unmöglich und im Rhes. 225 = 234 als eine vereinzelt stehende Anomalie zu betrachten sei. Einstweilen muss ich seine ithyphallische Lehre in eine Kategorie stellen mit den sonstigen Neuigkeiten, die in jenem Programme paradiren [1]). — Sollte also παντάλαινα νύμφα Andr. 140 beizubehalten sein, so würden wir annehmen müssen dass V. 146 stärker entstellt vorliegt. Vielleicht lautete hier die ursprüngliche Lesart

σεί μ' ἴδῃ συνοῦσαν.

War dies in σεί με συνοῦσαν ἴδῃ oder σεί με εὖ νεῦσαν ἴδῃ übergegangen, so konnte ein

χόντες ἰσοθέους. Dieses *matin* bedeutet, wie jeder weiss, | [1]) Unter andern will Bergk p. 8 den Tragikern die
nicht dass meine Vermuthung mir besser gefällt, sondern | Licenz zueignen, im iambischen Trimeter eines Chorijam-
dass ich mit einer leichteren Aenderung auskommen zu | bus stellvertretend statt einer iambischen Dipodie anzu-
können glaube als Bergk sie verlangt hat. | wenden. *Sane qui hos trimetros*, lauten seine Worte, ad

Verbesserer wohl darauf verfallen, σεί μ' εὖ φρονοῦσαν zu substituiren. Freilich sind die Schwierigkeiten der Antistrophe damit noch nicht gehoben; auch die Worte τὸ δὲ σὸν εἴκτῳ φέρουσα τυγχάνω, an denen Hartung sich in höchst gewaltthätiger Weise versucht hat, entziehen sich dem Verständnisse. Mit Sicherheit glaube ich dagegen zu Anfang der Antistrophe einen Fehler beheben zu können, der einer falschen Interpunction seinen Ursprung dankt. An dem Hiatus φόβῳ ἡσυχίαν habe ich schon früher Anstoss genommen; verfehlt aber war die Vermuthung δεσποτῶν φόβῳ δ' ἐμῶν ἡσυχίαν ἄγομεν. Es muss vielmehr heissen: εὐκρατότατα γὰρ ἐμοιγ' ἐμολες, γύναι Ἰλιάς, οἴκους
δεσποτῶν ἐμῶν φόβῳ δ'
ἡσυχίαν ἄγομεν.

---

pervagata metricorum praecepta redigat, is necesse est aegre ferat choriambum dipodiae iambicae locum obtinere: at sunt haec ex rhythmicae artis legibus aestimanda: est autem haec licentia ex lyricorum carminum modulatione repetenda. Bonitz ahnte wohl nicht, als er in seinen Beiträgen zur Erkl. des Soph. II p. 4 die Vermuthung von Buchholz

χωρεῖς ὁ θεῖος

zu Anfange eines iambischen Trimeters (Soph. Ant. 24) für einen metrischen Fehler ausgab, dass er sich unnütze Scrupel machte oder vielmehr dass die Gesetze der rhythmischen Kunst ihm gänzlich fremd waren; auch ich muss mich der Uebereilung anklagen, wenn ich oben S. 81 den angeblich Sophocleischen Trimeter

ἐγὼ οὐκ' ἀνανδροῦ τ᾽ δὲ τὴν τέλιν ἄγων

ohne weiteres aus einem Bergkschen Flüchtigkeitsfehler herleitete, während offenbar der *pyrrhichius iambi locum obtinens* aus der Modulation der lyrischen Gedichte herzuleiten ist. Bergk verschmäht es durch den Mechanismus einer Anhäufung von Beispielen zu wirken (was er für seine mehr als wunderliche Behauptung hätte geltend machen können, findet sich vollständiger angeführt in der dritten Oxforder Ausgabe des Dindorfschen Sophocles vol. VIII p. 174 f.), aber bei Eur. Phoen. 923 glaubt er den Trimeter

δαχρυοίσσ' αιπλος κευδμὴν κόμαν

gegen den Vorwitz der Verbesserer in Schutz nehmen zu müssen. Zwar sei es hier leicht gewesen *integrum trimetrum conformare*, τρίτην δακρυόεσσαν κεύθων κόμαν, aber der Dichter habe *sciens prudensque* dieser üblichen (vermuthlich zu trivialen) Form sich nicht bedient: alte Grammatiker und neuere Philologen hätten, *carminis locum non esset perspecta, verum, qui est integerrimus* (man beachte wohl dass Euripides statt des *integer trimeter* einen *integerrimus* vorgezogen hat), auf verschiedene Weise geändert. Man meinte nämlich in den Worten δακρυόεσσ' ἄυπλος κεύθμην einen dochmischen Dimeter suchen zu müssen, zumal da an jener Stelle Dochmien vorausgehen und nachfolgen. Aber Bergk überrascht uns mit der Notiz dass ja auch Deutsche Dichter

den Choriambus nicht selten statt einer iambischen Dipodie anwenden; so z. B. Uhland, bei dem es heisse:

Hast du das Schloss gesehen,
Das hohe Schloss am Meer?
Golden und rosig wehen
Die Wolken drüber her.

Hiernach werden wir uns nicht wundern dürfen, wenn es Jemand belieben sollte etwa aus einer mittelalterlichen Litanei oder aus der Poesie der Hottentotten die rhythmischen Gesetze und Freiheiten der Griechischen Tragiker bestimmen zu wollen. Seltsam aber ist es dass Bergk dergleichen Dinge in einem Programme vorzubringen wagt, dessen ausgesprochener Zweck es ist zu zeigen dass er in meiner Bearbeitung der tragischen Fragmente *artis metricae scientiam, qua instructus esse debet qui ad emendanda Graecorum poetarum opera accedit, oftes vermisst.* Für jede Belehrung bin ich stets dankbar, gleich viel in welcher Form sie mir ertheilt wird; aus Bergks Programm ist für Griechische Metrik absolut nichts zu lernen. Wie flüchtig jenes kleine Programm abgefasst ist, kann man schon aus folgendem Satze entnehmen, mit welchem meine Vermuthung τρόχωδα μάσσε (Soph. fr. 220) beseitigt wird: *Libri cum τρόχωδα vel τρόχωδα exhiberent, nihil satius videtur τρόχωδα retactum relinquere.* Also das unverständliche τρόχωδα soll darum den Vorzug verdienen, weil die Handschriften zwischen τρόχωδα und τρόχωδα getheilt sind. Jedenfalls eine eigenthümliche Logik, wie es ein eigenthümliches Verhalten zu den Gesetzen der Grammatik verräth, wenn Bergk p. 4 bei dem Tragiker Ion fr. 40 auf die Form Αἰγυπτίς dringt und durch einen Druckfehler der Aldina bei Hesychius v. κατὰ βοός ἐξήγητε sich verleiten lässt einen Genetiv βοῦς zu erdichten. Im Eingange seines Programmes wendet Bergk auf die Beschäftigungen mit der Metrik ein Wort des Varro an: *voluptas et utilitas talium disciplinarum in postprincipiis existit. in principiis vero ipsis ineptae et insuaves videntur.* Wollte der Verfasser mit diesen Worten des Varro seinen Anfang einer neuen Metrik charakterisiren und zugleich eine bessere Fortsetzung in Aussicht stellen?

Denn είκους verlangt nothwendig die in dem Genetive δεσποτών έμων enthaltene nähere Bestimmung: das schlichte έμολες είκους könnte nur bedeuten έμολες είκους σούς, du kamst nach Hause, nimmermehr aber (wie alte Erklärer wollten) έμολες είκους έμους. Dass die falsche Verbindung δεσποτών έμων φέρω zur Umstellung der Partikel δέ führte, kann uns nicht weiter befremden.

Unmittelbar nach dem Schlusse der Parodus erscheint Hermione und erklärt in stolzer Ueberhebung sie komme mit reichem Schmucke angethan als Fürstentochter des Spartiatischen Landes, so dass ihr die freie Rede wohl anstehe. Dass ihr Auftreten nicht in der üblichen Weise vom Chore angekündigt wird lässt sich durch eine Reihe von analogen Fällen hinlänglich entschuldigen; gleichwohl scheint Musgrave Recht zu haben, wenn er nach V. 146 einen Ausfall mehrerer Verse annahm, und zwar deshalb weil es 154 heisst:

ὑμᾶς μὲν οὖν τοῖσδ' ἀνταμείβομαι λόγοις.

Die Emendation dieses Verses ist allerdings streitig; die Abschreiber haben τοῖσδ' ἀνταμείβομαι λόγοις oder τοιεῖσδ' ἀμείβομαι λόγοις vermuthet, wogegen Kirchhoff λόγοις tilgen und τοιεσιδ' ἀνταμείβομαι schreiben möchte. Ist indess ἀμείβομαι oder ἀνταμείβομαι richtig, wie es der Fall zu sein scheint[1]), so müssen wir annehmen dass der Chor vorher sein Missbehagen über das prunkvolle und anmaassende Erscheinen der Hermione in bestimmten Worten angedeutet hatte, d. h. wir müssen Musgraves Vermuthung beitreten, wie es neuerdings Hartung und Kirchhoff gethan haben. Aus einer Glosse des Hesychius, ἀγρεύματα· σκῦλα. Εὐριπίδης Ἀνδρομάχῃ (so nämlich wurde ehemals gelesen), zog Musgrave den Schluss in den ausgefallenen Versen sei das Wort ἀγρεύματα vorgekommen. Dieser Irrthum war sehr verzeihlich; denn Musgrave konnte nicht wissen dass Ἀνδρομάχῃ in jener Glosse auf einer falschen Lesung des Musurus beruht, während die Handschrift Ἀνδρομέδα bietet. Wenn aber Hartung trotz Hermanns Widerspruch an dem Musgraveschen Irrthum festhält, weil ein Strichlein, wie er sagt, nicht mehr Ausschlag geben könne als Gründe der Vernunft, so heisst dies die Unvernunft zum Princip erheben; oder haben wir irgend welchen Grund die Richtigkeit der Angabe dass ἀγρεύματα in der Andromeda des Euripides gestanden habe in Zweifel zu ziehen? Die Uebereilung des Musurus kann unmöglich etwas beweisen.

Hermione wendet sich darauf zur Andromache, durch deren Zaubermittel sie um die Gunst des Neoptolemus und um den Kindersegen betrogen zu sein glaubt:

νηδὺς δ' ἀκύμων διὰ σέ μοι διόλλυται·
δεινὴ γὰρ Ἠπειρῶτις εἰς τὰ τοιάδε
160 ψυχὴ γυναικῶν· ὧν ἐπισχήσω σ' ἐγώ κτέ.

Wenn der Dichter Ἠπειρῶτις ψυχὴ γυναικῶν statt Ἠπειρωτίδων γυναικῶν ψυχή gesagt hat, so lassen sich dafür manche gleiche Abweichungen von der logischen Strenge in der Anwendung der Adjectiva beibringen, vgl. Lobeck zu Soph. Ai. p. 75. Bedenklich aber

---

1) Die ehemals von mir geäusserte Vermuthung τοι- | Tragoedie nur in der Bedeutung »bitten« gebraucht σοῖσδ' ἄντομαι λόγοις ist zu verwerfen, da ἄντομαι in der | wird.

scheint mir das Wort ψυχή, welches in diesem Zusammenhange nicht anders als von der Neigung Asiatischer Frauen zur Magie verstanden werden kann und selbst in dieser Anwendung kaum durch ähnliche Ausdrücke zu belegen sein dürfte. Der Sinn aber verlangt offenbar, dass die Asiatischen Frauen eine bedeutende Virtuosität in Zauberkünsten besitzen, dass sie δειναὶ μάγοι oder δειναὶ φαρμακεύτριαι sind. Darum sollte man wohl erwarten   δεινὴ γὰρ Ἠπειρῶτις εἰς τὰ τοιάδε
       τέχνη γυναικῶν.
Vielleicht ist ψυχή eine falsche Lesung statt τύχη, welches mit τέχνη sehr häufig verwechselt wird.

181   ἐπίφθονόν τι χρῆμα θηλειῶν ἔφυ
    καὶ ξυγγάμοισι δυσμενὲς μάλιστ' ἀεί.
Ein Scholion der Handschrift A merkt im ersten Verse die Variante θηλείας φρενός an, die durchaus nicht den Eindruck einer späteren Erfindung macht: wir werden um so weniger Anstand nehmen dürfen θηλείας φρενός vorzuziehen, da auch Stob. Flor. 73, 18 so liest, und da die Vulgate θηλειῶν ἔφυ nichts weiter zu sein scheint als eine Reminiscenz aus Phoen. 198: φιλόψογον δὲ χρῆμα θηλειῶν ἔφυ. Eben diese Reminiscenz macht es erklärlich dass Andr. 727: ἀναιμένον τι χρῆμα πρεσβυτῶν γένος (so ABC, Stobaeus Flor. 116, 37. Anecd. Oxon. vol. 2 p. 427, 25), in zahlreichen Handschriften (BCEabcd) πρεσβυτῶν ἔφυ sich findet. Die Ansicht von Schaefer zu Greg. Cor. p. 326 und Hartung zu Eur. Phoen. p. 181 f., sowohl Andr. 181 als Phoen. 198 sei θηλειῶν γένος die ursprüngliche und allein zulässige Lesart, ist schon darum höchst bedenklich weil durch sie das Schwanken der Ueberlieferung an den citirten Euripideischen Stellen durchaus nicht erklärt wird. Oder sollte wirklich jemand darauf verfallen sein einen Ausdruck wie ἐπίφθονόν τι χρῆμα θηλειῶν γένος als ungewöhnlich zu beanstanden und dafür das bei weitem seltsamere ἐπίφθονόν τι χρῆμα θηλειῶν ἔφυ oder gar θηλείας φρενός zu substituiren? Ausserdem kann ich nicht beistimmen, wenn Hartung behauptet χρῆμα θηλειῶν könne nur «das Weiberstück» bezeichnen, wie μέγα τι χρῆμα συός ein «Gewalt-Schwein» bedeute und καλὸν τὸ χρῆμα τῶν ττ-
θῶν ein «Prachtexemplar von Brüsten». Allerdings würde ἐπίφθονόν τι χρῆμα θηλειῶν γένος die üblichere Redeweise sein (vgl. ἄπορον χρῆμα δυστυχῶν δόμος Eur. Or. 70. κοῦφον γὰρ χρῆμα ποιητής ἐστι καὶ πτηνόν Plat. Ion p. 534 B. σοφόν τοι χρῆμ' ἄνθρωπος Theocr. 15, 83. Αἰθίων δὲ πρέσβεις χρῆμα οἴκτρόν κατὰ κλέος· τὸ τῆς παρθένου ἧκον Anon. bei Suidas vol. II. 2 p. 1669. ὥστε ὁ τοῦ μύθου Σαλμωνεὺς μικρόν τι χρῆμα πρὸς αὐτὸν ἦν Eunapius fr. 32 und ähnl.), während χρῆμα in Verbindung mit einem Genetiv mehrentheils den in Rede stehenden Gegenstand als einen in seiner Art ausserordentlichen hervorhebt und das einzelne Exemplar vor anderen derselben Gattung auszeichnet: so ὑός χρῆμα μέγα Herod. 1, 36. μέγα τι χρῆμα λέοντος Anton. Liber. c. 12. χρῆμα θαυμαστὸν γυναικός Plut. Anton. c. 31. πάγκαλόν τι χρῆμα παρθένου Lucian Herod. c. 5 u. a. Dass jedoch ἐπίφθονόν τι χρῆμα θηλείας φρενός und φιλόψογον δὲ χρῆμα θηλειῶν ἔφυ keineswegs zu verwerfen ist, geht hervor

aus Stellen wie Eur. Andr. 935: σμικρὸν τὸ χρῆμα τοῦ βίου, womit nichts anderes bezeichnet wird als ὁ βίος σμικρὸν χρῆμα. Ar. Nub. 5: ὦ Ζεῦ βασιλεῦ, τὸ χρῆμα τῶν νυκτῶν ὅσον. Plat. Rep. VIII p. 567 E: μακάριον λέγεις τυράννου χρῆμα, εἰ τοιούτοις φίλοις τε καὶ πιστοῖς ἀνδράσι χρῆται. Vgl. Hermann zu Soph. Phil. 81. Eben dahin wird auch Eur. Andr. 957 gehören, σοφόν τι χρῆμα τοῦ διδάξαντος βροτοὺς λόγους ἀκούειν τῶν ἐναντίων κάρα, falls hier die Lesart richtig ist und nicht vielmehr σοφόν τι ῥῆμα geschrieben werden muss, was für den Sinn angemessener sein dürfte [1]).

In der längeren Rede mit welcher Andromache gegen die Anschuldigungen der Hermione sich vertheidigt, heisst es:

205   οὐκ ἐξ ἐμῶν σε φαρμάκων στυγεῖ πόσις,
       ἀλλ' εἰ ξυνεῖναι μὴ ἐπιτηδεία κυρεῖς.
       φίλτρον δὲ καὶ τόδ'· οὐ τὸ κάλλος, ὦ γύναι,
       ἀλλ' ἀρεταὶ τέρπουσι τοὺς ξυνευνέτας.

Die Worte εἰ ξυνεῖναι μὴ ἐπιτηδεία κυρεῖς sind unbestimmt und nichtssagend, schon deshalb weil man bei ξυνεῖναι einen Dativ der Person vermisst, durch den wir erfahren mit wem zusammenzuleben Hermione nicht versteht, ob mit ihrer ganzen Umgebung oder mit ihrer Nebenbuhlerin oder mit ihrem Gatten. Mag auch der Zusammenhang es nahe legen zumeist an das eheliche Zusammenleben zu denken, so ist doch die Weglassung des Dativs nicht wohl anders zu entschuldigen als durch den Zwang des Verses. Gesetzt aber wir hätten den Dativ εἰ oder τῷ πόσει könnte man sich dabei beruhigen dass es hiesse »nicht in Folge meiner Zaubermittel hasst dich dein Gemahl, sondern weil du untauglich bist zur ehelichen Gemeinschaft«? Man müsste nothwendiger Weise fragen worauf das μὴ ἐπιτήδειον εἶναι beruhe, ob auf irgend welchem körperlichen oder geistigen oder sittlichen Gebrechen. Die jetzigen Worte besagen davon nichts, sie bieten eben nur eine hohle und inhaltsleere Phrase. Dazu kommt das ungeschickte εἰ: statt εἰ μὴ κυρεῖς müsste vielmehr der Begriff ὅτι οὐ κυρεῖς stehen. Der Verfasser von V. 206, in dem ich die Hand des Dichters nicht wiederzufinden vermag, forderte zu οὐκ ἐξ ἐμῶν φαρμάκων als ergänzenden Gegensatz die Angabe des positiven Grundes weshalb Hermione ihrem Gatten missfalle; factisch aber ist der vermisste Gegensatz in V. 207 und 208 schon angedeutet, wie er im Folgenden weiter entwickelt wird, und es liegt eine kluge Berechnung darin dass Andromache mit einer allgemeinen Sentenz anhebt, bevor sie auf den vorliegenden Fall eingeht; ihre Rede bekommt dadurch einen objectiveren Charakter. Man wird nichts vermissen, wenn Andromache einfach sagt: »nicht meine Zauberkünste haben dich um die Liebe des

---

[1] Ueber die in der Vermuthung σοφόν τι ῥῆμα vorausgesetzte Kürze vor Rho vgl. χρήματευσα βαχίαισιν Aesch. Prom. 713. πρὸς ταῦτα ῥιπτέσθω μὲν Prom. 992. τίς ἄρα ῥύσεται Sept. 92. τήνδε ῥυσάμην πόλιν Soph. Oed. R. 72. ἀνόσι' οὐδὲ ῥητά μοι Oed. R. 1289. βακτοῖς κάλπισι ῥυτοῖς Eur. Hipp. 123. ἐπὶ πέντε ῥύει Suppl. 860. ματρὸς τε Plot. Bacch. 129. Ἀρμενίαν τε ῥύεται Bacch. 1388. In gleicher Weise ist bei Sophocles Trach. 1186 zu lesen:

ἁπλοῦν τὸ ῥῆμ'· ἥμαρτε χρηστὰ μωμένη,

statt des überlieferten ἅπαν τὸ χρῆμα: vgl. Mélanges Gréco-Rom. II p. 253 f. Bei weitem seltener gestatten sich die Komiker eines kurzen Vocal vor Rho, s. Meineke Com. 2 p. 304.

Neoptolemus betrogen; ein Weib aber wird durch ihre Vortrefflichkeit, nicht durch ihre Schönheit den Mann an sich ketten». Wenn indess zwischen V 205 und 207 wirklich etwas fehlte, so wäre in der That nur ein Minimum von Geschicklichkeit erforderlich gewesen, um ein passenderes Supplement einzuschalten. Statt des ungeschickten Verses 206 konnte der Interpolator z. B. schreiben ἀλλ' ὅτι τρέπεις τοῖς σοῖσιν οὗτις ἥδεται oder φρενῶν δὲ δόλιαρ οὐκ ἔχουσαν εὖ φιλεῖ. Hätte er eine derartige Fassung gewählt, so würde er uns das Auffinden der Fälschung, die jetzt mit Händen zu greifen ist, bedeutend erschwert haben.

Andromache schliesst mit den Worten:

230   μὴ τὴν τεκοῦσαν τῇ φιλανδρίᾳ, γύναι,
       ζήτει παραλύειν· τῶν κακῶν γὰρ μητέρων
       φεύγειν τρόπους χρὴ τέκν' οἷς ἔνεστι νοῦς.

Den Versausgang τῶν κακῶν γὰρ μητέρων hat Elmsley zu Soph. Oed. C. 115 mit Recht als auffallend bezeichnet; er widerstrebt dem sogenannten *canon Porsonianus*, nach welchem die Tragiker bei einem dreisilbigen Schlusse des iambischen Trimeters im fünften Fusse fast durchgängig sich des Spondeus enthalten: denn γάρ schliesst sich an das vorhergehende Wort so eng an, dass τῶν κακῶν γὰρ μητέρων rhythmisch so viel ist als τῶν κακῶγγων μητέρων. Vermuthlich ist mit Elmsley τῶν κακῶν δὲ μητέρων zu verbessern. Den offen liegenden metrischen Fehler des folgenden Verses, wo die Schreibung τέκνα οἷς (so Aubed) uns eben so wenig hilft als der hieraus zu erklärende Fehler τέκν' αἷς bei Stobaeus Flor. 74, 21, hat ein alter Verbesserer der Handschrift C mit der Aenderung τέκν' ὅσοις zu heilen gesucht, und diese wenig sinngemässe Aenderung ist in unseren Ausgaben in Ermangelung eines Bessern geduldet worden. Kirchhoff will die ganze Stelle so umgestalten:

μὴ τὴν τεκοῦσαν τῇ φιλανδρίᾳ, γύναι,
ὑπερβάλῃς· κακῶν δὲ μητέρων τρόπους
φεύγειν μάλιστα χρὴ τέκν' οἷς ἔνεστι νοῦς.

Das heisst denn aber doch πάντα λίθον κινεῖν, wo man mit weit einfacheren Mitteln auskommen kann. Ich würde vorschlagen φεύγειν τρόπους χρεὼν τέκν' οἷς ἔνεστι νοῦς, wenn nicht der ungefällige Rhythmus dagegen spräche; vielleicht schrieb der Dichter φεύγειν τρόπους χρὴ τέκν' ὅτοις ἔνεστι νοῦς. Jedenfalls ist diese Aenderung überaus leicht, und sie wird empfohlen durch ähnliche Entstellungen, wie bei Dem. Olynth. II § 31: λέγω δὴ κεφάλαιον, πάντας εἰσφέρειν ἀφ' ὅσων ἕκαστος ἔχει τὸ ἴσον, wo ἀφ' ὅσων oder nach anderen Handschriften ἀφ' ὧν ohne Zweifel aus ἀφ' ὅτων entstanden ist.

Auf Hermiones Frage, λείψεις τόδ' ἁγνὸν τέμενος ἐναλίας θεοῦ, gibt Andromache die Antwort: 234   εἰ μὴ 'ξανούμαί γ'· εἰ δὲ μή, οὐ λείψω ποτέ.

Brunck, Matthiae und Hartung haben nach Valckenaers durch die Handschrift E bestätigter Vermuthung εἰ μὲν 'ξανούμαί γ' edirt, wie ich glaube, mit Recht, obwohl die von Hartung gegebene Begründung seiner Ansicht nicht durchgängig gebilligt werden kann. Dass εἰ δὲ μή öfters einem negirten Satze gegenübergestellt wird, wo man vielmehr εἰ δέ erwarten sollte, ist hinreichend bekannt; vgl. Soph. Trach. 587: μεμηχάνηται τοὔργον, εἴ τι μὴ δοκῶ πράσσειν μάταιον· εἰ δὲ μή, πεπαύσομαι. Xen. Anab. 7, 1, 8: μὴ ποήσης ταῦτα· εἰ δὲ μή, αἰτίαν ἕξεις, u. ä. Diese Abweichung von der logischen Strenge erklärt sich einfach daraus dass εἰ δὲ μή eine stehende Formel für unser «im entgegengesetzten Falle» geworden ist. Somit würde man an der Gegenüberstellung von εἰ μὴ θανοῦμαι und εἰ δὲ μή an sich keinen Anstoss zu nehmen haben. Was aber soll εἰ μὴ θανοῦμαί γε hier bedeuten? Die Herausgeber billigen, wie es scheint, ohne Ausnahme die von Pflugk vorgebrachte Erklärung. *linquam sanus, si de mortis periculo metum removeris*. Andromache soll mit andern Worten sagen: ich werde den Tempel verlassen, wenn du mich leben lässest; tödtest du mich, so werde ich ihn nimmermehr verlassen. Sollte aber der Begriff εἰ ζήσω ausgedrückt werden, so müsste es heissen εἰ οὐ θανοῦμαι¹); wogegen εἰ μὴ θανοῦμαι bedeutet «es sei denn dass ich sterbe». Ausserdem scheint es mir sinnwidrig dass Andromache sagen soll, sie werde, wenn man sie tödte, den Tempel nimmermehr verlassen; sie kann für das Bleiben im Tempel eben nur so lange einstehen als sie lebt, und sie weiss sehr wohl dass ihre Feindin nach ihrem Leben trachtet und gerade deshalb sie zum Verlassen des ihr Leben schützenden Heiligthums bestimmen möchte; es würde die äusserste Thorheit sein, wenn Andromache den Tempel verlassen wollte im Vertrauen auf den Edelmuth der Hermione, an den sie nach Pflugks Auffassung appelliren soll. Lesen wir dagegen

εἰ μὲν θανοῦμαί γ'· εἰ δὲ μή, οὐ λείψω ποτέ,

so bekommen wir den verständigen Sinn, «wenn man mich tödtet, nun dann freilich; wo nicht, werde ich den Tempel nimmermehr verlassen». Damit sagt Andromache ihrer Feindin: die Möglichkeit mich ausserhalb des Tempels zu tödten werde ich dir nicht zu Theil werden lassen; willst du dich an mir vergreifen, so fürchte den Zorn der Göttin, unter deren Schutz ich mich gestellt habe. Ganz entsprechend ist das nachfolgende σὺ δ' οὖν κάταιζε· ἐπεὶ γὰρ εἴσονται τάδε, und σφάξ', αἱμάτου θεᾶς βωμόν, ἣ μέτεισί σε (V. 258 und 260). Ueber den bei der ersten Bedingung fehlenden Nachsatz vgl. Il. A, 135: ἀλλ' εἰ μὲν δώσουσι γέρας μεγάθυμοι Ἀχαιοί, ἄρσαντες κατὰ θυμόν, ὅπως ἀντάξιον ἔσται· εἰ δέ κε μὴ δώωσιν, ἐγὼ δέ κεν αὐτὸς ἕλωμαι. Epigr. Hom. 15, 14: εἰ μέν τι δώσεις· εἰ δὲ μή, οὐχ ἑστήξομεν. Soph. fr. 416: εἰ μέν τις οὖν ἔξεισιν· εἰ δὲ μή, λέγε. Ar. Thesm. 536: εἰ μὲν οὖν τις ἔστιν· εἰ δὲ μή, ἡμεῖς ταύτης ἀποψιλώσομεν τὸν χεῖρον. Plut. 468: κἂν μὲν ἀποφήνω μόνην ἀγαθῶν ἁπάντων οὖσαν αἰτίαν ἐμὲ ὑμῖν δι' ἐμέ τε ζῶντας ὑμᾶς· εἰ δὲ μή, ποιεῖτον ἤδη

---

1) Vgl. Il. O, 162: εἰ δέ μοι οὐ ἐπέεσσ' ἐπιπείσεται Od. λ, 274: εἰ δ' οὐ καίνου γ' ἐσσὶ γένος. μ, 382: εἰ δέ μοι οὐ τίσουσι. Soph. Aj. 1131: εἰ τοὺς θανόντας οὐκ ἐᾷς θάπτειν νεκρούς fr. 145: εἴ τις οὐ πάρεστιν. Eur. Ion 347: εἰ δ' οὐκέτ' ἐστι, τίνι τρόπῳ διεφθάρη; 888: ὡς εἰ μὲν οὐκέτ' ἔστιν, ὀγκωτῇ τάφῳ, εἰ δ' ἔστιν, ἕλτῃ μητρὸς εἰς ὄψιν ποτέ. Herc. F. 1315: παίδων εἴπερ οὐ ψευδεῖς λόγοι. Eur. fr. 84: εἰ τοῦ τεκόντος οὐδὲν ἐντρέπει πατρός. Antiphanes Com. 3 p. 64: εἰ δ' οὐκ ἦν ἔδει Babr. 46, 9: ὃς εἰ φίλους οὐκ ἔσχε, κἂν γεγράφθαι. 51, 9: εἰ δ' εἰπλέον πόνου τε καὶ κρεῶν χρῄζεις. Ein nicht genannter Dichter im Flor. Monac p. 275, 16 ed. Meinek. (vgl. Schol. Luciani p. 171 und Ioh. Lydus de mens. 4, 7 p. 55, 15): εἰ μὲν θεοὶ σθένουσιν, οὐκ ἔστιν τύχη· εἰ δ' οὐ σθένουσιν, οὐδέν ἐστιν ἡ τύχη. Exc. Vindob. In Stob. Flor ed. Meinek. vol. 4 p. 296, 5: τύχη ἔχεις, ἄνθρωπε, μὴ μάτην τρέχης (fl. τρέχε)· εἰ δ' οὐκ ἔχεις, κάθευδε· μὴ κενοὺς πόνει. Glyco bei Seneca Controv. 7, 19, 10: εἴ με, φησίν. εὖ τρέφεις, ἐπίμενον ἵνα θαύπῃ.

τοῦϿ' ὅ τι ἂν ὑμῖν δοκῇ. Plat. Com. 2 p. 621: εἰ μὲν σὺ τὴν θάλατταν ἀπεδώσεις ταύτην ἐκών· εἰ δὲ μή, ταῦτα πάντα συντριαινῶν ἀπολέσω. Men. Com. 4 p. 266: εἰ μὲν δή τινα κόρον ἔχεις· εἰ δὲ μή, νενέηκ' ἐγώ. Von prosaischen Stellen erwähne ich nur Theophr. Char. c. 9 p. 13, 2: ἐὰν μὲν λάβῃ· εἰ δὲ μή, ἁρπάσας ἀπὸ τῆς τραπέζης χολίκιον ἅμα γελῶν ἀπαλλάττεσθαι. So nämlich ist zu lesen mit Tilgung des sinnlosen und ausser der Construction stehenden εὖ ἔχει, welches nach ἐὰν μὲν λάβῃ in unseren Texten sich findet.

Erbittert dass Andromache lieber sterben als ihre Zufluchtsstätte aufgeben will, glaubt Hermione doch ein Mittel gefunden zu haben den Starrsinn ihrer Nebenbuhlerin zu brechen:

ἀλλ' ἐγώ σ' ἕδρας
ἐκ τῆσδ' ἱκοῦσαν ἐξαναστήσω τάχα·
τοιόνδ' ἔχω σευ δέλεαρ· ἀλλὰ γὰρ λόγους
265   κρύψω, τὸ δ' ἔργον αὐτὸ σημανεῖ τάχα.

Der Ausdruck λόγους κρύψω ist im höchsten Grade unangemessen; Hermione will durch die That beweisen dass sie ihre Gegnerin zu überwinden vermag, es ist also überflüssig dass sie ihren Plan auseinandersetzt; aber ein Geheimthun mit Worten, wie es durch κρύπτειν λόγους angezeigt wird, ist hier absurd, wo die Thatsachen reden sollen. Wie ich glaube, bildeten V. 264 und 265 ursprünglich einen einzigen Trimeter,

τοιόνδ' ἔχω σου δέλεαρ· αὐτὸ σημανεῖ.

Ganz entsprechend heisst es Phoen. 623: ΙΟΚ. ὦ τάλαιν' ἐγώ· τί δράσετ', ὦ τέκν'; ΠΟΛ. αὐτὸ σημανεῖ. Bacch. 976: ὁ νικήσων δ' ἐγὼ καὶ Βρόμιος ἔσται· τἆλλα δ' αὐτὸ σημανεῖ. Plat. Hipp. mai. p. 288 B: εἰ δ' ἐπιχειρήσας ἔσται καταγέλαστος, αὐτὸ δείξει. Protag. p. 329 B: Πρωταγόρας δὲ ὅδε ἱκανὸς εἰπεῖν, ὡς αὐτὸ δηλοῖ. Aeschines c. Timarch. § 40: προφάσει μὲν τῆς τέχνης μαθητής, τῇ δ' ἀληθείᾳ πωλεῖν αὑτὸν προῃρημένος, ὡς αὐτὸ ἔδειξεν. An der letzten Stelle schieben einige Handschriften nach αὐτὸ das erklärende τοὔργον ein, andere τὸ πρᾶγμα. Dieselbe Einschaltung eines erklärenden τὸ ἔργον hat in den obigen Versen der Andromache zu der weiteren Interpolation den Anlass geboten. Vgl. Suidas: αὐτὸ δείξει, παραμία· ἐλλείπει «τὸ ἔργον». Uebrigens wird τὸ ἔργον, τὸ πρᾶγμα oder ein ähnliches Substantivum nicht selten vom Autor hinzugefügt, wie Soph. fr. 355: ταχὺ δ' αὐτὸ δείξει τοὔργον. Eur. Orest. 1129: εἶτ' αὐτὸ δηλοῖ τοὔργον, εἰ τείνειν χρεών. Hel. 151: πλοῦς, ὦ ξέν', αὐτὸς σημανεῖ.

Durch die Leiden der Andromache wird der Chor an das Urtheil des Paris gemahnt, in welchem der Anlass zu dem unheilvollen Trojanischen Kampf enthalten ist. Der Anfang des ersten Strophenpaares lautet:

Str.   ἦ μεγάλων ἀχέων ἄρ' ὑπῆρξεν, ὅτ'
273   Ἰδαίαν εἰς νάπαν
ἦλθεν ὁ Μαίας τε καὶ Διὸς τόκος·
Ant.   ταὶ δ' ἐπεὶ ὑλόκομον νάπος ἤλυθον,
283   οὐρειᾶν πιδάκων
ἐνίψαντ' αἰγλάεντα σώματα ῥοαῖς·

V. 275 schwanken die Handschriften zwischen εἰς und ἐς. Statt ὅτ᾽ — ἦλϑεν findet sich in B ὅτ᾽ ἐς Ἰδαίαν ἦλϑε νάπαν. V. 276 ἦλϑ᾽ ὁ C. γόνος B. Zu Anfange der Antistrophe ὑλόκομον ABB. ἦλϑον B. εὑρειᾶν [A], εὑραίαν BEabB, ὀρείαν C, εὐρεῖαν cd, ὀρείων C. ἐνίψαν τ᾽ A, ἐνίψαν τ᾽ BCE, ἐνιψαν abcd, νίψαντε BC. ἀγλάεντα Aacd, αἰγλάεντα τε B. Dass mit der jetzt üblichen Schreibung ἦλϑ᾽ ὁ Μαίας τε καὶ Διὸς τόκος und νίψαν αἰγλᾶντα σώματα ῥοαῖς die ursprüngliche Lesart gefunden sei, kann ich nicht glauben; überhaupt dürfte es unmöglich sein V. 276 und 286 ohne neue Hilfsmittel zu emendiren; das Versmaass scheint ursprünglich dies gewesen zu sein: ⌣ ⌣ – –, ⌣ ⌣ – – ⌣ – –, wie V. 295 und 303. Versuchsweise möchte ich vorschlagen:

Str. ἢ μεγάλων ἀχέων ἆρ᾽ ὑπῆρξεν,
ὅτ᾽ Ἰδαίαν νάπαν
ὁ Μαίας ἦλϑε καὶ Διὸς τόκος.

Ant. ταὶ δ᾽ ἐπεὶ ὑλόκομον νάπος ἦλϑον,
ὀρειᾶν πλάκων
ἐνίψαντ᾽ ἀγλαόμματοι ῥοαῖς.

Vielleicht wissen andere auf leichtere Weise besser zu helfen.

Auch das zweite Strophenpaar leidet namentlich zu Anfang an erheblichen Schwierigkeiten:

Str. ἀλλ᾽ εἴϑ᾽ ὑπὲρ κεφαλὰν ἔβαλεν κακὸν
ἁ τεκοῦσά νιν Πάριν,
295 πρὶν Ἰδαῖον κατοικῆσαι λέπας·

Ant. οὔτ᾽ ἂν ἐκ᾽ Ἰλιάσι ζυγὸν ἦλυϑε
δούλειον, οὔτ᾽ ἂν σύ, γύναι,
303 τυράννων ἔσχες ἂν δόμων ἕδρας.

Um sich der Ueberlieferung möglichst anzuschliessen, schreibt Kirchhoff in der Antistrophe οὔταν (d. h. οὖτοι ἄν) und nachher οὐδ᾽ ἂν σύ, γύναι. Mir scheint für den ersten Vers das Metrum darauf hinzuweisen dass in der Strophe der Fehler liegt, und die gangbare Lesart εἶϑε δ᾽ ὑπὲρ κεφαλὰν muss ich vorläufig für das angemessenste halten, obgleich sie nur auf der Handschrift C beruht. V. 294 billigt Kirchhoff die Vermuthung von Fix, dass Πάριν zu tilgen sei; er sagt: «in librorum lectione Πάριν glossema esse facile intellegitur; cetera certa ratione emendari non possunt». Inzwischen ist auch dies unsicher, ob Πάριν eine Erklärung zu νιν und somit ein willkürliches Supplement ist oder auf einem Schreibfehler beruht. Nach der in den Scholien gegebenen Umschreibung des Sinnes, εἴϑε ὑπὲρ κεφαλῆς τοῦ Πάριδος ἔβαλε ϑάνατον ἡ τεκοῦσα τὸν Πάριν [1]), hielt es Hermann für offenbar dass der Dichter geschrieben habe: εἴϑε δ᾽ ὑπὲρ κεφαλᾶς ἔβαλεν κακὸν | ἁ τεκοῦσά νιν μόρον. Aber es

---

[1]) Hermann fügt, ich weiss nicht aus welcher Quelle, hierzu die Worte: εἴϑε ὑπὲρ κεφαλῆς Πάριδος ϑάνατον κατέϑηκεν ἡ τεκοῦσα τὸν Πάριν, wo man statt κατέϑηκεν vielmehr κατέϑηκεν erwarten sollte. Uebrigens ist die Auffassung der Scholien mit Recht von den meisten Uebersetzern und Erklärern aufgegeben worden. Nur Hartung billigt dieselbe, wenn er übersetzt: «Hätte doch über das Haupt ihm die leibliche Mutter Pest und Tod gestürzt». Vielmehr wünscht der Chor, Hecuba hätte den Paris wie ein μίασμα über ihr Haupt geworfen. d. h. dem Tode geweiht, ohne sich umzublicken. Vgl. Virg. Ecl. 8, 101: fer cineres, Amarylli, foras rivoque fluenti transque caput iace nec respexeris. Aesch. Choeph. 98: καϑάρμαϑ᾽ ὥς τις ἐκπέμψας ἀστρέψοισιν ὄμμασιν, woran die Scholien bemerken: πρὸς τὸ παρ᾽ Ἀϑηναίοις ἔϑος, ὅτι πολεμίοντες οἰκίαν ὀστρακίνῳ ϑυμιατηρίῳ ϑύσαντες ἐν ταῖς τριόδοις τὸ ὄστρακον ἀμεταστρεπτὶ ἀνεχώρουν.

fragt sich, ob nicht die Scholien in Folge ihrer augenscheinlich falschen Erklärung der Stelle das Wort κακόν durch θάνατον wiedergegeben haben. Das leichteste Mittel, um V. 294 und 302 in Einklang zu bringen, dürfte sein zu schreiben: ἁ τεκοῦσ' αἰνόπαριν und δοῦλον, οὔτ' ἂν σύ, γύναι, wo αἰνόπαριν durch Hec. 945, δοῦλον ζυγόν durch Tro. 678 sich vertheidigen liesse. Bedenklich ist hierbei allerdings das Metrum; um ein trochäisches Maass zu gewinnen, könnte man in der Strophe ἁ τεκοῦσα δύσπαριν vermuthen, in der Antistrophe etwa δοῦλον, οὔτ' ἄν, ὦ γύναι. Ueberhaupt kommen wir hier nicht leicht hinaus über völlig unsichere Hypothesen. V. 295 wird man nicht umhin können für das κατοικίσαι in C sich zu entscheiden. In V. 303 ist τυράννων δόμων ἕδρας zu unbestimmt und allgemein; die Zerstörung von Troja war der Grund weshalb Andromache in die Hände des Neoptolemus kam, nicht aber bewirkte sie dass Andromache ein Herrscherhaus bewohnte, da sie, wenn Troja unversehrt geblieben wäre, als Gattin des Hector ebenfalls τυράννων δόμων ἕδρας zu erwarten hatte. Statt τυράννων δόμων ἕδρας ist also eine nähere Bezeichnung des Herrscherhauses von Phthia erforderlich, wie sie der Schreiber von C versuchte, wenn er ohne Berücksichtigung des Metrum τάσδ' ἴσχες ἂν δόμων ἕδρας setzte. Pflugks Vermuthung σύ τ' ἄν, γύναι, τυράννων ἴσχες ἂν δόμων ἕδρας, die Hermann in Schutz nahm, ist von Hartung mit Recht zurückgewiesen worden. Erträglich wäre vielleicht τυράννων ἴσχες ἂν δόμους ἐμῶν. Immerhin verdient es Beachtung dass δόμους sich in E findet, während ABC δόμων bieten, und dass statt ἕδρας eine Handschrift B ἕδραν liest.

Menelaus hat, wie er triumphirend mittheilt, den beiseit geschafften Sohn der Andromache ausfindig gemacht und stellt dieser das Dilemma, entweder das Heiligthum der Thetis zu verlassen oder ihr Kind geschlachtet zu sehen. Andromache entgegnet, so mancher erhebe sich aus seinem Nichs zu gewaltiger Höhe:

331   εὔκλεια δ' οἷς μὲν ἔστ' ἀληθείας ὕπο,
   εὐδαιμονίζω· τοὺς δ' ὑπὸ ψευδῶν ἔχειν
   οὐκ ἀξιώσω πλὴν τύχῃ φρονεῖν δοκεῖν.

Die grammatische Construction der etwas dunklen Worte τοὺς δ' ὑπὸ ψευδῶν ἔχειν οὐκ ἀξιώσω erklärt man nach dem Vorgange von Matthiae so dass der Dichter meinen soll: τοὺς δ' ὑπὸ ψευδῶν ἔχοντας εὔκλειαν οὐκ ἀξιώσω εὔκλειαν ἔχειν, und in der That scheint eine andere Auffassung nicht möglich. Durch das hinzutretende πλὴν τύχῃ φρονεῖν δοκεῖν bekommen wir den Gedanken: »wer auf rechtem Wege Ruhm erlangt hat, ist glücklich zu preisen; wer durch falsche Mittel ihn erschleicht, dessen Ruhm werde ich nicht als solchen anerkennen, sondern meinen dass er nur durch die Fügung des Glückes Verstand zu haben scheint«. Es ist, denke ich, klar dass hier zwei fremdartige Begriffe den Zusammenhang stören, einmal das Verbum φρονεῖν. Wenn man auch geneigt ist dem Glücklichen alle möglichen Vorzüge und namentlich Verstand beizulegen (οἰόμεσθα γὰρ τὸν εὐτυχοῦντα πάντ' ἐπίστασθαι καλῶς Heracl. 746 f.), so handelt es sich doch hier nicht um die Klugheit und Einsicht, sondern um die εὐδαιμονία der εὐκλεεῖς. Dass φρονεῖν unpassend sei erkannte bereits Dobree Adv. 2 p. 76, der πλὴν τύχῃ δοκεῖν μόνον vorschlug. Damit ist jedoch die ursprüngliche Lesart noch nicht gefunden; denn auch τύχῃ ist unmöglich, da es für die εὐδαιμονία wenig verschlägt, ob sie eine Gabe des Glückes ist oder zumeist auf eignem Verdienste beruht, das ohne die Gunst des Glückes am Ende doch nichts vermag. Es muss heissen: πλὴν ὅσον δοκεῖν μόνον, um den hier erforderlichen Sinn auszudrücken, »eine erschlichene εὔκλεια ist nur ein Scheinglück«. Mit dem Ausdrucke vgl. Soph. Oed. R. 1190: τίς γάρ, τίς ἀνὴρ πλέον τᾶς εὐδαιμονίας φέρει ἢ τοσοῦτον ὅσον δοκεῖν καὶ δόξαντ' ἀποκλῖναι; 1509: πάντων ἐρήμους πλὴν ὅσον τὸ σὸν μέρος. Ar. Vesp. 1288: οὐδὲν ἄρ' ἐμοῦ μᾶλλον, ὅσον δὲ μόνον εἰδέναι σκωμμάτιον εἴ ποτέ τι ‡λιβόμενος ἐκβαλῶ. Xen. Anab. 7, 3, 22: ὅσον μόνον γεύσασθαι ἑαυτῷ καταλικών. Herod. 2, 20: οὐδ' ἀξιῶ μνησθῆναι εἰ μὴ ὅσον σημῆναι βουλόμενος μοῦνον, wo das Participium βουλόμενος entbehrlich und vielleicht ein späterer Zusatz ist. In den Worten ἀληθείας ὕπο und ὑπὸ ψευδῶν haben übrigens schon Valckenaer und Reiske die Praeposition beanstandet und dafür ἀπό verlangt, was durch Soph. fr. 749: τὸ κέρδος ἡδύ, κἂν ἀπὸ ψευδῶν ἴῃ, empfohlen wird. Mit Unrecht suchte man ἀληθείας ὕπο zu schützen durch Eur. fr. 484: Ζεύς, ὡς λέλεκται τῆς ἀληθείας ὕπο, Ἕλλην ἔτικτεν, wo τῆς ἀληθείας ὕπο so viel ist als ὑπὸ τῶν ταληθὲς εἰρηκότων.

Andromache hält dem Menelaus vor, für ihn den Eroberer von Troja zieme es sich nicht mit einem unglücklichen Weibe einen Kampf zu beginnen:

ὅστις θυγατρὸς ἀντίπαιδος ἐκ λόγων
τοσόνδ' ἔπνευσας καὶ γυναικὶ δυστυχεῖ
δούλῃ κατέστης εἰς ἀγῶν'· οὐκ ἀξιῶ
329   οὔτ' οὖν σὲ Τροίας οὔτε σοῦ Τροίαν ἔτι.

Die Herausgeber sind an den letzten Worten stillschweigend vorübergegangen, als sei hier nichts schwierig oder dunkel; gleichwohl klingt es höchst seltsam, wenn Andromache weder den Menelaus der Stadt Troja, noch die Stadt Troja des Menelaus würdig findet. So viel ich sehe, liegt in den beiden einander gegenüberstehenden Gliedern eine reine Tautologie: du verdientest nicht Troja zu erobern, und Troja verdiente nicht von dir erobert zu werden, du warst zu schlecht für Troja und Troja war zu gut für dich. Was die Form der Rede betrifft, so werden Menelaus und Troja in den jetzt vorliegenden Worten einander völlig gleich gestellt, während offenbar Andromache den Menelaus herabsetzen, Troja heben will. Bis andere den Euripides von dem Vorwurfe einer inhaltsleeren Rhetorik und einer unpassenden Wahl des Ausdrucks befreien, möchte ich glauben dass V. 329 eine spätere Einschaltung sei und zu schreiben vorschlagen:

καὶ γυναικὶ δυστυχεῖ
δούλῃ κατέστης εἰς ἀγῶν' οὐκ ἀξίῳ.

Dann bekämen wir den Sinn: »du liessest dich herbei zum Kampfe mit einem unglücklichen Weibe, einer Sklavin, die deiner nicht werth, die für dich keine ebenbürtige Gegnerin ist«.

Unmittelbar nach den so eben angeführten Worten finden wir in der Rede der Andromache folgenden Gemeinplatz:

330   ἔξωθέν εἰσιν οἱ δοκοῦντες εὖ φρονεῖν
      λαμπροί, τὰ δ' ἔνδον πᾶσιν ἀνθρώποις ἴσοι,
      πλὴν εἴ τι πλούτῳ· τοῦτο δ' ἰσχύει μέγα.

Dass die εὖ φρονεῖν δοκοῦντες äusserlich glänzend und innerlich allen anderen Menschen gleich sein sollen, ist eine barokke oder vielmehr sinnlose Behauptung; um einen angemessenen Gedanken zu bekommen, muss man statt εὖ φρονεῖν einen Begriff erwarten, der nicht einen geistigen oder sittlichen Vorzug ausdrückt, sondern auf die bevorzugte Stellung im Leben sich bezieht. Aus einer sogleich zu erwähnenden Stelle des Stobaeus lässt sich die richtige Lesart entnehmen, οἱ δοκοῦντες εὐτυχεῖν. Durch Aufnahme dieser Lesart werden die beiden ersten Verse vollkommen klar. Da jedoch die ganze Sentenz in den Zusammenhang auf keine Weise sich fügt, so hat Dobree Adv. 2 p. 76 die drei obigen Verse als unecht bezeichnet und die Vermuthung ausgesprochen dass sie zu V. 319 f. als Parallelstelle angemerkt worden seien. Mit diesem Urtheile stimmt in der Hauptsache Kirchhoff überein; nur hätte er nicht die drei Verse als Menandreisch bezeichnen sollen. Zunächst nämlich scheint mir dies klar dass der dritte Vers,

πλὴν εἴ τι πλούτῳ· τοῦτο δ' ἰσχύει μέγα,

den bereits Brunck als interpolirt erkannt hat, einer viel späteren Zeit angehört als die beiden ersten; es ist ungereimt den Satz, die Glücklichen seien innerlich allen anderen gleich, durch die Erwähnung des Reichthums einschränken zu wollen, wie es mit πλὴν geschieht; der Reichthum gehört zu den äusseren Gütern, er macht es vorzugsweise dass jemand ἔξωθεν λαμπρός ist: mit dem Innern des Menschen hat er nichts zu thun. Der Verfasser dieses dritten Verses, vermuthlich ein Byzantiner, dürfte Eur. fr. 251 benutzt haben, wo es heisst, κεῖνο δ' ἰσχύει μέγα, πλοῦτος λαβών τε τοῦτον εὐγενὴς ἀνήρ. Gesetzt also die Worte ἔξωθέν εἰσιν — ἴσοι gehören dem Menander, so werden wir doch den störenden Zusatz πλὴν εἴ τι πλούτῳ ihm nicht nach blosser Vermuthung beilegen dürfen. Die Stelle des Stobaeus, auf die Kirchhoff sich stützt, lautet nun so (Flor. 104, 14): τοῦ αὐτοῦ. ἔξωθέν εἰσιν οἱ δοκοῦντες εὐτυχεῖν, τὰ δ' ἔνδον εἰσὶ πᾶσιν ἀνθρώποις ἴσοι. Statt τὰ δ' ἔνδον εἰσὶ muss, wie schon Valckenaer gesehen hat, λαμπροί, τὰ δ' ἔνδον verbessert werden. Das Lemma τοῦ αὐτοῦ, wofür die Wiener Handschrift und Arsenius p. 408, 17 allerdings Μενάνδρου bieten, gibt hier keineswegs eine hinlängliche Sicherheit dass der Urheber des Florilegium die Verse dem Menander wirklich beilegte; einerseits ist es wohl möglich dass vor den angeführten Versen eine Stelle des Euripides ausgefallen ist, τοῦ αὐτοῦ also vielmehr Εὐριπίδου bedeutet, andrerseits konnte das voraufgehende Citat aus Menander sehr leicht eine falsche Wiederholung des früheren Lemma zur Folge haben. Darum habe ich schon früher (Philol. VI p. 395) erinnert dass fr. inc. 122 (Com. 4 p. 263) aus den Bruchstücken des Menander zu tilgen ist. Wir werden somit Andr. 330—332 als ungehörig und störend aus dem Texte des Stückes verbannen müssen; die beiden ersten Verse können wohl von Euripides selbst herrühren, wogegen der dritte den Stempel einer unverständigen Fälschung trägt [1]).

Andere erhebliche Schwierigkeiten an denen die Rede der Andromache leidet übergehe ich, da ihre Heilung mir bis jetzt nicht gelungen ist. Nur in Betreff des Schlusses möchte ich meine Bedenken äussern:

355 ἡμεῖς γὰρ εἰ σὴν παῖδα φαρμακεύομεν
     καὶ νηδὺν ἐξαμβλοῦμεν, ὡς αὐτὴ λέγει,
     ἑκόντες οὐκ ἄκοντες· οὐδὲ βώμοι
     πίτνοντες αὐτοὶ τὴν δίκην ὑφέξομεν
     ἐν σοῖσι γαμβροῖς, οἷσιν οὐκ ἐλάσσονα
360 βλάβην ὀφείλω προστιθεῖσ' ἀβουλίαν.
     ἡμεῖς μὲν οὖν τοιοίδε· τῆς δὲ σῆς φρενός
     ἓν σοῦ δέδοικα· διὰ γυναικείαν ἔριν
     καὶ τὴν τάλαιναν ὤλεσας Φρυγῶν πόλιν.

Statt αὐτεὶ V. 358 hat Kirchhoff αὐτῇ vorgeschlagen, offenbar deshalb weil man zu τὴν δίκην ὑφέξομεν einen Dativ fordert als Bezeichnung der Person, welcher die Genugthuung zu leisten ist. Aber was sollen die Worte ἐν σοῖσι γαμβροῖς bedeuten? Offenbar meint Andromache mit den γαμβροί den einzigen Neoptolemus; über den generellen Pluralis genügt es auf V. 391 und meine Anmerkung zu Soph. Oed. R. 107 zu verweisen. Folglich würde Andromache nach Kirchhoffs Vermuthung sagen: τὴν δίκην ὑφέξομεν τῇ Ἑρμιόνῃ ἐν τῷ Νεοπτολέμῳ, wo ἐν τῷ Νεοπτολέμῳ vermuthlich statt παρόντος τοῦ Νεοπτολέμου stehen soll. Eine derartige Redeweise halte ich für unmöglich. Es muss wohl heissen: τὴν δίκην ὑφέξομεν τοῖς σοῖσι γαμβροῖς. Die Praeposition ἐν ist, wie es scheint, nichts weiter als ein falscher Ersatz des zu Anfang des Verses unleserlich gewordenen Artikels [2]). Ob die vor-

---

[1]) Ein auffallendes Beispiel für das Bestreben der späteren Zeit, ältere Dichterstellen geflissentlich mit angehörigen Lappen zu verbrämen, liefert unter andern das von Welcker im Rhein. Mus. N. F. XV p. 156 mitgetheilte Fragment eines Komikers,

ὅταν κακῶν κοινωνὸς χρηστά τις λαλῇ
καὶ τὸν παρόντα κλησίον μὴ λανθάνῃ,
διελέγκει αὐτῷ γίνεσθ' ἡ πονηρία.

Wenn jemand Schlechtes thut und noch obenein schöne Worte im Munde führt, so ist dies doppelt verwerflich. Diesen oft ausgesprochenen Gedanken wird jeder verstehen: was dagegen die Worte καὶ τὸν παρόντα κλησίον μὴ λανθάνῃ hier sollen, ist ein Räthsel. Sicherlich wird die Schlechtigkeit eines Menschen nicht dadurch gesteigert dass sein Nachbar etwas davon merkt; sicherlich also ist der mittlere Vers hier verkehrt. Dass der Verfasser des ersten und dritten Verses durch einen so verkehrten Zusatz seine Sentenz unverständlich gemacht habe, scheint mir unglaublich; somit muss ich annehmen dass der mittlere Vers von einer späteren, mit dem ursprünglichen Dichter wetteifernden Hand herrühre.

[2]) Dass die Schreiber unserer Codices unleserlich gewordene Stellen nur zu oft durch ungeschickte Supplemente verdorben haben, ist eine unzweifelhafte, für die Handhabung der Conjecturalkritik noch nicht hinreichend beachtete Thatsache. Einen schlagenden Beleg liefert Babrius 82, 8:

κακὴν δὲ μελέτην ἐπ' ἐμὲ τῆς ὁδοῦ τρίβει.

So die Handschrift vom Athos, während die ursprüngliche Gestalt des Verses, wie wir aus einem Citat bei Suidas erfahren, diese ist:

χαίτην δ' ἐμὴν τὴν ἐμὴν καταισχύνει.

Nicht anders ist es zu erklären, wenn bei Soph. Oed. R. 134:

πρὸ τοῦ θανόντος τήνδ' ἔθεσθ' ἐπιστροφήν,

im Laur. A von zweiter Hand die Variante τήνδε διοικίζει γραφὴν angemerkt wird, augenscheinlich die Erfindung eines Abschreibers, der die ihm erkennbaren Elemente aufgebenden Worte ἑκόντες — αὐτοί in unverfälschter Gestalt vorliegen scheint mir allerdings höchst zweifelhaft; statt πίπτοντες (die Handschrift A bietet πιπτόντες, CE πιπτῶντες, B[C] πιπτοῦντες, abcd πίπτοντες) sollte man wohl eher ταχοῦντες erwarten, wie βωμίαν ἐφημένην Suppl. 93, κατεζόμεσθα βωμίοι Heracl. 33, βώμιος ταχεῖς Heracl. 239, βωμίους καθημένους Heracl. 196, βωμὸν προσίζει fr. 1036 u. ä., während βώμιος πίπτει am natürlichsten von einem zu Ehren der Götter geschlachteten verstanden wird, wie βωμῷ πρὸς θεοδμήτῳ πίτνει Hec. 23, oder die leidenschaftliche Erregtheit bezeichnet mit der jemand an den Altar sich stürzt, wie Deianira bei Soph. Trach. 904 βωμίοισι προσπίπτει. Indess glaube ich nicht dass mit der Aenderung οὐδὲ βώμιοι ταχοῦντες geholfen sei; der Fehler scheint tiefer zu liegen. Nachher ist V. 360 das unverständliche ἀβουλίαν die Lesart der meisten Handschriften (ABCabcd), wogegen E und vielleicht BC ἀπαιδίαν bieten, was auch in a als Variante angemerkt wird. Sollte dieses ἀπαιδίαν auch nichts weiter sein als eine Vermuthung, so halte ich es doch für unmöglich ein angemesseneres Wort an die Stelle von ἀβουλίαν zu setzen. Andromache sagt nämlich: sind die Anschuldigungen der Hermione gegründet, bin ich die Urheberin ihrer Unfruchtbarkeit, so vergehe ich mich an ihr

---

τήν ἰδέαν .. κτ .. ρ. φήν nach dem Maasse seiner Einsicht verwendete. Wie es an diesen beiden Stellen uns nicht möglich gewesen wäre durch blosse Divination aus der interpolirten Lesart die Hand des Dichters zu errathen, so werden zahlreiche Fehler der alten Texte in Folge der aufgetragenen falschen Ausfüllungen ursprünglicher Lücken entweder völlig unerkannt bleiben oder doch jedem Heilungsversuche hartnäckig Trotz bieten. Dagegen glaube ich einem Bruchstück des Menander Com. 4 p. 102, wo der Ansfall weniger Buchstaben zu einer seltsamen Entstellung geführt hat, mit einiger Wahrscheinlichkeit aufhelfen zu können. Die von Porphyrius de abst. 4, 15 erhaltene Stelle des Komikers lautet:
παράδειγμα τοὺς Σύρους λάβε·
ὅταν φάγωσιν ἰχθὺν ἐκεῖνοι, διά τινα
αὑτῶν ἀπραξίαν, τοὺς πόδας καὶ τὴν γαστέρα
οἰδοῦσιν, εἰτ᾽ ἔλαβον σακκίον, εἰτ᾽ εἰς τὴν ὁδὸν
ἐκάθισαν αὐτοὶ ἐπὶ κόπρου καὶ τὴν θεὸν
ἐξιλάσαντο τῷ ταπεινῶσαι σφόδρα.
Ueber die leichteren Fehler dieses Bruchstückes verweise ich auf meine Ausgabe von Porphyrii Opusc. tria (Lips. 1860) p. XXXVIII. Am Schlusse ist mit dem Vorschlage von Herioga τεταπεινῶσθαι nichts gewonnen. Vermuthlich war überliefert: ἐξιλάσαντο .. ταπεινῶσαι σφόδρα, so dass man auf das Verbum ταπεινοῦν verfiel und ταπεινῶσαι σφόδρα in τῷ ταπεινῶσαι σφόδρα verwandelte. Es muss, denke ich, vielmehr geschrieben werden:
καὶ τὴν θεὸν
ἐξιλάσαντο, μετα πεινῶσιν σφόδρα.
Das Hungern ist eine angemessene Busse für den unerlaubten Fischgenuss. In ähnlicher Weise glaube ich

bei Menander Com. 4 p. 264 (Stob. Flor. 108, 6) ein falsches Supplement wahrzunehmen:
τὸν ἀληθῶς ἄνδρα εὐγενῆ καὶ τἀγαθὰ
καὶ τὰ κακὰ δεῖ πταίοντα γενναίως φέρειν.
Den ersten Vers hat Porson hergestellt; im zweiten scheint mir πταίοντα sinnstörend. Ursprünglich lautete die Stelle wohl so:
ἄνδρα τὸν ἀληθῶς εὐγενῆ καὶ τἀγαθὰ
καὶ τὰ κακὰ δεῖ μύσαντα γενναίως φέρειν.
Ueber das von mir geforderte Participium vgl. Men. Com. 4 p. 226: ἢ μή (doch wohl οὐ μή) γαμεῖν γάρ ἂν δ᾽ ἅπαξ λάβῃς (l. γαμῇς), φέρειν μύσαντα πολλὴν χρείαν καὶ γυναῖκα δεῖ. Pallados Anth. 10, 55: ἀκολάστου οὔσης μοι γαμετῆς χρή με μύσαντα φέρειν. 10, 47: ἔσθε πῖν μύσας ἐπὶ πένθεσιν. — Wenn es bei Dionys. Hal. fr. XVIII, 4 heisst: καὶ τὸν ἀκλισμὸν λυσιτελέστερον ὄντα τῶν ἄλλων τῆς τε ὕλης ἕνεκα καὶ τῆς τέχνης, wo der Sinn vielmehr πολυτελέστερον fordert, so werden wir nicht umhin können λυσιτελέστερον für eine falsche Ergänzung des verstümmelten λυτελέστερον zu halten. *Temendum est saepissime librarios quae in codice obscuris ductibus scripta vel prorsus obliterata essent, pro suo capitu emendare vel supplere conatos esse.* So sagt vollkommen richtig Meineke Callim. p. 312 Dass übrigens neuere Ergänzer lückenhafter Texte oft nicht minder unglücklich verfahren sind als die alten Verbesserer, beweist unter andern die Neapolitanische Ausgabe der *Volumina Herculanensia*, welche namentlich in den späteren Bänden oft unglaubliches zu Tage fördert. Dahin gehört z. B. die Stelle des Philodemus Vol. XI, 2 p 39, wo [ση..]ϑήρες Ἀραίστου σταλαγμοί zu schreiben und an Alexis Com. 3 p. 457 und Eubul. Com. 3 p. 242 zu erinnern war.

nicht schwerer als an Neoptolemus selbst, den ich der Nachkommenschaft beraube. Das Schwanken der Handschriften legt die Vermuthung nahe dass auch hief ein unvollständiger Text vorlag, ἀ...λίαν oder ἀ...δίαν, der verschiedene Supplemente hervorrief. Gegen Kirchhoffs Vorschlag, εἰσιν οὐκ ἐλάσσονα βλάβην ὀφείλω προστιθεῖσ' ἀμβλώσεως, spricht zunächst der Umstand dass mit dem Begriffe ἀμβλωσις nur ein Schaden der Hermione, nicht des Neoptolemus hervorgehoben wird; sodann ist die Construction mir nicht hinlänglich klar. Soll προστιθεῖσα möglich bleiben, so wird man construiren müssen εἰσιν οὐκ ἐλάσσονα ὀφείλω, ἀμβλώσεως βλάβην προστιθεῖσα, während wir nach der Wortstellung nicht umhin können ἐλάσσονα mit βλάβην zu verbinden. Im Folgenden befremdet die Redeweise τῆς δὲ σῆς φρενός ἐν σου δέδοικα V. 361 f., welche Hermann mit der Erklärung «tuae mentis unum (mulierositatem) a te metuo» zu rechtfertigen suchte. Die Anhänger dieser Auffassung werden zugeben dass σου ein Pleonasmus ist, der sich schwerlich durch irgend ein Beispiel belegen lässt. Nicht minder störend scheint mir die in ἕν liegende Hindeutung auf ein zu fürchtendes Etwas, von dem man aus der Thatsache dass Menelaus um seines Weibes willen Troja zerstört habe, sich noch keineswegs eine rechte Vorstellung machen kann. Mit der leichten Aenderung τῆς δὲ σῆς φρενὸς ἕν που δέδοικα ist, wie hiernach zu Tage liegt, nur ein Uebelstand beseitigt. Burges wollte νόσον δέδοικα, Hartung τὸ ἄνουν (was mindestens τἄνουν zu schreiben wäre) δέδοικα. Mit gleicher Wahrscheinlichkeit könnte man φύσιν δέδοικα vermuthen; aber natürlich sind dies nur unsichere Muthmassungen, um so unsicherer da auch die Worte διὰ γυναικείαν ἔριν schon um ihrer Unklarheit willen den Verdacht eines Fehlers erregen. Unter γυναικεία ἔρις wird am natürlichsten der Streit der Frauen unter einander oder der Streit mit Frauen verstanden werden, während hier nur der Kampf mit dem Paris um den Besitz der Helena gemeint sein kann, wonach man statt διὰ γυναικείαν ἔριν vielmehr den Begriff διὰ γυναῖκα erwarten sollte, wie Tro. 368: οἱ διὰ μίαν γυναῖκα καὶ μίαν Κύπριν, θηρῶντες Ἑλένην, μυρίους ἀπώλεσαν, oder Orest. 521: οὐδὲ σὺ ζηλῶ, κακῆς γυναικὸς ἐλθόντ' οὕνεκ' εἰς Τροίας πέδον. Wenn Kirchhoff sagt «ἕν σου ab interpretibus esse videntur, nec placet asyndeton. fort.: δέδοιχ' ἃ δράσεις· διὰ γὰρ οἰκείαν ἔριν», so halte ich allerdings die Anknüpfung durch γὰρ für durchaus angemessen; dagegen will mir δι' οἰκείαν ἔριν, in Folge eines häuslichen Zwistes, noch weniger zusagen als διὰ γυναικείαν ἔριν. Obgleich eine annehmbare Verbesserung mit den gegenwärtigen Hilfsmitteln unmöglich scheint, so setze ich doch meine Vermuthung hierher, mit dem Wunsche dass dieselbe bald durch eine bessere verdrängt werden möge:

τῆς δὲ σῆς φρενὸς
[τὸ δυσμ]ενὲς δέδοικα · διὰ γυναῖκα γὰρ
καὶ τὴν τάλαιναν ὤλεσας Φρυγῶν πόλιν.

Die vier letzten Buchstaben von δυσμενές konnten leicht ΕΝΣΕ oder nach einer früheren Bemerkung (S. 55 Anm.) ἕν σου gelesen werden.

Menelaus lässt der Andromache die Wahl entweder ihr eigenes Leben zu opfern, um

damit ihren Sohn zu retten, oder zu sehen wie er ihr Kind tödte. Darauf entgegnet Andromache:
οἴμοι, πικρὰν κλήρωσιν αἵρεσίν τέ μοι
385   βίου καθίστης, καὶ λαχοῦσά γ' ἀθλία
καὶ μὴ λαχοῦσα δυστυχὴς καθίσταμαι.

An dem Wechsel der Synonyma ἀθλία und δυστυχής ist an sich kein Anstoss zu nehmen, so wenig als an dem Sophocleischen σαφὴς μὲν ἀστῶν, ἐμφανὴς δὲ τοῦ ξένου (vgl. meine Bemerkung zu Ai. 22. Oed. R. 54. Trach. 2), oder an dem Deutschen «was dem einen recht, ist dem andern billig». Mit Recht aber hat Hermann des Wörtchen γε nach λαχοῦσα als unpassend bezeichnet und dafür λαχοῦσά τ' ἀθλία geschrieben. Dieser Aenderung möchte ich in dem Falle beipflichten, dass man zugleich das vor λαχοῦσα stehende καί durch ein passenderes Wort ersetzte. Statt der Copula verlangt der Sinn vielmehr eine Begründung, also etwa ὡς λαχοῦσά τ' ἀθλία καὶ μὴ λαχοῦσα δυστυχὴς καθίσταμαι. Leichter jedoch als eine derartige Aenderung ist das von mir vorgeschlagene
καὶ λαχοῦσα γὰρ λίαν
καὶ μὴ λαχοῦσα δυστυχὴς καθίσταμαι.

Gerade am Ende des Verses konnte γὰρ λίαν sehr leicht in γ' ἀθλία übergehen.

Im Folgenden zeigt Andromache, wie ungerecht Menelaus verfahre, indem er sie tödten wolle, die nichts sich habe zu Schulden kommen lassen, und nicht vielmehr den Neoptolemus, der sie wider ihren Willen zu seiner Bettgenossin gemacht. Wie schreckliches, fährt sie fort, muss ich erleben, und warum musste ich noch gar zur Verdoppelung meines Unglücks Mutter werden? Doch wozu beklage ich diese Dinge und vergesse darüber das augenblickliche Leiden? Den Hector sah ich gemordet, Ilion in Flammen aufgehen; ich selbst gerieth in Knechtschaft und musste den Mördern des Hector mich vermählen. Was kettet mich noch an das Leben? wohin soll ich blicken, auf die Gegenwart oder Vergangenheit? Den einzigen Trost, den ich noch hatte, mein Kind, will man jetzt tödten. So die Gedankenfolge des üblichen Textes. Wer diese Kette von Reflexionen aufmerksam betrachtet, wird sich leicht überzeugen dass es im höchsten Grade befremdlich ist, wenn Andromache auf die Worte (V. 397 f.)

ἀτὰρ τί ταῦτα δύρομαι, τὰ δ' ἐν ποσὶν
οὐκ ἐξυκμάζω καὶ λογίζομαι κακά;

eine Erwähnung ihrer früheren Leiden folgen lässt (V. 399—403). Mag man auch zweifeln können ob ἐξυκμάζω hier richtig sei, so lässt sich doch dies eine, wie mir scheint, mit Händen greifen dass mit diesen Worten ein Uebergehen von den früheren Unglücksfällen zu der gegenwärtigen Noth angekündigt wird, d. h. es werden V. 397 f. nothwendig nach V. 403 zu stellen sein. Nicht minder klar ist es dass V. 404 f.,

τί δῆτ' ἐμοὶ ζῆν ἡδύ; πρὸς τί χρὴ βλέπειν,
πρὸς τὰς παρούσας ἢ παρελθούσας τύχας;

eine passendere Stelle einnehmen werden, wenn sich an dieselben die Erwähnung der παρελθούσαι τύχαι, der traurigen Vergangenheit der Andromache anschliesst, d. h. wir müssen erwarten dass V. 404 f. vor V. 399 zu stehen kommen. Dass nun wirklich ein richtiger Zusammenhang gewonnen wird, wenn man V. 397 f. mit 404 f. die Stelle tauschen lässt, dafür wird der Text selbst das beste Zeugniss ablegen. Indem wir die überlieferte Folge durch die Zahlen am Rande bezeichnen, glauben wir mit Musgrave, welchem Brunck und Porson beigetreten sind, nachstehende Ordnung herstellen zu müssen:

ὡς δεινὰ πάσχω· τί δέ με καὶ τεκεῖν ἐχρῆν
396   ἄχ:ος τ' ἐπ' ἄχ²ει τῷδε προσ³έσ²αι διπλοῦν;
404   τί δῆτ' ἐμοὶ ζῆν ἡδύ; πρὸς τί χρὴ βλέπειν,
405   πρὸς τὰς παρούσας ἢ παρελ²ούσας τύχας;
399   ἥτις σφαγὰς μὲν Ἕκτορος τροχηλάτους
κατεῖδον οἰκτρῶς τ' Ἴλιον πυρούμενον,
αὐτὴ δὲ δούλη ναῦς ἐπ' Ἀργείων ἔβην
κόμης ἐπισπασ²εῖσ'· ἐπεὶ δ' ἀφικόμην
403   Φ²ίαν, φονεῦσιν Ἕκτορος νυμφεύομαι.
397   ἀτὰρ τί ταῦτα δύρομαι, τὰ δ' ἐν ποσὶν
398   οὐκ ἐξικμάζω καὶ λογίζομαι κακά;
406   εἷς παῖς ὅδ' ἦν μοι λοιπὸς ὀφ²αλμὸς βίου·
τοῦτον κτανεῖν μέλλουσιν οἷς δοκεῖ τάδε.

An παρελ²ούσας τύχας 405 reiht sich jetzt durchaus passend die Aufzählung der früher erduldeten Leiden (399—403), und 397 f. vermitteln die Rückkehr zur gegenwärtigen Lage, die V. 406 ff. geschildert wird. Wer diese folgerichtige Ordnung mit dem alten Chaos unbefangen vergleicht, wird über etwaige palaeographische Bedenken gegen die Kühnheit der Umstellung sich hinwegsetzen müssen[1]). Ein anderes Mittel um V. 397 f. in der handschriftlichen Folge der Verse möglich zu machen und um zugleich das allerdings anstössige ἐξικμάζω zu beseitigen, versucht Kirchhoff, indem er vorschlägt:

ἀτὰρ τί ταῦτα δυρόμεσ²α τἀν ποσίν
καὶ νῦν ἀκμάζοντ' ἢ λογίζομαι κακά;

Der Sinn soll vermuthlich sein: »doch wozu beklage ich das jetzt mich drückende Leid, da ich schon früher von vielen und schweren Unfällen betroffen wurde?« Wenn Andromache einen derartigen Gedanken aussprächc, so würde sie ihren jetzigen Unfall im Vergleich zu den früheren als eine Nebensache darstellen, über die weiter zu sprechen nicht an der Zeit wäre. Es ist klar dass dies nicht ihre Ansicht sein kann; sie will ihrem Schmerz und ihrer gerechten Entrüstung den stärksten Ausdruck leihen, nicht aber mit einem καὶ

---

1) In ähnlicher Weise muss bei Soph. im Oed. R., wo der Corinthische Bote und Oedipus mit einander reden, eine Umstellung zweier nicht unmittelbar auf einander folgender Verse (1023 und 1024) vorgenommen werden. Es ist zu schreiben:

ΑΓΓ. ἀλλ' οὐ σ' ἐγείνατ' οὔτ' ἐκεῖνος οὔτ' ἐγώ.
1021 ΟΙΔ. ἀλλ' ἀντὶ τοῦ δὴ παῖδά μ' ὠνομάζετο;
1022 ΑΓΓ. ἡ γὰρ πρὶν αὐτόν ἐξέπειο' ἐκεινθία.

1023 ΟΙΔ. κᾆθ' ὧδ' ἀπ' ἄλλης χειρὸς ἔστερξεν μέγα;
1024 ΑΓΓ. δωρόν νιν', τοὺς τῶν ἐμῶν χειρῶν λαβών.
1025 ΟΙΔ. οὐ δ' ἐμπολήσας ἢ τυχὼν μ' αὐτῷ δίδως;
ΑΓΓ. εὑρὼν ναπαῖσις ἐν Κιθαιρῶνος πτυχαῖς.

Einer weiteren Begründung wird diese Umstellung nicht bedürfen; ich denke, es liegt auf der Hand dass erst so Frage und Antwort sich genau entsprechen und ein richtiger Zusammenhang wahrnehmbar ist.

κύντερον ἄλλο κτ:' ἔτλη; über die traurige Gegenwart hinwegeilen und das unabänderliche Schicksal freudig ertragen. Durch Erwähnung ihrer früheren Leiden vervollständigt sie das Bild des unsäglichen Jammers, dem sie erliegt; die Hauptsache jedoch und von ungleich grösserem Gewichte ist ihre jetzige Bedrängniss. Schon aus diesem Grunde scheint es unmöglich dem Kirchhoffschen Vorschlage beizutreten. Uebrigens habe ich kein Bedenken getragen V. 397 Porsons Emendation ταῦτα δύρομαι statt des unrhythmischen ταῦτ᾽ ὀδύρομαι aufzunehmen, vgl. meine Observ. crit. de trag. Graec. fragm. p. 15 f. Was mit ἐξιχμάζω 398 anzufangen sei, möchte ich von anderen hören; dass es, wie die Scholien wünschen, im Sinne von δακρύω genommen werden könne, wird man nicht eher glauben dürfen, als bis Beispiele oder hinreichende Analogieen für diese abenteuerliche Voraussetzung beigebracht werden. Dindorf vermuthet οὐκ ἐξιχνεύω oder οὐκ ἐξιχνοῦμαι und meint ein derartiges Verbum sei mit einem als Interpretation beigefügten ἐξετάζω confundirt worden; sinngemäss wäre vielleicht οὐχὶ στενάζω, aber keiner dieser Vorschläge kann auf Wahrscheinlichkeit Anspruch machen.

Andromache erinnert den Menelaus an die göttliche Strafe, die den Verbrecher erwarte. Dieser entgegnet, er werde tragen was da komme, gleichwohl aber sie tödten. Darauf fragt jene:

    441   ἦ καὶ νεοσσὸν τένδ᾽ ὑπὸ πτερῶν σπάσας;

Hier ist σπᾶν ὑπὸ πτερῶν unverständlich: für Lentings Meinung, ὑπὸ bezeichne ran onder uit, ran onder weg, fehlt es an sicheren Belegen. Pierson vermuthete ἀπὸ πτερῶν σπάσας; ich dachte an ὑποσπάσας πτερῶν, nach Fl. 495: ποίμνης νεογνὸν τρέμμ᾽ ὑποσπάσας τόδε. Mit κτερά vgl. man Heracl. 10: τὰ κείνου τέκν᾽ ἔχων ὑπὸ πτεροῖς, und Tro. 751: νεοσσὸς ὡσεὶ πτέρυγας εἰσπίτνων ἐμάς.

In dem ersten Theile des nachfolgenden Chorgesanges wird auf das Unheil hingewiesen, das aus einer Doppelehe entspringe:

  Str.   οὐδέ ποτε δίδυμα
        465 λέκτρ᾽ ἐπαινέσω βροτῶν
            οὐδ᾽ ἀμφιμάτορας κόρους,
            ἔριδας οἴκων δυσμενεῖς τε λύπας.
            μίαν μοι στεργέτω πόσις γάμοις
        470 ἀκοινώνητον ἀνδρὸς εὐνάν.
  Ant.   οὐδὲ γὰρ ἐν πόλεσι
            δίπτυχοι τυραννίδες
            μιᾶς ἀμείνονες φέρειν,
        475 ἄχθος τ᾽ ἐπ᾽ ἄχθει καὶ στάσις πολίταις·
            τεκτόνοιν δ᾽ ὕμνοιν ἐργάταιν δυοῖν
            ἔριν Μοῦσαι φιλοῦσι κραίνειν.

Um hier den Anfang der Strophe und Antistrophe in Einklang zu bringen hat man verschiedene Mittel angewendet. Die thörichte Interpolation der Handschrift C οὐδέ ποτ᾽ ἂν δίδυμα verdient kaum erwähnt zu werden. Dindorf verbindet V. 464 und 465 zu einem Trimeter, οὐδέ ποτε δίδυμα λέκτρ' ἐπαινέσω βροτῶν, und schreibt in der Antistrophe: οὐδ' ἐνὶ πόλεσι γὰρ δίπτυχοι τυραννίδες. Gegen diese Aenderung erinnert Hermann, dass sie das Gesetz der reinen Iamben verletze, dem freilich auch der von Hermann gestattete Dactylus im ersten Fusse widerstrebt. Allerdings aber halte ich Dindorfs Vermuthung für unwahrscheinlich, schon deshalb weil sie die mittlere Silbe von πόλεσι in die Arsis fallen lässt. Leutings Vorschlag,

οὐδέ γ' ἐνὶ πόλεσι δίπτυχοι τυραννίδες,

den Hermann mit anderen billigt, ist des unrichtig gestellten γε wegen von der Hand zu weisen. Wenn der Fehler in V. 464 zu suchen ist, so bieten sich mehrere Möglichkeiten der Heilung. In der ersten Ausgabe habe ich εὔποτ' ἐγὼ δίδυμα vermuthet; leichter ist das nachher substituirte εὔποτε δὴ δίδυμα. Andere werden vielleicht die noch einfachere Aenderung οὐδέποτ' οὐ δίδυμα vorziehen, welche Hermann früher vorschlug und hinterher stillschweigend wieder verwarf. Dass V. 464 und 465 wie die entsprechenden antistrophischen Verse als iambische Trimeter zu messen sind, kann ich nicht glauben, eben wegen des auf keine Weise zu beseitigenden Dactylus im ersten Fusse: man müsste einen strengeren Bau des iambischen Trimeters erwarten, wie etwa V. 479: πνοαὶ δ' ὅταν φέρωσι ναυτίλους ϑοαί, und 486: ἔδειξεν ἡ Λάκαινα τοῦ στρατηλάτα[1]). Wenn Klotz

οὐδέποτε δίδυμα λέκτρ' ἐπαινέσω βροτῶν
und οὐδὲ γὰρ ἐν πόλεσι δίπτυχοι τυραννίδες

drucken lässt, ohne irgend welchen Verdacht gegen die Richtigkeit des antistrophischen Verses zu äussern, so möchte man fast glauben dass er auch im zweiten Fusse des iambischen Trimeters den Dactylus für erlaubt halte: oder soll etwa die Endsilbe des Wortes οὐδέποτε durch die Arsis gedehnt werden? — Bald nachher ist es zweifelhaft wie die Worte

ἔριδας οἴκων δυσμενεῖς τε λύκας

und ἄχεες τ' ἐπ' ἄχεσι καὶ στάσις πολίταις

emendirt werden müssen. Statt des τ' V. 475, welches in BEC fehlt, hat Kirchhoff wohl mit Recht δ' gefordert; eben so möchte ich ihm beistimmen, wenn er V. 467 das hier überaus matte ἔριδας für unrichtig hält. Eine wahrscheinliche Verbesserung zu geben ist mir nicht möglich. An noch grösseren Schwierigkeiten leidet der Schluss des Strophenpaares. V. 469 f. ist γάμος nicht minder bedenklich als das bereits von Reiske, Brunck und Musgrave beanstandete ἀνδρός. In der Antistrophe scheint entweder τικτένειν oder ἐργάταιν ungehörig zu sein. Offenbar handelt es sich um die Rivalität gleichzeitiger Dichter, und man hat nicht ohne Wahrscheinlichkeit vermuthet dass Euripides mit diesen Worten auf sein persönliches Verhältniss zu Sophocles hindeute (vgl. Schneidewin Soph. I p. 19 der 4. Aufl.), obgleich schon Hesiod in dem bekannten Ausspruche, καὶ κεραμεὺς κεραμεῖ κοτέει

---

[1]) Sogar der Trimeter κτείνει δὲ τὴν τάλαιναν Ἰλιάδα κόραν Andr. 489 ist bedenklich; statt κτείνει werden wir das auch für den Sinn angemessenere Futurum κτενεῖ herstellen müssen, und am Schlusse möchte ich Ἰλιάκόραν vorziehen.

καὶ τέκτονι τέκτων καὶ πτωχὸς πτωχῷ φθονέει καὶ ἀοιδὸς ἀοιδῷ (Op. 25 f.), von der Eifersucht der Sänger redet. Die Dichter können wohl ὕμνων τέκτονες oder ὕμνων ἐργάται genannt werden, was aber τέκτονες ὕμνων ἐργάται soll, ist mir wenigstens ein Räthsel. Darum vermuthete ich ehemals: ἆ δ' ὕμνων τεκτόνοιν δυοῖν πικρὰν | ἔριν Μοῦσαι φιλεῦσι κραίνειν. Ueber τέκτων vgl. Cratinus Com. 2 p. 57: τέκτονες εὐκαλάμων ὕμνων, Pind. Nem. 3, 4: μελιγαρύων τέκτονες κώμων, und das Sophocleische τεκτόναρχος Μοῦσα fr. 163, wofür vielleicht τεκτονουργὸς Μοῦσα zu schreiben ist. Jetzt zweifle ich ob Euripides das Adverbium ἄτα sich gestattet, und halte jeden Herstellungsversuch für um so misslicher, da auch die entsprechende Partie der Strophe von ungeschickter Hand übel zugerichtet ist.

In einem glyconeischen Systeme, das zum Theil von Andromache, zum Theil von Molossus vorgetragen wird, heisst es:

510   ΑΝΔ. κεῖσο δή, τέκνον ὦ φίλος,
      μαστοῖς ματέρος ἀμφὶ σᾶς
      νεκρὸς ὑπὸ χθονὶ σὺν νεκρῷ.
      ΜΟΛ. ὤμοι μοι, τί πάθω; τάλας
      δῆτ' ἐγώ σύ τε μᾶτερ.

Gewöhnlich schreibt man V. 510 κείσει δὴ oder κείσῃ δὴ mit Musgrave, während die Scholien zum handschriftlichen κεῖσ' ἤδη die Variante κεῖσο δὴ anmerken, welche durch den antistrophischen Vers (532: λείβομαι δάκρυσιν κόρας) empfohlen wird. V. 512 hat Musurus nach σὺν νεκρῷ das Wörtchen τε eingeschaltet, und seltsamer Weise hat sich diese Partikel bis zur Gegenwart in den meisten Texten behauptet, trotzdem dass sie sinnlos und störend ist. Offenbar wollte Musurus den Hiatus vermeiden; gegen die Annahme dass dieser Hiatus durch den Wechsel der Personen sich hier entschuldigen lasse, spricht der antistrophische Vers λιβὰς ἀνήλιος ἁ τάλαιν' mit elidirtem Endvocale. Darum ist der Hiatus als fehlerhaft zu bezeichnen und vermuthlich durch die Aenderung σὺν νεκροῖς zu entfernen.

Es folgen Anapaesten des Menelaus, welcher erklärt dass Mutter und Tochter sterben müssen:

            καὶ γὰρ ἄνοια
390   μεγάλη λείπειν ἐχθροὺς ἐχθρῶν,
            ἐξὸν κτείνειν
      καὶ φόβον οἴκων ἀφελέσθαι.

Durch Stellen wie Soph. El. 1053: ἐπεὶ πολλῆς ἀνοίας καὶ τὸ θηρᾶσθαι κενά, und Thuc. 3, 45: ἀδύνατον καὶ πολλῆς εὐηθείας ὅστις οἴεται κτέ., liessen sich Dobree Adv. 1 p. 427 und Lenting zu dem Vorschlage καὶ γὰρ ἀνοίας μεγάλης λείπειν verleiten. Dass der Nominativ von Seiten der Syntax untadlig ist wird jeder auch ohne Nachweis glauben: πολλὴ ἄνοια πολεμῆσαι sagt Thuc. 2, 61, πολλὴ ἄνοια μὴ οὐχ ἡγεῖσθαι Plato Symp. p. 210 B, und ähnliches findet sich sonst oft genug. Somit bedurfte es nur der Aenderung des überlieferten Accentes, um den metrischen Fehler zu heben, καὶ γὰρ ἀνοία μεγάλη λείπειν, wie seit Matthiae geschrieben wird. Lentings Zweifel an der Zulässigkeit der Form ἀνοία ist völlig

unbegründet; noch mehr befremdet Cobets apodiktisches Urtheil (N. L. p. 190): *Non aliter in ἀγνοία, ἄνοια, παλιρροία similibusque ultima longa fit, nisi ut ea fiat breve* [1]).
Gegenüber dem Flehen des Molossus zeigt Menelaus eine herzlose Kälte:

τί με προσπίτνεις, ἁλίαν πέτραν
538   ἢ κῦμα λιταῖς ὡς ἱκετεύων;
τοῖς γὰρ ἐμοῖσιν γέγεν' ὠφελία κτέ.

Der Ausdruck gewinnt an Deutlichkeit, wenn wir schreiben: τί με προσπίτνεις; ἁλίαν πέτραν ἢ κῦμα λιταῖς ἴσθ' ἱκετεύων. Damit würde Menelaus bestimmt aussprechen, was er meint, dass er dem Flehen des Molossus gegenüber taub sei. Gleichwohl durfte ich die Aenderung ἴσθι statt ὡς nicht in den Text aufnehmen, da die gangbare Lesart eine Stütze findet in den Worten des Aeschylus Prom. 1001: ὀχλεῖς μάτην με κῦμ' ὅπως παρηγορῶν.

Das Auftreten des greisen Peleus bewirkt einen plötzlichen Umschwung der Situation. Auf Andromaches Bitte um Beistand ertheilt er den Befehl die Banden des unglücklichen Weibes zu lösen, χαλᾶν κελεύω δεσμὰ πρὶν κλαίειν τινά, καὶ τῆσδε χεῖρας διπτύχους ἀνιέναι. Menelaus legt sein Veto ein:

ἐγὼ δ' ἀπαυδῶ γ' ἄλλος οὐχ ἧσσον σέθεν
580   καὶ τῆσδε πολλῷ κυριώτερος γεγώς.

Dass Menelaus ein anderer ist als Peleus, versteht sich von selbst in dem Grade dass man wohl fragen muss was ἄλλος eigentlich hier bedeuten soll. Mir ist es nicht möglich diese Frage zu beantworten, und vermuthlich wird es anderen eben so gehen; wenigstens haben Hartung und Fritze in ihrer Uebersetzung das Wort einfach fortgelassen. Ohne Zweifel

---

1) Diese Doctrin wurde zuerst in der Mnemosyne V p. 238 vorgetragen. Darauf äusserte ich im Jahre 1856 meine Bedenken mit folgenden Worten (Philol. XI p. 466 f.). «Es wird Herrn Cobet, wie ich vermuthe, etwa schwer fallen auch nur ein einziges Beispiel der von ihm behaupteten Kürze [des οι in ἀγνοία, ἄνοια, παλιρροία] beizubringen. Aus iambischen Trimetern lässt sich freilich, wie es in der Natur der Sache liegt, die Länge der vorletzten Silbe nur auf negativem Wege beweisen:

ἃ μὲν γὰρ ἐξείρηκας ἀγνοίᾳ μ' ἔχει Soph. Trach. 350.
μορφὴν δυλώσας ὡς ἂν ἀγνοίᾳ προσῇ Soph. Phil. 129.
ταρπῶς γὰρ ἀεὶ πάντας ἀγνοία τρέφει Soph. fr. 621, 5.
τάχ' ἂν γένοιτο μάντις ἄνοια τινί Aesch. Sept. 402.
στενακτὸς Ἅιδου καὶ παλίρροια Διβύοῖ Soph. fr. 748.

Den positiven Beweis für die Länge der vorletzten Silbe geben dagegen die Anapaesten, wie Eur. Andr. 519: καὶ γὰρ ἄνοια μεγάλη, λείπειν ἐχθροὺς ἐχθρῶν, und Aristoph. Com. vol. 2 p. 1031: ὦ παρανοία (so Dindorf statt ὦ προνοία) καὶ ἀναιδεία ». — Was Cobet im Laufe weniger Jahre mit unverkennbarer Eile nach der Eingebung des Augenblicks für die Mnemosyne niederschrieb, wurde zu Ende des Jahres 1858 in den *Novae Lectiones* zu einem starken Bande vereinigt. Hier finden wir p. 190 die Behauptung über die Quantität von ἀγνοία, ἄνοια und παλίρροια unverändert wiederholt, ohne dass eine nachträgliche Bemerkung davon darüber aufklärt ob die Penultima dieser Wörter nun schliesslich für lang oder für kurz gelten soll. In dem kleinen Aufsatze «über Cobets Behandlung des Euripides» (Philol. XI p. 460 — 467) hatte ich nicht wenige und nicht unerhebliche Proben von Cobets Ellfertigkeit nachgewiesen: z. B. dass er bei der Besprechung der Euripideischen Helena zur die Ausgabe von Badham und diese höchst nachlässig benutzt, dass er in Folge dieser Nachlässigkeit Badhams Vermuthung zu Hel. 866 für die handschriftliche Lesart in Hel. 867 hält und unter dieser Voraussetzung Hel. 867 zu emendiren sucht. Auch dieser frivole Flüchtigkeitsfehler wird mit keiner Silbe berichtigt, und demselben Verfahren begegnen wir in allen anderen Fällen, wo es sich nicht um subjective Meinungen, sondern um einfache Thatsachen handelt. Ich habe Grund zu glauben dass mein oben erwähnter Aufsatz dem Holländischen Gelehrten wohl bekannt ist. Scheut sich Cobet Uebereilungen, deren Schuld er allein trägt, anzuerkennen und zurückzunehmen, so wird er es wenigstens billig finden, wenn auf die wiederholten Irrthümer eine wiederholte Zurechtweisung erfolgt. ὡς ἐξαμαρτεῖν ταυτὸ αἰσχρὸν οὐ σοφοῖς.

leidet der jetzige Text an einem Fehler; um einen durchaus angemessenen Sinn zu bekommen, genügt eine sehr leichte Aenderung:

ἐγὼ δ' ἀπαυδῶ, τἄλλα τ' οὐχ ἧσσον σέβειν
καὶ τῆσδε πολλῷ κυριώτερος γεγώς.

Helena wurde, wie Peleus sagt, von einem Phrygier dem Menelaus entführt, weil dieser in dem Glauben ein tugendhaftes Weib zu besitzen sein Haus nicht hinreichend verwahrte:

ὅστις πρὸς ἀνδρὸς Φρυγὸς ἀπηλλάγης λέχος,
ἄκληστ' ἄδουλα δώματ' ἑστίας λιπών,
ὡς δὴ γυναῖκα σώφρον' ἐν δόμοις ἔχων
593   πασῶν κακίστην.

Wenn V. 592 statt λέχος (so mindestens ABCEac) andere Handschriften λέχους bieten, so ist dies allerdings erträglicher als der Accusativ, der von dem Passivum ἀπηλλάγης unmöglich abhängig gemacht werden kann. Gleichwohl kann ich nicht glauben dass wir bei der von den meisten Herausgebern gebilligten Lesart ἀπηλλάγης λέχους uns beruhigen dürfen. Schon in der ersten Ausgabe habe ich ἀπηλλάγης als unangemessen bezeichnet, und Kirchhoff bestätigt dies Urtheil mit den Worten «vitium latet in ἀπηλλάγης». Der Grund ist einfach: ἀπηλλάγης wäre am Platze, wenn Menelaus gewünscht hätte sein Weib los zu werden; hier muss man statt des «befreit werden» vielmehr den Begriff «beraubt werden, verlieren» erwarten, also etwa ἐσυλήθη λέχος oder ἀπώλεσας λέχος. Letztere Aenderung wird schon um der grösseren Leichtigkeit willen den Vorzug verdienen. Ganz ähnlich sagt Agamemnon Iph. A. 389 zu Menelaus: μαίνομαι; σὺ μᾶλλον, ὅστις ἀπολέσας κακὸν λέχος ἀναλαβεῖν θέλεις. — Im folgenden Verse hat man mit Recht ἄδουλα bezweifelt. Der von Hermann geltend gemachte Grund, *absurdum est custodiam servis mandari, quum non regina servis, sed servi reginae pareant*, scheint mir allerdings nicht überzeugend, da Helena sehr wohl von Sklaven umgeben sein konnte, die dem Menelaus treu zugethan waren und jeden Schritt ihrer Fürstin beobachteten, um einen etwaigen Fluchtversuch durch sofortigen Verrath zu vereiteln; aber weder lässt sich begreifen wie Menelaus darauf verfallen konnte seinen Palast von Sklaven zu entblössen, noch bot ein sehr zahlreiches Dienerpersonal an sich schon irgend welche Sicherheit gegen Helenas Ausschweifungen. Hiernach ist es einleuchtend dass wir mit Lentings auch sonst bedenklicher Erklärung «*sunt δώματα ἄδουλα ea in quibus non satis servorum*» nichts gewinnen. Vielleicht ist mit Brunck ἄκληστ' ἀδούλῳ zu schreiben, vielleicht auch, woran Lenting ehemals dachte, ἄκληστ' ἄφρουρα δώματ' ἑστίας λιπών. Hermanns ἄδουλα ist mir nicht minder befremdlich als die dazu gegebene Erklärung, *sine regimine*.

Dem Menelaus wird das schnöde Benehmen gegen Agamemnon vorgehalten, den er zur Opferung der Iphigenie vermocht habe:

πρὸς τοῖσδε δ' εἰς ἀδελφὸν εὖ ἐφύβρισας,
625   σφάξαι κελεύσας θυγατέρ' εὐηθέστατα.

Das Adverbium εὐηθέστατα ist schon darum anstössig, weil man zweifeln muss ob es zu σφάξαι oder κελεύσας gehört. Allerdings findet dieser Zweifel sehr bald seine Erledigung: εὐηθέστατα κελεύσας ist durch den Sinn verwehrt. Aber eben weil nur der Sinn es errathen lässt dass die durch die Wortstellung näher gelegte Verbindung hier unstatthaft ist, möchte ich die Richtigkeit der jetzigen Lesart in Zweifel ziehen. Es kommt dazu dass auch εὐηθέστατα σφάξαι nicht wohl gesagt werden kann. Agamemnons Gutmüthigkeit, denn daran hat man bei εὐήθεια zunächst und vorzugsweise zu denken, zeigt sich nicht eben in dem Blutvergiessen, was durch σφάξαι ausgedrückt wird, sondern in der Nachgiebigkeit gegen Menelaus. Um die Amphibolie zu beseitigen und einen angemesseneren Ausdruck zu bekommen, wird man εὐηθέστατον schreiben müssen: «du muthetest deinem gutmüthigen und thörichten Bruder zu dass er seine Tochter schlachtete».

Peleus schliesst seine Rede mit dem Gemeinplatze:

κύδιστον βροτοῖς
640   πένητα χρηστὸν ἢ κακὸν καὶ πλούσιον
γαμβρὸν πεπᾶσθαι καὶ φίλον· σὺ δ' οὐδὲν εἶ.

Der Superlativ κύδιστον findet sich in den Handschriften ABCE abcd, während Stobaeus Flor. 72, 14 und vielleicht BC κύδιον bieten. Obwohl κύδιον das einfachere und natürlichere ist, so lassen sich doch für den Superlativ mit nachfolgendem ἢ eine Reihe von Belegen aufführen, die zu beseitigen wir schwerlich berechtigt sind. Vgl. meine Obs. crit. de trag. Graec. fragm. p. 15 und Theodorus Prodromus de Rhod. et Dos. 6, 71: καὶ λῷστόν ἐστιν ἀσθενὴς βουληφόρος ἢ καρτερός· τὸ σῶμα μὴ βουληφόρος. Andrerseits ist es freilich leicht möglich dass κύδιον in κύδιστον verderbt wurde, wie in dem Verse bei Cramer Anecd. Paris. 4 p. 320, 16: τῆς δ' αὖ καλῆς κάλλιστον οὐδὲν ἐν βίῳ, statt κάλλιον der Comparativ κάλλιον nothwendig scheint und wie bei Menander Com. 4 p. 181 βελτίον' in βέλτιστον übergegangen ist.

Die Entgegnung des Menelaus bietet zu Anfange erhebliche und vielleicht nie zu lösende Schwierigkeiten :

645   τί δῆτ' ἂν εἴποις τοὺς γέροντας ὡς σοφοὶ
καὶ τοὺς φρονεῖν δοκοῦντας Ἕλλησίν ποτε,
ὅτ' ὢν σὺ Πηλεὺς καὶ πατρὸς κλεινοῦ γεγώς,
κῆδος συνάψας, αἰσχρὰ μὲν σαυτῷ λέγεις,
ἡμῖν δ' ὀνείδη διὰ γυναῖκα βάρβαρον;

Hier erscheint in V. 648 κῆδος συνάψας als unverständlich, sofern man nicht erfährt mit wem Peleus verschwägert ist. Wenn Hermann und andere κῆδος ἐμοὶ συνάψας verstehen wollen, so muss ich diese Ergänzung als willkürlich oder vielmehr als unmöglich bezeichnen, da Menelaus weder in den vorhergehenden noch in den unmittelbar folgenden Worten von sich redet. Ausserdem kann κῆδος συνάψας nach dem herrschenden Sprachgebrauche und nach der Natur der Sache nur von demjenigen gesagt werden der selbst heirathete, nicht aber, wie man es hier nehmen wollte, von einem dessen Enkel einen Ehebund schloss. Folglich ist zu den Worten Πηλεὺς κῆδος συνάψας ein Begriff wie θεοῖς erforderlich. Da ein derartiger Begriff aus dem jetzigen Texte sich auf keine Weise entnehmen lässt, so vermuthete Jacobs dass vor 648 mindestens ein Vers ausgefallen sei. Dieser von Dindorf und Kirchhoff gebilligten Ansicht würde ich unbedingt beitreten, wenn damit alle Schwierigkeiten gehoben wären. Aber V. 647 ist offenbar fehlerhaft, und zwar sind die Worte des Dichters nicht durch ein leichtes Versehen entstellt, sondern alterirt von der Hand eines Interpolator. Man würde V. 647 verstehen, wenn es hiesse: ὅτ᾽ ὦν σὺ κλεινὸς καὶ πατρὸς κλεινοῦ γεγώς, oder wenn es dem Fälscher beliebt hätte zu setzen: ὅτ᾽ ὦν σὺ Πηλεύς πατρὸς Αἰακοῦ γόνος. Was wir dagegen jetzt lesen, ὦν σὺ Πηλεύς, der du Peleus bist, scheint mir sinnlos, weil der Name Peleus an sich höchst gleichgiltig ist und namentlich, worauf es hier besonders ankommt, keine Bestimmung des Alters enthält. Darum halte ich es für wahrscheinlich dass die Worte καὶ πατρὸς κλεινοῦ γεγώς auf freier Erfindung beruhen und dass wir nicht einen lückenhaften, sondern einen ungeschickt erweiterten Text vor uns haben. Es kommt noch ein anderer Grund dazu, weshalb ich die Annahme von Jacobs als unzulässig betrachten muss. Uebernehmen wir einen Augenblick die Rolle eines Interpolator und denken wir uns die vorausgesetzte Lücke ausgefüllt; es kommt hier nicht der Wortlaut, sondern nur der Sinn in Betracht, und wir brauchen daher uns nicht ängstlich an die Ueberlieferung zu binden; Menelaus konnte etwa Folgendes sagen:

ὅτ᾽ ὦν σὺ Πηλεὺς πατρὸς Αἰακοῦ γόνος,
πατὴρ δ᾽ Ἀχιλλέως, καὶ θεοῖς θαλασσίοις
κῆδος συνάψας, αἰσχρὰ μὲν σαυτῷ λέγεις κτέ.

Hätte ein alter Interpolator im zweiten oder dritten Jahrhundert unserer Zeitrechnung so geschrieben, wie viele und wie eifrige Vertheidiger würde sein Machwerk im neunzehnten Jahrhundert finden, nachdem die Libitina in Gestalt einiger Pergamenthandschriften ihm die Weihe des Alterthums verliehen! Euripides konnte indess eine derartige Aufzählung der Vorzüge des Peleus dem Menelaus nicht in den Mund legen; es wäre ein psychologischer Missgriff gewesen den Menelaus als so unparteiisch und objectiv darzustellen, dass er den Gegner, den er herabzusetzen sucht, mit solcher Anerkennung behandeln und in solcher Weise rühmen sollte; mindestens würden derartige Aeusserungen zu dem sonstigen Charakter des Euripideischen Menelaus in grellem Contraste stehen. Wir werden hiernach nicht umhin können die Worte καὶ πατρὸς κλεινοῦ γεγώς für unpassend halten zu müssen, eben weil sie ein zweckloses Lob des Menelaus enthalten; möglich dass der Urheber derselben El. 206 benutzte. Das nachfolgende κῆδος συνάψας dürfte aus Andr. 620 entlehnt sein. Die in der ersten Ausgabe geäusserte Vermuthung, dass die Worte καὶ πατρὸς — συνάψας von fremder Hand hinzugefügt sind, glaube ich auch jetzt festhalten zu müssen; ausserdem halte ich ὦν σὺ Πηλεύς für unrichtig. Ich möchte vorschlagen:

ὅτ᾽ ὦν σὺ κωλιός αἰσχρὰ μὲν σαυτῷ λέγεις,
ἡμῖν δ᾽ ὀνείδη διὰ γυναῖκα βάρβαρον.

Der Aenderung κωλιός statt Πηλεύς dürften auch diejenigen sich nicht wohl entziehen können, die gegen die Annahme einer Interpolation sich sträuben. — An die letzten Worte διὰ γυναῖκα βάρβαρον schliessen sich unmittelbar diese Verse an:

630 ἢν χρῆν σ' ἐλαύνειν τήνδ' ὑπὲρ Νείλου ῥοὰς
ὑπέρ τε Φᾶσιν κἀμὲ παρακαλεῖν ἀεί·
οὖσαν μὲν Ἠπειρῶτιν, οὗ πεπτωκότα
πλεῖστ' Ἑλλάδος· πέπτωκε δορικτητῇ νεκρῶν,
τοῦ σοῦ δὲ παιδὸς αἵματος κοινουμένην.
635 Πάρις γάρ, ὃς σὸν παῖδ' ἔπεφν' Ἀχιλλέα,
Ἕκτορος ἀδελφὸς ἦν, δάμαρ δ' ἥδ' Ἕκτορος.
καὶ τῇδέ γ' εἰσέρχει σὺ ταὐτὸν εἰς στέγος κτἑ.

An der Verbindung ἦν τήνδε V. 650 haben viele Kritiker Anstoss genommen und entweder das Relativum oder das Demonstrativum zu beseitigen gesucht: ἣ χρῆν σ' ἐλαύνειν wollte Porson Adv. p. 224, ὃν χρῆν ἐλαύνειν L. Dindorf; τηλ' ὑπὲρ Νείλου ῥοὰς Reiske, τὴν ἐπ' ὑπὲρ N. ῥ. und später κἂν ὑπὲρ N. ῥ. G. Hermann, τὴν ὑπὲρ N. ῥ W. Dindorf, δῆτ' ὑπὲρ Νείλου ῥοὰς Fix; endlich wollte Geel (Eur. Phoen. p. 86): οὗ χρῆν σ' ἐλαύνειν τήνδ' ὑπὲρ Νείλου ῥοάς — κἀμὲ παρακαλεῖν ἔδει; Unter diesen Vermuthungen scheint Reiskes τῆλ' ὑπὲρ Νείλου ῥοάς sich am meisten zu empfehlen; an τὴν ἐπ' ὑπὲρ (oder τὴν ὑπὲρ) Νείλου ῥοάς, wobei man ὁδόν verstehen wollte, durfte nicht gedacht werden, da Nil und Phasis lediglich die äussersten Gränzen der Erde darstellen (vgl. Schneidewin zu Soph. Oed. R. 1227), nicht aber ein bestimmter Weg gemeint ist, der über die Strömungen des Nils und über den Phasis führt. Allerdings aber lassen sich für ἢν τήνδε mehrere ähnliche Ausdrucksweisen beibringen. Andr. 710: ἢν δὴ δ' ἐξ ἡμῶν γεγὼς ἐλᾷ δι' οἴκων τήνδ' ἐπισπάσας κόμης, wo Musgraves Vermuthung δι' οἴκων τῶνδ' richtig sein dürfte, da δι' οἴκων an sich zu unbestimmt zu sein scheint. Andr. 1115: ὧν Κλυταιμνήστρας τόκος εἰς ἣν ἀκάντων τῶνδε μηχανορράφος. Iphig Aul. 155: σφραγῖδα φύλασσ' ἢν ἐπὶ δέλτῳ τήνδε κομίζεις. Soph. Trach. 137: ἃ καὶ σὲ τὴν ἄνασσαν ἐλπίσιν λέγω τάδ' αἰὲν ἴσχειν. Nimmt man hinzu was ich Th. I S. 98 angeführt habe, so wird man sich wohl entschliessen müssen ἢν τήνδε gelten zu lassen. Ob die etwas nüchternen Worte κἀμὲ παρακαλεῖν ἀεί in unversehrter Gestalt auf uns gekommen sind, wage ich nicht zu entscheiden. Dagegen ist es mir unzweifelhaft dass von 655 und 656 nicht ein Wort dem Euripides zur Last gelegt werden darf. In der ersten Ausgabe habe ich beide Verse unter den Text gesetzt und in der Vorrede gesagt: *reconditae sapientiae interpretamentum deleri.* Darauf bemerkt Klotz: «id nullo modo possum comprobare. Nam quum verba τοῦ σοῦ τε παιδὸς αἵματος κοινουμένην nihil aliud in se contineant nisi universam caedis Pelidae communitatem Andromachae, mea quidem sententia illud apertius erat in persona Menelai a poeta explicandum, praesertim quum remotius esse videretur ab hoc loco, quam ut statim ab omnibus, quum in scaena diceretur, intelligeretur». Es ist nicht wohl möglich eine schlechte Sache mit stumpferen Waffen zu vertheidigen. Wenn Menelaus zu Peleus sagt «Andromache ist mitschuldig an dem Blute deines Sohnes», so kann dies allerdings näher erläutert werden; aber damit ist das was hier zur näheren

Erläuterung hinzutritt, noch keineswegs gerechtfertigt oder entschuldigt. Klotz musste
den Nachweis führen dass Euripides auch sonst seine Worte mit so trivialen Notizen inter-
pretirt, wie es hier geschieht: «Paris nämlich, welcher deinen Sohn Achilles tödtete, war
Hectors Bruder, und diese ist Hectors Weib». Dem Peleus kann unmöglich damit etwas
neues gesagt werden: ist es wohl denkbar dass irgend ein Athener diese Dinge nicht
wusste? Dass Euripides wenigstens seinem Publikum eine bei weitem detaillirtere Kennt-
niss der Heroensagen zutraute, geht schon hervor aus einer späteren Aeusserung des
Menelaus V. 687:

οὐδ' ἄν τε Φῶκον ἤθελον κατακτανεῖν.

Nur mit diesen ganz kurzen Worten wird die Person des Phocus und seine Ermordung
durch Peleus berührt: die Erläuterungen überliess Euripides unseren Scholiasten, seinem
Publikum glaubte er eine nähere Exposition nicht geben zu müssen. Aber jene Notiz vom
Paris und Hector ist nicht nur trivial: sie erscheint auch, und das ist noch mehr zu betonen, in einer absolut unpoetischen und selbst des mittelmässigsten Dichters unwürdigen
Form. Ob etwas poetisch oder unpoetisch sei, ist nun freilich eine Sache des Geschmacks:
aber ohne Geschmack lässt sich überhaupt keine Kritik üben, am wenigsten die Kritik von
poetischen Schöpfungen. Um zu lernen was ein Griechischer Tragiker schreiben konnte
und was nicht, gibt es ein untrügliches Mittel, anhaltendes und eindringliches Studium
überhaupt der Griechischen Poesie und speciell der Griechischen Tragoedie. Wer diesen
Weg verschmäht, kann leicht in den Fall kommen dass er, auch nachdem das Richtige
gesagt worden ist, die elendeste versificirte Prosa von der Hand des Dichters nicht zu unterscheiden vermag. Uebrigens bietet C den zweiten der interpolirten Verse in folgender
Gestalt: Ἕκτορος ἀδελφός, δάμαρ ἥδε τ' Ἕκτορος, wonach vielleicht zu verbessern ist: Ἕκτορος ἀδελφός, ἥδε τ' Ἕκτορος δάμαρ.

Nach dem Abtreten des Menelaus, der sich ziemlich kleinlaut zurückzieht, und dem
sich anschliessenden Chorgesange tritt V. 802 ff. die Amme der Hermione auf, um das
neue Leid zu beklagen, von dem das Haus betroffen ist. Ihre Gebieterin Hermione bereut
ihre That und will durch Selbstmord der gefürchteten Rache des Neoptolemus zuvorkom-
men. Bald nach der Amme erscheint Hermione selbst, und es beginnt ein Klaggesang,
dessen erster strophisch gegliederter Theil im Wesentlichen so überliefert ist:

Str. 1.   ΕΡΜ. ...
              ...
              ...
          ΤΡΟ. ...
Ant.   ΕΡΜ. ...
              ...
              ...
          ΤΡΟ. ...

Str. 2.   ΕΡΜ. τί δέ με δεῖ στέρνα καλύπτειν πέπλοις;
          δῆλα καὶ ἀμφιφανῆ καὶ ἄκρυπτα δε-
     835 δράκαμεν πόσιν.
          ΤΡΟ. ἀλγεῖς φόνον ῥάψασα συγγάμῳ σέθεν:
Ant. 2.   ΕΡΜ. κατὰ μὲν οὖν στένω δαΐας τόλμας,
          ἂν ἔρεξ' ἁ κατάρατος, ἐγώ κατά-
          ρατος ἀνθρώποις.
     840 ΤΡΟ. συγγνώσεται σοι τήνδ' ἁμαρτίαν πόσις.

V. 826 f. bietet die Aldina und wie es scheint B von erster Hand δύια μύγματα, was nach dem antistrophischen Verse den Vorzug verdienen dürfte; die Form μύγμα bezeugen die alten Lexikographen, wie Photius, Hesychius, Suidas u. a., vgl. Lobeck Pathol. elem. 1 p. 27. Im zweiten Strophenpaare, wo ich die Kirchhoffsche Versabtheilung beibehalten habe, lässt die handschriftliche Corruptel kaum noch eine Spur der ursprünglichen Responsion erkennen, und die von mehreren Kritikern, namentlich Hermann und Hartung, aufgebotenen Mittel um eine genaue oder ungefähre Uebereinstimmung zwischen Strophe und Antistrophe zu erzielen, können als unwahrscheinlich und willkürlich hier mit Stillschweigen übergangen werden. Kirchhoff, der an der Möglichkeit einer sicheren Herstellung verzweifelt, hätte seine Vermuthung über V. 835 und 839 besser unterdrückt; er sagt: «*quum probabile sit in dochmium haec aliquando exiisse, coniicias in stropha corrigendum δέδραχ' ἁμὸν πόσιν, quibus respondebit antistrophi* κατάρατος *ἐν ἀνθρώποις*». Denn dass die Dochmien _ ‿ ‿ _ und _ ‿‿ _ _ sich entsprochen hätten ist undenkbar. Um die Hand des Dichters herzustellen, musste man beachten, was bei allen bisherigen Emendationsversuchen übersehen worden ist, dass die zweite Strophe in der jetzigen Lesart sinnlos ist. Oder lässt sich wohl zwischen der Frage «warum soll ich meine Brust verhüllen?» und der nachfolgenden Behauptung «nicht zu verbergendes habe ich meinem Gatten angethan» ein vernünftiger Zusammenhang wahrnehmen? Offenbar spielt Hermione mit den Begriffen καλύπτειν und ἄκρυπτα: durch die Aufforderung ihre Brust zu verhüllen wird sie gemahnt an ihre nicht zu verhüllende ruchlose That. Es muss mit andern Worten, damit in die Stelle Sinn und Zusammenhang komme, δῆλα καὶ ἀμφιφανῆ καὶ ἄκρυπτα als Object von καλύπτειν abhängig gemacht, d. h. στέρνα als Wiederholung aus dem vorhergehenden Verse getilgt werden. Die unzweifelhafte Bestätigung dieser Vermuthung ergibt sich aus dem Metrum: schon Musurus sah dass στέρνα den Rhythmus stört; nur suchte er fälschlicher Weise mit einer Umstellung zu helfen. Sind aber die Worte δῆλα — ἄκρυπτα von καλύπτειν abhängig, so erscheint δεδράκαμεν πόσιν als ein unerträgliches Anhängsel. Zieht man noch in Betracht dass δῆλα καὶ ἀμφιφανῆ καὶ ἄκρυπτα und in der Antistrophe ἁ κατάρατος ἐγώ κατάρατος sich genau entsprechen, so sind die nöthigen Anhaltspunkte gegeben, um der ursprünglichen Lesart mindestens sehr nahe zu kommen. Es zeigt sich auch hier, wie so oft, dass die bisher versuchte Flickarbeit nicht zum Ziele führte, dass vielmehr die späteren Zuthaten wieder ausgeschieden werden mussten. Ich schreibe:

Str.   ΕΡΜ. τί δέ με δεῖ καλύπτειν πέπλοις;
             δῆλα καί ἀμφιφανῆ καί ἄκρυκτα;
       ΤΡΟ. ἀλγεῖ; φόνον ῥάψασα συγγάμω σέθεν;
Ant.   ΕΡΜ. κατὰ μὲν οὖν στένω δαΐας·
             ἁ κατάρατος· ἐγὼ κατάρατος.
       ΤΡΟ. συγγνώσεταί σοι τήνδ' ἁμαρτίαν πόσις.

Möglich dass in δαίας noch ein Fehler liegt: die vorgeschlagene Tilgung halte ich für unerlässlich. Auch im Folgenden finden sich mehrere bereits von anderen wahrgenommene Einschaltungen, besonders V. 854—856; übrigens ist es mir nicht möglich die zahlreichen besonders metrischen Bedenken zu heben die in V. 841—865 sich uns aufdrängen.

Dem Orestes, welcher im Begriff ist nach Dodona zu reisen und in Phthia sich nach dem Befinden der ihm verwandten Hermione erkundigt, erzählt diese was sie von ihrem Gatten Neoptolemus zu gewärtigen habe:

κτενεῖ μ' ἐπ' αἰσχίστοισιν, ἢ δουλεύσομεν
νόθοισι λέκτροις ὧν ἐδέσποζον πρὸ τοῦ.
πῶς οὖν τάδ', ὡς εἴποι τις, ἐξημάρτανες;
830   κακῶν γυναικῶν εἴσοδοί μ' ἀπώλεσαν κτέ.

Was die Worte ὡς εἴποι τις V. 929 bedeuten unterliegt keinem Zweifel; es würde alles in Ordnung sein, wenn statt ὡς εἴποι τις gesetzt wäre εἴποι τις ἄν. Dass die Partikel ἄν fehlen könne haben Matthiae Gr. Gramm. § 515 Anm., Bernhardy Synt. p. 411 und andere behauptet; Hartung stellt sogar den kühnen Satz auf: «die Partikel ἄν pflegt in der Redensart εἴποι τις *dixerit quispiam* in der Regel wegzubleiben». Wer mit Beispielen alles beweisen zu können glaubt mag sich auf folgende Stellen berufen. I. Aesch. Cho 595: ἀλλ' ὑπέρτολμον ἀνδρὸς φρόνημα τίς λέγοι καὶ γυναικῶν φρεσὶν τλαμόνων παντόλμους ἔρωτας ἄταισι συννόμους βροτῶν; Hierzu bemerkt Hermann: *defendi potest τίς λέγοι, sed hoc quidem loco, quum etiam φρεσὶν vel φρεσὶν τις possit sanum esse, multo probabilius est Aeschylum scripsisse τίς λόγω — φράσει.* II. Soph. Oed. Col. 42: τὰς πάνθ' ὁρώσας Εὐμενίδας ὅ γ' ἐνθάδ' ἂν εἴποι λεώς νιν· ἀλλὰ δ' ἀλλαχοῦ καλά. Schon Vauvilliers hat ἐνθάδ' ἂν verbessert, und Hartung hat diese seinem Gesetze widerstrebende Aenderung mit Recht in den Text aufgenommen. III. Eur. Iph. Aul. 1210: οὐδεὶς πρὸς τάδ' ἀντείποι βροτῶν. Entweder ist mit dem Cambridger Herausgeber τοῖσδ' ἂν ἀντείποι oder mit Elmsley πρὸς τάδ' ἀντερεῖ zu schreiben, falls nicht eine stärkere Entstellung uns täuscht. IV. Ar. Av. 180: ὥσπερ εἴποι τις, τόπος. Dindorf schreibt ὡς ἂν εἴποι τις. Cobet und Meineke ὥσπερ εἰ λέγοις. Ueber καίτοι δέ καί τις bei Antiphanes Com. 3 p. 64 können wir mit Stillschweigen hinweggehen, da diese Lesart schon durch den cod. Venetus des Athenaeus widerlegt wird. Mir ist es nicht möglich für εἴποι τις weitere Belege anzuführen; indess würde auch eine doppelte und dreifache Anzahl von Belegen im Vergleich zu der unendlichen Ueberzahl der für die Hinzufügung des ἄν sprechenden Stellen gar nicht in Betracht kommen. Im obigen Verse der Andromache haben Pflugk und Hermann vermuthet: πῶς οὖν ἂν εἴποι τις τάδ' ἐξημάρτανες; wo die Wortstellung mir bedenklich ist. Ich wollte ehemals ὡς εἴποι τις in ὅδ' ἐρεῖ τις ändern, nehme jedoch an dem ὅδε in dieser Verbindung jetzt Anstoss. Passender wäre ohne Zweifel πῶς οὖν σὺ ταῦτ', ἐρεῖ τις, ἐξημάρτανες oder ἐρεῖ δὲ δή τις · πῶς τάδ' ἐξημάρτανες; Vgl. ἐρεῖ τις ὡς τὸ γῆρας οὐκ αἰσχύνομαι Bacch. 204. ἐρεῖ τις · οὐ χρῆν Eur. fr. 707. ἐρεῖ τις ὡς Κλυταιμνήστρα κακή Eubulus Com. 3 p. 260. ἐρεῖ δὲ δή τις · ὦ κακά μνηστεύματα Ἀδράστῳ προσθείς Eur. Phoen. 580. ἐρεῖ δὲ δή τις ὡς ἀνανδρίᾳ χερῶν δείσας ἀπέστης Suppl. 314.

Die Weiber sind, so lauten nachher Hermiones Worte, Lehrmeisterinnen im Bösen:

ἡ μέν τι κερδαίνουσα συμφθείρει λέχος,
ἡ δ' ἀμπλακοῦσα συννοσεῖν αὐτῇ θέλει,
πολλαὶ δὲ μαργότητι· κἀντεῦθεν δόμοι
950   νοσοῦσιν ἀνδρῶν· πρὸς τάδ' εὖ φυλάσσετε
κλήθροισι καὶ μοχλοῖσι δωμάτων πύλας.

Obgleich Stobaeus Flor. 74, 4 mit unseren Handschriften übereinstimmt, so möchte ich doch V. 947 κερδανοῦσα vorziehen: damit bekommen wir den hier erforderlichen Sinn, dass die Aussicht auf Vortheil und das Trachten nach schnödem Gewinn zum Bösen verlockt. In dem nachfolgenden συμφθείρει ist die Praeposition anstössig und vielleicht durch das συννοσεῖν in V. 948 veranlasst: wie aber Lenting mit den Handschriften abcd συμφέρει λέχος schreiben konnte ist nicht wohl abzusehen.

Peleus hat Kunde bekommen dass Hermione heimlich sich aus dem Hause geflüchtet habe und wendet sich deshalb an den Chor, um über das Geschehene sich genauer zu unterrichten. Der Chor bestätigt die Nachricht und gibt auf die sich anschliessenden Fragen Auskunft:

ΧΟ. Πηλεῦ, σαφῶς ἤκουσας· — — —
1055   βασίλεια γὰρ τῶνδ' οἴχεται φυγὰς δόμων.
ΠΗ. τίνος φόβου τυχοῦσα; διαπέραινέ μοι.
ΧΟ. πόσιν τρέμουσα, μὴ δόμων νιν ἐκβάλῃ.
ΠΗ. μῶν ἀντὶ παιδὸς θανασίμων βουλευμάτων;
ΧΟ. ναί, καὶ γυναικὸς αἰχμαλωτίδος φόβῳ.

Die Worte ἀντὶ παιδὸς θανασίμων βουλευμάτων 1058 enthalten eine Undeutlichkeit, die sich auf keinen Fall gut heissen lässt. Offenbar lag hierin der Grund zu dem Vorschlage ἀντὶ παιδὶ θανασίμων βουλευμάτων, wie Dobree lesen wollte unter Verweisung auf Porson zu Eur. Phoen. 948. Mir scheint das angemessenste zu sein:

μῶν ἀντίποινα θανασίμων βουλευμάτων;

Vgl. λύμας ἀντίποιν' ἐμᾶς Hec. 1075, ἀντίποινα δ' ἐκτίνων Herc. F. 755 und Blomfield Gloss. Aesch. Pers. 482. Die von mir angenommene Entstellung der ursprünglichen Lesart würde daraus sich ungezwungen erklären lassen dass in der Quelle unserer Handschriften einige Buchstaben undeutlich waren. Denselben Fall glaube ich bald nachher wahrzunehmen. Auf die zuletzt angeführten Verse folgen nachstehende:

ΠΗ. σὺν πατρὶ δ' οἴκους ἢ τίνος λείπει μέτα;
ΧΟ. Ἀγαμέμνονός νιν παῖς βέβηκ' ἄγων χθονός.
1082 ΠΗ. ποίαν περαίνων ἐλπίδ'; ἢ γῆμαι θέλων;
ΧΟ. καὶ σοῦ γε παιδὸς παιδὶ πορσύνων μόρον.

Hier kann περαίνων ἐλπίδα nur von dem Verwirklichen einer Hoffnung verstanden werden; ein derartiger Begriff würde jedoch dem Zusammenhange zuwider sein, da Hermione von Orestes in einer verzweifelten und völlig hoffnungslosen Lage angetroffen wurde. Peleus kann nur fragen, was Orestes der Hermione in Aussicht gestellt, welche Hoffnung er ihr erweckt habe, dass sie ihm zu folgen sich entschlossen. Somit habe ich kein Bedenken getragen zu schreiben:

ποίαν προτείνων ἐλπίδ'; ἢ γῆμαι θέλων;

Waren in προτείνων die Buchstaben οτε verwischt, so konnte πρ...(νων leicht zu dem falschen περαίνων verleiten. Ueber den Gebrauch des Verbum genügt es an einige ähnliche Stellen zu erinnern, wie Aesch. Prom. 777: μή μοι προτείνων κέρδος εἴτ' ἀποστέρει. Eur. Hel. 28: τοὐμὸν δὲ κάλλος, εἰ καλὸν τὸ δυστυχές, Κύπρις προτείνασ' ὡς Ἀλέξανδρος γαμεῖ, νικᾷ. fr. 130: μή μοι προτείνων ἐλπίδ' ἐξάγου δάκρυ. Iph. Taur. 370: ὅν μοι προτείνας πόσιν, ἐν ἁρμάτων μ' ὄχοις εἰς αἱματηρὸν γάμον ἐπέρπευσας δόλῳ. So nämlich ist die letzte Stelle zu schreiben; προτείνας hat Badham statt des handschriftlichen προσείπας hergestellt, μ' habe ich hinzugefügt. — Die Fortsetzung des Gespräches zwischen Peleus und dem Chore führt uns zu den Worten:

1084 ΠΗ. κρυπτὸς καταστὰς ἢ κατ' ὄμμ' ἐλθὼν μάχῃ;
ΧΟ. ἁγνοῖς ἐν ἱεροῖς Λοξίου Δελφῶν μέτα.

Wenn an der disjunctiven Frage im ersten Verse bisher niemand Anstoss nahm, so lässt sich dies nur daraus erklären dass man den Begriff des Verbum καταστῆναι unbeachtet liess. Ein καταστῆναι εἰς ἀγῶνα (denn dies ist hier gemeint) setzt nothwendig voraus dass die Blicke der Kämpfenden sich begegnen, dass ein κατ' ὄμμα' ἐλθεῖν Statt findet: mit andern Worten, die Verbindung κρυπτὸς καταστάς halte ich für unmöglich, und erst dann werde ich mein Bedenken als ungegründet zurücknehmen, wenn durch unzweifelhafte Belege dargethan wird, dass καταστῆναι von einem hinterlistigen Auflauern jemals gebraucht worden ist. Einstweilen möchte ich λοχήσας für die ursprüngliche Lesart halten, καταστάς für die falsche Ausfüllung einer alten Rasur.

Peleus äussert den Wunsch es möge jemand von Phthia aus sich aufmachen, um den Anschlag des Orestes zu verhindern:

οἴμοι· τόδ' ἤδη δεινόν. οὐχ ὅσον τάχος
χωρήσεταί τις Πυθικὴν πρὸς ἑστίαν
1082 καὶ τἀνθάδ' ὄντα τοῖς ἐκεῖ λέξει φίλοις,
πρὶν παῖδ' Ἀχιλλέως κατθανεῖν ἐχθρῶν ὕπο;

Will Peleus seinen Enkel am Leben erhalten, so kann er wohl nur an ein Mittel denken, Gewalt gegen Gewalt aufzubieten, d. h. eine bewaffnete Macht nach Delphi zu schicken, und in diesem Sinne würden die Worte χωρήσεταί τις Πυθικὴν πρὸς ἑστίαν zu verstehen sein, wenn nicht das nachfolgende καὶ τἀνθάδ' ὄντα τοῖς ἐκεῖ λέξει φίλοις auf eine ganz andere Sendung hinwiese. Peleus will nach V. 1068 nur einen Boten abgehen lassen, der die Freunde in Delphi über den Stand der Dinge in Phthia benachrichtigen soll. Was kann ein derartiger Berichterstatter über Phthia mittheilen? Jedenfalls nur Dinge die sich nicht beweisen lassen, die nur derjenige glauben wird der schon ohnehin dem Neoptolemus mehr Glauben schenkt als dem Orestes. Ein Zeugniss aus Phthia erscheint unter allen Umständen als partheiisch und kann daher unmöglich die drohende Gefahr vom Haupte des Neoptolemus abwenden. Es wäre ein schlechter Nothbehelf, wenn man annehmen wollte Peleus sei so altersschwach und imbecill oder habe in Folge des Schreckens so den Kopf verloren dass daraus seine halbe und verfehlte Maassregel sich erkläre. Nach der Rolle welche Euripides im ganzen Drama dem Peleus zuweist, halte ich es für viel wahrscheinlicher dass V. 1068 entweder stark entstellt oder überhaupt unecht ist.

Unmittelbar an die zuletzt angeführten Worte schliesst sich das Auftreten eines Boten an, der die Nachricht bringt dass Neoptolemus gefallen sei, um dann die auf sein Ende bezüglichen Einzelheiten mitzutheilen. Die zusammenhängende längere Erzählung des Boten (1085—1165) bietet nicht wenige Probleme, die ich wenigstens als ungelöst betrachten muss. Dahin gehören V. 1097—99: ἀρχαί τ' ἐπληροῦντ' εἴς τε βουλευτήρια ἰδίᾳ ʼ ὅσοι θεοῦ χρημάτων ἐφέστασαν φρουρὰν ἐτάξαντ' ἐν περιστύλοις δρ(ρ)όμοις. 1111—13: ἔρχεται δ' ἀνακτόρων κρηπῖδος ἐντός· ὡς πάρος χρηστηρίων εὔξαιτο Φοίβῳ, τυγχάνει δ' ἐν ἐμπύροις. 1120 f: χωρεῖ δὲ πρύμναν· οὐ γὰρ εἰς καιρὸν τυπεὶς ἐτύγχαν', ἕλκει δέ. 1133 f.: εἰστοὶ μεσάγκυλ' ἔκλυτοί τ' ἀμφώβολοι σφαγῆς ἐχώρουν βουπόρῳ πεδῶν πάρος. Eine Erörterung der hier vorhandenen, zum grössten Theile schon längst erkannten Schwierigkeiten glaube ich mir sparen zu können; es genügt auf die Schäden hinzuweisen, um andere zur Heilung derselben zu ermuntern. Dagegen möchte ich über zwei andere Stellen des bezeichneten Passus meine Vermuthungen aussprechen. V. 1114 heisst es:

τῷ δὲ ξιφήρης ἆρ' ὑφειστήκει λόχος
δάφνῃ σκιασθείς· ὧν Κλυταιμνήστρας τόκος·
εἷς ἦν ἁπάντων τῶνδε μηχανορράφος.

Bei der Undeutlichkeit der voraufgehenden Verse 1111—13, die wir oben anführten, ist es zweifelhaft ob τῷ δὲ auf Orestes oder auf Neoptolemus sich bezieht, ob τῷ δὲ als Dativus incommodi oder im Sinne eines ὑπό mit dem Genetiv verstanden werden muss. Für den Sinn des Verses selbst hat diese Frage eine untergeordnete Wichtigkeit, in jedem Falle ist die Rede von dem Hinterhalte welcher dem Neoptolemus gelegt war. Handelte es sich nur um Beseitigung eines prosodischen Fehlers, so würde man 1114 bei der hergebrachten Schreibung ἄρ' ὑφειστήκει sich beruhigen können. Aber Hermann sagt mit Recht «haec particula (ἆρα oder ἄρα) non satis apparet quid sibi velit», und wenn Hartung entgegengesetzter Ansicht war, so hätte er sich nicht gestatten sollen die «treffliche und unentbehrliche Partikel» unerklärt wie unübersetzt zu lassen. Die in ἆρα oder ἄρα liegende Folgerung ist hier unmöglich. Darum vermuthete Hermann ehemals ἄγχ' ὑφειστήκει, nachher ἀνθυφειστήκει λόχος; Ob ein Tragiker das Iota in ἄγχι elidirt habe lässt sich bezweifeln; das Compositum ἀγχήρης bei Soph. fr. 6 bietet dafür keine hinlängliche Bürgschaft. Auch für ὑφέστηκα λόχος vermisse ich weitere Belege, und schon deshalb kann ich ἀνθυφειστήκει nicht für richtig halten. Es muss wohl heissen τῷ δὲ ξιφήρης κρύφιος εἰστήκει λόχος. Vgl. κρυπτὸν λόχον Rhes. 560. — Schwieriger ist es über V. 1131 zu einer festen Entscheidung zu kommen, wo gesagt wird dass Neoptolemus

1130   προύτεινε τεύχη κἀφυλάσσετ' ἐμβολάς,
    ἐκεῖσε κἀκεῖσ' ἀσπίδ' ἐκτείνων χερί.

Den Ausdruck ἀσπίδ' ἐκτείνων muss ich trotz des Schweigens der Herausgeber für unerträglich halten: man wird nach einer ähnlichen Verbindung sich vergeblich umsehen, wie es auch im Deutschen nicht denkbar ist dass jemand sagte «er streckte dahin und dorthin den Schild aus». Dass hier dem ἐκτείνων ἀσπίδα ein προύτεινε τεύχη vorausgeht muss die jetzige Lesart als noch bedenklicher erscheinen lassen. Was der Dichter geschrieben weiss ich nicht zu sagen: tadellos wäre, wie mir scheint, ἀσπίδος νωμῶν κύτος, womit zu vergleichen Eur. fr. 185: κοὔτ' ἂν ἀκίδος κύτει [καλῶς] ὁμιλήσειας οὔτ' ἄλλων (vielleicht ἀστῶν ὕπερ κακκὸν βούλευμα βουλεύσαις τι, wie das Homerische νωμῆσαι βῶν ἀζαλέην. Nicht minder gewaltsam wäre die Aenderung ἀσπίδ' εὔκυκλον νωμῶν, zu der die hergebrachte Lesart einer Aeschyleischen Stelle[1]) uns führen könnte. Nach einem gelinderen Heilmittel habe ich mich vergeblich umgesehen.

Nachdem der Bote seine Erzählung geendet, wird die Leiche des Neoptolemus auf die Bühne gebracht. Der Chor äussert in einem anapaestischen Systeme sein Mitgefühl für die Leiden des greisen Peleus:

  τλήμων ὁ παθών, τλήμων δὲ γέρον
  καὶ σύ· δέχει γὰρ τὸν Ἀχίλλειον
1170   σκύμνον ἐς οἴκους οὐχ ὡς σὺ θέλεις·
  αὐτός τε κακοῖς πήμασι κύρσας
  εἰς ἓν μοίρας συνέκυρσας.

An dem Homoeoteleuton πήμασι κύρσας (oder nach Abc πήμασιν ἔκυρσας) und μοίρας συνέκυρσας haben die meisten Kritiker mit Recht Anstoss genommen. Es ist mir unmöglich

---

1) Aesch. Sept. 590:
τοιοῦδ' ὁ μάντις ἀσπίδ' εὔκυκλον νέμων
παγχαλκον τ̣ίδα σῆμα δ' οὐκ ἐπῆν κύκλῳ.
So lautet die hergebrachte Lesart; Dindorf hat neuerdings im zweiten Verse σῆμα δ' οὐκ ἐπῆν σάκει geändert, indem er κύκλῳ nach dem vorausgehenden εὔκυκλον für höchst unwahrscheinlich erklärte. Indess fragt es sich ob die Lesart des ersten Verses richtig ist. Hier bietet die Medicelsche Handschrift ἀσπίδ' εὔκυκλον ἔχων, wozu γρ. εὔκυκλον νέμων angemerkt wird, eine allerdings leichte Correctur eines offenbaren Fehlers, gegen die jedoch der Umstand zu sprechen scheint dass ἀσπίδα νέμειν sonst nicht vorkommt. In den Schol. Eur. Phoen. 1111 ed. Matth. werden die beiden Verse des Aeschylus citirt, und zwar nach dem cod. Taur. in folgender Gestalt:
τοίου δ' ὁ μάντις ἀσπίδος ἔγκυκλον ἔχων
πάγχαλκον ἕρπει, σῆμα δ' οὐκ ἐπῆν κύκλῳ.
Leider besitzen wir von den Euripideischen Scholien noch keine genügende Bearbeitung; unter solchen Umständen dürfte es für jetzt nicht rathsam sein mit Hilfe dieses Citates die Worte des Aeschylus zu emendiren

die Wiederholung des ἐκύρσα; hier durch irgend einen rhetorischen Zweck zu entschuldigen; ich halte die jetzt vorliegende Verbindung schon um ihrer Einförmigkeit willen für eben so tadelnswerth als wenn jemand im Lateinischen sagen wollte, wie Lentiug unsere Stelle übersetzt, *et tu ipse cum in graves calamitates incideris, in idem fatum una incidisti*, oder wenn es im Deutschen hiesse »nachdem du selbst in böse Leiden verstrickt, wurdest du in ein gleiches Loos verstrickt«. Klotz findet die jetzige Lesart nicht nur tadellos, sondern sehr bezeichnend für den Schmerz des Chors. *Si quis*, sagt er unter andern, *recte existimat de eloquentia antiquorum Graecorum, is in hoc ipso luxu verborum etiam in re tristi agnoscet summam istam eloquendi artem, qua veteres et oratores et poetae tum usi sunt, si quando magis commotus erat loquentis animus, ut verbis similibus aut ab eadem radice ductis sensum suum intimum etiam externa orationis forma repraesentarent. Eius rei similitudines adferre opus non est, etiam non quaerenti se ipsae offerunt, dum modo quis sensum subtilem et exercitatum ad antiquorum lectionem adferat.* Der Raum den diese allgemeine Declamation einnimmt, hätte wohl auch für einige Belege ausgereicht; selbst mit wenigen ganz adaequaten Beispielen hätte Klotz uns zum Dank verpflichtet[1]). Jetzt wird es immer manchen Ungläubigen geben, der hier denjenigen Fehler voraussetzt über welchen wir in den Observ. crit. de trag. Graec. fragm. p. 24 f. und Eurip. Stud. I S. 53 f und 88 gesprochen haben. Ob im ersten oder im zweiten Verse der Fehler zu suchen sei, darüber lässt sich streiten. Für die Verbindung κακοῖς πήμασι κῦρσαι kann man sich berufen auf die schon von Klotz angemerkte Stelle des Hesiod Op. 691: δεινὸν γὰρ πόντου μετὰ κύμασι πήματι κῦρσαι, wie auf den häufigeren Gebrauch des gleichbedeutenden ἐγκῦρσαι vgl. ἐγκῦρσαι ἄτησιν Hes. Op. 216. τὸ δὲ καταεῖν εὖ πρῶτον ἀέθλων, εὖ δ' ἀκούειν δευτέρα μοῖρ'· ἀμφοτέροισι δ' ἀνήρ ὃς ἂν ἐγκύρσῃ καὶ ἕλῃ, στέφανον ὕψιστον δέδεκται Pind. Pyth. 1, 100. πρὶν ἐγκῦρσαι λύπῃ Bacchyl. fr. 3 p. 964 τμητοῖς ὁλκοῖς· ἐγκῦρσαι Soph. El. 863. ταῖσδ' ἐνέκυρσι τύχαις Epigr. C. I. 2258, 10 u. A. Freilich ist damit der nach dem Simplex gesetzte Dativ für Euripides noch nicht vollkommen gesichert. Weit auffallender aber ist ohne Zweifel das εἰς ἓν μοίρας συνέκυρσας des Schlussverses. Oder sind etwa diese Worte damit gerechtfertigt dass εἰς ἓν bei Euripides sich überaus häufig findet? Wer die von Hermann zu Eur. Hel. p. 153 angeführten Stellen näher betrachtet[2]), wird sich überzeugen dass nicht eine einzige geeignet ist das εἰς ἓν

---

[1] Aehnlich ist Eur. Tro. 9 9 f., wo Helena in Beziehung auf Hecuba sagt:

πρῶτον μὲν ἀρχὰς ἔτεκεν ἥδε τῶν κακῶν
Πάριν τεκοῦσα.

Ueber diese Stelle habe ich in den N. Jahrb. f. Philol. und Paedag. LXX p. 16 meine Ansicht ausgesprochen. »Man würde an den Worten ἀρχὰς ἔτεκεν ἥδε τῶν κακῶν von der Hekabe, die als Mutter des Paris die erste Schuld alles Unheils tragen soll, keinen Anstoss nehmen, wenn nicht Πάριν τεκοῦσα nachfolgte; das doppelte τίκτειν ist dagegen bedenklich, man sollte ἀρχὰς ἦδ' ἔτεκε τῶν κακῶν erwarten. Gerade weil τεκοῦσα nachfolgte, konnte ἔτεκε sehr leicht in ἔτεκεν verwandelt werden, woran

sich die zu Gunsten des Metrum vorgenommene Umstellung ἔτεκεν ἥδε statt ἥδ' ἔτεκε mit einer gewissen Nothwendigkeit ergab. Ueber den hier vermutheten Gebrauch des Verbum τεκεῖν genügt es an den Anfang der Ilias zu erinnern, ἣ μυρί' Ἀχαιοῖς ἄλγε' ἔθηκεν, vgl. Thes. Gr. L. vol. 7 p. 2169 B. C.

[2] Abgesehen von dem fehlerhaften λευσσ' ἔτ' ἐστί· εἰς ἓν ἦν Hel. 1535 sind es folgende: Ἕλληνας εἰς ἓν καὶ Φρύγας ξυνήγαγεν Or. 1640. εἰς ἓν συνελθεῖν Phoen. 462. εἰς ἓν ξυνελθόντα Tro. 1155. εἰς ἓν ἐλθόντα fr. 248, 2. πάντες εἰς ἓν ἥματε Iph. Aul. 1127. πάντας εἰς ἓν ἁλίσας Heracl. 403. ἅπαντα γὰρ συνδεῖς τάδ' εἰς ἓν Iph. T. 1016. εἰς ἓν κραθέντα Ion 1016. εἰς ἓν δ' ἐνεγκοῦσα Herc. F. 489.

μοίρας συνέκυρσας zu erklären: vielmehr weisen alle Stellen darauf hin dass statt συνέκυρσας der Begriff ἦλθες erwartet wird, wie εἰς ἓν ἐλθόντες τύχης Hel. 742 sich findet. Es liegt in der Natur der Sache dass εἰς ἓν nur mit einem Verbum sich verträgt welches die Frage »wohin« fordert oder doch zulässt, während man zu συνέκυρσας einen Dativ erwarten muss[1]). Gesetzt nun es hiesse: αὐτός πήμασι κυρσας (oder πήμασιν ἐγκύρσας) εἰς ἓν μοίρας ἦλθες, wäre damit ein befriedigender Sinn gewonnen? Es würde sich der neue Zweifel uns aufdrängen was mit εἰς ἓν μοίρας gemeint sei. Schon Lenting erkannte die Unbestimmtheit dieses Ausdrucks: entweder, meint er, wird Peleus in seiner gänzlichen Vereinsamung einem Todten gleich geachtet (vgl. ὁλόμετ' ἰσούκυς Or. 200) und theilt somit das Loos seines ihm entrissenen Enkels, oder nach den früheren harten Schicksalsschlägen ist er einem gleichen Unglück verfallen. Mit andern Worten, εἰς ἓν μοίρας enthält eine nicht zu entschuldigende Amphibolie, da man nicht erfährt womit das Loos des Peleus identificirt wird. Offenbar war dies der Grund zu Hermanns Aenderung, αὐτός τε κακοῖς πήμασι τοῖς τοῦδ' εἰς ἓν μοίρας συνέκυρσας. Sollen diese Worte nicht baaren Unsinn enthalten, so muss κακοῖς πήμασι τοῖς τοῦδε in causalem Sinn genommen werden; viel näher aber liegt es, da man zu συνέκυρσας einen Dativ fordert, κακοῖς πήμασι συνέκυρσας zu verbinden: ausserdem wurde schon bemerkt dass εἰς ἓν μοίρας συνέκυρσας sich nicht verstehen lässt. Fassen wir die Ergebnisse der bisherigen Erörterung kurz zusammen, so scheint Folgendes unzweifelhaft: entweder ist κύρσας oder συνέκυρσας unrichtig; πήμασι κύρσας erscheint bei einem Tragiker bedenklich: die Verbindung εἰς ἓν μοίρας συνέκυρσας ist eine syntaktische Unmöglichkeit; εἰς ἓν μοίρας ist ohne nähere Bestimmung unklar. Hiernach wird man der Nothwendigkeit einer doppelten Aenderung schwerlich sich entziehen können, und zwar dürfte einerseits κύρσας, andrerseits εἰς ἓν fehlerhaft sein. Dem Sinne wäre gedient, wenn es etwa hiesse: αὐτός τε (oder ἄλλος τε) κακοῖς πήμασι πληγείς
καινῇ μοίρᾳ συνέκυρσας.

Aber wenn der überlieferte Text so frei umgestaltet wird, so ist das Gebiet der Möglichkeiten zu wenig begränzt, und eine Operation der Kritik kann in diesem Falle nur zu dem negativen Resultate führen dass die Heilung der Stelle uns bis auf weiteres versagt sei.

Indem ich andere mir unlösbare Schwierigkeiten des uns erhaltenen Textes in Uebereinstimmung mit dem Plane dieser Blätter für jetzt unberührt lasse, gebe ich noch einen Nachtrag zu den von Kirchhoff angemerkten Citaten und Benutzungen des Stückes bei späteren Schriftstellern.

V. 85 Donat. in Terent. Hec. 2, 1, 17.

V. 158 vermuthlich berücksichtigt von Phryn Bekk. p. 6, 1: vgl. Trag. Graec. fragm. p. 693.

εἰς ἓν ἐλθόντες τύχης Hel. 742. Dazu nehme man Eur. fr. 544. 2. Aesch. Cho. 299 und die in Thes. Gr. L. vol. 3 p. 399 C angemerkten Beispiele.

1) Soph. Oed. Col. 1404: τῇδε συγκῦρσαι τύχῃ. Lucian Philopatr. c. 15: τοιᾷδε τέλει συγκῦρσαι. In gleicher Weise müsste der Dativ stehen, wenn man statt συνέκυρσας mit Matthiae συνεκρύθης schreiben wollte: δειλείᾳ δὲ συγκέκραμαι δύα Soph. Ant. 1311. οἴκτῳ τῷδε συγκεκραμένον Al. 895. συγκέκραμαι δαίμονι Ar. Plut. 853 u. dgl.

V. 189 f. Flor. Monac. bei Meineke Stob. Flor. vol. 4 p. 276, 5. Libanius Epist. 79.
V. 229 f. Ioh. Siceliota Rhet. VI p. 125 (nicht p. 152).
V. 318 f. Boethius de consol. 3, 6.
V. 352 ἀτηρὸν κακόν Phryn. Bekk. p. 19, 17.
V. 371 f. Georgius Cedrenus vol. 1 p. 529 ed. Bonn.
V. 400 wird von Apsines bei Spengel Rhet. vol. 1 p. 394, 23 mit einer Stelle der Troades (V. 476—481 und 483—485 ed. K.) in Verbindung gebracht, vermuthlich in Folge eines Gedächtnissfehlers.
V. 444 f. Schol. Eur. Orest. 361.
V. 447 Plut. Mor. p. 863 E.
V. 450 Antiatt. p. 78, 21: αἰσχροκερδής· Εὐριπίδης Ἀνδρομέδα (vielmehr Ἀνδρομάχῃ).
V. 464 Anecd. Bekk. p. 389, 8 und Suidas: ἀμφημάτορας· ἀμφοτέρους τοὺς γονεῖς ἔχοντας, wo man statt ἀμφοτέρους vielmehr διαφόρους erwarten sollte.
V. 467 Iohannes Philoponus de mundi aetern. 9, 3.
V. 534 Choerob. Epim. p. 71, 32.
V. 541 Anecd. Bekk. p. 402, 4.
V. 618 Schol. Vat. Eur. Tro. 1030.
V. 739 Phot. Lex. p. 30, 19: εὐηνέμους· εὐδιεινούς, καλεύς, ἀχειμάστους. Eben so Anecd. Bachm. vol. 1 p. 239, 28 und Suidas.
V. 762—64 Iohannes Mal. p. 122, 18 ed. L. Dindorf, vgl. Anecd. Paris. vol. 2 p. 216, 21. Die letzten Worte benutzt Choricius Gaz. p. 310 ed. Boiss.: ἀρετὴ καὶ θανοῦσι λάμπει.
V. 814 Anecd. Bachm. vol. 1 p. 289, 18. Photius Lex. p. 215, 16. Suidas v. λεπτόμιτον φάρος.
V. 910 vgl. Plut. Mor. p. 610 B.
V. 966 Flor. Monac. bei Meineke Stob. Flor. vol. 4 p. 278, 16.
V. 1111 Hesych. vol. 1 p. 916: δεξιμήλοις· ἐπηκόοις καὶ ἱλαρεῖς θεοῖς· ἀπὸ τοῦ δέχεσθαι τὰ θυόμενα μῆλα. καὶ δεξίμηλοι ἐσχάραι, wo δεξίμηλον ἐσχάραν zu verbessern ist.

Die Worte σύγχορτα ναίω πεδία V. 17 stehen auch in der Antiope[1]; es ist daher ungewiss auf welche von beiden Stellen Hesychius v. χόρτος sich bezieht. In gleicher Weise kann die Glosse des Hesychius: ἀντομῶσαι· παρακαλέσαι (d. h. wie M. Schmidt in den Addenda bemerkt hat, ἄντομαί σε· παρακαλῶ σε), auf drei Euripideische Stellen (Med. 704. Andr. 901. Heracl. 226) bezogen werden; wahrscheinlich ist sie aus der Medea entlehnt.

---

1) Eur. fr. 179: Οἰνόη σύγχορτα ναίω πεδία ταῖς τ' Ἐλευθεραῖς. Bernhardy Grundr. der Griech. Litter. I p. 729 (269 der dritten Bearbeitung) irrte sich, wenn er in diesen Worten, welche bei Strabo VIII p. 875 ohne Nennung des Autors sich finden, einen sprichwörtlichen Vers und zwar einen trochaeischen Tetrameter voraussetzte. Vielmehr bildet Οἰνόη den Schluss, σύγχορτα den Anfang eines iambischen Trimeter aus der Antiope, vermuthlich aus dem Prologe des Stückes, vgl. Meineke Alciphr. p. 152.

8. Troades.

Durch Kirchhoffs Specialausgabe der Troades (Berlin 1852) wurde mir der Anlass geboten eine Reihe von kritischen Bemerkungen zu diesem Stücke in den Jahrb. f. Philol. u. Paed. LXX p. 3—19 mitzutheilen: ich werde aus jenen Erörterungen einiges — natürlich hie und da in andrer Fassung — an diesem Orte wieder aufnehmen was Kirchhoff in seiner Bearbeitung der gesammten Euripideischen Tragoedien unberücksichtigt gelassen oder stillschweigend verworfen hat. Fortgesetzte Beschäftigung mit dem Object um das es sich handelt, wird wie immer so auch hier die beste Entscheidung abgeben, was nothwendig und was unhaltbar sei, und ich besitze nicht genug Autoritätsglauben, um dem bequemen Stillschweigen denselben Werth beizulegen wie zwingenden Gründen.

Im Prologe berührt Poseidon die Leiden der schwer geprüften Hecuba,

ἣ ταῖς μὲν ἀμφὶ μνῆμ' Ἀχιλλείου τάφου
40 λάθρα τέθνηκε τλημόνως Πολυξένη,
φροῦδος δὲ Πρίαμος κτέ.

Das Wort λάθρα (so BCb) oder vielmehr λάθρᾳ hat Seidler zu rechtfertigen gesucht, indem er daran erinnerte dass Hecuba erst später V. 260 und 620 ff. über das Schicksal der ihr entführten Polyxena Aufklärungen bekommt. Aus diesen Stellen geht hervor, *clam Hecuba factam esse Polyxenae immolationem*, und Seidler meinte, *non minimum huic figmento ad animos commovendos vim tribuisse poetam*. Allerdings hat der Dichter mit weiser Berechnung die greise Mutter zunächst über das Schicksal der Polyxena in Ungewissheit gelassen: die Ungewissheit ist das geringere Unglück, weil sie noch der Hoffnung Raum gibt, und indem statt des bangen Zweifels die schreckliche Wirklichkeit eintritt, wird ein neuer tragischer Effect gewonnen. Aber eben weil die Ungewissheit das geringere Unglück ist, wäre hier, wo das Uebermaass von Hecubas Leiden geschildert werden soll, die Hervorhebung der Ungewissheit zweckwidrig. Ausserdem bedeutet λάθρᾳ τέθνηκε durchaus nicht, was Seidler stillschweigend voraussetzt, *clam Hecuba*: um diesen Sinn auszudrücken, müsste λάθρᾳ μητρός stehen. Jetzt ist λάθρᾳ geradezu sinnlos; eben weil Polyxena am Grabhügel des Achilles getödtet worden, ist sie nicht schlechthin λάθρᾳ gestorben. Schon wegen des nachfolgenden Adverbium τλημόνως sollte man statt λάθρᾳ ein Adjectivum erwarten. In B finden wir die Notiz: γρ. οἰκτρά, ὃ καὶ ἄμεινον, und eben dies οἰκτρά τέθνηκε bieten die Handschriften der zweiten Klasse, AB. Hiernach ergeben sich meines Erachtens zwei Möglichkeiten: entweder liegt den Varianten λάθρα und οἰκτρά ein drittes Adjectivum zu Grunde (ich dachte an ἁβρά τέθνηκε, wodurch wir eine bei den Tragikern nicht ungewöhnliche Bezeichnung der zarten Jungfräulichkeit bekämen), oder οἰκτρά τέθνηκε ist die authentische Lesart. Von Seiten der diplomatischen Kritik wird sich gegen die letztere Ansicht nichts einwenden lassen, schon deshalb weil οἰκτρά in beiden Klassen unserer Codices vertreten ist. Dazu kommt dass nach einer früheren Bemerkung (vgl. S. 63) gerade in den Troades die zweite Klasse der Handschriften an nicht wenigen Stellen vor der ersten den

Vorzug verdient. Diese für die Kritik unseres Stückes überaus wichtige Thatsache hat Kirchhoff nicht hinreichend beachtet und in Folge dessen manche unzweifelhaft richtige Lesart der im Allgemeinen allerdings nachstehenden Codices der zweiten Klasse nicht zu ihrem Rechte kommen lassen. Trotz seines Bestrebens sich möglichst den bessern Handschriften [1]) anzuschliesen konnte er nicht umhin an folgenden Stellen die zweite Klasse zu bevorzugen, die hier durch den Pal. 287 (*B*) und für den ersten Theil des Stückes durch den Harl. 5743 (*A*) repräsentirt wird.

V. 70: εἶδ' ἡνίκ' Αἴας εἷλκε (εἷλε BC) Κασάνδραν βία.
V. 71: κοὐδέν γ' (κοὐδὲν BC) Ἀχαιῶν ἔπαυσεν οὐδ' ἤκουσ' ὕπε.
V. 82: σὺ δ' αὖ τὸ σὸν παράσχες (πάρασχε BCb) Αἰγαιον πόρον.
V. 111: τί δὲ θρηνῆσαι (μὴ θρηνῆσαι BC).
V. 140: δούλα δ' ἄγομαι (δούλ' ἄγομαι BC) γραῦς ἐξ οἴκων.
V. 151: ποδός (παιδὸς BC) ἀρχεχόρου πλαγαῖς Φρυγίαις.
V. 165: μέλεαι μόχθων (μόχθον BC) ἐπακουσόμεναι.
V. 177: τήσδ' Ἀγαμέμνονος ἐπακουσομένα (ἐπακευσομέναν BC).
V. 187: τίς μ' Ἀργείων ἢ Φθιωτᾶν (φθιωτᾶν BC).
V. 192: ὡς κηφήν, ἁ (κηφήνα BC) δειλαία.
V. 240: ἤδη κεκλήρωσθ', εἰ τόδ' (εἰς τόδ' BC) ἦν ὑμῖν φόβος.
V. 242: Φθιάδος εἶπας ἦ (ἢ καὶ BC) Καδμείας χθονός.
V. 257: ῥῖπτε, τέκνον, ζαθέους κληῖδας (κλεῖδας BC).
V. 300: ὡς ἐξάγεσθαι τῆσδε μέλλουσαι (μέλλουσι BCb) χθονός.
V. 313: κατ' Ἄργος· ἁ γαμουμένα (ἀγομένα B, ἀγομένα C).
V. 329: κατὰ σὸν (σοὶ BCb) ἐν δάφναις ἀνάκτορον Ὑπερπολῶ.
V. 351: εἰσφέρετε πεύκας, δάκρυά τ' (δάκρυσί τ' BC) ἀνταλλάσσετε τοῖς τῆσδε μέλεσι.
V. 387: οὕς δ' ἕλοι δόρυ (Ἄρης ἕλοι BCb aus V. 376, ἕλοι δόρυ Variante in b).
V. 399: σιγώμενον τι κῦδος εἶχεν (εἶδεν BCb) ἐν δόμοις.
V. 421: σὺ δ', ἡνίκ' ἄν σε (ἤν καὶ σὲ B, σὺν κἄν σε C) Λαερτίου χρήζῃ τόκες ἄγειν.
V. 444: τί τοὺς Ὀδυσσέως ἐξακοντίζω (ἐξαντίζω BC, ἐξαντίζω b) τύχας.
V. 464: οὐκ ἀντιλήψεσθ' (ἀντιλήψετ' BCb); ἢ μεθήσετ', ὦ κακαί.
V. 507: στιβάδα πρὸς χαμαικετῇ (χαμερπτῇ B, χαμερπῇ C).
V. 525: τόδ' ἱερὸν ἀνάγετε (ἄγετε BC) ξόανον.
V. 558: περὶ πέπλους ἔβαλλε ματρὶ (μητρὶ BC) χεῖρας.
V. 568: Ἑκάβη, λεύσσεις τήνδ' (τὴν BC) Ἀνδρομάχην.
V. 600: γυψὶ φέρειν τέταται (τέτακται BCb).
V. 610: ὦ μῆτερ ἀνδρός, ὅς ποτ' (ὁπκότ' BC) Ἀργείων δορὶ πλείστους διώλεσ'.

---

1) D. h. in den Troades B (Vaticanus 909), C (Havaleusis), G (Harleianus 5743 m. sec.) und b (Florentinus Vossilh. Ueber die Lesart der zuletzt genannten jetzt verlorenen Handschrift sind wir nur unvollständig unterrichtet; vom | Harleianus kommt hier lediglich die zweite Hälfte des Stückes (V. 611 ff.) in Betracht. Näheres hierüber bei Kirchhoff in der Vorrede zu seiner speciellen Bearbeitung der Troades.

V. 687: γραφῇ (γραφὴν BCGb) δ' ἰδοῦσα καὶ κλύουσ' ἐπίσταμαι.
V. 691: ἓ δ' ἄντλον εἴργων ναός (νηός BCG).
V. 696: νικᾷ γὰρ οὐκ (οὐκ BC) θεῶν με δύστηνος κλύδων
V. 701: εἰς τὸ κοινὸν εὐφρανεῖς φίλους (φίλος BC und vermuthlich G).
V. 712: τί δ' ἐστίν; ὥς μοι φροιμίων ἄρχῃ (ἀρχὴ BCG) κακῶν.
V. 718: ἐκτήσω' αἰδῶ, πλὴν ἐὰν λέγῃς καλά (κακά BCG).
V. 751: νισσός· ὡσεί (ὡς CG und vermuthlich B) πτέρυγας εἰσπίτνων ἐμάς.
V. 762: ἀμφὶ δ' ὠλέναις (ὠλέναις BCG) ἐλισσ' ἐμεῖς νώτοισι.
V. 790: ὦ τέκνον, ὦ καὶ παιδὸς μογεροῦ (μονογενοῦ Bb, μονογενοῦς C(i).
V. 800: νόσου περικύμονος οἰκήσας ἕδραν (ἕδρας BCG).
V. 805: συναριστευών ἅμ' (ἅμ' fehlt in BCGb) Ἀλκμήνας γόνω.
V. 810: Σιμόεντι δ' ἐπ' εὐρείτᾳ (εὐρείτα BCG) πλάταν.
V. 811: καὶ ναυδετ' ἀνῆψατο πρυμνὰν (πρύμναν BCG).
V. 820: μάταν (μάτην BC) ἄρ', ὦ χρυσέαις.
V. 852: τεκνοποιὸν ἔχουσα τάσδε (τάδε BC) γᾶς πόσιν ἐν θαλάμοις.
V. 875: πάλιν ἐς Ἀργείαν (ἀργείων BCG) χθόνα.
V. 940: ἦλθ' οὐχὶ μικρὰν θεὸν (θεῶν BC) ἔχων αὐτοῦ μέτα.
V. 966: βασίλει', ἄμυνον σοῖς τέκνοισι καὶ πάτρᾳ (πάτραν BC(i).
V. 969: ταῖς θεαῖσι (ταῖς fehlt in BCG) πρῶτα σύμμαχος γενήσομαι ¹).
V. 1053: ἔσται δ' ἃ (ἔσται τάδ' ἃ Bb, ἔσται γ' ἃ C(i) βούλει.
V. 1058: ὅπως δ' ὁ τῆσδ' (τῆς BC) ὀλέθρος εἰς φόβον βαλεῖ.
V. 1118: καιναὶ (κανά BCG) καινῶν μεταβάλλουσαι.
V. 1141: ἀλλ' ἀντὶ κέδρου περιβόλων τε λαΐνων (τ' ἐλαΐνων BC(i).
V. 1145: ἐπεὶ μέμηκε καὶ τὸ (τὸ τοῦ BC) δεσπότου τάχος.
V. 1173: δύστηνε, κρατὸς ὥς σ' ἔκειρεν (ὅς ἔκειρεν B, οὓς ἔκειρεν C und wahrscheinlich G) ἀθλίως.
V. 1180: ὦ πολλὰ κόμπους ἐκβαλὸν φίλον (φίλων B, φίλιον C(i) στόμα.
V. 1232: τὰ μὲν ἐγώ σ' ἰάσομαι (ἰήσομαι BC) τλήμων ἰατρός.
V. 1234: τὰ δ' ἐν νεκροῖσι φροντιεῖ (φροντίει B, φροντίσει BC(i) πατὴρ σέθεν.
V. 1284: ἐνδουσιᾷς, δύστηνε, τοῖς σαυτῆς (αὐτοῖς BG, vermuthlich auch C) κακοῖς
V. 1289: πάτερ, ἀνάξια (ἄξια BC, ἄξιε G) τᾶς Δαρδάνου γονᾶς.
V. 1303: μάθετε ματρός (μητρὸς BG, μρς C) αὐδάν.
V. 1326: ἔνοσις (ἔνωσις BCG) ἅπασαν ἔνοσις (ἔνωσις BCG) ἐπικλύσει πόλιν.
V. 1328: τρομερὰ τρομερὰ (τρομερὰ einmal BCGb) μέλεα

---

1) In seiner Specialausgabe liess Kirchhoff den Artikel fort: später nahm er ihn wieder auf, nachdem ich ein Citat bei Aristoteles Rhet. 3, 17 p. 1418 b 21 nachgewiesen hatte, durch welches die Lesart des Palatinus in der Hauptsache bestätigt wird. Ich erwähne dies, um die Bemerkung anzuknüpfen dass bei Aristoteles die von Bekker verglichenen Handschriften ohne Ausnahme τοῖς θεοῖς bieten, nicht ταῖς θεαῖσι, wie Kirchhoff angibt. Hiernach ist sowohl bei Aristoteles als bei Euripides τοῖς θεοῖσι zu verbessern: diese Form ist durch die allgemeine Bezeichnung des Gattungsbegriffes mit Nothwendigkeit gefordert.

Dazu kommt noch dass einige unentbehrliche und von niemand angefochtene Verse in den Handschriften der ersten Klasse ganz fehlen; so V. 324 die Worte παρθένων ἐπὶ λέκτροις, die durch die Autorität der Scholien gesichert sind, ferner V. 783: μητρὸς μογερᾶς, βᾶτε πατρῷων, endlich V. 1220: Φρύγια πέπλων ἀγάλματ' ἐξάπτω χροός. Wer diese lange Reihe von Textesverbesserungen die wir dem Pal. 287 und theilweise dem Harleianus 5743 verdanken, überblickt und ihren Werth unbefangen abschätzt, wird zu der Einsicht gelangen dass bei der diplomatischen Feststellung des Euripideischen Textes das aus einigen Stücken gewonnene Regulativ nicht ohne weiteres auf alle in denselben Handschriften erhaltene Tragoedien angewendet werden darf, dass wir vielmehr bei jedem einzelnen Stücke zusehen müssen ob nicht das allgemeine Gesetz einige Modificationen erleidet. Wenn eine Handschrift eine grössere Anzahl von Tragoedien enthält, so ist es nicht nur denkbar sondern von vorn herein durchaus wahrscheinlich dass der Schreiber derselben oder ihrer Quelle bald bessere bald schlechtere Hilfsmittel benutzte, dass somit der Werth unserer Handschrift für die einzelnen Stücke variirt. Jedenfalls haben wir in den Troades Grund genug der zweiten Klasse unserer Codices einen grösseren Einfluss auf die Gestaltung des Textes einzuräumen als dies in den neusten Ausgaben geschehen ist. Einige Beispiele werden dies erläutern.

I. Athene richtet an Poseidon V. 62 die Frage ob er geneigt sei ihre Absichten zu fördern:
ἐκεῖσε πρῶτ' ἀνελθε· κοινώσει λόγους
καὶ συντελήσεις ἂν ἐγὼ πρᾶξαι θέλω;

Die Lesart συμπονήσεις in AB dürfte vor συντελήσεις den Vorzug verdienen, weil es hier auf die Unterstützung durch die That, nicht auf die Sympathie des Empfindens ankommt. Vgl. Soph. Ant. 41: εἰ ξυμπονήσεις καὶ ξυνεργάσει σκόπει. Αἰ. 1379: τὸν θανόντα τόνδε συνθάπτειν θέλω καὶ ξυμπονεῖν. Obenein erklärt sich das irrthümliche συντελήσεις sehr leicht aus dem nachfolgenden θέλω.

II. Den Hellenen soll eine traurige Heimkehr bereitet werden:
75   δύστηνον αὐτοῖς νόστον ἐμβαλεῖν θέλω.

Statt des gewöhnlicheren δύστηνον lesen AB δύσνοστον, was untadlig und für einen Verbesserer wohl zu gewählt ist. Das Adjectivum δύσνοστος, das früher nur aus dieser Stelle bekannt war, hat sich neuerdings gefunden in den Hexametern eines Anonymus bei Hippol. Refut. haeres. p. 96, 66 ed. Gott. Ueber die Verbindung δύσνοστον νόστον vgl. αἰῶν δυσαίων Hel. 213. γάμους δυσγάμους Phoen. 1047. δυσδαίμων δαίμων Iph. Taur. 203. δυσθρηνήτοις ὡς θρήνοις ἔγκειμαι Iph. T. 144. νύμφαν οἴμοι δύσνυμφον Iph. T. 216. δυστυχῆ λάβῃ τύχην Tro. 471. δυσφήμους φάμας Hec. 194. δυσπνόοις πνοαῖς Soph. Ant. 588. πόνοι δύσπονοι Ant. 1277. φρενῶν δυσφρένων Ant. 1261 u. a. bei F. W. Schmidt *de ubertate orat. Soph.* II (Neu-Strelitz 1862) p. 10 f.

III. Ein anapaestisches System V. 98 ff. beginnt bei Kirchhoff mit den Worten:
ἄνα δύσδαιμον πεδόθεν κεφαλά,
ἐπάειρε δέρην· οὐκέτι Τροία κτί.

Es macht einen fast komischen Eindruck, wenn an den Kopf die Aufforderung gerichtet wird den Nacken emporzuheben; findet indess jemand an dergleichen Pointen Gefallen, so lässt sich über diese Sache des Geschmacks nicht weiter streiten. Dagegen ist der Hiatus κεφαλά ἑκαιιρε auf keine Weise zu entschuldigen. Es wird also mit *AB* κεφαλήν statt κεφαλά herzustellen sein. Die Scholien interpretiren theils den Accusativus theils den Vocativus.

    IV. Talthybius kündigt an dass er Mittheilungen vom Griechischen Heere zu über bringen habe. Hecuba entgegnet:

        239   τόδε τόδε, φίλαι γυναῖκες, ὁ φόβος; ἦν πάλαι.

Die Ueberlieferung schwankt zwischen γυναῖκες (BCb) und Τρῳάδες (AB). Kirchhoff hält das eine wie das andere Wort für ein *additamentum interpretis* und macht den Vorschlag τόδε, τόδ᾽ ὦ φίλαι, ὁ φόβος; ἦν πάλαι. Mag man über γυναῖκες und Τρῳάδες urtheilen wie man will, die Kirchhoffsche Conjectur ist jedenfalls unrichtig; der Hiatus φίλαι ὁ kann hier in dem dochmischen Metrum eben so wenig geduldet werden als vorher in den Anapaesten: vgl. Rossbach und Westphal Metrik III p. 559 f. Auch die Vermuthung von Dindorf, τόδε τόδ᾽, ὦ φίλαι γυναῖκες, ὁ φόβος ὁ φόβος; ἦν πάλαι, der zu Ende des zweiten Dochmius sich eine *syllaba anceps* gestaltet, muss gerade um dieser Licenz willen als fehlerhaft bezeichnet werden. Viel leichter ist der ehemals von mir gemachte Vorschlag, τόδε, φίλαι γυναῖκες, φόβος; ἦν πάλαι. Indess werden wir der Ueberlieferung uns noch enger anschliessen können, wenn wir Τρῳάδες aus *AB* aufnehmen: τόδε, φίλαι Τρῳάδες, ὁ φόβος; ἦν πάλαι.

    V. In V. 321—24 und 337—40 lautet die hergebrachte Lesart:

        ἐς αὐγάν, ἐς αἴγλαν,   ἰαχαῖς τε νύμφαν.
        διδοῦσ᾽ ὦ Ὑμέναιε σοί,   ἴτ᾽, ὦ καλλίπεπλοι Φρυγῶν
        διδοῦσ᾽ ὦ Ἑκάτα φάος,   κόραι, μέλπετ᾽ ἐμῶν γάμων
        παρθένων ἐπὶ λέκτροις.   τὸν πεπρωμένον εὐνᾷ.

Statt ἴτ᾽ ὦ 338 bieten BCb ἴτ᾽ ἔξω. Darum verlangt Kirchhoff: ἐς αὐγάν, ἐς αἴγλαν διδοῦσα, | ὦ Ὑμέναιε, σοί, | διδοῦσ᾽, ὦ Ἑκάτα, φάες, und in der Antistrophe ἰαχαῖς τε νύμφαν. ἴτ᾽ ἔξω, | καλλίπεπλοι Φρυγῶν | κόραι, μέλπετ᾽ ἐμῶν γάμων. Die Aenderung διδοῦσα bewirkt einen schwerlich zu entschuldigenden Hiatus, und die gangbare Versabtheilung διδοῦσ᾽ ὦ Ὑμέναιε σοί ist durch das nachfolgende διδοῦσ᾽ ὦ Ἑκάτα φάος mit Nothwendigkeit geboten. Demnach scheint mir nur zwischen zwei Möglichkeiten die Wahl zu sein: entweder ist ἴτ᾽ ἔξω die richtige Lesart und καλλίπεπλοι verderbt aus einem Anapaestus, oder die zweite Klasse der Handschriften hat das ursprüngliche bewahrt. Nun ist aber das ἔξω für den Sinn nicht angemessen, und für καλλίπεπλοι dürfte sich schwerlich ein geeigneter Anapaest finden lassen. Die übliche Lesart war somit beizubehalten.

    VI. Der Kasandra wird folgende Sentenz in den Mund gelegt:

        400   φεύγειν μὲν οὖν χρὴ πόλεμον ὅστις εὖ φρονεῖ·
                 εἰ δ᾽ εἰς τόδ᾽ ἔλθοι, στέφανος οὐκ αἰσχρὸς πέλει
                 καλῶς ὀλέσθαι, μὴ καλῶς δὲ δυσκλεής.

Das Oxymoron στέφανος δυσκλεής hat hier etwas gezwungenes und unnatürliches, weil der unrühmliche Tod nicht wohl als ein στέφανος, d. h. als eine Auszeichnung im allgemeinsten Sinne des Wortes, bezeichnet werden kann. Einfacher und angemessener wird der Ausdruck, wenn wir δυσκλεές schreiben mit AB. Statt πόλει möchte ich πόλεα vorziehen: es handelt sich um den persönlichen Ruhm den einzelne Helden wie Paris und Hector trotz der Zerstörung ihrer Stadt davontragen, nicht aber soll Trojas Untergang als rühmlich und ehrenvoll für die gesammte Stadt hingestellt werden. Auch sonst haben die Abschreiber πόλει und πόλει vertauscht, wie Trag. adesp. 450, 3: πρεστάτης δ' ἁπλοῦς πόλει σφαλερός, ὑπὼν δὲ κάλλος οὐ κακὸν πόλει (so Barnes statt κακὸν πόλει).

VII. Des Odysseus wartet, so weissagt Kasandra, eine lange Kette schwerer Leiden:

436   δεινὴ Χάρυβδις, ὠμόφρων τ' ἐπιστάτης
       Κύκλωψ, Λιγυστίς δ' ἡ συῶν μορφώτρια
       Κίρκη, θαλάσσης δ' ἁλμυρᾶς ναυάγια κτέ.

Hier beruht ὠμόφρων τ' ἐπιστάτης auf den Handschriften BCb, während ὠμοβόρος τ' ὀρειβάτης (γρ. ὠμόφρων ἐπιστάτης) in A, ὠμοβρεστορειβάτης in B gelesen wird. Das von Scaliger hergestellte ὠμοβρώς τ' ὀρειβάτης verdient vor der jetzt gangbaren Lesart unbedingt den Vorzug, weil es die eigenthümliche Natur des Cyclopen in treffender Weise charakterisirt, wogegen ὠμόφρων zu allgemein ist, ἐπιστάτης aber nach allem was wir sonst von dem Gebrauche dieses Wortes wissen als unpassend bezeichnet werden muss. Obenein bekommt ὠμοβρώς eine gewichtige Stütze durch Hesychius vol. 2 p. 1544: Χάρυβδις ὠμόβρωτος· ἡ ἀνακινωμένη θάλασσα. Dass diese Glosse aus dem in Rede stehenden Verse stammt, lässt sich nicht bezweifeln.

VIII. Von Odysseus heisst es weiter:

442   ὡς δὲ συντέμω,
       ζῶν εἶσ' ἐς Ἅιδου κἀκφυγὼν λίμνης ὕδωρ
       κἀκ' ἐν δόμοισι μυρί' εὑρήσει μελών.

Statt ζῶν εἶσ' ἐς schreibt Kirchhoff καὶ ζῶν ἐς mit BC. Um diese Schreibung möglich zu machen, entschliesst er sich den Ausfall zweier Vershälften vorauszusetzen, die er in seiner Specialausgabe vermuthungsweise ergänzte,

       καὶ ζῶν ἐς Ἅιδην [εἶσι νερτέρων πύλας
       μόγις περάσας] κἀκφυγὼν λίμνης ὕδωρ
       κἀκ' ἐν δόμοισι μυρί' εὑρήσει μελών.

Diese Ergänzung entbehrt aller palaeographischen Wahrscheinlichkeit, und ausser dem einzigen εἶσι liefert sie nichts was für den Sinn der Stelle nothwendig oder auch nur wünschenswerth wäre. Mit Recht ist sie daher in der Gesammtausgabe fortgeblieben. Hier finden wir nur die Notiz: «equidem post ᾅδην duorum hemistichiorum iactura facta hiare poetae verba adhuc teneo», ohne dass der vermisste Gedanke irgend wie angedeutet würde. Wer sich entschliesst ζῶν εἶσ' ἐς Ἅιδου aufzunehmen, wird nichts vermissen, und jede Amplification muss hier schon deshalb als bedenklich erscheinen, weil die Worte ὡς δὲ συντέμω eine knappe und kurze Ausdrucksweise ankündigen. Obenein lässt sich der Ursprung des in BC vorliegenden Fehlers leicht begreifen: nachdem εἶσ', was man für εἰς nahm, vor ἑ ausgefallen war, wurde καὶ von einem Interpolator als Ersatz der fehlenden Silbe hinzugefügt. Keine Frage also dass mit den geringeren Handschriften ζῶν εἶσ' ἐς Ἀίδου (oder ἐς Ἀίδην, denn beides ist möglich) geschrieben werden muss.

IX. V. 547 edirt Kirchhoff: βοὰν ἔμελπον εὔφρον' · ἐνὶ
δόμοις δὲ παμφαὲς σέλας.

Nach den entsprechenden Versen der Strophe, τίς οὐκ ἔβα νεανίδων, τίς οὐ γεραιὸς ἐκ δόμων, ist statt ἐνὶ vielmehr ἐν erforderlich, und diese Form bieten, wenn man aus dem Stillschweigen zweier Collatoren einen Schluss ziehen darf, AB.

X. Andromache bringt der greisen Hecuba die Trauerbotschaft dass Polyxena am Grabhügel des Achilles gefallen sei:

626   εἶδόν νιν αὐτήν κἀποβᾶσα τῶνδ' ἔχων
       ἔκρυψα πέπλοις κἀπεκοψάμην νεκρόν.

So Kirchhoff in beiden Ausgaben, weil αὐτήν die Handschriften BCGb für sich hat, αὐτή nur auf B beruht. Sicherlich aber ist εἶδόν νιν αὐτή die allein sinngemässe Lesart, da Andromache offenbar sagen will dass sie mit ihren eigenen Augen die Todte gesehen habe. Kirchhoff konnte durch die von ihm gegebene Erläuterung auf das Richtige geführt werden: «ipsam vidi mortuam, non mortuam audivi.» Dem non audivi muss nothwendig ein ipsa vidi gegenüber stehen. An Stellen wie Iph. T. 901: ταδ' εἶδον αὐτή, oder Heracl. 390: ἐγώ νιν αὐτὸς εἶδον, brauchen wir nicht erst zu erinnern. Weniger anstössig als die hier von Kirchhoff befolgte Lesart ist die überlieferte Schreibung bei Soph. Phil. 445:

οὐκ εἶδον αὐτόν, ᾐσθόμην δ' ἔτ' ὄντα νιν.

Indess wird auch hier, wie Schneidewin erkannt hat, οὐκ εἶδον αὐτός den Vorzug verdienen, da αὐτόν neben νιν als unnütze Häufung erscheint. Dass man in den Worten εἶδόν νιν αὐτή den Nominativ αὐτή dem vorausgehenden Accusativ assimilirte, hat nichts befremdliches; denselben Fall finden wir unter andern Od. β, 33:

ἐσθλός μοι δοκεῖ εἶναι, ὀνήμενος· εἴθε οἱ αὐτῷ
Ζεὺς ἀγαθὸν τελέσειεν ὅ τι φρεσὶ ᾗσι μενοινᾷ.

Statt εἶναι möchte ich ἔμμεν schreiben; für sinnlos aber halte ich οἱ αὐτῷ, und die Verbesserung kann nicht zweifelhaft sein:

εἴθε οἱ αὐτός
Ζεὺς ἀγαθὸν τελέσειεν ὅ τι φρεσὶ ᾗσι μενοινᾷ.

Vgl. ἴστω νῦν Ζεὺς αὐτός Il. K, 329. Ζεὺς δ' αὐτὸς νέμει ἔλβον Ὀλύμπιος ἀνθρώποισιν Od. ζ, 188. αὐτὰρ ἐμοὶ Ζεὺς αὐτὸς ἐνὶ φρεσὶ τοῦτο νόημα ποίησ' Od. ξ, 273. τὴν αὐτὸς ἐγείνατε μητίετα Ζεύς· Hom. hymn. 28, 4 u. a. — Uebrigens ist in den obigen Worten auch κἀπεκοψάμην unrichtig: wovon unten.

XI. Andromache richtet an ihr Kind, das nach dem Beschlusse der Griechen von den Zinnen Trojas geschleudert werden soll, die Worte:

752 οὐκ εἶσιν Ἕκτωρ κλεινὸς ἁρπάσας δόρυ
γῆς ἐξανελθὼν σοί φέρων σωτηρίαν,
οὐ συγγένεια πατρός, οὐκ ἰσχὺς Φρυγῶν.

Dass Andromache ihren Gatten als κλεινός bezeichnet, hat etwas befremdliches; weit passender wird der Ausdruck, wenn wir mit B κλεινὸν ἁρπάσας δόρυ schreiben, womit sich vergleichen lässt κλεινὸς ἐν κλεινῷ δορί Suppl. 593. Dass ein Abschreiber oder Verbesserer welchem κλεινός vorlag, auf das gewählte κλεινὸν verfallen sein sollte, halte ich für undenkbar.

XII. Durch das gegenwärtige Unheil wird der Chor an den kriegerischen Zug des Hercules gegen Laomedon gemahnt, des Hercules welcher

κανόνων τυκίσματα Φοίβου
815 πυρὸς φοίνικι πνοᾷ καθελὼν
Τροίας ἐπόρθησε χθόνα.

Dem πυρός steht in der Strophe ἴβας ἴβας gegenüber, wonach man entweder das eine ἴβας getilgt oder πυρός verdoppelt hat. Welche von beiden Vermuthungen vorzuziehen sei, mag dahin gestellt bleiben, obwohl ich die von Seidler vorgeschlagene Tilgung sowohl dem Sinne als dem Metrum nach für wahrscheinlicher halte. Statt πνοᾷ (so B) schreibt Kirchhoff βοᾷ und gibt dazu in seiner Specialausgabe folgende Erklärung: «quam iambo abundare videretur versus strophicus, alterum ἴβας delevit Seidlerus, πυρός in antistropha geminandum censuit Meinekius, qui omnes fidem habuerunt interpolato illi πνοᾷ, in cuius locum iam succedat postliminii iure restitutum genuinum βοᾷ, 'clamore bellico', excidit sive ante sive post πυρός sive iambus sive tribrachus, sive is fuit ipsum πνοᾷ sive πτέρυγι sive aliud quid.» Vom Tribrachys πτέρυγι kann nach dem Metrum der Strophe nicht die Rede sein, und auch gegen den Vorschlag πνοᾷ πυρός (oder πυρός πνοᾷ) φοίνικι βοᾷ καθελὼν erheben sich Bedenken. Zunächst ist es schwer zu sagen wie diese Worte zusammengehören, namentlich ob φοίνικι mit πνοᾷ oder mit βοᾷ zu verbinden ist, und wenn der Sinn sein soll «mit lodernder Flamme mit Kriegsgeschrei», so fragt man sich was die verbindungslose Nebeneinanderstellung heterogener Begriffe hier bedeutet. Dass πνοᾷ interpolirt sei ist eine unerweisbare Behauptung, und aus dem Schwanken der Ueberlieferung zwischen πυρός φοίνικι βοᾷ und πυρός φοίνικι πνοᾷ auf ein ursprüngliches πνοᾷ πυρός φοίνικι βοᾷ zu schliessen, fehlt jeder Grund. Wie an zahlreichen anderen Stellen so müssen wir auch hier der zweiten Klasse der Handschriften d. h. dem Codex B uns anschliessen: πυρός φοίνικι πνοᾷ bezeichnet das purpurrothe Lodern des Feuers, womit zu vgl. φοίκισσα φλόξ Pind. Pyth. 1, 24.

XIII. V. 857: ἐλπίδι γᾷ πατρίᾳ. So B statt des von Kirchhoff beibehaltenen ἐλπίδι γᾷ πατρίδι der Handschriften BCGb. Nach dem strophischen καλλιγάλανα τρέφεις 837 ist πατρίᾳ unbedingt aufzunehmen; denn weder kann in πατρίδι die Endsilbe durch das nachfolgende μεγάλαν verlängert werden, noch halte ich eine *syllaba anceps* hier für zulässig. Die richtige Versabtheilung hat Seidler erkannt:

und in der Strophe:
      ὠλέθι γᾶ πατρίᾳ μεγάλαν · τὰ θεῶν δὲ
      φίλτρα φροῦδα Τροίᾳ,
      καλλιγάλανα τρέφεις · Πριάμοιο δὲ γαῖαν
      Ἑλλὰς ὤλεσ' αἰχμά.
XIV. V. 873:   εἴπερ γὰρ αὐτὴν ἐξεμόχτησαν δορί,
      κτανεῖν ἐμοί νιν εἵσσαν.

Kirchhoff hat ἐξεμόχτευσαν aus BCG aufgenommen und bemerkt in der speciellen Bearbeitung des Stückes: «illud exquisitius videtur, quam quod errori deberi possit; quamquam nostro excerpto loco alias semper ἐκμοχλεῖν usurpatum reperies Euripidi.» Was hier von Euripides gesagt wird, gilt vermuthlich in gleicher Weise von allen Schriftstellern aller Zeiten. Ein Verbum μοχτεύω statt μοχλεύω kann weder durch das halbe Zeugniss der vorliegenden Stelle erwiesen werden noch durch die Analogie von Doppelformen wie ἐτλέω und ἐτλεύω, μοχλέω und μοχλεύω, διοκέω und διοκεύω (vgl. Lobeck Rhemat. p. 206 ff.). Das nur auf B beruhende ἐξεμόχτησαν würde beizubehalten sein, auch wenn die Verwechslung von η und ευ in den Handschriften weit seltner wäre als es factisch der Fall ist.

XV. Hecuba bittet, Menelaus möge der Helena das Wort gönnen um sich zu vertheidigen, da sie doch unmöglich sich hinreichend rechtfertigen könne:

      συντεθεὶς δ' ὁ πᾶς λόγος
 910   κτενεῖ νιν οὕτως ὥστε μηδαμοῦ φυγεῖν.

Statt des unpassenden μηδαμοῦ hat Fix μηδαμῇ vorgeschlagen; dieser Aenderung würde ich unbedenklich beipflichten, wenn nicht μηδαμῶς, wie B liest, denselben Sinn gäbe.

XVI. Nachdem Helena gezeigt hat dass sie ihrem Volke die Gelegenheit geboten habe über die Barbaren zu triumphiren, fährt sie fort:

 933   ἅρ' εὐτύχησεν Ἑλλάς· ὠλόμην δ' ἐγὼ
      εὐμορφίᾳ πραθεῖσα.

So Kirchhoff nach BCG, während man vor ihm mit B las: ἃ δ' εὐτύχησεν Ἑλλάς, ὠλόμην ἐγώ. Die letztere Lesart halte ich für passender, weil sie dasjenige scharf und bestimmt hervorhebt worauf es hier ankommt, «das Glück von Hellas war mein Unglück». Am natürlichsten werden wir die Worte so verstehen, als ob es hiesse: ἃ δ' εὐτύχησεν Ἑλλάς, τούτοις ἐγὼ ὠλόμην. Mit ἃ εὐτύχησεν Ἑλλάς vgl. statt anderer Stellen Heracl. 641: εὐτυχεῖς τὰ νῦν τάδε, über die Auslassung des Dativs τούτοις verweise ich auf die zu Soph. Ai. 1050 gegebenen Citate. Deutlicher allerdings wäre οὗ δ' εὐτύχησεν Ἑλλάς, ὠλόμην ἐγώ, und vielleicht ist so zu verbessern.

XVII. Hecuba richtet an Helena die Frage:

 1012   ποῦ δῆτ' ἐλήφθης ἢ βρόχους ἀρτωμένη
      ἢ φάσγανον θήγουσα;

Das allein mögliche ποῦ scheint wiederum nur die Handschrift B für sich zu haben, während B ποῖ, C πῇ bietet, wonach Kirchhoff in beiden Ausgaben πεῖ δῆτ' ἐλήφθης geschrieben hat. Auch V. 455 durfte nicht πεῖ σκάφος τὸ τοῦ στρατηγοῦ aufgenommen werden, sondern es war mit *AB* τοῦ σκάφος zu setzen. Zum Ueberflusse wird hier die Lesart der zweiten Klasse der Handschriften bestätigt durch Cicero ad Att. 7, 3.

XVIII. Zur Bestattung der Leiche des Astyanax mahnt Hecuba mit den Worten:

1246   χωρεῖτε, θάπτετ' ἀθλίῳ τύμβῳ νεκρόν·
ἔχει γὰρ οἷα δεῖ γε νερτέρων στέφη.

Der zweite Vers ist nüchtern, und ich würde mich nicht wundern, wenn jemand die Authentie desselben in Zweifel zöge. Räthselhaft aber ist es mir wie die unverständliche Lesart οἷα δή γε (so BCG) Kirchhoffs Beifall finden konnte. Für δεῖ γε spricht ausser *B* auch Christ. pat. 1448. Uebrigens möchte ich vorziehen: ἔχει γὰρ οἷα δεῖ σφι (nämlich ἔχειν) νερτέρων στέφη.

Hiermit glaube ich dargethan zu haben dass die zweite Klasse der Euripideischen Handschriften gerade in den Troades uns sehr wesentliche Dienste leistet. Gleichwohl werden wir auch in diesem Stücke der ersten Klasse mehrentheils den Vorzug einräumen müssen; die weitere Begründung dieses Satzes kann ich mir um so eher ersparen, da in den folgenden Bemerkungen vielfach von den Discrepanzen der beiden Klassen die Rede sein wird.

Poseidon will, wie er sagt, das zerstörte Ilion verlassen:

ἐγὼ δέ, νκῶμαι γὰρ Ἀργείας θεᾶς
Ἥρας τ' Ἀθάνας θ', αἳ συνεξεῖλον Φρύγας,
23   λείπω τὸ κλεινὸν Ἴλιον βωμούς τ' ἐμούς.

Im ersten Verse habe ich θεᾶς aus BCb aufgenommen; möglich dass die andere Lesart Ἀργείας θεοῦ den Vorzug verdient. Unter der Argivischen Göttin ist bekanntlich Hera zu verstehen. Soll daher V. 24 nicht baaren Unsinn enthalten, so muss das von Kirchhoff in den Text gebrachte τε nach Ἥρας wieder ausgeschieden werden, wie es in *AB* wirklich fehlt. Freilich ist V. 24 so unpoetisch dass wir allen Grund haben ihn für das Werk eines Spätlings zu halten, der eine zu Ἀργείας θεᾶς beigeschriebene Erläuterung weiter ausspann. Es genügte vollständig, wenn hier lediglich Hera genannt wurde, die mächtigste und erbittertste Feindin der Trojaner, die Königin des Olymp, der zu weichen für Poseidon nichts ehrenrühriges hat; nach Ἀργείας θεᾶς erscheint Ἥρας als müssiger Zusatz [1]), und die nüchternen Worte αἳ συνεξεῖλον Φρύγας dienen nur zur Füllung des Verses. Ist also V. 24 unecht, so mag man sich das τε nach Ἥρας immerhin gefallen lassen, und auch wohl zu dem untragischen Ἀθηνᾶς sich verstehen (Ἀθήνας nämlich bietet B, Ἀθηνᾶς C).

---

1) Nicht minder anstössig ist es wenn wenige Verse später (V. 35) zu ἡ Λάκαινα Τυνδαρὶς ein erläuterndes Ἑλένη hinzutritt. Die betreffende Stelle lautet:

ὅσαι δ' ἄληροι Τρῳάδων, ὑπὸ στέγαις
ταῖσδ' εἰσὶ τοῖς πρώτοισιν ἐξῃρημέναι
στρατοῦ, σὺν αὐταῖς δ' ἡ Λάκαινα Τυνδαρὶς
[Ἑλένη, νομισθεῖσ' αἰχμάλωτος ἐνδίκως].

Der letzte Vers kann unbeschadet des Zusammenhangs fortbleiben, und νομισθεῖσα scheint mir unpassend, das Wort selbst wie das Tempus. — Auch Tro. 136 dürften Πρίαμον und Ἑκάβαν zu tilgen sein mit Leuting. welcher vorschlägt:

ἃ σφάζει μὲν τὸν πεντήκοντ'
ἀροτῆρα τέκνων, ἐπὶ δ' οὐ μελλον
εἰς τάνδ' ἐξώκειλ' ἄταν.

Im Hinblicke auf die traurige Rückkehr welche die Hellenen zu erwarten haben, schliesst Poseidon den Prolog mit der Sentenz:

μῶρος δὲ θνητῶν ὅστις ἐκπορθεῖ πόλεις,
ναούς τε τύμβους θ', ἱερὰ τῶν κεκμηκότων,
97 ἐρημίᾳ δοὺς αὐτὸς ὤλεθ' ὕστερον.

Das matte ὕστερον halte ich für interpolirt; hätten wir bessere Handschriften, so würden diese statt der jetzigen Lesart vermuthlich einen fünffüssigen Trimeter bieten, ἐρημίᾳ δοὺς αὐτὸς ὤλετο. Es wird zu schreiben sein

ἐρημίᾳ δοὺς αὐτὸς ἀνταπώλετο.

Vgl. Hel. 106: καὶ ξύν γε πέρσας αὐτὸς ἀνταπωλόμην. Suppl. 743: ὕβριζ' ὑβρίζων τ' αὖθις (αὐτὸς vermuthete Dobree) ἀνταπώλετο. Iphig. T. 715: μητέρα κατακτὰς αὐτὸς ἀνταπόλλυμαι. Hec. 262: ἢ τοὺς κτανόντας ἀνταποκτεῖναι θέλων.

Hecuba bezeichnet die Helena als Κάστορι λώβαν
133 τῷ τ' Εὐρώτᾳ δύσκλειαν,
ἃ σφάζει μὲν
τὸν κεντήκοντ' ἀροτῆρα τέκνων κτλ.

Obwohl zuweilen in den Anapaesten mittelzeitige Silben vorkommen (vgl. Dindorf Eur. Hec. 83), so hindert doch nichts hier δυσκλείαν zu betonen. Photius Lex. p. 34, 6: εὔκλεια καὶ τὰ ὅμοια· μακρᾷ ἡ τελευταία καὶ παροξύνεται, ὥσπερ καὶ Ἐρατοσθένης ἐν τῷ περὶ κωμῳδίας. Choerob. Anecd. Bekk. p. 1314: πολλάκις οἱ Ἀθηναῖοι ἐπὶ τῶν διὰ τοῦ ΕΙΑ προπαροξυτόνων μακρὸν ποιοῦσι τὸ Α καὶ καταβιβάζουσι τὸν τόνον καὶ φυλάττουσι τὴν ΕΙ δίφθογγον, οἷον ἀλήθεια κοινῶς καὶ ἀλήθεια Ἀττικῶς, ἱέρεια κοινῶς καὶ ἱερεία Ἀττικῶς, εὔκλεια κοινῶς καὶ εὐκλεία Ἀττικῶς. Vgl. Etym. M. p. 462, 4. Eust. Od. p. 1579, 29. Die Form εὐκλεία, ursprünglich εὐκλείη, kennen wir aus dem Epos und Aesch. Sept. 685; für δυσκλεία ist ausser der vorliegenden Euripideischen Stelle mir keine Autorität gegenwärtig. Wie bei Homer und andern Dichtern ἀληθείη sich findet, so scheint Euripides Hel. 310 ἀληθεία σαφής geschrieben zu haben: wenn Cobet N. L. p. 190 statt dessen ἀληθέα σαφής verlangt, so halte ich dies für falsch; auch bei Babrius 127, 2 beruht ἀληθείην nur auf einer höchst unsicheren Vermuthung. Gegen ἀναιδεία hat Elmsley Eur. Med. p. 176 Bedenken erhoben, die mir ungegründet scheinen: zugegeben dass Homer wie ἧς ὑπεροκλίῃσι so auch ὅμοι ἀναιδίην ἐπιεμένη sich gestatten durfte, so ist doch ἀναιδεία gegen jeden Zweifel gesichert durch das Aristophanische ὦ παρανοία καὶ ἀναιδεία (Com. 2 p. 1031), während ἀναιδίην bei Archil. fr. 103 p. 561 der handschriftlichen Gewähr ermangelt. Was im Etym. M. p. 462, 5 über θυσία und θυεία gelehrt wird beruht vielleicht auf einem Irrthum: vgl. Meineke Vind. Strab. p. 237. Dass statt ἱέρεια irgend ein Schriftsteller ἱερεία gesagt habe ist unerweisbar; bei Eur. Bacch. 1114 ist die Schreibung ἱερεία mit Recht dem bei den Tragikern gebräuchlichen ἱερέα gewichen, was dort schon durch das Metrum empfohlen wird (vgl. Wunder Advers. in Soph. Phil. p. 39), und auf ἱερείη bei Herodot ist kein Verlass, vgl. Dindorf de dial. Herod. p. XI. Die Form ὑγιεία (Choerob. in Anecd. Oxon. vol. 2

p. 270) ist verbürgt durch Aristoph. Av. 604. 731. Men. mon. 522, das von G. Hermann Aesch. Agam. 968 ersonnene ὑγίας halte ich für unmöglich. Noch verdient bemerkt zu werden κατήφεια und κατηφεία¹). — Der Hiatus in Tro. 171:

μή νύν μοι τὰν
ἐκβακχεύουσαν Κασάνδραν
πέμψητ' ἔξω
αἰσχύναν Ἀργείοισιν,

dürfte durch die Umstellung ἔξω πέμψητ' am einfachsten zu beseitigen sein, und V. 226 möchte ich statt des auf πόντῳ folgenden ἂν vielmehr τὰν lesen.

Hecuba hat vernommen dass die Trojanischen Frauen durch das Loos den Heerführern der Griechen zugetheilt worden sind; sie begehrt nähere Auskunft und richtet an Talthybius die Frage: τίν' ἄρα τίς ἔλαχε; τίνα πότμος εὐτυχής; Ἰλιάδων μένει; Darauf erfolgt die zurechtweisende Antwort:

246   εἰδ'· ἀλλ' ἕκαστα πυνθάνου, μὴ πάντ' ὁμοῦ.

Hier scheint εἶδα mit dem nachfolgenden μὴ πάντ' ὁμοῦ πυνθάνου in Widerspruch zu stehen. Hecuba hat zu viel auf einmal gefragt, deshalb verlangt Talthybius, um ihr antworten zu können, eine speciellere Frage: zu dieser von ihm gestellten Forderung will das οἶδα nicht wohl passen. Wenn ich nicht irre, schrieb der Dichter:

σὺ δ' αὖτ' ἕκαστα πυνθάνου, μὴ πάντ' ὁμοῦ.

Das αὖτ' ἕκαστα werden wir in seiner ursprünglichen Bedeutung, *singulatim quaeque* (Abresch Anim. ad Aesch. Prom. 949), zu verstehen haben, vgl. Ar. Lys. 1100: ἄγε δή Λάκωνες, αὖτ' ἕκαστα χρή λέγειν, und die Th. I p. 62 angeführten Belegstellen. — Die sich unmittelbar anschliessenden Worte lauten:

247   ΕΚ. τοὐμὸν δὲ τίς ἄρ' ἔλαχε τάκος, ἔννεπε,
       τλάμονα Κασάνδραν;
       ΤΑΛ. ἐξαίρετόν νιν ἔλαβεν Ἀγαμέμνων ἄναξ.

So liest man noch bei Dindorf, obgleich Seidler das δὲ V. 747 als sinnstörend aus dem Texte verbannt hatte. Auch das Metrum spricht gegen jene Partikel, da die Form des Dochmius _ _ _ _ _ _ nach einer früheren Bemerkung (oben S. 34) gemieden wird. Endlich fehlt das δὲ in allen Handschriften, es beruht nur auf einer offenbar falschen Vermuthung des ersten Herausgebers Musurus. Da ἄρ' in BC sich nicht findet, so habe ich geschrieben   τοὐμὸν τίς τίς ἔλαχε τάκος, ἔννεπε, τλάμονα Κασάνδραν;

---

1) Weit häufiger ist das Schwanken zwischen — ια: οἰβεια und εὐσεβία, εἰσέβεια und εὐσεβία, εὐτύχεια und — ία. Dahin gehören λύπη und λυπία, ὠφέλεια und ὠφελία, εὐτυχία, εὐφώνεια und εὐφωνία, ἀκώλεια und ἀκωλία. Die εὐάθεια und εὐήθεια, εὐγένεια und εὐγενία, εἴκεια Form ἀκωλία ist neuerdings zum Vorschein gekommen und εἴκια, ἀήθεια und ἀηθία, εὐήθεια und ἀηθία, συνή- in einem Verse des Komiker Plato, ἐφ' αὐτὸν εἰς ἀκωλίαν θεια und συνηθία, αἰσχροπάθεια und αἰσχροπαθία, πολυ- εἴχησμαι, wo der Anfang noch emendirt werden soll κάρδεια und πολυκαρδία, φιλοκέρδεια und φιλοκερδία, (Philol. X p. 350): auch in den Gedichten des Gregorius ἀκρίβεια und ἀκριβία, εὐμάθεια und εὐμαθία, πολυμάθεια Naz. wird einigemal ἐπιωλία statt ἀπωλεία geschrieben und πολυμαθία, εὐμέτρεια und εὐμετρία, ἠμέλεια und ἀμέ- werden müssen, wie vol. 2 p. 10 A. 18 D. λεια, κρομυθεία und κρομυθία, ἀληθεια und ἀληθία, εὐ-

Will jemand τοὐμὸν δὴ τί; ἔλαχε vorziehen, so mag ich nicht widersprechen; von palaeographischer Seite scheint mir die Verdoppelung des τί; das leichteste Heilmittel zu sein. Unbrauchbar aber ist Kirchhoffs Vorschlag,

τοὐμὸν τίς ἄρ' ἔλαχε τέκος, ἔνεπε.

Statt der iambischen Dipodie τοὐμὸν τίς ἄρ' ist vielmehr ein Dochmius erforderlich; die Aenderung ἔνεπε ist hier wie V. 1239 überflüssig, da ἔνεπε dem Metrum durchaus nicht widerstrebt, und obenein höchst bedenklich, weil aus der Tragoedie sich kein sicheres Beispiel für die Form ἐνέπω anführen lässt[1]).

Auf Hecubas Frage, wem sie selbst als Dienerin zugefallen sei, entgegnet Talthybius:

277   Ἰθάκης Ὀδυσσεὺς ἔλαχ' ἄναξ δούλην σ' ἔχειν.

Den Genetiv Ἰθάκης, den Tzetzes in Lyc. 1183 bereits vorfand, hat man gedankenloser Weise bisher geduldet, obgleich es klar ist dass zwar Ithaka dem Odysseus, nicht aber dieser der Insel Ithaka gehört. Es muss heissen Ἴθακος Ὀδυσσεύς, wie Cycl. 103: Ἴθακε: Ὀδυσσεύς, τῆς Κεφαλλήνων ἄναξ (wo die Schol. Soph. Ai. 190 ebenfalls Ἰθάκης Ὀδυσσεὺς bieten). Sopater bei Ath. IV p. 160 C: Ἴθακος Ὀδυσσεὺς τουτὶ τῇ φακῇ μύρον πάρεστι. Steph. Byz. p. 328, 24: τὸ ἐθνικὸν Ἰθακήσιος καὶ Ἰθακησία καὶ «Ἴθακος Ὀδυσσεύς» ὁμοφώνως τῷ οἰκιστῇ. Virg. A. 2, 104: *hoc Ithacus velit et magno mercentur Atridae.* —

Brennende Fackeln schwingend hat die verzückte Kasandra mit Jubel und Jauchzen frohlockt über die ihr bevorstehende Vermählung. Ihre greise Mutter empfindet den schaurigen Contrast dieses bacchantischen Taumels zur hoffnungslosen Verzweiflung, der alle erliegen, und spricht zu ihr:

παράδος ἐμοί φῶς· οὐ γὰρ ὀρθὰ πυρφορεῖς
μαινὰς θοάζουσ', οὐδέ σ' αἱ τύχαι, τέκνον,
330   ἐσωφρόνηκας', ἀλλ' ἔτ' ἐν ταὐτῷ μένεις.

Die Worte οὐδέ σ' αἱ τύχαι ἐσωφρόνηκας' hat man mit verschiedenen Vermuthungen herzustellen gesucht. Gewöhnlich schreibt man mit Seidler οὐδὲ σαὶ τύχαι, τέκνον, σεσωφρονήκας', was den Sinn geben würde «und nicht sind deine Schicksale verständig gewesen», während nach dem Gegensatze ἀλλ' ἔτ' ἐν ταὐτῷ μένεις vielmehr erwartet werden muss, was die Scholien fanden oder zu finden meinten, «nicht haben dich deine Schicksale verständig gemacht». Erträglicher ist das von Heath vorgeschlagene οὐδὲ σαῖς τύχαις, τέκνον,

---

[1]) Von der jetzt beseitigten Lesart ὅστις ἂν ἐνέποι Eur. Alc. 80 war oben S. 51 die Rede. Eur. El. 144 liest man: σοί κατὰ τὰς ἐνέπω γόους, eine offenbar verschrobene Ausdrucksweise; wie das handschriftliche ἐνέπω γόους zu emendiren sei, ist bei der Zerrüttung der antistrophischen Verse schwer zu ermitteln: dem Sinne dürfte wohl am ersten πέμπω γόους zusagen, wie Soph. Phil. 846: βαιάν μοι πέμπε λόγων φάμαν. Endlich bezweifle ich ob man Iphig. Aul. 582 das Richtige gefunden hat: ἀπενέπω νιν ἀμετέρων, Κύπρι καλλίστα, θαλάμων. Der Vocativus Κύπρι καλλίστα lässt statt ἀπενέπω vielmehr eine zweite Person Sing. erwarten, und ein Ausdruck wie οἴκου ἀπενέπειν τινά scheint mir unmöglich. Sinngemäss wäre etwa folgende, freilich etwas gewaltsame Aenderung: ἀπό νιν εἴργοις ἀμετέρων, Κύπρι καλλίστα, θαλάμων. Weitere Belege für ἐνέπω scheinen bei den Tragikern nicht vorzukommen. In der Komoedie findet sich weder ἐνέπω noch ἐνέπω. Axionicus (Com. 3 p. 531) bei Ath VIII p. 342 B kann also nicht geschrieben haben τίν' τῷδ' ἐνέπω τὴν σκευασίαν; Vielmehr ist zu lesen τίν' τοῦδ' εἴπω τὴν σκευασίαν;

ἐσωφρόνηκας, wenn man statt der ungrammatischen Verbalform [1]) entweder σεσωφρόνηκας oder ἐσωφρόνησας substituirt. Aber von dem undeutlichen Dativus σαῖς τύχαις abgesehen, scheint weder der Aorist noch das Perfectum von σωφρονῶ hier angemessen zu sein; es müsste vielmehr σωφρονεῖς oder σώφρων γέγονας stehen. Hartung liess drucken

οὐδέ σ' αἱ τύχαι, τέκνον,
σοφήν ἔθηκαν, ἀλλ' ἐν ταὐτῷ μένεις,

unter Verweisung auf Eur. fr. 455: αἱ τύχαι δέ με, μισθόν λαβοῦσαι τῶν ἐμῶν τὰ φίλτατα, σοφήν ἔθηκαν. Der Begriff σοφός widerstrebt aber der Situation: nicht Mangel an σοφία, sondern Mangel an σωφροσύνη ist der in toller Ausgelassenheit sich ergehenden Kasandra zum Vorwurf zu machen. Passender und leichter wäre gewesen σώφρονα τεθείκασ', ἀλλ' ἔτ ἐν ταὐτῷ μένεις. Vielleicht können wir uns der Ueberlieferung noch enger anschliessen, wenn wir bedenken dass für σωφρονίζειν auch εἰς τὸ σῶφρον ἄγειν gesagt werden kann, wie bei Eur. fr. 671: ὁ δ' εἰς τὸ σῶφρον ἐπ' ἀρετήν τ' ἄγων ἔρως ζηλωτὸς ἀνθρώποισιν. Somit möchte ich schreiben: οὐδέ σ' αἱ τύχαι, τέκνον,

ἐς σῶφρον ἦχας', ἀλλ' ἔτ ἐν ταὐτῷ μένεις.

Das Perfectum ἦχα ist in Zusammensetzungen nachweisbar, wie προῆχα wiederholt von Demosthenes, συνῆχα von Diphilus und Xenophon gebraucht wird.

Ueber die Leiden welche den Odysseus treffen werden, äussert sich Kasandra in folgender Weise:
δύστηνος, οὐκ οἶδ' οἷά νιν μένει παθεῖν·
ὡς χρυσὸς αὐτῷ τἀμὰ καὶ Φρυγῶν κακὰ
δόξει ποτ' εἶναι. δέκα γὰρ ἐκπλήσας ἔτη
πρὸς τοῖσιν ἐνθάδ', ἵξεται μόνος πάτραν.
435 οὗ δὴ στενὸν δίαυλεν ᾤκισται πέτρας
δεινή Χάρυβδις, ὠμοβρώς τ' ὀρειβάτης
Κύκλωψ, Λιγυστίς θ' ἡ συῶν μορφώτρια κτέ.

Die Worte ὡς χρυσὸς αὐτῷ κτέ. V. 432—35 geben Anlass zu mehrfachen Bedenken. Dass das Unglück der Trojaner im Vergleich zu dem des Odysseus als Gold erscheinen soll, ist eine abgeschmackte Hyperbel. Das ποτέ in V. 433 möchte sich kaum anders als durch das Versbedürfniss rechtfertigen lassen, und πρὸς τοῖσιν ἐνθάδε 434 klingt äusserst prosaisch. Weit mehr befremdet die Erwähnung der Rückkehr vor der Aufzählung der Leiden welche Odysseus auf dem Heimwege zu bestehen hat, zumal da später V. 443 von dem Elend die Rede ist. welches der zurückgekehrte finden wird, κἀκ' ἐν δόμοισι μυρί' εὑ-

---

[1] Seltsamer Weise sagt W. Dindorf in den Oxforder Anmerkungen p. 646: σεσωφρονήκας· Seidlerus. ἐσωφρόνησε, A. H. Harl. quod restituendum. Vielleicht beruhen diese Worte auf einer Ueberellung, vielleicht dachte Dindorf an Dinge wie ἐκδεδημηκότες Hermippus Com. 2 p. 415. ἀνηγάλιεται Eubulus Com. 3 p. 211. διαπεπόνθαι Photius Lex. p. 646, 12. ἀγώνισμαι Hesych. κατεστάμπται Syntipas fab. 19 und mehreres dieser Art ἐβού-

λευκεν, ἐξεπίακεν, ἐχάλκευται, προσκατατετευμέναι) bei Eustathius Il. p. 769, 42. Od. p. 1570, 4. Alle diese Formen können nach unseren bisherigen Erfahrungen nur für fehlerhaft gehalten werden. Dass προσκαττατετευμέναι auf eine falsche Lesart zurückgeht, ergibt sich aus dem anderweitig erhaltenen Fragmente des Cratinus, das Eustathius im Sinne hatte (Com. 2 p. 107).

ρήσει μελών. Zwischen V. 434 und 435 fehlt jeder Zusammenhang; darum nahmen Heath und andere vor 435 eine Lücke an, deren Ausfüllung dem geneigten Leser überlassen blieb. Einen Ergänzungsversuch hat meines Wissens bis jetzt niemand gemacht; man ergänze was man wolle, immer wird 435 unverständlich und sinnlos bleiben: den Ausdruck στενός δίαυλος πέτρας halte ich bei einem älteren Schriftsteller für unmöglich, da die eigentliche Bedeutung des Wortes δίαυλος hier gänzlich verdunkelt ist, und aus V. 436 ff. geht hervor dass der Dichter nicht die Absicht haben konnte über die Charybdis eine geographische Bestimmung zu geben, dass er vielmehr die Charybdis mit nennt unter anderen feindlichen Mächten, die das Leben des Odysseus bedrohten [1]. Die Worte δεινή Χάρυβδις ωμοβρώς τ' ερειβάτης Κύκλωψ κτέ. werden sich durchaus passend und ohne dass etwas vermisst würde an V. 431 anschliessen: der Unglückliche weiss nicht was für Leiden ihm bevorstehen, die grausige Charybdis, der menschenfresserische, auf Bergen hausende Cyclop u. s. w., d. h. Vers 432 — 35 scheinen dem Dichter fremd oder doch in diesem Zusammenhange ungehörig zu sein. Da die Abenteuer des Odysseus im Nominativus aufgezählt werden, so scheint es nothwendig statt πα΅ειν V. 431 πά΅η zu schreiben. also

δύστηνος· οὐκ οἶδ' οἷά νιν μένει πά΅η·
δεινή Χάρυβδις ωμοβρώς τ' ερειβάτης κτέ.

Mit οἷά νιν μένει πά΅η vgl. Phoen. 1734: τάλη σ' ἐπέμενε μέλεα πά΅εα. In gleicher Weise ist Eur. El. 1141 statt des Choliambus

΅ύσεις γὰρ οἷα χρή σε δαίμοσιν ΅ύειν

ohne Frage οἷα χρή σε δαίμοσιν ΅ύῃ herzustellen; über die Messung von ΅ύειν bei den Attikern vgl. Meineke Com. 4 p. 547.

ω στέφη του φιλτάτου μοι ΅εών, αγάλματ' εὐκα.
432 χαίρετ'· ἐκλέλοιφ' ἑορτάς, αἷς πάροι΅' ἠγαλλόμην.

Die besseren Handschriften BC bieten ἐκλέλοιπα δ' ἑορτάς. Ist das δέ richtig, so wird zu schreiben sein ἐκλέλοιπα δ' ὁρτάς. Die zweisilbige Form ὁρτή wird geschützt durch Ion fr. 21 p. 570: ἱκαυσίαν γὰρ δεῖ με τὴν ὁρτὴν ἄγειν. Möglich freilich dass auch hier die zweite Klasse unserer Codices die ursprüngliche Lesart bewahrt hat, das δ' aber nichts weiter ist als eine durch die Schreibweise ἐκλέλοιπα ἑορτάς veranlasste Einschaltung (vgl. Th. I p. 3).

Vor der Schilderung ihrer zahllosen Leiden erwähnt Hecuba ihr früheres Glück:

ἤμεν τύραννοι κεἰς τύρανν' ἐγημάμην,
473 κἀνταῦ΅' ἀριστεύοντ' ἐγεινάμην τέκνα,

---

[1] Nicht gehört zu den Feinden des Odysseus die Kalypso, deren Erwähnung G. Hermann in die vermeintliche Lücke vor 436 verlegte. Kalypso liebte den Odysseus; von einer Göttin aber geliebt zu werden ist für einen Sterblichen ein überschwängliches Glück: darum blieb der Aufenthalt bei der Kalypso unter den Leiden des Odysseus hier besser unerwähnt. Was Kirchhoff sagt, es sequentium nominativorum numero unus δεινή Χάρυβδις ad στενὸν δίαυλον ΅μιστε refertur non absurde, ist richtig, spricht aber wohl eher für die Unechtheit von V. 435 als für die Annahme einer Lücke vor diesem Verse.

οὐκ ἀριθμὸν ἄλλως, ἀλλ' ὑπερτάτους Φρυγῶν·
οὐ Τρῳὰς οὐδ' Ἑλληνὶς οὐδὲ βάρβαρος
γυνή, τεκοῦσα κομπάσειεν ἄν ποτε.

Die Aenderung von Elmsley (zu Soph. Oed. R. 588) ἣ μὲν τύραννος V. 474 wird theilweise bestätigt durch Apsines bei Spengel Rhet. vol. 1 p. 394, 11, wo ἤμην τύραννος sich findet. Die Vulgate legt das Missverständniss nahe, als rede Hecuba nicht von sich allein; bei Elmsleys Vermuthung ist das μὲν mir anstössig: darum trage ich kein Bedenken der Lesart des Apsines, die durch Chr. pat. 537 unterstützt wird, den Vorzug zu geben. Die Form ἤμην gebraucht Euripides statt des üblichen ἦ auch Hel. 931: ἐγὼ δὲ προδότης οὐκ ἤμην φίλων. So hat Dindorf nach dem Vorgange von Pierson Moer. p. 172 statt des handschriftlichen οὐκ ἄρ' ἦν φίλων hergestellt; die Verbesserung gründet sich auf Choerob. in Theod. p. 882, 10: εὕρηται γάρ τὸ ἤμην ἐπὶ τοῦ ὑπῆρχεν, ὡς παρ' Εὐριπίδῃ ἐν Ἑλένῃ ἀπαιτήσει «ἐγὼ δὲ προδότης οὐκ ἤμην τέκνων», womit zu vgl. Etym. M. p. 430, 15. Dieselbe Form finden wir Trag. adesp. fr. 97: σοφὴ μὲν ἤμην, ἀλλὰ πάντ' οὐκ εὐτυχής. Deshalb bin ich denn nicht abgeneigt auch in der oben S. 67 berührten Stelle Eur. Hel. 992 zu schreiben: ἐλεινὴς ἤμην μᾶλλον ἢ δραστήριος. Wenn Cobet N. L. p. 188 sagt, man müsse ἤμην *Macedonibus et Alexandrinis et faeci Graeculorum relinquere*, so sagt Phrynichus Ecl. p. 152: ἤμην, εἰ καὶ εὑρίσκεται παρὰ τοῖς ἀρχαίοις, οὐκ ἐρεῖς, ἀλλ' ἦν ἐγώ. Vgl. Meineke Com. 4 p. 654. — Die beiden letzten der obigen Verse geben den Sinn: «kein Troisches, kein Hellenisches, kein ausländisches Weib dürfte sich jemals rühmen geboren zu haben». Hier fehlt die nothwendige Ergänzung «solche Kinder wie ich». Mit der leichten Aenderung von Stephanus οὓς Τρῳάς ist nichts gewonnen: statt οὓς wäre vielmehr οἵους erforderlich. Unzulässig ist Schneidewins Vermuthung κομπάσαι' εἰ' ἄν ποτε, vgl. Th. I p. 49. Kirchhoff greift zu dem Universalmittel eine Lücke vor V. 477 anzusetzen. Mir scheint das ποτέ von einem Fälscher herzurühren; wie aber Euripides geschrieben, lässt sich jetzt nicht mit Sicherheit ermitteln. Vielleicht

οὐ Τρῳὰς οὐδ' Ἑλληνὶς οὐδὲ βάρβαρος
τοιάδε τεκοῦσα κομπάσειεν ἂν γυνή.

Apsines hat die jetzige Corruptel bereits vorgefunden. — Bald nachher bricht Hecuba in den Weheruf aus:

εἰ ἐγὼ τάλαινα, διὰ γάμον μιᾶς ἵνα
499   γυναικὸς εἷλον ἔτυχεν ὧν τε τεύξομαι.

Das ἵνα γάμον könnte dann statthaft sein, wenn es auffallend und seltsam wäre dass ein Frauenzimmer sich nur einmal verheirathete; da jedoch vielmehr die öftere Verheirathung derselben Frau etwas ungewöhnliches ist, so erscheint ἵνα in dieser Verbindung als ein müssiger Zusatz. Unter den speciellen Umständen aber, von denen hier die Rede ist, liegt in ἵνα sogar eine handgreifliche Unwahrheit: nicht durch die einmalige, sondern durch die doppelte Vermählung der Helena wurde der Trojanische Krieg und mit ihm das Unglück der Hecuba hervorgerufen. Darum ist ἵνα absurd; ich habe kein Bedenken getragen dafür ἄρα zu setzen.

Hecuba schliesst die Betrachtung der Wechselfälle ihres Lebens mit dem oft ausgesprochenen Satze, niemand sei vor seinem Tode glücklich zu preisen:

τῶν δ' εὐδαιμόνων
510   μηδένα νομίζετ' εὐτυχεῖν πρὶν ἂν θάνῃ.

Dass keiner der εὐδαίμονες vor seinem Tode εὐτυχής sein soll, klingt befremdlich, weil εὐδαίμων ein viel stärkerer Begriff ist als εὐτυχής. Das Griechische εὐδαίμων entspricht ungefähr dem Lateinischen *beatus*, es bezieht sich auf die innere Zufriedenheit, auf die Empfindung des Glückes, das als ein Geschenk göttlicher Huld gedacht wird, wogegen εὐτυχής ein jeder ist, dem das Glück wohl will. In der Mitte zwischen beiden Begriffen steht ὄλβιος, welches den gesegneten bezeichnet und gewöhnlich die Nebenbeziehung auf äussere Güter enthält, wie das Lat. *fortunatus*. Für den Unterschied von εὐδαίμων und εὐτυχής wird es genügen an Med. 1228 zu erinnern: θνητῶν γὰρ οὐδείς ἐστιν εὐδαίμων ἀνήρ· ὄλβου δ' ἐπιρρυέντος εὐτυχέστερος ἄλλου γένοιτ' ἂν ἄλλος, εὐδαίμων δ' ἂν οὔ. Wie im Lateinischen öfters die Reichen *beati* heissen, so wird auch εὐδαίμων zuweilen statt εὐτυχής oder πλούσιος gebraucht; der Tragoedie scheint diese Uebertragung fremd zu sein[1]). Die oben angeführten Worte der Troades lassen sich allenfalls so verstehen dass τῶν εὐδαιμόνων auf die herrschende irrige Ansicht der grossen Masse bezogen wird: «von denen die insgemein als εὐδαίμονες gepriesen werden, haltet keinen für glücklich, bevor er stirbt», als ob es hiesse τῶν εὐδαιμόνων λεγομένων. Da jedoch diese Erklärung von dem Vorwurfe der Willkür nicht leicht freigesprochen werden dürfte, so neige ich zu der Annahme einer Corruptel. Vielleicht schrieb der Dichter:

τῶν δ' εὐδαιμόνων
μηδένα νομίζετ', εὐτυχὴς πρὶν ἂν θάνῃ.

«Zu den Glücklichen zählt keinen, bevor er, ohne die Missgunst des Glückes erfahren zu haben, stirbt». Ueber den Genetiv τῶν εὐδαιμόνων begnüge ich mich auf Krüger Gr. § 47, 9 Anm. 3 zu verweisen; mit der Stellung des πρίν vgl. Rhes. 684: οὐκ ἀρεῖς ξύντμα, λόγχην πρὶν διὰ στέρνων μολεῖν;

V. 577—94 finden wir in zwei Strophenpaaren eine kunstvoll angelegte Wechselklage der Andromache und Hecuba; es entspricht sich στρ. α 577—81 und ἀντ. α 582—86, eben so στρ. β 587—90 und ἀντ. β 591—94. Darauf folgen sechs Hexameter, die Seidler mit Recht der Andromache zugetheilt hat:

595   οἴδε πόνοι μεγάλοι· σχέτλια τάδε πάσχομεν ἄλγη
οἰχομένας πόλεως, ἐπὶ δ' ἄλγεσιν ἄλγεα κεῖνται
δυσφροσύναισι θεῶν, ὅτε σὸς γόνος ἔφυγεν Ἅιδαν,
ὃς λεχέων στυγερῶν χάριν ὤλεσε πέργαμα Τροίας.
αἱματόεντα δὲ θεᾷ παρὰ Παλλάδι σώματα νεκρῶν

---

1) Allerdings lässt sich für diese aus Herodot, Thucydides, Plato und Xenophon nachgewiesene Uebertragung auch ein Beispiel bei Euripides anführen, fr. 198:
εἰ δ' εὐτυχεῖ τις καὶ βίον κεκτημένος
μηδὲν δόμοισι τῶν καλῶν πειράσεται.

ἐγὼ μὲν οὔκετ' αὐτὸν ὄλβιον καλῶ.
φύλακα δὲ μᾶλλον χρημάτων εὐδαίμονα.
Ist aber hier das letzte Wort richtig? sollte man nicht vielmehr δυσδαίμονα erwarten? wie Hor. Ep. 2, 2, 170 sagt: *quaerit et inventis miser abstinet ac timet uti*.

600   γυψὶ φέρειν τέταται· ζυγὰ δ' ἤνυσε δούλια Τροία.
So lautet, abgesehen von geringfügigen Einzelheiten, die Ueberlieferung. V. 595 haben die neueren Herausgeber sich zumeist darauf beschränkt mit Seidler σχετλία zu accentuiren, wogegen der Sinn spricht; ich vermuthe σχετλιώτατα πάσχομεν ἔργα. V. 597 hat schon Musurus ἐκφυγεῖν hergestellt. Statt ὅτε (ὁ δὲ *AB*) σὸς γόνος möchte ich ὅτι σὸς γόνος schreiben: wir dulden schwere Leiden, weil dein Sohn (Paris) dem Tode entrann, d. h. weil er nicht unmittelbar nach seiner Geburt getödtet wurde: vgl. 920 — 22. Hartungs Uebersetzung des ὅτε, seit Paris dem Tode entflohen ist, lässt sich weder sprachlich noch von Seiten des Sinnes rechtfertigen. Im letzten Verse halte ich ἤνυσε, *effecit*, *perfecit*, für eine Unmöglichkeit; offenbar muss gelesen werden ζυγὰ δ' ἤνεσε δούλια Τροία, d. h. Troja fügte sich dem Sklavenjoch, nahm die Knechtschaft hin. Ganz entsprechend ist τῆσσαν τράπεζαν αἰνέσαι Alc. 2. αἰνεῖν δ' ἀνάγκη ταῦτα El. 1247. ἐναυσίαν ἔκδημον αἰνέσας φυγὴν Hipp. 37. Ueber den ähnlichen Gebrauch von στέργειν vgl. die Bem. zu Soph. Oed. R. 11. Dass ἤνεσεν und ἤνυσεν auch sonst verwechselt werden lehrt Soph. Oed. Col. 432. An die obigen sechs Hexameter schliessen sich folgende Worte der Hecuba an:

ὦ πατρί; ὦ μελέα, καταλειπομέναν σε δακρύω,
νῦν τέλος οἰκτρὸν ὁρᾷς, καὶ ἐμὸν δόμον ἐν᾽ ἐλοχεύθην.
ὦ τέκν', ἔρημος πόλις, μάτηρ ἀπολείπεται ὑμῶν.
οἷος ἰάλεμος οἷά τε πένθη
605   δάκρυά τ' ἐκ δακρύων καταλείβεται
ἁμετέροισι δόμοισιν. ὁ ϑανὼν δ' ἐπιλάϑεται ἀλγέων ἀδάκρυτος.

Diese Stelle ist vor andern geeignet die traurige Verfassung des auf uns gekommenen Euripideischen Textes darzuthun, und lediglich deshalb mag sie hier besprochen werden, wenngleich meiner Ansicht nach die Herstellung der ursprünglichen Worte durch die bodenlose Willkür alter Interpolatoren uns entzogen ist. Es kann zunächst nicht dem geringsten Zweifel unterliegen dass die Worte der Hecuba wie früher so auch hier den vorhergehenden Worten der Andromache genau entsprechen, d. h. statt 601—607 müssen wir sechs heroische Verse erwarten. Schon hiernach ist es klar dass die zweite Hälfte des obigen Passus in sehr alterirter Gestalt vorliegt. Die sechs Hexameter der Andromache bestehen mit Ausnahme des letzten Versfusses durchweg aus Daktylen: eben so die beiden ersten Verse in der Entgegnung der Hecuba. Niemand wird so abergläubisch sein dies für zufällig zu halten. Darum ist V. 603 mit Seidlers Vermuthung, ὦ τέκν', ἐρημόπολις μάτηρ ἀπολείπεται ὑμῶν, wenig oder vielmehr nichts gewonnen, schon deshalb weil der Spondeus im dritten Fusse als unstatthaft bezeichnet werden muss; freilich ist dies weder der einzige noch der triftigste Grund der gegen Seidlers Aenderung spricht: ein Adjectivum ἐρημόπολις ist überhaupt ein Unding. Dass die Hände alter Verbesserer in den obigen Versen sich manches gestattet haben, geht wohl auch aus den beiden ersten Versen hervor, die in metrischer Hinsicht ohne Anstoss sind: καὶ ἐμὸν δόμον soll abhängen von δακρύω, ist aber so gestellt, dass man kaum umhin kann es mit τέλος οἰκτρὸν ὁρᾷς zu verbinden; und καταλειπομέναν σε δακρύω klingt sehr matt; dass Troja verlassen wird ist eben nur eine natürliche Folge des über die Stadt hereinbrechenden Unglücks, der Verheerung durch Feuer und Schwert; weit bezeichnender wäre καταστρεφομέναν σε δακρύω, wie es oben hiess τύφεται Ἴλιον V. 145. Am Schlusse rieth Dobree zu schreiben: ἀμετέροισι δόμοις. ὁ θανὼν δ᾽ ἐκπλάσεται πλγέων, mit Tilgung von ἀδάκρυτος. Ueber 603 habe ich ehemals die Vermuthung geäussert dass ursprünglich nur Folgendes überliefert gewesen sei: ὦ τέκν᾽ ἐρήματοπολίσματερ........, und dass die falsche Lesung ἐρῆμα πόλις μᾶτερ zur jetzigen Corruptel geführt habe, während Euripides ἐρῆμα πολίσματ᾽, ἐρῆμα δὲ δώματα πατρός geschrieben haben könne. Indess die uns gegebene Basis reicht nicht aus für eine irgend wie wahrscheinliche Emendation, und wir müssen die Stelle als unheilbar betrachten.

610 ὦ μῆτερ ἀνδρός, ὅς ποτ᾽ Ἀργείων δορὶ
πλείστους διώλεσ᾽, Ἕκτορος, τάδ᾽ εἰσορᾷς;

Wenn Andromache vom Hector sagt Ἀργείων δορὶ πλείστους διώλεσε, so muss jeder Ἀργείων δορί verbinden, als ob Hector viele getödtet habe mit einem Argivischen Speere, während offenbar gemeint ist viele Argiver seien durch Hector gefallen. Statt dem Dichter eine ungeschickte Ausdrucksweise aufzubürden, werden wir die Richtigkeit des δορί in Zweifel ziehen müssen. Ich vermuthe Ἀργείων κόρους πλείστους, vgl. das Homerische κοῦροι Ἀθηναίων, κοῦροι Ἀχαιῶν, κοῦροι Βοιωτῶν, und Ἀθηναίων κόροι Eur. Herc. F. 1164. Suppl. 356, wie Κεκροπιδῶν κόροι in tragischer Parodie bei Eubulus Com. 3 p. 208. Andere werden vielleicht Ἀργείων ἄκρους vorziehen[1]; aber der in πλείστους liegende Begriff der Masse scheint dagegen zu sprechen, weil ἄκροι die Spitzen des Heeres, also eine Minderheit bezeichnet, und κόρους ist auch palaeographisch leichter. Die Antwort der Hecuba lautet:

ἐρῶ τὰ τῶν θεῶν, ὡς τὰ μὲν πυργοῦσ᾽ ἄνω
613 τὰ μηδὲν ὄντα, τὰ δὲ δοκοῦντ᾽ ἀπώλεσαν.

Der von Elmsley Eur. Heracl. 168 und Dobree Adv. 2 p. 91 gemachte Besserungsvorschlag τὸ μηδὲν ὄντα gründet sich auf Stellen wie Soph. Ai. 1275. Trach. 1107. Eur. Tro. 412. Rhes. 819. Iph. A. 945. Cycl. 355. Heracl. 167 El. 370. fr. 336, 8, wo wir ἤδη τὸ μηδὲν ὄντας, κἂν τὸ μηδὲν ὢ und ähnliches finden. Dass inzwischen statt τὸ μηδὲν ὤν auch ohne Artikel μηδὲν ὤν gesagt wird, ist hinreichend bekannt (vgl. θεοῖς μὲν κἂν ὁ μηδὲν ὢν ὁμοῦ κράτος κατακτήσαιτο Ai. 767. ὃς μηδὲν ὢν γενναῖσιν Ai. 1094. νῦν μὲν γὰρ οὐδὲν ὄντα βαστάζω χεροῖν El. 1129. εἰ καὶ μηδέν ἐστιν Eur. Hec. 843), und hier muss ich die Veränderung des τὰ in τὸ geradezu für einen grammatischen Fehler halten. Die nach πυργοῦσ᾽ ἄνω folgende nähere Bestimmung zu τὰ μὲν muss nothwendig den Artikel τὰ bei sich haben; sollte dieser Artikel fehlen, so müssten die Worte anders gestellt sein, τὰ μὲν μηδὲν (oder

---

[1] Vgl. Eur. Phoen. 480: πολλοὶ δὲ Δαναῶν καὶ Μυκηναίων ἄκροι πάρεισι. 1245: Δαναϊδῶν ἄκροι. Suppl. 118: ξυνῆψας Ἀργείων ἄκρους. fr. 701: μή μοι φθονήσητ᾽, ἄνδρες Ἑλλήνων ἄκροι. Lycophr. 1128: ναῶν δί μοι τεύξουσι Δαυνίων ἄκροι. Theocr. 15, 142: Ἀργείας ἄκρα Πελασγοί. Möglich dass an einigen dieser Stellen ἄκροι aus κόροι entstanden ist; wenigstens Phoen. 480 dürfte κόροι angemessener sein.

τὸ μηδὲν) ὄντα πυργοῦσ' ἄνω. Zum Schutze der überlieferten und allein zulässigen Lesart wird es genügen an die Demosthenische Stelle zu erinnern, welche Krüger Gr. § 50, 1 Anm. 11 anführt: τοὺς μὲν τὰ δίκαια ποιεῖν ἠνάγκασα τοὺς πλουσίους, τοὺς δὲ πένητας ἔπαυσα ἀδικουμένους.

Zu Andromaches Worten νοσεῖ; δὲ χάτερα gibt Hecuba die bestätigende Fortsetzung:

620   ὧν γ' οὔτε μέτρον οὔτ' ἀριθμός ἐστι μοι·
       κακῷ κακὸν γὰρ εἰς ἅμιλλαν ἔρχεται.

Das pleonastische μοι beruht vielleicht auf einer späteren Ergänzung: im Chr. pat. 41 steht οὔτ' ἀριθμός ἐστί τις, wonach ich οὔτ' ἀριθμός ἐστ' ἔτι schreiben möchte. Sicherer ist es dass wir V. 692 aus derselben allerdings mit grosser Vorsicht zu benutzenden Quelle eine Verbesserung der handschriftlichen Lesart gewinnen. Es wird geredet von den Schiffern, die eine Zeit lang dem Sturme Widerstand leisten, endlich aber bei erfolglosem Ringen an ihrer Rettung verzagen und sich den Wogen überlassen:

ἢν δ' ὑπερβάλῃ
πολὺς ταραχθεὶς πόντος, ἐνδόντες τύχῃ
παρεῖσαν αὐτοὺς κυμάτων δρομήμασιν.

Statt ἐνδόντες τύχῃ findet sich im Chr. pat. 628 ἐνδόντες φορᾷ. Bedenkt man dass das Versgesetz dem Verfasser des Chr. pat. eine accentuirte Paenultima zu Ende des Trimeters vorschrieb, so liegt zu Tage dass φορᾷ nicht auf freier Erfindung sondern auf diplomatischer Ueberlieferung beruht. Wenn unsere Handschriften keine Spur davon gerettet haben, so ist dies ein nicht eben befremdlicher Zufall. Mir scheint das gewähltere und sinngemässere φορᾷ durchaus den Vorzug zu verdienen. Das Wort wird bei Hesychius durch πλήμμυρα wiedergegeben, und im Etym. M. p. 734, 30 heisst es: φοράν δὲ ἔλεγον οἱ Ἕλληνες τὴν τύχην, wobei offenbar Stellen vorschwebten wie Porph. epist. ad Marc. c. 22: πάντα εἰσὶ καὶ οὐκ ἀλόγῳ φορᾷ διοικεῖται τὰ πάντα. Mit dem vorliegenden Gebrauche von φορά vgl. Georgius Pachym. bei Walz Rhet. vol. 1 p. 594. 23: οὐκ ἠδυνήθησαν ἀντισχεῖν πρὸς τοσαύτην φορὰν θαλάσσης, καὶ κλύδωνα. Auch Hartung hat ἐνδόντες φορᾷ aufgenommen, ohne Wahrscheinlichkeit aber vorher V. 688 ἦν μὲν μέτριος ὧν χειμὼν τύχῃ geschrieben.

Als Hecuba hört dass ihre Tochter Polyxena am Grabhügel des Achilles geschlachtet worden sei, ruft sie aus:

οἲ ἐγὼ τάλαινα, τοῦτ' ἐκεῖνό μοι πάλαι
625   Ταλθύβιος αἴνιγμ' οὐ σαφῶς εἶπεν σαφές.

Sehr leicht und ansprechend ist die Aenderung von Fix τοῦτ' ἐκεῖν' ὅ μοι πάλαι Ταλθύβιος — εἶπεν. Dass aber diese Aenderung nothwendig sei kann ich nicht einräumen: νῦν τοῦτ' ἐκεῖν' ἥκει τὸ Δάτιδος μέλος sagt Ar. Pac. 289, *hunc illum fatis externa ab sede profectum portendi generum* und *hunc illum poscere fata reor* Virg. A. 7, 255. 272, und ähnliches sonst. Von den sich anschliessenden Worten der Andromache,

εἶδόν νιν αὐτὴ κἀποβᾶσα τῶνδ' ὄχων
627   ἔκρυψα πέπλοις κἀπεκοψάμην νεκρόν,

wurde schon oben gesprochen (S. 132). Mag man κἀπικεψάμην von ἀποκόπτεσθαι oder nach der gewöhnlichen Annahme von ἐπικόπτεσθαι herleiten, unter allen Umständen erscheint das Compositum als unpassend, und selbst für das Aristophanische κόπτεσθ' Ἄδωνιν Lys. 396 vermisse ich bei den Tragikern ein Analogon. Wer eingesehen dass die hergebrachte Lesart unrichtig ist, kann über das Heilmittel nicht lange in Verlegenheit sein: es muss heissen κἀπεκλαυσάμην νεκρόν. Vgl. Soph. Oed. R. 1467: ψαῦσαί μ' ἔασον κἀπικλαύσασθαι κακά. Eur. fr. 567: τερπνὸν τὸ λέξαι κἀποκλαύσασθαι. Ar. Vesp. 564: οἱ μέν γ' ἀποκλάονται πενίαν αὑτῶν.

Gegenüber der drohenden Vermählung mit Neoptolemus befindet sich Andromache in rathloser Lage; sie hat, wie sie sagt, entweder den Groll ihres früheren Gatten, des getödteten Hector, oder den Hass des neuen Herrn zu fürchten:

  κεἰ μὲν παρώσασ' Ἕκτορος φίλον κάρα
  πρὸς τὸν παρόντα πόσιν ἀναπτύξω φρένα,
  κακὴ φανοῦμαι τῷ θανόντι· τόνδε δ' αὖ
664   στυγοῦσ' ἐμαυτῆς δεσπόταις μισήσομαι.

Im letzten Verse ist στυγοῦσα unmöglich; denn es wäre ungereimt, wenn τόνδε und ἐμαυτῆς δεσπόταις eine und dieselbe Person bezeichnete. Nothwendig muss τόνδε auf den der Andromache theuren Todten bezogen, für στυγοῦσα daher der entgegengesetzte Begriff erwartet werden, also φιλοῦσα oder mit leichterer Aenderung στέργουσα, wie bereits Lenting vorgeschlagen hat. Unmittelbar auf diese Worte folgt die Stelle:

  καίτοι λέγουσιν ὡς μί' εὐφρόνη χαλᾷ
666   τὸ δυσμενὲς γυναικὸς εἰς ἀνδρὸς λέχος·
669   ἀλλ' οὐδὲ πῶλος ἥτις ἂν διαζυγῇ
  τῆς συντραφείσης, ῥᾳδίως ἕλξει ζυγόν.
  καίτοι τὸ θηριῶδες ἄφθογγόν τ' ἔφυ
  ξυνέσει τ' ἄχρηστον τῇ φύσει τε λείπεται.

Um den Zusammenhang herzustellen, war es nothwendig zwei Verse auszuscheiden, die zwischen 666 und 669 in unseren Handschriften und Ausgaben stehen,

  ἀπέπτυσ' αὐτὴν ἥτις ἄνδρα τὸν πάρος
  καινοῖσι λέκτροις ἀποβαλοῦσ' ἄλλον φιλεῖ.

Sollen diese beiden Verse ihre bisherige Stelle behaupten, so erscheint ἀλλ' οὐδὲ πῶλος als unmöglich; statt ἀλλά müsste vielmehr καὶ γάρ oder etwas ähnliches stehen. Dindorf hält V. 665—672 für das Fabricat eines Späteren: allerdings enthalten einige dieser Verse manche Härten, bei denen man zweifeln kann ob sie einem ungeschickten Autor oder dem traurigen Zustande unserer Handschriften zur Last fallen: aber auch wenn Dindorf Recht hat, können 667 und 68 nicht unangefochten bleiben; mindestens müssten sie nach 672 gestellt werden.

Hecuba ermahnt ihre Schwiegertochter Andromache, sie solle die Liebe des neuen Gatten sich zu gewinnen suchen:

κἂν δρᾷς τάδ', εἰς τὸ κοινὸν εὐφρανεῖς φίλους,
καὶ παῖδα τόνδε παιδὸς ἐκθρέψειας ἂν
Τροίᾳ μέγιστον ὠφέλημ', ἵν' εἴ ποτε
ἐκ σοῦ γενόμενοι παῖδες ὕστερον πάλιν
703   κατοικίσειαν, καὶ πόλις γένοιτ' ἔτι.

Die Unrichtigkeit der letzten Verse liegt offen zu Tage. In den neueren Ausgaben findet man fast durchgängig geschrieben ἵν' εἴ ποτε ἐκ σοῦ γενόμενοι παῖδες Ἴλιον πάλιν κατοικίσειαν, wo ἵν' εἴ ποτε von Musurus herrührt, Ἴλιον statt ὕστερον die Handschrift B für sich zu haben scheint. Noch nicht geborene Kinder können, wie Hartung richtig bemerkt, schwerlich εἴ ποτε γενόμενοι παῖδες genannt werden; darum ist das ἵν' εἴ ποτε zu verwerfen. Ich glaubte ehemals die erheblichsten Schwierigkeiten beseitigt, wenn ἵν' εἴ ποτε in ἦν ἄν ποτε verwandelt würde. Hartung schrieb mit noch leichterer Aenderung Τροίᾳ μέγιστον ὠφέλημ' ἄν, εἴ ποτε κτέ. Aber schon G. Hermann hat darauf hingewiesen dass es verkehrt ist, wenn die Nachkommen der Andromache und nicht vielmehr des Hector den Wiederaufbau des zerstörten Ilion übernehmen sollen. Kirchhoff tritt dieser Ansicht bei und vermuthet hiernach dass Euripides nicht κατοικίσειαν sondern κατοικίσαις geschrieben habe und dass der uns vorliegende Text lückenhaft sei. «*Nempe hoc dicendum erat, Andromachen Hectoris filium in maximam patriae utilitatem educaturam esse, ut, si forte ex ipsa Neoptolemo progeniti filii victrici voluntatem conciliassent, eius adiutus ope et voluntate Astyanax patriae moenia instauraret. sic enim intellegitur, cur Andromachae ex Neoptolemo filiorum mentio hic iniiciatur alias incommoda. hinc patet post παῖδες duorum hemistichiorum iactura laborare verba poetae; quae postquam exciderunt, κατοικίσειε simul, quod dederat poeta ad Astyanactem referendum, mutatum videtur in κατοικίσειαν, quod praebent libri, ut iungeretur cum παῖδες ἐκ σοῦ γενόμενοι.*» Was hier zur Ausfüllung der vermeintlichen Lücke vorgeschlagen wird, ist durchaus nicht plausibel. Andromache soll von Neoptolemus Söhne bekommen, diese sollen ihrem Halbbruder Astyanax die Liebe seines Stiefvaters Neoptolemus verschaffen, und dann soll Astyanax unterstüzt von Neoptolemus Troja wieder erstehen lassen. Bei aller Umständlichkeit ist dies eine höchst kühne und phantastische Combination: mag Hecuba noch so sanguinischer Natur sein, unmöglich kann sie erwarten dass Neoptolemus zur Erneuerung des zerstörten Troja seine Hand bieten werde. Ueberhaupt halte ich die Annahme einer Lücke für unberechtigt; ich vermuthe:

καὶ παῖδα τόνδε παιδὸς ἐκθρέψειας ἂν
Τροίᾳ μέγιστον ὠφέλημ' εἶναί ποτε,
ἐξ οὗ γενόμενοι παῖδες Ἴλιον πάλιν
κατοικίσειαν, καὶ πόλις γένοιτ' ἔτι.

V. 703 habe ich ἵν' εἴ ποτε in εἶναί ποτε geändert; über den Infinitiv vgl. Il. X, 421: Πηλεύς, ὅς μιν ἔτικτε καὶ ἔτρεφε πῆμα γενέσθαι Τρωσί. Die beiden letzten Verse habe ich nach der Handschrift B gegeben: ihre Echtheit scheint mir zweifelhaft.

Die so oben ausgesprochenen Hoffnungen der Hecuba sollen nur zu bald vernichtet werden durch die Nachricht dass Astyanax zum Tode bestimmt sei. Andromache empfängt die neue Unglücksbotschaft mit dem Rufe:

   720 οἴμοι, γάμων τόδ' ὡς κλύω μεῖζον κακόν.

Dass hier das Wort γάμων richtig sei, kann ich nicht glauben. Andromache hat vorher von ihrer Treue gegen Hector gesprochen und den Tod der Polyxena weniger hart gefunden als die Knechtschaft, der sie selbst entgegen gehe, und nun soll sie sagen, der Verlust ihres Kindes sei ein grösseres Unglück als die ihr bevorstehende Vermählung. Unmöglich kann sie so sprechen, zumal da sie durch den Mord ihres Kindes mit noch grösserem Hass und Abscheu gegen die Mörder desselben erfüllt werden muss. Obenein liegt in γάμοι durchaus nicht der Begriff des Unglücks, und darum ist die Verbindung γάμων μεῖζον κακόν nur in der Komoedie denkbar. Man würde νέον παλαιόν τόδε κλύω μεῖζον κακόν oder etwas ähnliches vermuthen müssen, wenn nicht eine weit einfachere Heilung sich darböte:

    οἴμοι, κακῶν τόδ' ὡς κλύω μεῖζον κακόν.

Derartige Steigerungen sind nicht ungewöhnlich: κάκιον κακῶν ἔτι sagt Soph. Ant. 1281. κακοῦ κάκιον ἄλλο πῆμα Aesch. Agam. 865. κακῶν κάκ' ἄλλα μείζονα Eur. Hec. 233. κακοῦ, φασί, κάκιον Psellus ed. Boiss. p. 18. πῆμα πήματος πλέον Eur. Hec. 1168. Palaeographisch erklärt sich die Verwechslung von γάμων und κακῶν sehr leicht aus der Aehnlichkeit von κ und μ, die zur Folge hat dass z. B. κάλλιστα und μάλιστα oft vertauscht werden, wie ὠμές und ὠκύς (oben S. 89).

 Talthybius zeigt der Andromache dass jedes Widerstreben von ihrer Seite fruchtlos und darum thöricht sei:

    ἔχεις γὰρ ἀλκὴν οὐδαμῇ· σκοπεῖν δὲ χρή·
   730 πόλις τ' ὄλωλε καὶ πόσις, κρατεῖ δὲ σύ,
    ἡμεῖς τε πρὸς γυναῖκα μάρνασθαι μίαν οἷοί τε.

Die letzten Worte «wir sind im Stande gegen ein einzelnes Weib zu kämpfen» enthalten eine Abgeschmacktheit: es kann von einem μάρνασθαι der Griechen gegen das von aller Welt verlassene, hilf- und wehrlose Weib gar nicht die Rede sein. Offenbar ist zu lesen: ἡμῖν τε πῶς γυναῖκα μάρνασθαι μίαν οἷόν τε; Jeder wird fühlen dass nur dies einen vernünftigen Sinn gibt. Die Corruptel beruht auf der häufigen Verwechslung von πῶς und πρός (vgl. oben S. 18), die hier eine Veränderung des ἡμῖν οἷόν τε in das üblichere ἡμεῖς οἷοί τε nach sich zog.

   742 ἢ τοῦ πατρός δέ σ' εὐγένει' ἀπώλεσεν,
    ἢ τοῖσιν ἄλλοις γίγνεται σωτηρία,
    τὸ δ' ἐσθλὸν οὐκ εἰς καιρὸν ἦλθέ σοι πατρός.

Die beiden ersten Verse enthalten eine Paraphrase des dritten, der allein echt zu sein scheint. V. 742 mag aus Hipp. 1390 stammen, τὸ δ' εὐγενές σε τῶν φρενῶν διώλεσεν (ἀπώλεσεν BEbc), V. 743 ist wörtlich entlehnt aus Eur. Alexander fr. 59, 2.

 Andromache beklagt ihre unglückliche Vermählung:

   745 ὦ λέκτρα τἀμά δυστυχῆ τε καὶ γάμοι,

εἰς ἦλθον εἰς μέλαθρον Ἔκτορός ποτε,
οὐχ ὡς σφάγιον Δαναΐδαις τέξουσ' ἐμόν,
ἀλλ' ὡς τύραννον Ἀσιάδος πολυσπόρου.

Ob zu Anfang mit Reiskes δυστυχῆ γε die ursprüngliche Lesart gewonnen ist oder der Fehler tiefer liegt, wage ich nicht zu entscheiden; sollte δυστυχῆ τε richtig sein, so müsste statt γάμοι ein Adjectivum stehen, wie Soph. Trach. 5: ἐγὼ δὲ τὸν ἐμόν, καὶ πρὶν εἰς Ἅιδου μολεῖν, ἔξοιδ' ἔξουσα δυστυχῆ τε καὶ βαρύν. Nachher hat Kirchhoff V. 747 die sinnwidrige Conjectur σφαγεῖον mit Recht verworfen; sein Vorschlag οὐ σφάγιον ἵνιν Δαναΐδαις τέξουσ' ἐμόν dürfte in der Hauptsache das Richtige treffen; statt ἵνιν möchte indess wohl υἱόν vorzuziehen sein[1]). Dobree vermuthete οὐ σφάγιον ὡς τέξουσα Δαναΐδαις τέκνον. Im folgenden Verse ist statt Ἀσιάδος (oder nach BCGb Ἀσιάτιδος) wahrscheinlich Ἀσίδος zu schreiben. Eben so vermuthe ich Ἀσιδ' Εὐρώπης τ' ὅρους Tro. 927 (wo ἀσιάδ' B, ἀσίας BCG und Tzetzes Exeg. II. p. 39, 29) und Ion 1356 (wo die Handschriften ἀσιάδ' zu bieten scheinen). Wie geneigt die Abschreiber waren das dichterische Ἀσίς in Ἀσιάς zu verändern, lässt sich namentlich in den Handschriften des Aeschylus wahrnehmen; s. die Nachweisungen bei Dindorf Aesch. Pers. 270. Wenn wir Eur. El. 315 lesen πρὸς δ' ἕδρα; Ἀσιάτιδες δμωαὶ στατίζουσ', ἃς ἕπερσ' ἐμὸς πατήρ, so ist der Anapaest im fünften Fusse nicht zu entschuldigen (vgl. die nachfolgende Bemerkung über Tro. 1126), G. Hermann vermuthete sehr ansprechend πρὸς δ' ἕδραισιν Ἀσίδας

Ein Wesen wie Helena kann, meint Andromache, unmöglich des Zeus Tochter sein:

ὦ Τυνδάρειον ἔρνος, οὔποτ' εἶ Διός,
πολλῶν δὲ πατέρων φημί σ' ἐκπεφυκέναι,
Ἀλάστορος μὲν πρῶτον, εἶτα δὲ Φθόνου,
Φόνου τε Θανάτου θ' ὅσα τε γῆ τρέφει κακά.
770 οὐ γάρ ποτ' αὐχῶ Ζῆνά γ' ἐκφῦσαί σ' ἐγώ,
πολλοῖσι κῆρα βαρβάροις, Ἕλλησί τε.

Im vorletzten dieser Verse bietet die Aldina ἐκφῦναι, wonach Reiske Ζηνός ἐκφῦναί σ' ἐγώ vorgeschlagen hat. Ueber B fehlt eine positive Angabe; wahrscheinlich aber ist aus dieser Handschrift das ἐκφῦναι der Ald. geflossen, und eben so las der Verfasser des Chr. pat. 337: οὐ γάρ ἐρῶ ποτ' ἐκ θεοῦ φῦναί σ' ἐγώ. Unpassend scheint vorher αὐχῶ, was schwerlich, wie manche wohl meinten, als gleichbedeutend mit dem schlichten λέγω gebraucht werden kann; ich vermuthe dafür αὐδῶ. Allerdings aber lässt sich nicht in Abrede stellen dass V. 770 überhaupt müssig ist: der Vers besagt nur was schon oben in den Worten οὔποτ' εἶ Διός kürzer und bestimmter ausgesprochen war, und eben darum erscheint das γάρ als

---

1) Eur. fr. 846 bei Stob. Flor. 88, 1:
ἐ θ' οὐ δίκαιος, κἂν ἀμείνονος πατρός
Ζηνός πεφύκῃ, δυσγενὴς εἶναι δοκεῖ.
Statt des unpassenden Ζηνός habe ich ἵνις vermuthet, weil ich meinte dass dies seltenere Wort sehr leicht einer Entstellung unterliegen konnte. Meineke (Stob Flor. vol. 4 p. LXXVII) bemerkt dagegen, ἵνις finde sich nur in lyrischen Theilen der Tragoedien; er übersah Aesch. Suppl. 251, wo im Trimeter ἵνις Πελασγός vorkommt. Das von Meineke statt ἵνις vorgeschlagene γένος sollte vermuthlich γόνος lauten.

nicht einmal passend. Vielleicht ist V. 770 dem Euripides untergeschoben; er wird entbehrlich, wenn wir 771 unmittelbar nach 767 stellen.

Helena erzählt vom Urtheil des Paris und den Anerbietungen welche die drei Göttinnen ihrem Richter gemacht:

ἔκρινε τρισσὸν ζεῦγος ὅδε τρισσῶν θεῶν·
925 καὶ Παλλάδος μὲν ἦν Ἀλεξάνδρῳ δόσις
Φρυξὶ στρατηγοῦνθ᾽ Ἑλλάδ᾽ ἐξαναστάναι,
Ἥρα δ᾽ ὑπέσχετ᾽ Ἀσιάδ᾽ Εὐρώπης θ᾽ ὅρους
[τυραννίδ᾽ ἕξειν, εἴ σφε κρίνειεν Πάρις]·
Κύπρις δὲ τοὐμὸν εἶδος ἐκπαγλουμένη
930 δώσειν ὑπέσχετ᾽, εἰ θεὰς ὑπερδράμοι κτέ.

Der eingeklammerte Vers, τυραννίδ᾽ ἕξειν, εἴ σφε κρίνειεν Πάρις, gehört zu den absurdesten Fabricaten, mit denen jemals irgend ein Dichter besudelt worden ist. Das Wort τυραννίς steht hier in einer unerhörten Bedeutung; es soll das Gebiet bezeichnen über welches jemand herrscht; statt ἕξειν musste vielmehr παρέξειν oder δώσειν gesagt werden; und endlich ist κρίνειεν ungereimt, da es ein Beurtheilen, nicht aber ein Bevorzugen ausdrückt, es war dafür προκρίνειεν zu gebrauchen. Diesen Bedenken entgehen wir durch die Tilgung des Verses; er ist für den Sinn durchaus entbehrlich, und Tzetzes hat ihn nicht gekannt; wenigstens kann ich es nicht für zufällig halten, dass in der Exeg. Il. p. 39 f. bei einer Anführung von Tro. 925—930 gerade dieser Vers sich nicht vorfindet. Uebrigens bietet jenes Citat des Tzetzes noch zwei Textesverbesserungen, 927 Ἥρα δ᾽ statt Ἥρα θ᾽ und 930 ὑπερδράμοι statt ὑπεκδράμοι.

Helena nimmt für sich das Verdienst in Anspruch den Hellenen zum Siege über die Barbaren verholfen zu haben. Das Glück von Hellas, führt sie darauf fort, war mein Verderben, und man schmäht mich wo ich die höchste Auszeichnung verdiente, κωνειδίζομαι

937 ἐξ ὧν ἐχρῆν με στέφανον ἐπὶ κάρα λαβεῖν.

Für στέφανον ἐπὶ κάρα λαβεῖν vermisse ich ähnliche Ausdrucksweisen; am ersten lässt sich vergleichen Iphig. Aul. 1080: οἳ δ᾽ ἐπὶ κάρα στέψουσι καλλικόμαν πλόκαμον Ἀργεῖοι, was freilich weder ganz entsprechend noch selbst frei von Bedenken ist (G. Hermann wollte οἳ δ᾽, ὦ κόρα, στέψουσι). Unter allen Umständen ist das ἐχρῆν με στέφανον ἐπὶ κάρα λαβεῖν höchst unbestimmt: man bekränzt auch die Opferthiere, und somit enthalten die vorliegenden Worte durchaus nicht den hier nothwendigen Begriff einer ehrenden Auszeichnung. Darum vermuthe ich στέφανον εὐκλείας λαβεῖν. Vgl. Soph. Ai. 465: ὧν αὐτὸς ἔσχε στέφανον εὐκλείας. Eur. Suppl. 315: καρόν σοι στέφανον εὐκλείας λαβεῖν fr. 219: θεούς τε τιμᾶν τούς τε θρέψαντας γονεῖς νόμους τε κοινοὺς Ἑλλάδος· καὶ ταῦτα δρῶν κάλλιστον ἕξεις στέφανον εὐκλείας ἀεί.

Um ihre heimliche Flucht aus dem Hause des Menelaus zu entschuldigen, gedenkt Helena des Paris, von dem sie sagt:

940 ἦλθ᾽ οὐχὶ μικρὰν θεὸν ἔχων αὑτοῦ μέτα

ὁ τῆσδ' ἀλάστωρ, εἴτ' Ἀλέξανδρον θέλεις
ὀνόματι προσφωνεῖν νιν εἴτε καὶ Πάριν.

«Du kannst ihn Alexander, du kannst ihn aber auch Paris nennen» — das ist freilich sehr einfach, aber in diesem Zusammenhange auch höchst einfältig. In welcher Absicht konnte Euripides die puerile Notiz, dass mit Alexander und Paris eine und dieselbe Person bezeichnet werde, der Helena in den Mund legen? Darüber wissen vielleicht diejenigen Auskunft zu geben, die auf jedes überlieferte Iota schwören und nichts für zu verkehrt halten, um es nicht gelegentlich einem antiken Dichter zuzutrauen. In der Tragoedie wird aus begreiflichen Gründen viel seltener als in dem zu Abschweifungen einladenden Epos eine doppelte Benennung einer und derselben Person erwähnt. Niemand wird es auffällig finden, wenn ein Gott zwei Namen bekommt, entweder damit er sich den ihm erwünschteren auswähle oder weil der Dichter Götter identificirt die gewöhnlich für verschiedene gelten, oder endlich weil ein hergebrachter Name das in Rede stehende göttliche Wesen nicht hinlänglich bezeichnet[1]). Unter welchen Umständen die doppelte Benennung eines Menschen in der Tragoedie am Platze ist, kann man leicht errathen: offenbar nur da, wo zu dem ursprünglichen Namen ein zweiter kommt, der die Natur der einzelnen Person treffend charakterisirt. So erwähnt Euripides Hel. 13, Eido sei später Theonoe genannt worden, weil sie τὰ θεῖα τά τ' ὄντα καὶ μέλλοντα πάντ' ἠπίστατο. Die höhere Erleuchtung der Theonoe ist dort für die nachfolgende Handlung von grösster Wichtigkeit, darum im Prologe diese Notiz. In ähnlicher Weise sagte Euripides in einem verlornen Stücke (fr. 65), Paris habe den Namen Alexander bekommen: die eigenen Worte des Dichters sind uns nicht erhalten; die Nachricht bei Varro L. L. 7, 82, dass der Vers des Ennius. *quapropter Parim pastores nunc Alexandrum vocant*, aus Euripides entlehnt sei, reicht jedoch hinlänglich aus um die Verbindung der beiden Namen als gerechtfertigt erscheinen zu lassen: Paris bewährte sich als Männerabwehrer, und darum nannte man ihn Ἀλέξανδρος. Dies ist nicht auffallender als die in der Tragoedie beliebten Etymologien der Eigennamen (vgl. die Bem. zu Soph. Ai. 430 und Elmsley zu Eur. Bacch. 508). In den obigen Versen der Troades erscheint es dagegen als läppisch und widersinnig, wenn die beiden Namen Alexander und Paris lediglich zur Füllung des Verses neben einander paradiren. Mit der nackten Behauptung dass ich «ohne alle Berechtigung» dem Euripides die Anwendung des Namenspiels εἴτ' Ἀλέξανδρον θέλεις ὀνόματι προσφωνεῖν νιν εἴτε καὶ Πάριν abspreche (N. Jahrb. f. Philol. u. Paed. LXXV p. 132) ist nichts gewonnen, so lange nicht ähnliche Namenspielereien aus Euripides oder einem anderen Tragiker nachgewiesen werden. Die Worte εἴτε καὶ

---

[1] Vgl. Eur. fr. 904: σοὶ τῷ πάντων μεδέοντι χοὴν πέλανόν τε φέρω, Ζεὺς εἴτ' Ἀίδης ὀνομαζόμενος στέργεις. Tro. 885: ὅστις ποτ' εἶ σύ, δυστόπαστος εἰδέναι, Ζεύς, εἴτ' ἀνάγκη φύσεως εἴτε νοῦς βροτῶν, προσευξάμην σε. Bacch. 275: Δημήτηρ θεά· γῆ δ' ἐστίν, ὄνομα δ' ὁπότερον βούλει κάλει. Epische und namentlich gelehrte Dichter mögen aus rein stofflichem Interesse erzählen dass einem und demselben Gotte oder Menschen verschiedene Benennungen zukommen· dem tragischen Dichter ist ein derartiger Notizenkram schlechterdings verwehrt. Ueber Eur. fr. 904 bei Clemens Alex. Strom. V p. 688 bemerke ich beiläufig dass V. 9 zu schreiben war πέμψον δ' ἐς φῶς ψυχὰς ἐνέρων.

Πάρις beruhen auf plumper Interpolation. Bevor ich über das hier anzuwendende Heilmittel spreche, scheint es angemessen an jene höchst ergiebige Quelle von Schreibfehlern zu erinnern, für welche unter andern Meineke Hist. crit. p. 500 mehrere Belege zusammengestellt hat. Wie bei Plut. Timol. c. 36: τῶν δὲ Τιμολέοντος ἔργων — οὐδὲν ἔστιν ᾧ μὴ τά τοῦ Σοφοκλέους, ὥς φησὶ Τίμαιος, ἐπιφωνεῖν ἔπρεπεν, statt Σοφοκλέους mehrere Handschriften Τιμοκλέους bieten, weil Τιμολέοντος voraufgeht und Τίμαιος nachfolgt, so finden wir unendlich oft dass ein Wort durch die Nähe eines andern corrumpirt wurde. Einige Beispiele werden diese unzweifelhafte Thatsache am besten veranschaulichen. I. Aesch. Prom. 693: δείματ᾽ ἀμφήκει κέντρῳ ψύχειν ψυχάν. Statt ψύχειν vermuthe ich τρύχειν. II. Anecd. Oxon. vol. 1 p. 160, 24: πάριξ τοῦ Σκυθικοῦ ἔθνους. Der Herausgeber hat richtig erkannt dass πάρεξ τοῦ Σκυθικοῦ ἔθνους geschrieben werden muss nach Herodot 4, 46. Weniger glücklich war man bei der Behandlung von Schol. Ar. Pac. 1076, wo ohne Nennung des Autor zwei Hexameter angeführt werden, ὡς οὐκ ἔστι λέουσι καὶ ἀνδράσιν ὅρκια πιστά, οὐδὲ λύκοι τε καὶ ἄνδρες ὁμόφρονα θυμὸν ἔχουσιν. Hier ist ἄνδρες durch das voraufgehende ἀνδράσιν veranlasst; man würde längst οὐδὲ λύκοι τε καὶ ἄρνες verbessert haben, wenn man sich erinnert hätte dass jene Verse aus Il. X, 262 f. entlehnt sind. III. Christ. pat. 2104: μὴ δὴ φοβεῖσθε μηδ᾽ ὑμῖν ἔστω φόβος. Ohne Zweifel ist zu ändern μὴ δὴ προεῖσθε: dafür bürgen V. 2060. 2128. 2505 wie Evang. Matth. c. 24, 6. IV. Xenoph. Mem. 1, 1, 5: τίς οὐκ ἂν ὁμολογήσειεν αὐτόν (nämlich τὸν Σωκράτη) βούλεσθαι μήτ᾽ ἠλίθιον μήτ᾽ ἀλαζόνα φαίνεσθαι; ἐδόκει δ᾽ ἂν ἀμφότερα ταῦτα, εἰ προαγορεύων ὡς ὑπὸ θεοῦ φαινόμενα εἶτα ψευδόμενος ἐφαίνετο. Die nahe liegende Verbesserung ὡς ὑπὸ θεοῦ σημαινόμενα ist allen Herausgebern entgangen; von der Nothwendigkeit derselben wird sich jeder leicht überzeugen, wenn er die vorhergehenden Paragraphen 2 — 4 liest, wo es heisst διατεθρύλητο γὰρ ὡς φαίη Σωκράτης τὸ δαιμόνιον ἑαυτῷ σημαίνειν, ferner τοὺς θεοὺς διὰ τούτων αὐτὰ σημαίνειν, nachher τὸ δαιμόνιον γὰρ ἔφη σημαίνειν, endlich ὡς τοῦ δαιμονίου προσημαίνοντος. V. Eur. fr. 284, 28 bei Ath. X p. 413 F: τοιαῦτα γὰρ πόλει τε πάσῃ πᾶσί θ᾽ Ἕλλησιν καλά. Wer von der ganzen Stadt redet, denkt sich nothwendiger Weise als Gegensatz einige Theile oder einige Bewohner derselben. Den gesammten Hellenen kann offenbar nur die einzelne, näher zu bezeichnende Stadt, nicht aber die ganze Stadt gegenüber gestellt werden. Somit scheint der schon früher von mir gemachte Vorschlag, πόλει τε ταύτῃ πᾶσί θ᾽ Ἕλλησιν καλά, durchaus berechtigt. VI. Soph. El. 741 f.: καὶ τοὺς μὲν ἄλλους πάντας ἀσφαλεῖς δρόμους ὡρθοῦθ᾽ ὁ τλήμων ὀρθὸς ἐξ ὀρθῶν δίφρων Hier war zunächst ἀσφαλεῖς in ἀσφαλῆς zu ändern[1]): sodann kann das Zurücklegen der Bahnen unmöglich

---

1) Dass ein gedankenloser Abschreiber πάντας ἀσφαλὴς δρόμους in πάντας ἀσφαλεῖς δρόμους umänderte, kann nicht befremden. Aehnlich, nur etwas derber ist Eur. Ion 1604 f. verunstaltet:
καὶ χαίρετ᾽· ἐκ γὰρ τῆσδ᾽ ἀναψυχῆς πόνων
εὐδαίμον᾽ ὑμῖν πότμον ἐξαγγέλλομαι.
Soll ein Sinn in diese Worte kommen, so werden wir schreiben müssen: ἐκ γὰρ τοῦδ᾽ ἀναψυχὰς πόνων μ᾽ ἰδεῖν μοι ὑμῖν πότμον ἐξαγγέλλομαι.— Als Beleg für das Wort ὀλιγόσιτος führt Ath. VI p. 248 C folgenden Vers des Komikers Phrynichus an (Com. 2 p. 590): ὁ δ᾽ ὀλιγόσιτος Ἡρακλῆς ἀεὶ τί δρᾷ; Obgleich wir den Zusammenhang in welchem dieser Vers ursprünglich stand, nicht kennen, so halte ich es doch für sehr wahrscheinlich dass Ἡρακλῆς aus Ἡρακλεῖς entstanden ist. Als Epitheton des Hercules könnte ὀλιγόσιτος nur ironisch gefasst werden.

durch δρόμους ὀρθοῦσθαι bezeichnet werden; desgleichen zweifle ich ob ὀρθοῦται ὀρθός oder ὀρθόν σε ὀρθῶ je gesagt worden ist. Warum sollte der Dichter nicht geschrieben haben, was doch so einfach und so natürlich war, τοὺς μὲν ἄλλους δρόμους ὠχεῖτ'· ὁ τλήμων ὀρθός δὲ ὀρθῶν δίφρων? oder ist es unglaublich dass ὠχεῖτο ὀρθός in ὠρθοῦτο ὀρθός übergegangen sei? VII. Eur. Ion 787: ὅτῳ ξυναντήσειαν ἐκ θεοῦ συθείς κρώτῳ πόσις σός, παῖδ' ἔδωκ' αὐτῷ θεός. Sollte ἐκ θεοῦ συθείς auch an sich möglich sein, so wird es doch hier durch das im Hauptsatze stehende θεός unmöglich gemacht. Die ursprüngliche Lesart ἐκ ναοῦ συθείς liess sich entnehmen aus Iphig. Taur. 1294: ὃν δ' ἰδεῖν θέλεις ἄνακτα χώρας, φροῦδος ἐκ ναοῦ συθείς. VIII. Eur. Cycl. 118. Auf die Frage des Odysseus, τίνες δ' ἔχουσι γαῖαν; ἦ θηρῶν γένος; entgegnet Silenus: Κύκλωπες ἄντρ' ἔχοντες, οὐ στέγας δόμων. Vielmehr ἄντρ' οἰκοῦντες, wie oben V. 22: ἵν' οἱ μονῶπες ποντίου παῖδες θεοῦ Κύκλωπες οἰκοῦσ' ἄντρ' ἔρημ' ἀνδροκτόνοι. Dies ist angemessener an sich und in dieser Verbindung geradezu nothwendig. IX. Theocr. 5, 78: εἶα λέγ' εἴ τι λέγεις, καὶ τὸν ξένον ἐς πόλιν αὐθις ζῶντ' ἄφες. Wenn ich nicht irre, schrieb der Dichter εἶα λέγ' εἴ τι θέλεις. Vgl. λέγ' εἴ τι χρῄζεις Soph. Trach. 416. Eur. El. 1049. λέγ' εἴ τι βούλει Eur. Suppl. 567. Philem. Com. 4 p. 20. φράζ' εἴ τι χρῄζεις Iph. A. 861. σὺ δ' εἴ τι χρῄζεις φράζε Soph. Phil. 49 u. a. Für das überlieferte λέγ' εἴ τι λέγεις lässt sich eine ganz entsprechende Redeweise anführen aus Eur. Iph. Aul. 817, wo Achilles sagt, die Myrmidonen seien durch den langen Aufenthalt in Aulis ungeduldig geworden und mahnen ihn zum energischen Handeln: δρᾶ εἴ τι δράσεις, ἢ ἄπαγ' οἴκαδε στρατόν, τὰ τῶν Ἀτρειδῶν μὴ μένων μελλήματα. Alte Verbesserer schrieben δρᾶ γ' εἴ τι δράσεις, die neueren Ausgaben passender δρᾶ δ' εἴ τι δράσεις. Da jedoch weder die Partikel δέ nothwendig noch die Redeweise δρᾶ εἴ τι δράσεις üblich ist, so möchte ich φράζ' εἴ τι δράσεις vermuthen. X. Gregorius Naz. bei Orelli Opusc. sent. 1 p. 402: δεινὸν πένεσθαι, δεινὸν εὐπορεῖν κακῶς. Das sinngemässere χεῖρον εὐπορεῖν κακῶς ist urkundlich bezeugt durch die Schol. Aphthon. bei Walz Rhet. vol. 2 p. 23, 4. 299, 1. XI. Men. mon. 504: τὸ γὰρ θανεῖν οὐκ αἰσχρόν, ἀλλ' αἰσχρῶς θανεῖν. Dass es schimpflich sei zu sterben wird sicherlich niemand behaupten: folglich ist αἰσχρόν unzulässig. Es muss heissen: τὸ γὰρ θανεῖν οὐ δεινόν, ἀλλ' αἰσχρῶς θανεῖν. Vgl. Arrian. Diss. Epict. 2, 1, 13: διὰ τοῦτο ἐπαινοῦμεν τὸν εἰπόντα ὅτι τοῦ κατθανεῖν γὰρ δεινόν, ἀλλ' αἰσχρῶς θανεῖν.» Aeschines bei Stob. Flor. 118, 25: οὐχ ὁ θάνατος δεινόν, ἀλλ' ἡ περὶ τὴν τελευτὴν ὕβρις φοβερά. XII. Eur. Iph. T. 1358: λόγοι δ' ἐχώρουν· τίνι λόγῳ πορθμεύετε κλέπτοντες ἐκ γῆς ξόανα καὶ θυηπόλους; Statt τίνι λόγῳ möchte ich τίνι νόμῳ schreiben, eine Vermuthung für die ich mich freue die Zustimmung von Köchly (Emendat. in Eur. Iph. Taur. II p. 11) gefunden zu haben.

Diese Beispiele, deren Zahl sich mit Leichtigkeit verdoppeln und verdreifachen liesse, werden vollständig ausreichen um darzuthun, wie häufig die alten Texte dadurch entstellt worden sind dass ein Wort einem andern in seiner Nähe stehenden irgend wie assimilirt wurde. Bei Wagner Trag. Graec. Fragm. I p. 255 finden wir folgenden Vers des Sophocles:
γήρα προσέντος σῶζε τὴν σωτηρίαν.
Das unrichtige προσέντος ist aus Gaisfords Stobaeus genommen, während nach den Spuren

der Ueberlieferung γήρᾳ κρεκόντως verbessert werden musste; die zweite Hälfte des Verses sollte vielmehr lauten σῴζε τὴν εὐφημίαν. Wagners σωτηρίαν beruht auf einem durchaus nicht beabsichtigten Schreibfehler, den das vorausgehende σῷζε veranlasste. Gewiss verfuhr Wagner beim Ausschreiben der Sophocleischen Bruchstücke mit grösserer Sorgfalt als die Schreiber der Mehrzahl unserer Codices; die mitgetheilte Probe lehrt einerseits dass es schwer ist derartige Fehler gänzlich zu meiden, andrerseits dass aus der in Rede stehenden Gattung von Versehen nur zu leicht Textesentstellungen sich ergeben, die mit den gangbaren Mitteln welche die Palaeographie uns bietet sich nicht heilen lassen. Und doch, wie leicht wäre die Emendation der Griechischen Texte, wenn wir durchgängig nur zu thun hätten mit unwillkürlichen Versehen der Abschreiber! Die Erbfeinde der Kritik sind die alten Correctoren von den ersten Alexandrinischen Grammatikern an bis zum letzten Byzantiner; dadurch dass sie in wohlmeinender Absicht, aber ohne die nöthige Erfahrung sich selbst an der Heilung offen liegender Schäden versuchten, haben sie an zahllosen Stellen das Original bis zur Unkenntlichkeit entstellt und für immer verschüttet. Je plumper und handgreiflicher ein Fehler war, um so näher lag für die Grammatiker wie für Leser und Schreiber die Versuchung ihm abzuhelfen; in der Hauptsache verfuhren alle auf dieselbe Weise, willkürlich und verwegen, ohne Gesetz und ohne Geschick. Welche Metamorphosen die alten Texte dadurch erlitten dass bei Versehen wie sie oben bezeichnet wurden ungeschickte Verbesserer eingriffen, glaube ich an einigen Proben zeigen zu können. Dabei werde ich zuerst Stellen besprechen wo die stufenweise Verunstaltung des Textes sich urkundlich nachweisen lässt, dann andere folgen lassen für die ein gleiches Ergebniss durch Combination gewonnen wird.

I. Aesch. Prom. 6. Prometheus soll an einen Felsen geschmiedet werden
ἀδαμαντίνων δεσμῶν ἐν ἀρρήκτοις πέδαις.

Diese seit Canter allgemein aufgenommene Lesart verdanken wir einem Citate in den Aristophanischen Scholien; unsere Aeschylushandschriften bieten, abgesehen von unerheblichen Schwankungen, ἀδαμαντίναις πέδαισιν ἐν ἀρρήκτοις πέτραις. Aus ἀδαμαντίνων δεσμῶν ἐν ἀρρήκτοις πέδαις wurde zunächst durch ein unwillkürliches Versehen ἀδαμαντίνων πεδῶν ἐν ἀρρήκτοις πέδαις. Hierauf änderte man an falscher Stelle und sehr thöricht ἀρρήκτοις πέδαις in ἀρρήκταις πέτραις, und weiterhin musste der nunmehr unerklärliche Genetiv ἀδαμαντίνων πεδῶν dem Dativ weichen.

II. Soph. Ant. 292: κρυφῇ κάρα σείοντες, οὐδ' ὑπὸ ζυγῷ
νῶτον δικαίως εἶχον, εὐλόφως φέρειν.

So die ursprüngliche Lesart; der leichte Schreibfehler λόφον δικαίως εἶχον εὐλόφως φέρειν verleitete zu der verwegenen Interpolation, die in unseren Handschriften sich findet, λόφον δικαίως εἶχον, ὡς στέργειν ἐμέ. Nachdem auf diese Weise der Fehler verdeckt und übertüncht war, konnte zwar jeder fühlen dass die letzten Worte ὡς στέργειν ἐμέ an Undeutlichkeit leiden und äusserst matt klingen; aber niemand wäre im Stande gewesen die Hand des Dichters herzustellen, wenn nicht durch ein günstiges Ungefähr uns einige Citate namentlich des Eustathius gerettet wären, die uns die Leidensgeschichte des Verses enthüllen¹).

III. Eur. Phoen. 1687. Auf Antigones Frage, καὶ τίς σε τυφλὸν ὄντα θεραπεύσει, πάτερ; erwidert Oedipus:

πεσὼν ὅπου μοι μοῖρα κείσομαι πέδῳ.

Die Ueberlieferung schwankt zwischen κείσομαι πέδῳ und κείσομαι θανών (so Ebr). Daraus schloss G. Hermann auf ein ursprüngliches κείσομαι, τέκνον. Ich glaube vielmehr dass ehemals gelesen wurde πεσὼν ὅπου μοι μοῖρα κείσομαι πεσών, und dass man an dem zweiten πεσών sich versuchte, wo vielmehr das erste auf einem Fehler beruhte. Es wird heissen müssen, wie ich schon in der ersten Ausgabe des Euripides vorschlug,

πεσεῖν ὅπου μοι μοῖρα κείσομαι πεσών.

Mit κείσομαι πεσών vgl. Ar. Nub. 126: ἀλλ᾿ οὐδ᾿ ἐγὼ μέντοι πεσών γε κείσομαι. Theocr. 3, 52: κείσευμαι δὲ πεσών, καὶ τοὶ λύκοι ὧδέ μ᾿ ἔδονται.

IV. Eur. Med. 741: πολλὴν ἔλεξας, ὦ γύναι, προμηθίαν. Die Schwankungen unserer Handschriften zwischen ἔλεξας ἐν λόγοις und ἔλεξας ὦ γύναι machen es, wie oben Th. I S. 124 gezeigt wurde, höchst wahrscheinlich dass der Dichter schrieb πολλὴν ἔθηκας ἐν λόγοις προμηθίαν. Nachdem ἔλεξας ἐν λόγοις aus ἔθηκας ἐν λόγοις geworden war, verfiel man auf ἔλεξας ὦ γύναι. Demselben kritischen Verfahren begegneten wir Alc. 427: das Schwanken unserer Handschriften zwischen μελαγχίμοις πέπλοις und μελαμπέπλῳ στολῇ erklärt sich, wie oben S. 61 gezeigt wurde, aus dem Schreibfehler μελαμπέπλοις πέπλοις, der eine Correctur an falscher Stelle hervorrief. Auch von Alc. 434 war früher die Rede (S. 68): aus τέτληκεν ἀντ᾿ ἐμοῦ θανεῖν wurde τέθνηκεν ἀντ᾿ ἐμοῦ θανεῖν, und nun vergriff man sich an dem vollkommen richtigen θανεῖν, wofür in unsern Handschriften λίαν oder μόνη oder μόνην gelesen wird.

V. Eur. Ion 19. Kreusa hat ihr Kind ausgesetzt κοίλης ἐν ἀντίπηγος εὐτρόχῳ κύκλῳ. An εὐτρόχῳ hat Meineke mit Recht Anstoss genommen; denn die hier und an einigen anderen Stellen vorausgesetzte Bedeutung »schön gerundet« ist dem Worte εὔτροχος durchaus fremd²). Auf seiner ehemaligen Vermuthung εὐτοίχῳ κύκλῳ wird Meineke selbst nicht

---

¹) Vgl. meine *Observ. crit. de trag. Graec. fragm.* p. 34 f. Wenn Dindorf sagt, es sei unwahrscheinlich dass Eustathius etwas anderes als was unsere Codices bieten in seiner Handschrift des Sophocles gelesen habe, so mag dies richtig sein; in diesem Falle müssen wir annehmen dass Eustathius ältere Grammatiker ausschrieb, nicht aber, was Dindorf zu glauben scheint, dass die aus Eustathius zu entnehmende Lesart, νῶτον διαπλουν εἶχον εὐλόφως φέρειν, auf einer Erfindung oder einem Gedächtnissirrthume beruhe. Auch darin hat Dindorf Recht dass die auf Ant. 292 bezüglichen Angaben des Eustathius nicht frei von Irrthümern sind: Eustathius citirt einmal νῶτος εὐλόφως aus Sophocles, wo ihm eine Stelle des Lykophron vorschwebte, er sagt ὁ τραγικὸς Οἰδίπους statt ὁ τραγικὸς Κρέων, er verbindet fälschlich νῶτον εὐλόφως φέρειν, während ζυγὸν εὐλόφως φέρειν zusammen gehört, endlich schreibt er an einer Stelle νῶτον εὐλόφως εἶχον. Aber alle diese Dinge beweisen nicht-gegen die Authentie der von ihm überlieferten Lesart. Dindorf selbst räumt ein dass der Dichter statt ὡς στέργεις ἐπί einen passenderen Ausdruck hätte wählen können, wie etwa εὔκυκλοι φρενί, und Bonitz Beitr. zur Erklärung des Soph. II p. 41 findet meine Combination höchst wahrscheinlich. Ueber den epexegetischen Infinitiv εὐλόφως φέρειν vgl. meine Bemerkung in der vierten Auflage des Schneidewinschen Sophokles.

²) Mehrentheils entspricht εὔτροχος dem Lateinischen *agilis* oder *volubilis*. Bei Euripides fr. 442: νῦν δ᾿ εὐρί-

mehr bestehen, zumal da auch κύκλῳ sich schwerlich rechtfertigen lässt. Hätten wir weniger verfälschte Handschriften des Euripides, so würden wir statt der jetzigen Lesart vermuthlich ἐν ἀντίπηγος εὐκύκλῳ κύκλῳ vor uns sehen. Der Dichter schrieb, wenn ich nicht irre, ἐν ἀντίπηγος εὐκύκλῳ κύτει, wie κύτος ἑλικτὸν ἀντίπηγος V. 39 und ἀντίπηγος εὐκύκλου V. 1391.

VI. Eur. Cycl. 382: ἐπεὶ πετραίαν τήνδ' ἐσήλθομεν χθόνα. Dass die Höhle des Cyclopen, von der hier die Rede ist, nicht πετραία χθών genannt werden kann, ist eine unbestreitbare Thatsache. Die neueren Kritiker billigen mehrentheils Musgraves Vermuthung πετραίαν τήνδ' ἐσήλθομεν στέγην. Vielmehr dürfte die ehemalige Lesart gewesen sein ἐπεὶ πετραίαν τήνδ' ἐσήλθομεν πέτραν. Um das hölzerne Holz los zu werden, setzte man statt πέτραν das sinnlose χθόνα, ohne zu bedenken dass der Fehler in πετραίαν gesucht werden konnte. Ich vermuthe ἐπεὶ λεπαίαν τήνδ' ἐσήλθομεν πέτραν.

VII. Soph. Trach. 196. Hercules wurde, wie der Bote sagt, von der neugierigen Masse vielfach aufgehalten:

τὸ γὰρ ποθοῦν ἕκαστος ἐκμαθεῖν θέλων
οὐκ ἂν μεθεῖτο, πρὶν καθ' ἡδονὴν κλύειν.

Wenn in den Scholien τὸ ποθοῦν durch τὸ ποθούμενον erklärt wird[1]) und die Ansichten der neueren Philologen darüber getheilt sind ob τὸ ποθοῦν Object oder (wie G. Hermann meinte) Subject sei, so werden wir nicht umhin können den jetzt vorliegenden Ausdruck für dunkel und seltsam, d. h. für fehlerhaft zu halten: es ist geradezu unmöglich die Stelle zu erklären. In meiner Bearbeitung der Schneidewinschen Ausgabe des Stückes habe ich τὰ γὰρ παρόντ' ἕκαστος vorgeschlagen. Jetzt glaube ich dass jeder Emendationsversuch von der Corruptel τὸ γὰρ ποθοῦν ἕκαστος ἐκμαθεῖν ποθῶν ausgehen muss. Statt τὸ ποθοῦν sollte man den Begriff τὸ συμβάν oder τὸ πραχθέν erwarten; vielleicht gelingt es andern das richtige Wort zu finden.

VIII. Eur. Herc. F. 77. Megara erzählt dass ihre Kinder nach dem abwesenden Vater fragen, sie aber sich bemüht die Ungeduld derselben zu beschwichtigen: ἐγὼ δὲ διαφέρω λόγοισι μυθεύουσα. Es ist sehr gewöhnlich im Griechischen λόγους λέγειν zu verbinden[2]); dagegen λόγοις μυθεύειν oder λόγοις λέγειν ist unerhört und völlig undenkbar. Dazu kommt dass λόγοισι μυθεύουσα höchstens ein Erzählen, nimmermehr aber, was gerade hier der Zusammenhang fordert, ein Beruhigen durch Worte bezeichnen könnte. Wenn Hartung

---

οἷσι στόμασι τἀληθέστατα κλέπτουσιν, ὥστε μὴ δοκεῖν ἃ δρῶ δοκεῖν, habe ich unrichtiger Weise ehemals εὐπόροισι στόμασι vermuthet; es war herzustellen εὐτρόχοισι στόμασι. Vgl. Bacch. 268: εὖ δ' εὔτροχον μὲν γλῶσσαν ὡς φρονῶν ἔχεις, ἐν τοῖς λόγοισι δ' οὐκ ἔνεισί σοι φρένες. Plut. Pericl. c. 7: τὴν γλῶτταν εὔτροχον ἐν τῷ διαλέγεσθαι.

[1]) Auch jetzt hat diese Erklärung noch ihre Anhänger: dass sie von Seiten der Grammatik unmöglich ist, braucht nicht gesagt zu werden; aber auch um des Sinnes willen ist sie zu verwerfen, denn »jeder wünscht zu erfahren was er zu erfahren begehrt« ist eine hier durch nichts zu entschuldigende Tautologie.

[2]) Vgl. Eur. Med. 321. fr. 613. Ar. Vesp. 1820. Lobeck Paral. p. 504. Dem passiven Ausdruck λόγος ὥσπερ λέγεται bei Phrynichus Trag. fr. 14 p. 600 hielt Bernhardy Eratosth. p. 100 für eine locutio minus Graeca. Dass dieser Ausdruck tadellos ist lehren Alexis Com. 3 p. 392. Herodot 7, 189. Lucian de Syr. dea c. 13.

mit der Aenderung λόγοισι παραμυθοῦσα dem Uebelstande abzuhelfen suchte, so war dies ein κακοῖσιν ἰᾶσθαι κακά: denn παραμυθοῦσα ist eine der Griechischen Sprache unbekannte Form. Das jetzige λέγοισι μυθεύουσα lautete früher μύθοισι μυθεύουσα, und dies ist wieder entstanden aus μύθοισι πραΰνουσα.

IX. Eur. Med. 1196. Von der Glauca, die als Opfer der von Medea geübten Rache fällt, wird berichtet:

πίτνει δ' ἐς οὖδας συμφορᾷ νικωμένη,
πλὴν τῷ τεκόντι κάρτα δυσμαθής ἰδεῖν.

Der Sinn der letzten Worte unterliegt keinem Zweifel: Glauca war, wie im Folgenden weiter ausgeführt wird, bis zur Unkenntlichkeit entstellt, sie war für alle ausser ihren Vater schwer wiederzuerkennen. Dies kann wohl durch δυσμαθής bezeichnet werden; ἰδεῖν dagegen erscheint als durchaus müssig und lässt sich durch keine analoge Redeweise entschuldigen; sollte zu δυσμαθής ein epexegetischer Infinitiv hinzutreten, so wäre der Begriff γνῶναι erforderlich. Wie es bei Sophocles heisst μαθεῖν γὰρ ἐγγὺς ὢν οὐ δυσπετής Ai. 1046, so dürfte Euripides geschrieben haben πλὴν τῷ τεκόντι κάρτα δυσπετὴς μαθεῖν. In der Verderbniss δυσμαθής μαθεῖν liegt die Quelle des handschriftlichen δυσμαθής ἰδεῖν.

X. Eur. fr. 162: ἀνδρὸς δ' ὁρῶντος εἰς Κύπριν νεανίου ἀφύλακτος ἡ τήρησις. Statt ἀφύλακτος habe ich ehemals ἄπρακτος vorgeschlagen, während Meineke ἀφύλακος wollte. Seyffert (Rhein. Mus. N. F. XV p. 619) erklärt sich gegen beide Vorschläge: ἄπρακτος nämlich gebe den prosaischen Inhalt der poetisch gefärbten Phrase, d. h. wenn ich recht verstehe, ἄπρακτος ist zu einfach und zu verständlich, während Euripides seine Gedanken in Nebel und Dunst hüllte. Meinekes ἀφύλακος wird verworfen als eine kühne und geistreiche, aber unnöthige Neuerung; denn ἀφύλακτος ἡ τήρησις heisse einfach «die Bewachung ist nicht durchzuführen», wo τήρησιν φυλάσσειν statt ποιεῖν, nach dem nur in militärischem Sinne gebräuchlichen φυλακὴν φυλάσσειν gebildet, zu Grunde liege. Dieser Auseinandersetzung kann man wenigstens nicht vorwerfen dass sie allzu verständlich sei. Unter τήρησιν ποιεῖν (wofür mindestens ποιεῖσθαι zu sagen wäre, wie φυλακὴν ποιήσῃ bei Xen. Anab. 5, 7, 31 nach den Spuren der Handschriften mit Is. Voss in φυλακὴν ποιῆται zu ändern ist) vermag ich mir nichts zu denken; ich kann daher auch nicht glauben dass irgend ein Grieche so geredet habe. Auch τήρησιν φυλάσσειν lässt sich weder nachweisen noch durch ähnliche Phrasen stützen: es würde bezeichnen «eine Aufbewahrung wachen»; so aber zu reden wäre verschroben. Und gesetzt τήρησιν φυλάσσειν hätte den von Seyffert vorausgesetzten Sinn, so würde doch ἀφύλακτος ἡ τήρησις wohl eher von einer vernachlässigten als von einer erfolglosen Bewachung zu verstehen sein. Somit beweist Seyffert nur das eine, was für mich keines Beweises bedurfte, dass ἀφύλακτος ἡ τήρησις völlig sinnlos ist. Das von mir vorgeschlagene ἄπρακτος halte ich auch jetzt noch für nothwendig; ausserdem aber scheint τήρησις fehlerhaft. Euripides schrieb, wie ich glaube, ἀνδρὸς δ' ὁρῶντος εἰς Κύπριν νεανίου ἄπρακτος ἡ φύλαξις. Die jetzige Interpolation floss aus dem Schreibfehler ἀφύλακτος ἡ φύλαξις.

XI. Soph. Oed R. 1264. In der Erzählung vom Tode der Iokaste heisst es:
οὗ δὴ κρεμαστὴν τὴν γυναῖκ᾽ ἐσείδομεν
πλεκταῖς ἐώραις ἐμπεπλεγμένην. ὃ δὲ
ὅπως δ᾽ ὁρᾷ νιν, δεινὰ βρυχηθεὶς τάλας κτέ.

Geringere Handschriften bieten ὅπως ὁρᾷ νιν: statt diese Correctur aufzunehmen, hätten die Herausgeber ὃ δὲ tilgen sollen, da dies offenbar eine metrische Ergänzung ist, um V. 1264 die erforderlichen sechs Füsse herzustellen. Der fehlende Versfuss liess sich viel leichter gewinnen, wenn man daran dachte dass πλεκταῖς ἐώραις auch πλεκταῖσιν αἰώραισιν sein kann. Eine Form wie ἐώρα oder ἐωροῦμαι ist überhaupt der ältern Zeit durchaus fremd[1]), und darum muss die Emendation der obigen Stelle von der Schreibung πλεκταῖσιν αἰώραισιν ἐμπεπλεγμένην ausgehen. Nach der Ueberlieferung sah man Iokaste »eingeflochten« in eine geflochtene Schwebe«; nach der geschilderten Situation und nach den einfachsten Denkgesetzen müssen wir sie uns vorstellen als »schwebend in geflochtener Schlinge«, wie sie nach Ant. 54 πλεκταῖσιν ἀρτάναισι d. h. mit geflochtener Schlinge ihrem Leben ein Ende macht. Mit anderen Worten, es muss hergestellt werden πλεκταῖσιν ἀρτάναισιν αἰωρουμένην. Der nahe liegende Schreibfehler πλεκταῖσιν αἰώραισιν αἰωρουμένην bewog einen vorwitzigen Verbesserer, der wie gewöhnlich den Fehler an falscher Stelle suchte, das vollkommen richtige αἰωρουμένην durch ein albernes ἐμπεπλεγμένην zu ersetzen, und so ergab sich jene Abgeschmacktheit πλεκταῖς ἐώραις ἐμπεπλεγμένην, die auf Grund unserer Handschriften von Ausgabe zu Ausgabe sich fortgeschleppt hat und sogar in Dindorfs ed. tertia Oxoniensis geduldet worden ist.

Kehren wir nach dieser Abschweifung zurück zu der oben S. 150 f. angeführten Stelle der Troades, so kann über den Ursprung des sinnlosen εἴτε καὶ Πάριν kaum noch ein Zweifel obwalten. Sollen dem Paris zwei Namen ertheilt werden, so muss neben seinem eigentlichen Namen derjenige stehen den er führen sollte, der sein Wesen als ein solches bezeichnet wie eben Helena unter den obwaltenden Umständen es darzustellen sucht. Die passendste Bezeichnung welche Helena dem Paris hier geben kann, ist ἀλάστωρ. Dies charakterisirt den Paris als einen mit dämonischer Gewalt wirkenden Unheilstifter, dem niemand Widerstand zu leisten vermag. Ganz ähnlich ist es wenn Helena als ἐρινύς bezeichnet wird, wie bei Virg. Aen. 2, 573: *Troiae et patriae communis erinys*, und vielfach sonst (vgl. Schneidewin Aesch. Agam. p. 96). Von Seiten des Metrum ist es möglich εἴτε καὶ Πάριν in εἴτ᾽ ἀλάστορα zu verwandeln, und der Umstand dass ὁ τῆσδ᾽ ἀλάστωρ voraufgeht, gibt uns nach den früheren Erörterungen die Befugniss zu einer scheinbar so gewaltsamen Aenderung. Man las an der vorliegenden Stelle ehemals folgendes:

---

[1]) So urtheilte bereits Wesseling Diod. XVIII, 42 p. 304, 51, ohne freilich aber die in Rede stehende Sophocleische Stelle sich zu äussern. Was daselbst aber Porphyrius de abst. 4. 8 gesagt wird, ist unrichtig; den Worten μήτε περιπάτοις ἢ ἐώραις χρώμενοι ist mit Wesselings Aenderung αἰώραις ganz und gar nicht gedient. War die Stelle des Porphyrius nachliest, wird sich leicht überzeugen dass der Fehler tiefer liegt; es war zu schreiben, wie in meiner Bearbeitung geschehen ist, μήτε περιπάτοις μήτ᾽ ἐκφοραῖς χρώμενοι.

ὁ τῆσδ᾽ ἀλάστωρ, εἴτ᾽ Ἀλέξανδρον θέλεις
ὀνόματι προσφωνεῖν νιν εἴτ᾽ ἀλάστορα.

«Man nennt ihn Alexander, man sollte ihn nennen ἀλάστωρ» — dies lässt sich verstehen. Zugleich erklärt sich jetzt, wie die abgeschmackten Worte εἴτε καὶ Πάριν in den Text kamen: ὁ τῆσδ᾽ ἀλάστωρ und εἴτ᾽ ἀλάστορα vertrug sich nicht, und es wurde das ἀλάστορα fortgeschafft. Der Sitz des Fehlers ist vielmehr in den Worten ὁ τῆσδ᾽ ἀλάστωρ zu suchen. Man könnte dafür ὁ τῆσδε λῃστής (oder λῃστήρ) vermuthen; aber ich gebe diesen Vorschlag gern preis, wenn jemand ein passenderes Wort ausfindig macht: das εἴτ᾽ ἀλάστορα scheint mir dagegen unzweifelhaft. Ausserdem würde ich statt θέλεις das sinngemässere θέμις vorziehen: es handelt sich hier nicht sowohl um das was dem Menelaus beliebt als um die von Rechts wegen zu wählende Benennung des Paris. Für θέμις spricht auch die ähnliche Stelle des Callimachus bei Herodian περὶ μον. λέξ. p. 42, 28: εἴτε μιν Ἀργείων χρὴ καλέειν ἄτην. Nach der höchst wahrscheinlichen Vermuthung von Lehrs ist es Helena die als ἄτη Ἀργείων bezeichnet wird; vielleicht schrieb der Dichter εἴθ᾽ Ἑλένην δὴ εἴτε μιν Ἀργείων χρὴ καλέειν ἄτην.

Helena richtet an sich selbst die Frage, weshalb sie dem Paris gefolgt sei:

946 τί δὴ φρονοῦσ᾽ ἐκ δόμων ἅμ᾽ ἑσπόμην
     ξένῳ, προδοῦσα πατρίδα καὶ δόμους ἐμούς;

Die ehemalige Lesart φρονοῦσά γ᾽ ἐκ δόμων, die aus B entlehnt zu sein scheint, hält Kirchhoff mit Recht für eine Correctur: die durch das γε bedingte Hervorhebung des φρονοῦσα kann ich nicht für angemessen erachten, darum habe ich φρονήσασ᾽ ἐκ δόμων vorgezogen. Bothes Vorschlag φρονοῦσ᾽ ἐκ δωμάτων, den W. Dindorf aufgenommen hat, ist um des Rhythmus willen zu verwerfen: vgl. meine Observ. crit. de trag. Graec. fragm. p. 15 f.

Hecuba sucht die Sophismen der Helena ausführlich zu widerlegen, und sagt unter andern, die Schönheit des Paris habe auf Helena gewirkt, und diese wolle ihr Gelüst auf Rechnung der Göttin Aphrodite setzen, die von den Menschen für alle Thorheiten verantwortlich gemacht werde. Unmittelbar darauf heisst es:

991 ὃν ἰδοῦσα βαρβάροις ἐσθήμασι
     χρυσῷ τε λαμπρὸν ἐξεμαργώθης φρένας;

Hier beruht ὃν ἰδοῦσα auf B, wogegen ἐν σοῦγ᾽ ἰδοῦσα CG, ἐν ἐσθοῦσα H. Das Relativum ὃν ist unzulässig, weil das Nomen κύπρις υἱός V. 987, worauf es sich beziehen würde, durch mehrere Sätze von den vorstehenden Worten getrennt ist. Die Lesarten der Handschriften BCG führten auf die Corruptel σύ γ᾽ ὃν ἰδοῦσα, worin nichts anderes als σὺ γοῦν ἰδοῦσα enthalten sein wird. Nach dem allgemeinen Satze, τὰ μῶρα γὰρ πάντ᾽ ἐστὶν Ἀφροδίτη βροτοῖς, καὶ τοὔνομ᾽ ὀρθῶς ἀφροσύνης ἄρχει θεᾶς, ist σὺ γοῦν ganz an seiner Stelle, um die Rückkehr zu dem vorliegenden speciellen Fall zu vermitteln. Die beiden Vorschläge von Kirchhoff εὐκνῶν ἰδοῦσα und σὺ δ᾽ οὖν ἰδοῦσα sind dagegen für den Sinn nicht völlig angemessen.

Oft, sagt Hecuba, ermahnte ich dich (Helena) Troja zu verlassen und dem Kriege ein Ende machen; aber dir war dies unerwünscht:

1020   ἐν τοῖς Ἀλεξάνδρου γὰρ ὑβρίζες δόμοις
         καὶ προσκυνεῖσθαι βαρβάρων ὕπ' ἤθελες.
         μεγάλα γὰρ ἦν σοι.

An den Worten μεγάλα γὰρ ἦν σοι sind die Kritiker stillschweigend vorübergegangen, bis neuerdings Lehrs (N. Jahrb. f. Philol. u. Paed. LXXXV p. 314) darauf hingewiesen hat dass Euripides so nicht schreiben konnte, zumal da auch die Anastrophe βαρβάρων ὕπ' ἤθελες als bedenklich erscheinen muss. Lehrs meint, am Schlusse des zweiten Verses habe kein Verbum gestanden, und die Verbindung sei gewesen ὑβρίζειν καὶ προσκυνεῖσθαι μεγάλα παρῆν σοι. Für die Zwischenworte schlägt er einen Begriff vor wie etwa βαρβάρου νόμῳ χλιδῇ; oder βαρβαρωτάτῃ χλιδαῖς. In der Hauptsache hat gewiss Lehrs richtig gesehen: aber während ich für die Emendation des zweiten Verses einen engeren Anschluss an die Ueberlieferung wünschte, kann ich bei μεγάλα παρῆν σοι, so leicht auch die Aenderung ist, doch einen Zweifel nicht unterdrücken. Vielleicht kommen wir dem Originale etwas näher mit dem Vorschlage

         ἐν τοῖς Ἀλεξάνδρου γὰρ ὑβρίζειν δόμοις
    •   καὶ προσκυνεῖσθαι βαρβάρων ὑπηρέταις
         μέγ' ἀγαπὸν ἦν σοι (oder ἡγοῦ).

Talthybius meldet dass der Sohn des Achilles ein Schiff zurückgelassen habe, um den ihm gebührenden Beuteantheil nach Phthia zu befördern:

1128   αὐτὸς δ' ἀνῆκται Νεοπτόλεμος, καινάς τινας
         Πηλέως ἀκούσας συμφοράς, ὥς νιν χθονὸς
         Ἄκαστος ἐκβέβληκεν ὁ Πελίου γόνος.

Abgesehen vom ersten Versfusse gestatten sich die Tragiker einen Anapaest im Trimeter nur bei solchen Eigennamen welche ohne diese Licenz für den Trimeter ungeeignet sind, wie Ἀνδρομάχη Ἀντιγόνη Δηιάνειρα Ἱπποδάμεια Ἰφιγένεια u. s. w. Diese Thatsache hat Porson praef. Hec. p. XXIII erkannt, jedoch ist er gegen einige Abweichungen von dem herrschenden Gebrauche, die lediglich der fehlerhaften Ueberlieferung unserer Texte zur Last fallen, allzu nachsichtig gewesen: vgl. Elmsley Edinburgh Review 1811 N. XXXVII p. 69—71. Wie sorgfältig die Tragiker in dieser Beziehung verfuhren, lässt sich aus folgender Probe entnehmen. Im Hippolytus gebraucht Euripides, wo er den Helden des Stückes bei Namen nennt, zweimal einen Anapaest, in den Formen Ἱππολύτῳ und Ἱππολύτου (V. 32 und 1151); dagegen wendet er die Formen Ἱππόλυτος (11. 583. 885. 900. 1162. 1177) und Ἱππόλυτον (22. 53. 310. 352) lediglich vor Vocalen an, so dass der Anapaest vermieden wird. Der Name Ταλθύβιος findet sich nur im Nom. und Accus., und durchgängig folgt ein Vocal: Hec. 503. 727. Iph. A. 95. 1563. Or. 888. Tro. 238. 625. Bei Namen wie Ἀγαμέμνων Παλαμήδης Πολυνείκης Ἑλένη Τελαμών hat kein Tragiker anders als im ersten Fusse des Trimeter einen Anapaest zugelassen; den Vers πέμπει δ' Ἀγαμέμνων μ' ὥστε σοι φράσαι τάδε Iph. A. 1604 wird jetzt niemand dem

Euripides zuschreiben wollen. Bei Soph. Ai. 1008 kann von der Lesart ἦ που Τελαμών ὁ σὸς πατήρ nicht mehr die Rede sein; in gleicher Weise sind die von Porson geduldeten trochaeischen Tetrameter, οὗ, πρὶν ἂν δείξω Δαναοῖσι πᾶσι τἀγγεγραμμένα (Iph. Aul. 324), und χιλίων ἄρχων Πριάμου τε πεδίον ἐμπλήσας δορός (Iph. Aul. 355), jetzt nach den Handschriften berichtigt worden. Ueber Orest. 1535: σύγγονόν τ' ἐμὴν Πυλάδην τε τὸν τάδε ξυνδρῶντά μοι, habe ich Th. I S. 63 meine Ansicht ausgesprochen; von den Worten πρός δ' ἕδρας λοιπάτιδες El. 315 war oben S. 149 die Rede. Eur. El. 4 ist statt ἐν Πιλάδι χθονί ohne Frage mit Elmsley ἐν Ἰλιάδι χθονί zu verbessern. Iph. A. 1168 ist das handschriftliche Ἑλένην Μενέλαος ἵνα λάβῃ jetzt der leichten Verbesserung Ἑλένην Μενέλεως gewichen. Den Vers Τελαμών, Σαλαμὶς δὲ πατρίς ἥ θρέψασά με Hel. 88 wie die drei vorhergehenden hat Badham lediglich um des Sinnes willen als wahrscheinlich interpolirt bezeichnet; es ist keine Frage dass V. 85—88 von Seiten der Form wie des Inhaltes anstössig sind und dass diese Verse sich ausscheiden lassen ohne irgend welche Störung des Zusammenhangs. Verdorben ist Herc. F. 220: ὃς αἷς Μινύαισι πᾶσι διὰ μάχης μολών. Man könnte vermuthen ὃς διὰ μάχης εἷς πᾶσι Μινύαισιν μολών, wenn nicht das einfachere Heilmittel näher läge, das bereits Elmsley vorgeschlagen hat, Μινύαις ὃς εἷς ἅπασι διὰ μάχης μολών. Wenn hier wie an einigen anderen Stellen[1]) die Emendation unsicher ist, so ergibt sich daraus keineswegs die Berechtigung den Dichtern Mangel an Sorgfalt oder unserer Kritik ein willkürlich destructives Verfahren zur Last zu legen: vielmehr dürfen wir nach den bereits gemachten Erfahrungen hoffen dass der geringe Rest von Contraventionsfällen allmählich ganz zusammenschwinden wird. Was den obigen Vers der Troades anbetrifft, so ist vielleicht, wie Elmsley vermuthet, Νεοπτόλεμος die Interpretation des ursprünglichen δεσπότης. Sonst könnte man auch vermuthen dass Νεοπτόλεμος und συμφορά: V. 1126 und 1127 die Stelle getauscht haben: αὐτὸς δ' ἀνῆκται, συμφοράς καινάς τινας Πηλέως ἀκούσας, Νεοπτόλεμος, ὥς νιν χθονός κτέ. Bei demselben Namen finden wir eine fehlerhafte Messung Orest. 1655: ὃς δ' οἴεται Νεοπτόλεμος γαμεῖν νιν, οὐ γαμεῖ ποτε, was schon darum anstössig ist, weil Νεοπτόλεμος in der Tragoedie sonst durchweg

---

1) Dahin gehören namentlich folgende Verse. I. Eur. El. 314: μήτηρ δ' ἐμὴ Φρυγίοισιν ἐν σκυλεύμασι θρόνῳ καθῆσται. Elmsley wollte Φρυγῶν μὲν ἐν σκυλεύμασι. II. Soph. Phil. 794: ὦ θηλοὶ στρατηλάται, | Ἀγαμέμνων, ὦ Μενέλαε, πῶς ἂν ἀντ' ἐμοῦ | τὸν ἴσον χρόνον τρέφοιτε τήνδε τὴν νόσον; Elmsleys Vermuthung Μενέλαος Ἀγαμέμνων τε scheint mir nicht eben plausibel. Anstössig ist auch der aus zwei Wörtern gebildete Anapaest τὸν ἴσον. Vielleicht sind die Verse 794 und 795 eine spätere Zuthat: das πῶς ἂν τρέφοιτε hätte einen Sinn, wenn Philoctet über ein Mittel nachdächte seine Krankheit auf die Atriden zu übertragen; ein solcher Gedanke aber wäre doch höchst seltsam, zumal wenn τὸν ἴσον χρόνον hinzutritt. III. Eur. Orest. 439: ἐκωλύμην, Μενέλαε· Τυνδάρεως ὅτι στυγεῖ πρὸς ἡμᾶς. Nicht unwahrscheinlich ist Elmsleys Μενέλαε, ἐκωλύμεσθα. IV. Iphig. Taur. 1457:

Ἄρτεμιν δέ νιν βροτοί | τὸ λοιπὸν ὑμνήσουσι Ταυροπόλον θεάν. Die Vermuthungen Ταυροπόλαν καὶ Ταυροπόλην θεάν sind in gleicher Weise bedenklich. V. Ion 269: ἐκ γῆς πατρός σου πρόγονος Ἐρεχθεὺς πατήρ; KP. Ἐρεχθονίδης τε· τὸ δὲ γένος μ' οὐκ ὠφελεῖ. Vielleicht ist Ἐρεχθονίδης eine zu dem Subject des vorausgehenden Verses beigeschriebene Erläuterung. VI. Iph. Taur. 825: ἐμνήσθη' Ἱππόδαμείαν, Οἰνόμαου κόρης. Elmsleys Vorschlag Οἰνόμαον ἔλαθε bekommt eine Stütze durch Med. 384, wo λάθῃ in mehreren Handschriften mit ατωθῇ glossirt wird. — Höchst seltsam und kaum glaublich ist die Dehnung der zweiten Silbe, die Aeschylus bei den Namen Ἱπποφόλαν und Παρθενοπαῖος sich gestattet haben soll; ein Analogon erwähnt Priscian aus Sophocles, Ἀλφεσίβοιαν ἥν ἐγέννησε πατήρ, vgl. Dindorf Soph. ed. tert. Oxon. vol. 8 p. 174 f.

viersilbig gesprochen wird¹). Dem Metrum würde die Aenderung Νεοπτέλεμος ἔτι γαμεῖν νιν genügen; wahrscheinlicher aber ist Νεοπτέλεμος ἄξεοθαί νιν, wie Elmsley Heracl. 808 verbessert hat.

Andromache, die mit Neoptolemus aufgebrochen, hat hinsichtlich der Bestattung ihres Sohnes Astyanax dem Talthybius Aufträge ertheilt, die dieser der Hecuba zu überbringen hat. Sie verliess das Land, seufzend um ihre Heimath und das Grab des Hector anredend,

καί σφ' ᾐτήσατο
θάψαι νεκρὸν τόνδ', ὅς πεσὼν ἐκ τειχέων
1135   ψυχὴν ἀφῆκεν Ἕκτορος τοῦ σοῦ γόνος.

Die in σφε liegende Schwierigkeit ist so offenbar dass man das Stillschweigen der neueren Kritiker befremdlich finden muss, zumal da bereits Seidler gezeigt hat dass σφε weder auf Neoptolemus noch auf Astyanax bezogen werden kann. Die von ihm beliebte Erklärung, σφε im Sinne von αὐτοὺς zu nehmen und »Leute, Achaeer« zu verstehen, ist ein Act der Willkür oder vielmehr der Verzweiflung: dass ihm selbst dies Auskunftsmittel nicht ganz zusagte, lehrt der Verbesserungsvorschlag κἀξητήσατο, *quo verbo simul indicaretur Andromachen quae petierat impetrasse*. Dass ᾐτήσατο nur auf die Wünsche der Andromache zu beziehen ist, nicht aber auf Zugeständnisse die ihr gemacht wurden, geht hervor aus den von diesem Verbum abhängigen Worten, namentlich σὰς δ' ἐς ὠλένας δοῦναι V. 1142 f. An wen nun richtete Andromache die Bitte ihrem Kinde den Liebesdienst zu erweisen, der durch die Eile des Neoptolemus ihr versagt war? Offenbar an Talthybius; denn sonst wäre es unerklärlich dass dieser, ohne um Erlaubniss zu bitten, ohne seine Dienste anzubieten, ohne irgend welches Motiv anzuführen, sich sofort mit Hecuba in die Pflichten der Bestattung theilt. Somit muss σφε in ἐμέ umgeändert werden, d. h. es ist zu schreiben κἄμ' ᾐτήσατο.

Talthybius hat bereits die Leiche des Astyanax gewaschen und will ein Grab bereiten,

ὡς σύντομ' ἡμῖν τἀπ' ἐμοῦ τε κἀπὸ σοῦ
1153   εἰς ἓν ξυνελθόντ' εἰκαθ' ὁρμίσῃ πλάτην.

Die letzten Worte bedeuten nach Kreussler in der fünften Auflage des Passowschen Wörterbuchs »das Schiff nach Hause ankern«. Statt dem Euripides einen so geschraubten Ausdruck zuzutrauen, werden wir mit Reiske ὁρμήσῃ πλάτην verbessern müssen, zumal da die Handschriften BCG ὁρμήσει bieten.

Hecuba spricht zur Leiche des Astyanax gewendet:

ὦ χεῖρες, ὡς εἰκοὺς μὲν ἡδείας πατρὸς
1179   κέκτησθ', ἐν ἄρθροις δ' ἔκλυτοι πρόκεισθε ...

Der zweite Vers ist in den Handschriften BCb und vermuthlich in G unvollständig: statt

---

1) Also Νεοπτέλεμος oder Νεοπτείλεμος, nicht aber, wie Dindorf Annot. Soph. (Oxon. 1836) p. 338 meinte. Νεοπτέλεμος. Eben so sind vermuthlich in den mit Θεο- beginnenden Eigennamen die beiden ersten Vocale als Diphthong zu sprechen, wie Eur. Hel. 0: Θεοκλύμενος ὄροσ' εὐγενῆ τε παρθένον. 1168: Θεοκλύμενος ἐδε ποῖς προσεννέπω, κάτερ. 1643: Θεοκλύμενε, γαίας τῆσδ' ἄναξ. So nämlich dürften diese drei Stellen zu schreiben sein.

des ungeschickten Supplementes πρόκεισαί μοι (so die Aldina und vielleicht B) hat Fix πρόκεισαι δή vorgeschlagen; noch passender scheint πρόκεισαι νῦν.—Es folgen die Worte:

ὄλωλας, ἐψεύσω μ', ὅτ' εἰσέπιπτεν λέχος,
ὦ μῆτερ, ηὔδας, ἦ πολύν σοι βοστρύχων
πλόκαμον κεροῦμαι πρὸς τάφον δ' ὁμηλίκων
1184   κώμους ἀπάξω, φίλα διδοὺς προσφθέγματα.

Zunächst muss es wohl heissen ἀπάξω. Sodann würde ich κομμούς vorziehen, da κῶμος fast durchweg von fröhlichen Gelagen gebraucht wird. Allerdings sagt Choricius Gaz. p. 180: κωμάσοντες σὺν ἡμῖν κῶμον ἄγριον, wo ebenfalls von der Trauer die Rede ist; aber diese Autorität kann für Euripides nicht mehr beweisen als Nonnus Dion. 19, 179: χορεύω κῶμον ἀνακρούων ἐπιτύμβιον. Bei Iamblichus V. Pyth. § 122 finden wir τοῖς κώμοις καὶ θρήνοις verbunden; aber mit Recht hat Wyttenbach τοῖς κομμοῖς gefordert. — Bald nachher gedenkt Hecuba der Mühen die sie als Mutter vieler Kinder ausgestanden hat:

οἴμοι, τὰ πόλλ' ἀσπάσμαθ' αἵ τ' ἐμαὶ τροφαὶ
1188   ὕπνοι τ' ἐκεῖνοι φροῦδά μοι.

Was soll ὕπνοι hier, wo es sich um Pflege und Erziehung handelt? Allenfalls konnte der Dichter sagen, wie Hermann vermuthet hat, ὕπνοι τ' ἄυπνοι, um die schlaflosen Nächte zu bezeichnen; einfacher jedoch ist Dobrees leichte Aenderung πόνοι τ' ἐκεῖνοι. Die von Seidler versuchte Rechtfertigung der Vulgate halte ich für verfehlt; er schützt das Pronomen ἐκεῖνοι, während vielmehr ὕπνοι anstössig ist.

Hecuba findet bei allem Unglück, das über die den Göttern verhasste Stadt hereingebrochen ist, noch einen Trost: die Leiden Trojas sind so überschwenglich, dass eine Kunde derselben auf die Nachwelt gelangen wird. Dies ungefähr muss der Sinn der übel zugerichteten Worte sein, die ich hier anführe, um die Hilfe anderer für dieselben in Anspruch zu nehmen:

εἰ δ' ἡμᾶς θεός
ἔστρεψε τἄνω περιβαλὼν κάτω χθονός,
ἀφανεῖς ἂν ὄντες οὐκ ἂν ὑμνήθημεν ἂν
1245   μούσαις ἀοιδὰς δόντες ἀοιδοῖς βροτῶν.

V. 1243 bietet B ἀφανεῖς ἂν ὄντες περιβαλὼν κάτω χθονός, und aus eben dieser Lesart erklärt sich dass C die Worte ἔστρεψε bis χθονός ganz fortlässt. V. 1244 hat Hermann statt ὑμνήθημεν (ὑμνηθεῖμεν B) wohl mit Recht ὑμνηθεῖμεν verlangt. V. 1245 bieten BC διδόντες, und statt ἀοιδοῖς (so BCG) findet sich in B ὑστέραν, wonach ehemals ὑστέροις βροτοῖς geschrieben wurde. Die Verbindung ἀοιδὰς — ἀοιδοῖς beruht auf dem oben S. 152 f. besprochenen Fehler; mir scheint ἀοιδὰς ἀρτίτους die leichteste Besserung. Der Genetiv βροτῶν wird nun mit μούσαις zu verbinden sein; vielleicht aber beruht βροτῶν auf einer Fälschung; nach BC wäre es nicht unmotivirt etwa μούσαις ἀοιδὰς ἐνδιδόντες ἀρτίτους zu vermuthen, wo das Compositum sich vertheidigen lässt durch Hec. 1239: τὰ χρηστὰ πράγματα χρηστῶν ἀφορμὰς ἐνδίδωσ' ἀεὶ λέγων. Wie die vorausgehenden Worte gelautet, weiss ich nicht zu sagen. Ueber die ehemals herrschende Lesart εἰ δὲ μὴ θεὸς finden wir bei Kirchhoff in der

Specialausgabe folgende Bemerkung: ei δὲ μὴ recentiores Stephanum secuti, quo quid haeremus non intellego, recte se habet librorum scriptura: «si divinum numen nos pessumdedit, reputandum est nos, obscuri si mansissemus, famam apud posteros carminum rumoribus nunquam fuisse assecuturos.» Aber der Satz «wären wir im Dunkel geblieben, so wären wir nicht berühmt geworden» lässt sich unmöglich in Schutz nehmen; ist Kirchhoffs Auffassung der Stelle richtig, so müsste statt *obscuri si mansissemus* vielmehr *incolumes si mansissemus* gefordert werden. Manche werden hiernach vielleicht ἀσινεῖς ἂν ὄντες vermuthen: ich glaube nicht dass Euripides so geschrieben hat, kann aber über ein *non liquet* auf keine Weise hinauskommen.

οἳ ἐγὼ τάλαινα· τοῦτο δὴ τὸ λοίσθιον
1273   καὶ τέρμα πάντων ἤδη τῶν ἐμῶν κακῶν.

Worte der Hecuba, als sie von Talthybius hört dass Odysseus seine Leute nach ihr geschickt hat. Um den metrischen Fehler in 1273 zu heben, hat man mit Musgrave umgestellt, πάντων τῶν ἐμῶν ἤδη κακῶν, und selbst Kirchhoff ist in beiden Ausgaben kühn genug gewesen diese doch mindestens zweifelhafte Vermuthung in den Text zu setzen, ohne die höchst auffallende Verbindung von δή und ἤδη durch Beispiele zu sichern[1]). Schon aus palaeographischen Gründen halte ich die Aenderung πάντων ἦλθε τῶν ἐμῶν κακῶν für ungleich wahrscheinlicher.

Endlich lasse ich zu den bei Kirchhoff gegebenen Citaten und Benutzungen des Stückes eine kleine Nachlese folgen.

Auf V. 11 bezieht sich Servius Virg. A. 2, 19.

V. 78—81 und V. 88—91 Tzetzes in Lycophr. 381.

V. 264 vgl. Hesych. vol. 2 p. 847 (3 p. 262 ed. Schmidt.): παλλὰς ἔζευξεν, wo die zugehörige Erklärung ausgefallen ist.

V. 438 vgl. die oben S. 131 angeführte Glosse des Hesychius, Χάρυβδις ὁμόβρετος.

Zu V. 674 vgl. Aristid. vol. 1 p. 24, 1: Ἥφαιστος δὲ ὑπὸ μὲν τοῦ ἔρωτος ἀναγκάζεται φιλοτεχνεῖν, τῇ φύσει δὲ λείπεται. So ist nach dem Verse der Troades zu schreiben; gewöhnlich liest man τῇ δὲ φύσει λείπεται, Dindorf hat nach einer Handschrift ἡ δὲ φύσις λείπεται edirt.

V. 678 vgl. Suidas v. παρθένειος: — καὶ «παρθένειον λέχος».

---

[1]) Die von Kirchhoff gebilligte Lesart ἕως δὴ βροτοῖς ἔρεξας ἤδη, κακὰ Med 1282 wird schon durch das Metrum widerlegt, δὴ ist zu tilgen mit der Handschrift C: vgl. Th. I p. 136 f. Dass Alc 94 οὐ γὰρ δὴ φροῦδός γ' ἐξ οἴκων νέκυς ἤδη, unrichtig ist, wird Kirchhoff selbst am wenigsten in Abrede stellen. Ueber die Vermuthung πάντα γὰρ ἤδη δὴ τετέλεσται Alc. 132 können wir mit Stillschweigen hinweggehen. Bei Aristoph. Ach. 311: ταῦτα δὴ τολμᾷς λέγειν ἐμφανῶς ἤδη πρὸς ἡμᾶς, hat Dobree Adv 2 p. 187 ἐμφανῶς οὕτω vermuthet, nicht weil er die Verbindung δή, ἤδη beanstandete, sondern um des Sinnes willen. Endlich Eur. Tro. 293: τί φέρει; τί λέγει (ὁ κῆρυξ); δοῦλαι γὰρ δὴ Δωρίδος ἐσμὲν χθονὸς ἤδη. Offenbar ist auch diese Stelle fehlerhaft; die Frage «was bringt der Herold?» kann nicht mit der Behauptung «denn wir sind bereits Sklavinnen» begründet werden. Vielleicht ist zu lesen: τί φέρει; τί λέγει; μῶν θυᾶσαι Δωρίδος ἐσμὲν χθονὸς ἤδη; Weitere Belege für δή, ἤδη sind mir nicht gegenwärtig: nach dem Ursprung und der Bedeutung beider Partikeln muss ihre Verbindung als anomal bezeichnet werden, und darum kann ich den Mangel an sicheren Beispielen nicht für zufällig halten.

V. 849 Anecd. Bekk. p. 455, 8: ἀστέρων τέτριπκος· τὸ ἅρμα τοῦ ἡλίου, womit zu vgl. Suidas v. ἀστέριος.

V. 880 f. auch bei Plut. Mor. p. 381 B: φωνής γάρ ὁ θεῖος λόγος ἀπροσδεής ἐστι καὶ «δι' ἀψόφου βαίνων κελεύθου καὶ δίκης τὰ θνητὰ ἄγει κατὰ δίκην», wo die letzten Worte offenbar aus Euripides emendirt werden müssen. Eben diese Stelle benutzt Synesius de regno p. 20 A.

V. 912 f. Schol. Eur. Phoen. 4.

V. 953 Tzetzes in Lycophr. 168.

V. 983 wird unter ausdrücklicher Nennung des Euripides auch von Cornutus c. 24 p. 133 berücksichtigt.

V. 1045 auch bei Aristot. Eth. Eud. p. 1235 b 21, wo ebenfalls οὐδείς ἐραστής statt οὐκ ἔστ' ἐραστής gelesen wird

V. 1057 Etym. M. p. 659, 24.

V. 1164 vgl. Choricius Gaz. p. 183, wo Boissonade mit glücklichem Scharfblick die Beziehung auf Euripides erkannt hat.

V. 1165 f. Eust. Il. p. 757, 44.

9. Rhesus.

Aus dem Argumente des Stückes erfahren wir dass ehemals zwei verschiedene Prologe des Rhesus cursirten, und für einen derselben wird der Peripatetiker Dicaearch als Gewährsmann angeführt. Πρόλογοι δὲ διττοὶ φέρονται. ὁ γοῦν Δικαίαρχος[1]) ἐκτιθεὶς τὴν ὑπόθεσιν τοῦ Ῥήσου γράφει κατὰ λέξιν οὕτως· «νῦν εὐσέληνον φέγγος ἡ διφρήλατος». ἐν ἐνίοις δὲ τῶν ἀντιγράφων ἕτερός τις φέρεται πρόλογος πεζός· πάνυ καὶ οὐ πρέπων Εὐριπίδῃ· καὶ τάχα ἄν τινες τῶν ὑποκριτῶν διεσκευακότες εἶεν αὐτόν. ἔχει δὲ οὕτως·

ὦ τοῦ μεγίστου Ζηνὸς ἄλκιμον τέκος
Παλλάς, παρῶμεν· οὐκ ἐχρῆν ἡμᾶς ἔτι
μέλλειν Ἀχαιῶν ὠφελεῖν στρατεύματα κτλ.

Der an zweiter Stelle erwähnte Prolog wurde, wie die folgenden Worte lehren, von Hera gesprochen, die in dem uns vorliegenden Stücke nicht auftritt; die elf Verse, welche angeführt werden, reichen vollständig aus um das in dem Argument vorausgeschickte Verdammungsurtheil als wohlbegründet erscheinen zu lassen. Der aus Dicaearch citirte Vers νῦν εὐσέληνον φέγγος ἡ διφρήλατος lässt in dieser allgemeinen Fassung den ursprünglichen Zu-

---

1) So habe ich im Aristoph. Byz. p. 254 statt des überlieferten ὁ γοῦν δικαίαν hergestellt und auf die von Fr. Vater gemachten Einwendungen im Philol. V p. 683 f. geantwortet. Inzwischen haben A. Hecker, Kirchhoff, Dindorf, Schneidewin u. a. meine Verbesserung gebilligt, ohne dass ein weiterer Widerspruch erhoben worden wäre: nur Bernhardy Grundr. der Griech. Litt. II. 2 p. 438 scheint Δικαίαρχος nicht für nothwendig und somit δικαίαν κρίσιν für möglich zu halten.

sammenhang nicht einmal ahnen, und es bleibt hiernach zweifelhaft, ob das vorliegende Drama ursprünglich mit diesem Verse begonnen hat. Wie man aber auch darüber urtheilen mag¹), immer dürfte die von Hartung ausgesprochene Behauptung dass unser Stück zu Anfang verstümmelt sei, einen hohen Grad von Wahrscheinlichkeit besitzen. Bei dem jetzigen Anfang befremdet nicht sowohl die anapaestische Form, die sich aus Aeschylus belegen lässt (vgl. Dindorf Annot. Eurip. p. 439), als vielmehr der gänzliche Mangel alles dessen was sonst zum Verständniss der fingirten Situation von den antiken Tragikern geboten wird. Es lässt sich in dieser Beziehung mit unserem Rhesus nur ein Stück vergleichen, die Iphig. Aul., welche mit einem anapaestischen Dialoge zwischen Agamemnon und einem Sklaven eröffnet wird (V. 1—48) und hinterher einen ausführlichen Prolog in iambischen Trimetern (V. 49—114) nachhinken lässt, der von den Töchtern der Leda und dem Raube des Paris aushebend den *status quo* in der bekannten Euripideischen Manier gründlichst auseinandersetzt. Dass der jetzige Anfang der Iph. A. in vollendeter Gestalt und unversehrt auf uns gekommen sei, ist schon wegen der fehlenden Verbindung zwischen V. 48 und 49 unglaublich: wäre aber unser Text in Ordnung, so hätte Euripides die übliche Folge umgekehrt, zuerst einen Dialog gegeben und nachträglich für die Aufklärung der Zuschauer gesorgt: im Rhesus fehlt es an einer derartigen Ergänzung, und somit würde selbst jenes Analogon nicht ganz zutreffen. Ferner nimmt Hartung mit Recht daran Anstoss dass V. 565 Odysseus und Diomedes plötzlich im feindlichen Lager auftreten, ohne dass man erfährt, woher und warum sie gekommen seien. Hartung vermuthet daher dass Euripides nicht bloss einen Prolog, sondern eine ganze Scene vorausgeschickt habe, um die Zustände im Griechischen Lager zu schildern. Seine weiteren Combinationen bewegen sich in allzu luftigen Hypothesen, als dass ich mich entschliessen könnte ihm zu folgen: weder bieten die dürftigen Trümmer der Nyctegresia des Attius (Ribbeck Trag. Lat. p. 168 — 170, womit zu vergleichen p. 306 f.) einen hinreichenden Anhalt um über die Oekonomie des Rhesus Vermuthungen zu wagen, noch möchte ich glauben dass der Verfasser des Christus patiens einen vollständigeren Text des Rhesus vor sich hatte²). Der jetzige Anfang lautet nun so:

βᾶθι πρὸς εὐνὰς
τὰς Ἐκτορέους τις ὑπασπιστῶν
ἄγρυπνος βασιλέως ἢ τευχοφόρων,
δέξαιτο νέων κληδόνα μύθων,
5 οἳ τετράμοιρον νυκτὸς φυλακὴν
πάσης στρατιᾶς προκάθηνται.

Kirchhoff setzt nach Ἐκτορέους einen Punkt und nimmt die folgenden Worte τίς — τευχοφόρων als Frage. Wenn aber mit βᾶθι eine bestimmte Person zum Lager des Hector abgesendet wird, so begreift man durchaus nicht, was die Frage τίς ἄγρυπνος hier noch bezweckt. Es scheint also nothwendig das übliche βᾶθί τις ὑπασπιστῶν beizubehalten: über die Verbindung des Pronomen indefinitum mit der zweiten Person des Imperativ vgl. μόλε τις ᾧδε Eur. fr. 75, ἔξω τις κάλει Aristoph. Plut. 1196 und ähnliches¹). Im Folgenden scheint mir V. 4 höchst anstössig, sofern er eine unklare und verworrene Redeweise hervorruft. Der Relativsatz οἳ — προκάθηνται enthält eine nähere Bestimmung zu ὑπασπιστῶν ἢ τευχοφόρων, und es ist schlechterdings unbegreiflich weshalb diese aufs engste zusammenhängende Worte durch den dazwischentretenden, an sich schon nicht recht passenden Wunsch δέξαιτο νέων κληδόνα μύθων aus einander gerissen werden. So viel ich sehe, bietet sich nur ein Heilmittel dar; V. 4 muss mit leichter Aenderung nach V. 9 gestellt werden in folgender Weise:

ὄρθου κεφαλήν, πῆχυν ἐρείσας,
λῦσον βλεφάρων γοργωπὸν ἕδραν,
8 λεῖπε χαμεύνας φυλλοστρώτους,
9 δέξαι τε νέων κληδόνα μύθων,
10 Ἕκτωρ· καιρὸς γὰρ ἀκοῦσαι.

Vielleicht ist ausserdem mit Dobree Adv. 2 p. 87 νέαν κληδόνα μύθων zu schreiben. Statt προκάθηνται werden manche προκάθηστε erwarten; inzwischen wird die dritte Person hinlänglich geschützt durch Il. P, 248: ὦ φίλοι Ἀργείων ἡγήτορες ἠδὲ μέδοντες, οἵ τε παρ' Ἀτρεΐδῃς Ἀγαμέμνονι καὶ Μενελάῳ δήμια πίνουσιν καὶ σημαίνουσι ἕκαστος λαοῖς.

Auf Hectors Frage, wer sich bei Nacht seinem Lager nahe, erfolgt die Antwort des Chores, φύλακες στρατιᾶς, und daran knüpft sich folgendes Zwiegespräch:

ΕΚ. τί φέρει θόρυβῳ; ΧΟ. θάρσει. ΕΚ. θαρσῶ.

---

aber aus einer uns erhaltenen Partie (V. 63). Die Quelle der übrigen Verse kann ich nicht nachweisen; jedoch scheint nichts in denselben mit Bestimmtheit auf den Rhesus zu deuten. Wie Hartung behaupten kann, keine Tragoedie sei vom Verfasser des Christus patiens so fleissig ausgebeutet worden als der Rhesus, ist mir ein Räthsel.

1) Um bei PlatoCom. 2 p.617: δότω τὴν αἰθέραν τις ἐνθάδε das Metrum in Ordnung zu bringen, hat man δότω δὲ oder δότω μοι vorgeschlagen; vielleicht ist δὸς τὴν αἰθέραν τις zu schreiben. Freilich ist diese Vermuthung nicht minder unsicher als ξύλλαβέ τις αὐτόν Soph. Phil.

1003 und πιεῖν τις ἔγχει Henischus Com. 3 p. 440. Ziemlich oft findet sich bei πᾶς die gleiche Verbindung: so καὶ πᾶς Eur. Rhes. 685. Ar. Ach. 282. ἴσχε πᾶς Eur. Rhes. 687. 689. ἕρπε πᾶς Rhes. 690. ἀπιτω πᾶς Ar. Thesm. 573. σιωπᾷ πᾶς Ran. 1125. ὕπαγε πᾶσα Thesm. 956. γέραιρε πᾶσα Thesm. 961. ὑπέστειχε πᾶς Pac. 458. χώρει πᾶς Av. 1187 Ran. 372. πᾶς ἐπίστρεφε Vesp. 422. πᾶς ἕπευ Ach. 204. πᾶς χώρει Pac. 301. 555. πᾶς ἀνὴρ προθυμοῦ Pac. 510. Auch bei Cratinus Com. 2 p. 100 dürfte οἴγνυ νυν πᾶς nach dem Vorgange von Cobet N. L. p. 27 herzustellen sein.

17   μῶν τις λόχος ἐκ νυκτῶν; ΧΟ. οὐκέτι. ΕΚ. τί σὺ γὰρ
     φυλακὰς προλιπὼν κινεῖς στρατιάν,
     εἰ μή τιν' ἔχων νυκτηγορίαν;

Das οὐκέτι V. 17, wofür die zweite Klasse unserer Handschriften οὐκ ἔστι bietet, verstösst in gleicher Weise gegen den Sinn wie gegen das Metrum; denn die Verbindung eines Daktylus und Anapaestus ist in den strenger gebauten anapaestischen Systemen entschieden unzulässig (vgl. Th. I p. 4). Ausserdem enthalten die angeführten Verse eine ungerade Zahl von Anapaesten, also einen Versfuss zu viel oder zu wenig. Fix und Kirchhoff wollen daher οὐκέτι tilgen; aber diese Art der Heilung entbehrt der Wahrscheinlichkeit, und so möchte ich eher glauben dass in οὐκέτι ein Verbum zu suchen ist, welches zu dem an sich nicht recht verständlichen μῶν τις λόχος ἐκ νυκτῶν als Praedicat gehört. Für unrichtig halte ich auch die Worte εἰ μή τιν' ἔχων νυκτηγορίαν. Was νυκτηγορία bedeutet, ergibt sich wie aus der Etymologie des Wortes so aus dem Gebrauche bei Libanius Decl. vol. 4 p. 141, 15, wo es von einer geschwätzigen Frau heisst: οὐ γὰρ καθεύδει γε, ἀλλὰ καὶ ἡ νὺξ εἰς νυκτηγορίαν αὐτῇ πολλάκις ἀναλίσκεται. Statt aus der Ankunft der Wächter den Schluss zu ziehen dass diese eine Mittheilung bei Nacht zu machen haben, muss Hector nothwendiger Weise sofort nach dem Inhalte ihrer Mittheilung fragen, wie Aeneas bald nachher V. 87 ohne weiteres fragt: τί χρῆμα φυλακὲς ἐλθόντες φόβῳ νυκτηγοροῦσι. Somit glaube ich durch folgende Aenderung dem ursprünglichen Texte mich zu nähern:

ΕΚ. τί φέρει σορύβῳ; ΧΟ. θάρσει. ΕΚ. θαρσῶ.
μῶν τις λόχος ἐκ νυκτῶν ἥκει;
τί σὺ γὰρ φυλακὰς προλιπὼν κινεῖς
στρατιάν; τίν' ἔχων νυκτηγορίαν;

Aeneas fragt, als Hector ihn auffordert sich zu bewaffnen, ob von den Feinden jetzt in der Nacht etwas zu befürchten sei:

τί δ' ἔστι; μῶν τις πολεμίων ἀγγέλλεται
93   δόλος κρυφαῖος ἑστάναι κατ' εὐφρόνην;

Zu δόλος wird in B die Variante λόχος angemerkt, und eben dieses λόχος κρυφαῖος findet sich im Chr. pat. 94. Demselben Schwanken zwischen λόχος und δόλος begegnen wir Rhes. 17. An unserer Stelle haben Valckenaer Diatr. p. 102 und Hartung sich mit Recht für λόχος entschieden: das Verbum ἑστάναι scheint dies Nomen mit Nothwendigkeit zu fordern. Ueberhaupt ist der Cento des Christus patiens für unser Stück ein nicht zu verschmähendes kritisches Hilfsmittel: vgl. die Bemerkungen über V. 130. 162. 658. 888. 905.

Hector besitzt, wie Aeneas sagt, Thatkraft, aber es fehlt ihm an Besonnenheit:

ἄλλῳ δ' ἄλλο πρόσκειται γέρας,
104   σὲ μὲν μάχεσθαι, τοὺς δὲ βουλεύειν καλῶς.

Nichts wäre wohl natürlicher als dass an ἄλλῳ sich die Dative σοὶ μὲν und τοῖς δὲ anschlössen, die Chr. pat. 2370 in der That bietet. Aber eben weil diese Dative durch die grammatische Construction so nahe gelegt sind, können wir kaum umhin anzunehmen dass die von Stobaeus Flor. 54, 9 bestätigte handschriftliche Lesart οἱ μὲν und τοὺς δὲ vom Verfasser des Christus patiens lediglich nach eigenem Gutdünken um der Grammatik willen verlassen worden sei; wie Med. 57: ὥστ᾽ ἱμερός μ᾽ ὑπῆλθε γῇ τε κοὐρανῷ λέξαι μολούσῃ δεῦρο Μηδείας τύχας, wo με und μολούσῃ mit einander unverträglich zu sein schienen, im Chr. pat. 58 das regelrechte μολοῦσαν substituirt worden ist. Anomalien wie die eben angeführte finden sich häufig genug[1]); aber mir wenigstens ist keine Stelle erinnerlich, durch welche die Accusative οἱ μὲν und τοὺς δὲ als Apposition zu ἄλλῳ sich rechtfertigen liessen. Sollen diese Accusative möglich werden, so muss statt καλῶς ein Wort wie δεῖ oder χρεών stehen. Es dürfte genügen zu schreiben: οἱ μὲν μάχεσθαι, τοὺς δὲ βουλεύειν καλόν. Vielleicht aber ist der Vers einfach zu tilgen mit Herwerden Exerc. crit. p. 140.

Den Hector vor Uebereilung warnend erinnert Aeneas an die Gefahren eines nächtlichen Angriffs; setzen die Feinde sich zur Wehr und musst du dich zurückziehen, so wirst du diese Stadt nicht erreichen:

116   πῶς γὰρ περάσει σκόλοπας ἐν τροπῇ στρατός;
      πῶς δ᾽ αὖ γεφύρας διαβαλοῦσ᾽ ἱππηλάται,
      ἢν ἄρα μὴ θραύσαντες ἀντύγων χνόας;

Im ersten dieser Verse habe ich die von den meisten Handschriften gebotene Lesart geduldet, obgleich die Variante πῶς γὰρ περάσει σκόλοπας ἐν τροπῇ δορός; etwas sehr ansprechendes hat: ἐν τροπῇ δορός wird empfohlen durch Soph. Ai. 1275 und Eur. Rhes. 82. Ueber das seltsame ἢν ἄρα μὴ θραύσαντες finden wir bei Matthiae die Bemerkung. ἢν ἄρα μὴ sei so viel als ἢν μὴ ἄρα, wie sonst εἰ μὴ ἄρα gesagt werde. Vater decretirte, es sei ἢν ἄρα μὴ dictum pro ἄρα ἢν μὴ, ohne jedoch für ἄρα ἢν μὴ θραύσαντες irgend eine analoge Redeweise beizubringen. Hermann Soph. Oed. Col. p. XXIV zog die Richtigkeit der jetzigen Lesart in Zweifel und meinte, es gehörte eben nicht viel dazu, um den Fehler zu erkennen und zu heben; es sei zu schreiben ἢν δ᾽, ἄρα μὴ θραύσαντες ἀντύγων χνόας; Wer die Ueberlieferung festhalten will, wird zu zeigen haben dass ἢν ἄρα mit dem Participium verbunden werden durfte: mir ist dieser Nachweis unmöglich, und ich muss das ἢν ἄρα um so mehr beanstanden, da diese Worte ohne Beeinträchtigung des Sinnes fortgelassen werden können, wie denn niemand über Undeutlichkeit sich beklagen würde, wenn es hiesse:

      πῶς δ᾽ αὖ γεφύρας διαβαλοῦσ᾽ ἱππηλάται
      ἐν νυκτί, μὴ θραύσαντες ἀντύγων χνόας;

Ob die früher von mir geäusserte Vermuthung ἢ νάπα haltbar sei, lasse ich dahingestellt. Allerdings wird dabei kein Buchstabe geändert; aber das Sophocleische πρὸς νάπα καὶ κρηναῖα χωροῦμεν ποτά fr. 559 liefert noch nicht den Beweis dass νάπα hier stehen konnte.

---

[1]) Vgl. Soph. Oed. R. 350: ἐννέπω σὲ τῷ κηρύγματι — ἐμμένειν, μήθ᾽ ἡμέρας τῆς νῦν προσαυδᾶν μήτε τούσδε μήτ᾽ ἐμέ, ὡς ὄντι γῆς τῆσδ᾽ ἀνοσίῳ μιάστορι. Eur. Iph. Aul. 491: ἄλλως τέ μ᾽ ἔλεος — ἐσῆλθε συγγενειαν ἐννοουμένῳ, wo Markland ἐννοούμενον vermuthete, und Abresch | de crasi p. 4 unrichtiger Weise ein elidirtes μοι zu finden meinte. Od. p. 534: μετελλήσαι τί ἑ δωμός ὀμοῖ κίοι· αἰσαται, καὶ κηδεὰ περ κεπαδυίη. Nicht wesentlich verschieden Soph. El. 480: ὕπεστί μοι θράσος, ἀδυπνόων κλύουσαν ἀρτίως ὀνειράτων, und vieles der Art.

εἰ δ' εἰς δόλον τιν' ἥδ' ἄγει φρυκτωρία,
μαζόντες ἐχθρῶν μηχανὰς κατασκόπου
130 βουλευσόμεσθα· τήνδ' ἔχω γνώμην, ἄναξ.

Die Lesart τήνδ' ἔχω γνώμην ἐγώ des Chr. pat. 1916, womit ὡς ἔχω γνώμης ἐγώ 2231 zu vergleichen ist, verdient deshalb Beachtung, weil ἐγώ an dieser Stelle gegen die Neigung der Byzantiner verstösst, ihre zwölfsilbigen Trimeter mit einem Paroxytonon zu schliessen[1]). Es kommt dazu eine höchst auffallende Variante der Handschriften bc, τήνδ' ἔχω προθυμίαν und τήνδ' ἔχω προθυμίαν ἄναξ. Diese Discrepanzen erklären sich am einfachsten, wenn wir annehmen dass das ursprüngliche τήνδ' ἔχω γνώμην ἐγώ in τήνδ' ἔχω γνώμην ἔχω überging und man hiernach statt γνώμην ἔχω entweder γνώμην ἄναξ oder προθυμίαν vermuthete.

Aeneas billigt den Entschluss des Hector einen Späher nach dem feindlichen Lager abzusenden und verspricht seinen Beistand in allen Nöthen:

148 σὺν σοὶ δ' ἔμ' ὄψει καρτεροῦντ᾽, ὅταν δέῃ.

Kräftiger und passender wird der Ausdruck, wenn wir schreiben καρτεροῦντ᾽ ὅσ' ἂν δέῃ.

Man soll sich abmühen, meint Dolon, und für seine Mühe gebührenden Lohn empfangen:
παντὶ γὰρ προσκείμενον
162 κέρδος πρὸς ἔργῳ τὴν χάριν τίκτει διπλῆν

Hartung entscheidet sich mit Recht für das aus Chr. pat. 1965 zu entnehmende προκείμενον. »Der Lohn liegt nicht bei der Arbeit, sondern er wird der Arbeit oder bei der Arbeit zum Ziele gesetzt, proponitur.« — Hector fordert den Dolon auf, sich einen Lohn auszubedingen: 163 τάξαι δὲ μισθὸν πλὴν ἐμῆς τυραννίδος.

Vielleicht ist vorzuziehen πλὴν ἐμὴν τυραννίδα, wie es nachher heisst V. 173: σὺ δ' αἴτει πλὴν στρατηλάτας νεῶν. Diese Aenderung dürfte sich namentlich dadurch empfehlen dass V. 166 mit der Form τυραννίδος schliesst[1]).

---

[1]) Vgl. Joseph Rhacend. bei Walz Rhet. vol. 3 p. 560, 2: δεῖ σπουδάζειν καὶ τὴν σύνθεσιν τῶν ὀξυτόνων, προπαροξυτόνων καὶ τοιούτων λέξεων καὶ ὑπαλλάσσειν αὐτὰς ὁμαλῶς καὶ ἑκτῇ χώρᾳ τηρεῖν τῆς παραξύτονον ὡς εὔηχον, εἰ δυνατόν, πάντοτε. Hieraus erklärt sich der Umstand dass gewisse Euripideische Handschriften so häufig am Ende des Trimeters eine veränderte Wortstellung bieten, wie etwa, um nur aus dem Rhesus einige Belege anzuführen, οὐ σπανίζομεν ἡμεῖς statt οὐ ἡμεῖς σπανίζομεν V. 170, εὐτυχεῖν σε δεῖ μόνον statt εὐτυχεῖν μόνον σε χρή 218, σύμβολον σαφὲς δ' ἔχων statt σύμβολον δ' ἔχων σαφές 220, πατρὸς θρόνους statt θρόνους πατρός 269, θεοῦ φίλος statt φίλος θεοῦ 331, πυλῶν παραστάτας statt παραστάτας πυλῶν 508, σφαγὰς παρατόμους statt παρατόμους σφαγάς 606, σφαγὰς φέρων statt φέρων σφαγάς 636 u. s. Bekanntlich hat auch Babrius in seinen choliambischen Fabeln eine accentuirte Paenultima sich zum Gesetz gemacht. Schon dieser eine Umstand macht es wahrscheinlich dass dieser Dichter mehrere Jahrhunderte nach Chr. Geb. lebte; viel deutlicher geht eben dies hervor aus der sprachlichen Form deren er sich bedient, und wenn die Hypothese aufgestellt wurde, Babrius sei in das dritte Jahrhundert vor Chr. zu setzen, so sollte man es für unmöglich halten dass der Urheber einer solchen Hypothese im neunzehnten Jahrhundert nach Chr. geboren sei.

[2]) Ueber die gleichen Ausgänge unmittelbar auf einander folgender Trimeter bei Euripides vgl. die sorgfältige Erörterung von H. Hirzel de Euripidis in componendis diverbiis arte (Bonn 1862) p. 76 f. Mag das überlieferte
EK. τάξαι δὲ μισθὸν πλὴν ἐμῆς τυραννίδος.
ΔΟ. οὐ σῆς ἐρῶμεν πολιόχου τυραννίδος —
immerhin durch den Personenwechsel sich entschuldigen lassen, so ist es doch höchst unwahrscheinlich dass der Dichter den gleichen Ausgang ohne Noth und ohne Zweck gewählt habe.

Ein Bote erzählt von der Ankunft des Thracischen Königs Rhesus:

ὁρῶ δὲ Ῥῆσον ὥστε δαίμονα
302 ἑστῶτ' ἐν ἱππείοισι Θρῃκίοις ὄχοις.

Statt der letzten Worte bietet die zweite Klasse der Handschriften ἐν ἵπταις (oder vielmehr ἐν ἵπταισι) Θρηκίαις τ' ὀχήμασιν. Obwohl die neueren Kritiker diese noch von Elmsley zu Eur. Heracl. 131 beibehaltene Lesart mit gutem Grunde aufgegeben haben, so kann ich doch ὀχήμασιν nicht als eine willkürliche Erfindung betrachten. Vielmehr werden wir die Discrepanz der beiden Handschriftenklassen verbinden müssen, um das ursprüngliche herzustellen,   ἑστῶτ' ἐν ἱππείοισι Θρῇξ' ὀχήμασιν.

Wie in den Troades (vgl. oben S. 126—135), so liefert auch im Rhesus die zweite Klasse der Handschriften für die Textkritik einen nicht zu verschmähenden Ertrag[1]). V. 442 bietet die eine Klasse κορπάσμασιν, die andere κορπήμασιν: aus der Verbindung beider Lesarten bekommen wir das von Porson hergestellte κορπάμασιν. Eben so ist V. 907 in jeder der beiden Handschriftenklassen ein Rest der richtigen Lesart zu finden: Λαρτιάδης I, Λαερτίδα; oder Λαρτίδας II, wonach man mit Recht Λαρτιάδα; geschrieben hat. V. 679 lautet gewöhnlich   κλῶπες εἴτινες κατ' ὄρφνην τήνδε κινοῦσι στρατόν,
und von Seiten des Sinnes ist' dies tadellos. Da jedoch BC κτενοῦσι statt κινοῦσι lesen, so wird es erlaubt sein an der Richtigkeit der Vulgate zu zweifeln; ich möchte aus der Verschiedenheit der Lesart auf ein ursprüngliches τήνδε καίνουσι στρατόν schliessen.

Hector glaubt mit den Feinden allein fertig zu werden und weist die vom Boten in Aussicht gestellte Unterstützung durch Rhesus von der Hand; Rhesus hätte früher sich einfinden sollen, wenn er sich Dank verdienen wollte:

330 ΧΟ. πέπεισαι; ἤδη πολεμίους ἡρηκέναι;
ΕΚ. πέπεισμαι· δείξει τοὐπιὸν σέλας θεοῦ.
ΧΟ. ὅρα τὸ μέλλον· πόλλ' ἀναστρέφει θεός.

---

[1] Ihr verdanken wir z. B. die Lesarten τέλεια (τέλεα B(bc) 200. φυλητῶν (φυλετῶν BCc) 217. χέρας (χείρας B(bc) 260. κάπιμομφος (κάπίμορφος BCbc) 327. χαίρ' ἐσθλὲ ἐσθλοῦ (χαίρ' ἐσθλοῦ B, ἐσθλοῦ χαίρε C, χαῖρ' ἐσθλοῦ πατρὸς bc) 389. ναυστάθμοις (ναυστάθμους B(bc) 448. μέγ' αὐχοῦντας (μεγαλαυχοῦντας B(bc) 452. ᾧ περ (ὥσπερ B(eC) 636. An diesen Stellen hat auch Kirchhoff mit Recht der zweiten Klasse sich angeschlossen. Nicht minder war es nothwendig V. 482 zu schreiben τοιάδε τοί μ' ἐπέργα (ἀτέγη BCbc) συμφορὰ πίθον Τροίας ἰαύσαι. Das untragische θαί, welches Kirchhoff 496 gesetzt hat, beruht auf der schwachen Autorität von b, während BC δέ bieten, cABC dagegen das richtige δὴ bewahrt haben. Aus der Gesammtheit dieser Stellen geht hervor, dass Kirchhoff sich irrte, wenn er die Worte πῶλοις ἐριζίζων 373 lediglich deshalb weil sie in BCbc fehlen, als ein willkürliches Supplement aus dem Texte wies; es ist geradezu undenkbar dass diese Worte des Autoschediasma eines Byzantiners darstellen, und das Fehlen derselben in der ersten Handschriftenklasse beweist eben nur, was wir sonst schon wissen, dass die erste Klasse keineswegs als alleinige kritische Norm dienen kann. Hiernach möchte ich es denn auch nicht billigen, wenn σύμφορ' 668 von Kirchhoff verworfen wird, weil BC das Wort auslassen. Dagegen sind wir vollständig berechtigt der zweiten Handschriftenklasse uns noch häufiger anzuschliessen als es bisher geschehen ist. So dürfte V. 270 mit ABC εὐτυχοῦντα πείμματα (statt κομμάτων) berzustellen sein; desgleichen V. 404 οὐ δ' ἐγγενὴς ὢν βαρβαρός τε βαρβάροις (βαρβάροισι BCbc) Ἕλλησιν ἡμᾶς προύπιας. Ferner V. 635 τοῦτον δὲ πρὸς σὲ; οὐ δέμας χειρὸς θανεῖν, wo σὸς χειρὸς οὐ δέμας θανεῖν BC, σὸς χειρὸς οὐ θανεῖν δέμας c. Endlich V. 711 κατὰ πτόλιν (πόλιν BCc und vielleicht B., wo im entsprechenden strophischen Verse 698 τίς δὲ μέγα θράσος nothwendig ist, da ὁ nirgends in der Tragoedie für ὅς gebraucht wird (vgl. oben S. 29).

ΕΚ. μισῶ φίλοισιν ὕστερον βοηδρομεῖν.
ΑΓΓ. ἄναξ, ἀπωθεῖν συμμάχους ἐπίφθονον·
335   φόβος γένοιτ' ἂν πολεμίοις ὀφθεὶς μόνον.
ΧΟ. ὅδ' οὖν ἐπείπερ ἦλθε, σύμμαχος μὲν οὔ,
ξένος δὲ πρὸς τράπεζαν ἡκέτω ξένων·
χάρις γὰρ αὐτῷ Πριαμιδῶν διώλετο.
ΕΚ. σύ τ' εὖ παραινεῖς καὶ σὺ καιρίως σκοπεῖς.
340   ὁ χρυσοτευχὴς οὕνεκ' ἀγγέλου λόγων
Ῥῆσος παρέσται τῇδε σύμμαχος χθονί.

So lautet diese Stelle im Wesentlichen noch bei Dindorf, Vater und Fix, während Hartung es vorgezogen hat mit den Handschriften *AB* die Verse 334—38 dem Chore beizulegen. Hermann hat richtig erkannt dass V. 336—38 dem Hector gehören: ihm allein kommt das imperativische ἡκέτω zu, ihm allein der begründende Satz, χάρις γὰρ αὐτῷ Πριαμιδῶν διώλετο. Auch Vater war geneigt diesem Urtheile beizutreten; wenn er gleichwohl dem Herkommen treu blieb, so geschah das offenbar deshalb, weil diese Aenderung nur neue Schwierigkeiten hervorrief und weil Hermanns Vorschlag, V. 335 nach 338 zu stellen, ihm nicht zusagte. Dass die überlieferte Lesart von V. 336 ab keinen vernünftigen Zusammenhang gibt, muss einem jeden, denke ich, einleuchten. V. 336 — 38 heisst es «Rhesus soll zwar nicht als Mitkämpfer, aber doch als Gast angenommen werden; denn die Gunst der Priamiden hat er verscherzt», und unmittelbar darauf finden wir die entgegengesetzte Ansicht, «Rhesus wird als Mitkämpfer angenommen», und zwar wird diese Aufnahme des Rhesus eingeleitet mit einer beistimmenden Aeusserung, σύ τ' εὖ παραινεῖς καὶ σὺ καιρίως σκοπεῖς. Man erfährt nicht wem der in 339 ausgesprochene Beifall gilt, und es erscheint als unbegreiflich wie es zugeht dass Rhesus aus dem ξένος urplötzlich ein σύμμαχος wird. Offenbar hat Hermann mit Recht verlangt dass zwischen den beiden Reden des Hector in 336 — 38 und 339 — 341 etwas eingeschaltet werde, was die Umstimmung des Hector bewirkt; nur müssen wir statt des Verses 335 vielmehr 334 und 335 nach 338 stellen. Die Worte ἀπωθεῖν συμμάχους ἐπίφθονον (334) haben nur dann einen Sinn, wenn sie nach 336 gesprochen werden; dagegen ist es absurd, an die Sentenz, man dürfe Bundesgenossen nicht abweisen, mit einem conclusiven οὖν den Gedanken anzuschliessen, Rhesus solle nicht Bundesgenosse sondern Tischgast sein. Ferner weist das σύ τε καὶ σύ 339 darauf hin dass von zwei verschiedenen Seiten[1]) an den Hector eine Mahnung ergangen sein muss, die seinen Sinn umstimmt; diese doppelte Mahnung finden wir in 334 und 35, von denen einer dem Chore, der andere dem Boten gehört, und zwar wer-

---

[1] So wird öfters ein wiederholtes σύ zur Bezeichnung verschiedener Personen angewendet. Soph. Oed. R. 637: οὐκ ἔσθ' ὅ τ' οἴκους σύ τε Κρέων κατὰ στέγας; Ant. 724: ἄναξ, σέ τ' εἰκός, εἴ τι καίριον λέγει, μαθεῖν σέ τ' αὖ τοῦδ' εὖ γὰρ εἴρηται διπλᾶ. Ant. 1340: ὅς, ὦ καί, σέ τ' οὐχ ἥκων ἔκτανον σέ τ' αὖ τάνδε. Eur. Iph. T. 656: δίδυμα μέμονα φράν, σὲ καίρος ἢ σ' ἀναστενάξω γόοις. Iph. T. 1069: σὲ καὶ σ' ὑπνώμαι, σὲ δὲ φίλτα παρηΐδος. Phoen. 569: σοὶ μὲν τάδ' αὐδῶ· σοὶ δὲ Πολύνεικες λέγω. Iph. T. 1079: σοὶ ἔργον ἤδη καὶ σὸν εἰσβαίνειν δόμους.

den wir nicht einen Augenblick uns bedenken können dem Chore die allgemeine Seutenz beizulegen, dem Boten dagegen die nur durch Autopsie zu gewinnende Ueberzeugung dass schon der Anblick des Rhesus den Feinden Furcht einflössen werde. Durch die verlangte Umstellung von 334 und 35 wird endlich auch klar dass die Verse 336—38 dem Hector zukommen und mit 333 im engsten Zusammenhange stehen, wofern man nur ὃδ᾽ οὖν in ὁ δ᾽ οὖν oder besser ὃ δ᾽ οὖν umändert: «ich habe allen Grund dem Rhesus seines späten Eintreffens wegen zu zürnen, will ihn aber gleichwohl, wenn auch nicht als Bundesgenossen, so doch als Gast aufnehmen.» Es ist also zu schreiben:

333 ΕΚ. μισῶ φίλοισιν ὕστερον βοηδρομεῖν·
336 ὁ δ᾽ οὖν ἐκεῖπερ ἦλθε, σύμμαχος μὲν οὔ,
ξένος δὲ πρὸς τράπεζαν ἡκέτω ξένων·
338 χάρις γὰρ αὐτῷ Πριαμιδῶν διώλετο.
334 ΧΟ. ἄναξ, ἀπωθεῖν συμμάχους ἐπίφθονον.
335 ΑΓΓ. φόβος γένοιτ᾽ ἂν πολεμίοις ὀφθεὶς μόνον.
339 ΕΚ. σύ τ᾽ εὖ παραινεῖς καὶ σὺ καιρίως σκοπεῖς·
ὁ χρυσοτευχὴς κτέ.

Eine Schwierigkeit liegt noch in V. 340, wo ehemals ὁ χρυσοτευχὴς δ᾽ οὕνεκ᾽ ἀγγέλου λόγων gelesen wurde; Bothe, Fix und Vater haben das δέ mit BC getilgt, und in der That ist es unpassend, aber eben so unpassend ist das Fehlen jeder Verbindung: man muss nach dem Zusammenhange ein folgerndes οὖν oder ἄρα oder δή erwarten. Nicht minder anstössig sind die Worte οὕνεκ᾽ ἀγγέλου λόγων. Vater erklärt sich mit Recht gegen die frühere Auffassung, dass Hector *ob nuntii verba* den Rhesus annehme: wäre ihm der Sinn von V. 339 klar gewesen, so würde er gesehen haben dass neben den Worten des Boten auch die Mahnung des Chores auf Hector wirkte[1]). Die von Vater beliebte Auffassung, *qui secundum nuntii verba aureis armis indutus est*, streitet gegen den Sinn des οὕνεκα, welches nur besagen würde «so weit es auf die Reden des Boten ankommt». Meiner Ansicht nach muss es heissen: ὁ χρυσοτευχὴς οὖν ὅδ᾽ ἀγγέλου λόγῳ Ῥῆσος παρίσταται. In der Schreibung οὖν ἐκ ἀγγέλου λόγων hat B eine wenn auch geringe Spur dieser Lesart gerettet.

Nachdem Hector die Saumseligkeit des Rhesus frei und ohne Rückhalt getadelt hat, beginnt dieser seine Vertheidigung mit den Worten:

τοιοῦτός εἰμι κἀυτός, εὐθεῖαν λόγων
τέμνων κέλευθον, κοὐ διπλοῦς πέφυκ᾽ ἀνήρ.
ἐγὼ δὲ μεῖζον ἢ σὺ τῇσδ᾽ ἀπὼν χθονὸς
423 λύπῃ πρὸς ἧπαρ δυσφορῶν ἐτειρόμην.

Das τοιοῦτος wird erst durch die nachfolgenden Worte erklärt und näher bestimmt; darum sollte man statt τέμνων wohl eher τέμνειν oder τέμνω erwarten. Letzteres möchte ich vorziehen, weil der einfachere ungekünstelte Ausdruck dem geraden Charakter des Redenden

---

1) Aus diesem Grunde scheint mir Kirchhoffs Vermuthung οὖν ὑπ᾽ ἀγγέλου λόγων anstatthaft zu sein.

besser entspricht. Vgl. Orest. 895: τὸ γὰρ γένος τοιοῦτον· ἐπὶ τὸν εὐτυχῆ πηδῶσ᾽ ἀεὶ κήρυκες. Cycl. 524: τοιόσδ᾽ ὁ δαίμων· οὐδένα βλάπτει βροτῶν. fr. 196: τοιόσδε θνητῶν τῶν ταλαιπώρων βίος· οὔτ᾽ εὐτυχεῖ τὸ πάμπαν οὔτε δυστυχεῖ. Ennius bei Ribbeck Trag. Lat. p. 52: *eo ego ingenio natus sum, aeque inimicitiam atque amicitiam in frontem promtam gero*. Im Folgenden lässt sich das λύπη πρὸς ἧπαρ ἐτειρόμην V. 425 schwerlich in Schutz nehmen: wenigstens sind die sonstigen Anwendungen von πρὸς ἧπαρ der vorliegenden Stelle nicht im mindesten ähnlich[1]), und ich glaube nicht fehlzugreifen wenn ich behaupte dass statt ἧπαρ vielmehr ἦμαρ stehen muss. Vielleicht ist zu schreiben λύπη κατ᾽ ἦμαρ oder auch, falls die Corruptel sich noch weiter erstrecken sollte, ἀεὶ κατ᾽ ἦμαρ. So finden wir ἀεὶ κατ᾽ ἦμαρ Soph. Phil. 797. Eur. Tro. 392, κατ᾽ ἦμαρ ἀεί Soph. Oed. C. 682, καθ᾽ ἡμέραν ἀεί fr. 736, 4.

Rhesus hofft in kürzester Zeit den Mühen des Krieges ein Ziel zu setzen:

481   ὑμῶν δὲ μή τις ἀσπίδ᾽ ἄρηται χερί·
    ἐγὼ γὰρ ἕξω τοὺς μέγ᾽ αὐχοῦντας δορὶ
    πέρσας Ἀχαιούς, καίπερ ὕστερος μολών.

Wenn man ehemals meinte, ἕξω πέρσας Ἀχαιούς sei so viel als Ἀχαιούς πέρσω, so muthete man dem Dichter eine Redeweise zu, für die es meines Wissens an Belegen fehlt: allerdings wird θαυμάσει ἔχω für τεθαύμακα gebraucht (Valck. Eur. Phoen. 712), nimmermehr aber kann das Futurum von θαυμάζω durch θαυμάσας ἕξω ersetzt werden. Vater wollte ἕξω μέγ᾽ αὐχοῦντας verbinden, *superbiam Achivorum cohibebo*: daher nahm er an, ἕξω τοὺς μέγ᾽ αὐχοῦντας Ἀχαιούς stehe für ἕξω μέγ᾽ αὐχοῦντας τοὺς Ἀχαιούς. Ein solches Hyperbaton ist jedoch unstatthaft, und wenn ἕξω πέρσας Ἀχαιούς bedeuten soll *Achivos vincam et cohibebo*, so bediente sich der Dichter eines sehr undeutlichen und nicht einmal logisch richtigen Ausdrucks. Hermann schlug vor ἐγὼ γὰρ ἄρξω, wo man nicht recht sieht was Rhesus thun wird; Kirchhoff vermuthet ἐγώ᾽ ἀρήξω, was dem Zusammenhang widerstrebt, da Rhesus nicht den Trojanern helfen, sondern allein den Krieg in die Hand nehmen will. Beide Vermuthungen lassen obendrein die in πέρσας liegende Schwierigkeit unerledigt. Eher könnte man schreiben, wie ich früher wollte, ἐγὼ γὰρ ἥξω τοὺς μέγ᾽ αὐχοῦντας δορὶ πέρσων Ἀχαιούς. Mit ἥξω πέρσων liesse sich vergleichen ἥκω δ᾽ ἀποστελῶν σε Hec. 731. Inzwischen nehme ich Anstoss an dem μέγ᾽ αὐχοῦντας Ἀχαιούς. Wer die Charakteristik der handelnden Person im Rhesus näher betrachtet, wird finden dass der Dichter entschieden parteiisch verfahren ist und aus Patriotismus, um die Griechen zu heben, die Trojaner und ihren Anhang mit starken Schatten gezeichnet hat. Namentlich ist die Prahlerei im Trojanischen Lager zu Hause. Darum ist es nicht glaublich dass der Dichter μέγ᾽ αὐχοῦντας Ἀχαιούς gesetzt habe, wo vielmehr ein

---

[1]) Vgl. Eur. Orest. 1063: καίσας πρὸς ἧπαρ φασγάνῳ. Herc. F. 1149: φάσγανον πρὸς ἧπαρ ἐξακοντίσας. Iphig. Taur. 1370: μάλα εἰς πλευρὰν καὶ πρὸς ἧπαρ ἠκοντίζετο. Herc. F. 979: βάλλει πρὸς ἧπαρ. fr. 969, 2: ἢ δίνη σε, μή τρέσῃς, κτίσει πρὸς ἧπαρ. — Aesch. Agam. 432: πολλὰ γοῦν θιγγάνει (μυχαίει Meineke) πρὸς ἧπαρ. Soph. Ai. 938: χωρεῖ πρὸς ἧπαρ. Eur. Hipp. 1070: αἰαῖ πρὸς ἧπαρ δακρύων τ᾽ ἐγγύς τόδε. An der letzten Stelle vermisst man, wie schon andere bemerkt haben, ein Verbum der Bewegung; χωρεῖ (oder δύνει) πρὸς ἧπαρ vermuthete Valckenaer.

Begriff erwartet werden muss, der die bisherigen Erfolge der Griechen bezeichnet, also etwa τοὺς μέγα σθένοντας oder ἰσχύοντας Ἀχαιούς. Das αὐχεῖν ist, wie gesagt, nach der Darstellung des vorliegenden Stückes ein charakteristisches Merkmal des Hector wie des Rhesus, und so bietet sich ungesucht die Vermuthung dass V. 452 ehemals lautete: ἐγὼ γὰρ αὐχῶ τοὺς μέγ' αὐχοῦντας. Der Dichter könnte geschrieben haben:

ἐγὼ γάρ αὐχῶ τοὺς μέγ' ἀνθοῦντας δορὶ
πέρσειν Ἀχαιούς, καίπερ ὕστερος μολών.

Mit ἀνθοῦντας δορί vgl. Hec. 1210: ἴζη τε Πρίαμος Ἑκτορές τ' ἤνθει δόρυ. Pind. Ol. 10, 10: ἐκ θεοῦ δ' ἀνὴρ σοφαῖς ἀνθεῖ πραπίδεσσιν. Ist diese Vermuthung richtig, so haben wir hier denselben Stufengang einer allmählich fortschreitenden Entstellung, von welchem oben S. 154—58 die Rede war.

Dem hinterlistig lauernden Odysseus will Rhesus das Rückgrat durchbohren und ihn an der Thorfahrt hinstellen

313   πετεινοῖς γυψὶ θοινατήριον.

Statt θοινατήριον (θηρατήριον C, θοιναστήριον c) hat Kirchhoff aus einer Glosse des Hesychius θοινητήριον aufgenommen. Die tragischen Dichter gebrauchen zwar überwiegend die Form θοίνη, aber θοινατήρος sagt Aesch. Agam. 1502, θοινατόρων ὅμιλος Eur. Ion 1206, θοινάτορα; Ion 1217, συνθοινάτορα El. 638, θοινάσομαι Cycl. 550, θοινασόμεσθα El. 836. Hiernach trage ich kein Bedenken, bei Aesch. Prom. 1025 das überlieferte ἐκθοινήσεται in ἐκθοινάσεται zu ändern. Eben so finden wir in der Tragoedie εὐνατήρ (Aesch. Pers. 137), εὐνάτωρ (Aesch. Suppl. 665. Eur. Andr. 1041. Ion 912, vielleicht auch Tro. 831), εὐνάτειρα (Aesch. Prom. 895), εὐνατήριον (Aesch. Pers. 160); wonach εὐνήτειρα Pers. 157, εὐνήτωρ Eur. Herc. F. 27. 97, εὐνήτριαν Soph. Trach. 922, εὐναστήριον Soph. Trach. 918. Eur. Orest. 590 als verdächtig erscheinen. Statt εὐνηστήριον hat bereits W. Dindorf εὐνατήριον gefordert. Ferner sagen die Tragiker πόρπασον (Aesch. Prom. 61) und πόρπαμα (Eur. El. 820. Herc. F. 959), niemals πόρπημα, was Rhes. 442 einige Handschriften bieten, eben so nur κανάτωρ, nicht aber κανήτωρ (vgl. πυανασόμεσθα Iph. T. 1433). Die Glosse des Hesychius scheint allerdings aus dem Rhesus entlehnt zu sein; aber wer die Euripideischen Glossen des Hesychius durchmustert, wird sich leicht überzeugen dass dies Lexicon nur mit grosser Vorsicht zur Emendation unseres Textes verwendet werden darf: vgl. M. Schmidt zu Hesych. v. χλυν vol. 4 p. 281. Wie wir also Rhes. 217 nicht φλητῶν und V. 498 nicht ἔστι δὴ μυλώτατον mit Hesychius zu schreiben haben, so war θοινητήριον von der Hand zu weisen.

Diomedes findet es schimpflich zu den Schiffen der Argiver zurückzukehren, ohne den Feinden erheblich geschadet zu haben, δράσαντε μηδὲν πολεμίους νεώτερον. Odysseus entgegnet:

πῶς δ' οὐ δέδρακας; οὐ κτανόντε ναυστάθμων
κατάσκοπον Δόλωνα σώζομεν τάδε
σκυλεύματ'; ἢ πᾶν στρατόπεδον πέρσειν δοκεῖς;

394   πείθου, κἄλιν στείχωμεν· εὖ δ' εἴη τυχεῖν.

Zu Anfang interpungirt Kirchhoff πῶς δ'; οὐ δέδρακας; Auf welche Beobachtungen diese Trennung des πῶς δέ sich stützt oder was für eine Modification des Sinnes dadurch erreicht werden soll, kann ich nicht ausfindig machen. Für die übliche Verbindung sprechen Ausdrücke wie πῶς δ' οὐ; Aesch. Pers. 1014. Eum. 435. πῶς δ' οὐχί; Aesch. Suppl. 918. Soph. Oed. R. 567. 1015. πῶς δ' οὐκ ἄν; Aesch. Prom. 759. Soph. Oed. R. 937. πῶς δ' οὐχὶ ταρβεῖς; Aesch. Prom. 932. πῶς δ' οὐκ ἐγὼ κάτοιδα; Soph. El. 923. πῶ; δ' οὐκ ἐγὼ χαίροιμ' ἄν; Trach. 293. οὐκ οἶδα. πῶς οὐκ εἶσθα; Phil. 764. — Die letzten Worte der angeführten Stelle εὖ δ' εἴη τυχεῖν lassen sich, was die Form anbetrifft, vielleicht in Schutz nehmen durch Aesch. Choeph. 213: εὔχου τὰ λοιπὰ τυγχάνειν καλῶς, falls nämlich hier nicht καλῶς auf einem Fehler beruht: dem Sinne nach aber ist das εὖ εἴη τυχεῖν in diesem Zusammenhange unklar, sofern man nicht recht sieht welches das Ziel ist dessen Odysseus theilhaftig werden soll. Die Unklarheit würde gehoben sein, wenn es hiesse εὐοσία; δ' εἴη τυχεῖν. Dass εὖ δ' εἴη τυχεῖν für εὐτυχεῖν δ' εἴη stehen könne, wie Hartung anzunehmen geneigt ist, übersteigt allen Glauben. Obenein ist τυχεῖν nicht hinlänglich beglaubigt: τυχ.. wird aus B², τύχη aus C angemerkt. Danach haben Dindorf, Fix und Hartung εὖ δ' εἴη τύχη in den Text gesetzt. Ein impersonelles εὖ εἴη, *bene sit*, wäre mir verständlich (vgl. εὖ γὰρ εἴη Aesch. Agam. 217. εὖ γὰρ ἔσται Eur. Med. 89), eben so würde gegen τὸ ἡμέτερον εὖ εἴη nichts zu erinnern sein (τὸ σὸν μὲν εὖ παρὰ δίκην ἔσται Iph. A. 386): dagegen bezweifle ich ob es möglich ist ἡ τύχη εὖ εἴη zu sagen. Die von Hartung beigebrachte Parallelstelle Iph. A. 390: θεοῦ σοι τὴν τύχην διδόντος εὖ, weicht von der üblichen Redeweise θεοῦ σοι διδόντος εὖ so ab, dass man nicht umhin kann sie auch für falsch zu halten. Hier ist vermuthlich zu schreiben, woran schon Vater gedacht hat, εὖ δοίη τύχη. Vgl. Alc. 1004: χαῖρ', ὦ πότν', εὖ δὲ δοίης. Andr. 750: θεοί σοι δοῖεν εὖ. Soph. Oed. Col. 642: ὦ Ζεῦ, διδοίης τοῖσι τοιούτοισιν εὖ. 1435: σφῶν δ' εὖ διδοίη (so Burges statt εὐοδοίη) Ζεύς. Oed. R. 1081: τῆς Τύχης τῆς εὖ διδούσης. Eur. Med. 879: θεῶν πορίζοντων καλῶς. Orest. 667: ὅταν δ' ὁ δαίμων εὖ διδῷ. Suppl. 463: ὅταν δαίμων διδῷ καλῶς. Derselbe Ausdruck ist bei Aristoph. Pac. 1143 herzustellen. ἐμπιεῖν ἐμοιγ' ἀρέσκει τοῦ θεοῦ δόντος καλῶς, statt δρῶντος καλῶς.

Nach den eben besprochenen Worten lässt die Stimme der Athene sich vernehmen:

395   ποῖ δὴ λιπόντες Τρωικῶν ἐκ τάξεων
        χωρεῖτε, λύπη καρδίαν δεδηγμένοι,
        εἰ μὴ κτανεῖν σφῶν Ἕκτορ' ἢ Πάριν θεὸς δίδωσιν;

Das von Reiske und Musgrave beanstandete λιπόντες sucht Vater in Schutz zu nehmen, indem er construirt ποῖ δὴ χωρεῖτε Τρωικῶν ἐκ τάξεων, λιπόντες αὐτάς. Dieser Versuch scheitert an der Wortstellung: man kann weder ποῖ λιπόντες noch λιπόντες ἐκ τάξεων verbinden, d. h. λιπόντες steht ausser dem Zusammenhange der Worte und ist nur überflüssig und störend. Kirchhoff nimmt zwischen λιπόντες und Τρωικῶν eine Lücke an, ohne eine Ausfüllung zu versuchen oder den vermissten Gedanken anzugeben. Wenn es etwa hiesse ποῖ δὴ στραφέντες Τρωικῶν ἐκ τάξεων χωρεῖτε, so würde wohl niemand den Verdacht eines lückenhaften Textes aufkommen lassen: eben darum kann ich der Kirchhoffschen Vermuthung nicht beitreten, sondern bin überzeugt dass die Worte ποῖ δὴ λιπόντες einen Fehler enthalten. Ob τί δὴ ὀλοντες oder ποῖ δῆτ᾽ ἰόντες oder noch anders zu schreiben sei, gebe ich fremder Entscheidung anheim.

Im Lager der Trojaner hat sich, wie Paris sagt, ein unsicheres Gerücht verbreitet von der Ankunft feindlicher Spione:

χὠ μὲν οὐκ εἰδὼς λέγει,
ὁ δ᾽ εἰσιδὼν μολόντας οὐκ ἔχει φράσαι·
660 ὧν οὕνεκ᾽ εὐνὰς ἤλυθον πρὸς Ἕκτορος.

Das οὐκ εἰδὼς λέγει würde zu verstehen sein von einem Schwätzer, der über Dinge redet die er nicht kennt oder nicht versteht, auf dessen Stimme nichts zu geben ist, vgl. Soph. Oed. R. 1151: λέγει γὰρ εἰδὼς οὐδέν, ἀλλ᾽ ἄλλως πονεῖ. Einen solchen Tadel auszusprechen kann hier unmöglich in der Absicht des Paris liegen, da dieser das Gerücht nicht für falsch hält, sondern nur genauere Kunde begehrt. Der nachfolgende Gegensatz ὁ δ᾽ εἰσιδὼν macht es unzweifelhaft dass mit Chr. pat. 1876 οὐκ ἰδὼν λέγει zu schreiben ist[1]), wie zuerst Lenting gesehen hat. In V. 660 gibt Paris nach Vaters richtiger Bemerkung den Grund an, weshalb er zum Zelte seines Bruders Hector gekommen sei: ἤλυθον muss ohne Frage als 1. Person Sing. genommen werden. Was bedeutet nun aber der vorhergehende Vers? Hartung interpungirt nach εἰσιδὼν und übersetzt «wer sie sah weiss nicht zu sagen, wo und wie?» Das ist freilich kein Auslegen, sondern ein Unterlegen. Durch μολόντας wird einfach das Factum, nicht aber das Ziel des Gehens bezeichnet, und man kann nur übersetzen «wer sie aber kommen sah, weiss nicht zu sagen», d. h. es fehlt zu οὐκ ἔχει φράσαι ein Object, wie ὅπη βεβᾶσιν. Nach V. 659 scheint somit ein Vers ausgefallen zu sein. Denn Vaters Aenderung ὁ δ᾽, οἷς, ἰδὼν, μολόντας οὐκ ἔχει φράσαι, ist mit Recht als ungriechisch bezeichnet worden: ich finde sie eben so räthselhaft als die beigefügte Erläuterung, «structura est: ὁ δὲ ἰδών, οἷς μολόντας οὐκ ἔχει φράσαι.»

Athene sucht die Besorgnisse des Paris zu heben:

μηδὲν φοβηθῇς· οὐδὲν ἐν στρατῷ νέον·
662 Ἕκτωρ δὲ φρούδος Θρῇκα κοσμήσων στρατόν.

Pierson Verisim. p. 81 hat Θρῇκα κοσμήσων στρατόν vermuthet; diese Vermuthung ist hinterher bestätigt worden durch die Handschriften BC, die für das vorliegende Stück mit Recht als die zuverlässigsten Quellen betrachtet werden; gleichwohl ist κοσμήσων von fast allen Herausgebern festgehalten worden. Hartung bemerkt richtig dass κοσμεῖν «aufstellen, ordnen wie zur Schlacht», κοιμᾶν dagegen «zur Ruhe bringen» bezeichnet und dass nur letzteres hier zulässig ist nach 518—20. 614. 762. Wer κοσμήσων vertheidigen will, wird sich auf Vers 138 berufen: στείχων δὲ κόσμει συμμάχους· τάχ᾽ ἂν στρατὸς κινοῖτ᾽

---

[1] Dindorf erinnert dass die Aristophanischen Handschriften Ran. 714 εἰδὼς statt ἰδὼν bieten. In ähnlicher Weise ist bei Porphyrius de abst. I, 9 p. 48, 26 συνειδόντες in συνιδόντες übergegangen.

ἀκούσας νυκτέρους ἐκκλησίας. Aber dass diese Stelle an dem gleichen Fehler leidet, kann einer aufmerksamen Betrachtung nicht entgehen. Pierson sagt mit vollem Rechte: «ut posteriora prioribus recte respondeant, emendandum στείχων δὲ κοίμα συμμάχους.»
Nachdem Odysseus und Diomedes den Händen der Trojaner glücklich entgangen sind, fragt der Chor, wer der Mann gewesen sei der es gewagt habe bei Nacht sich in ihr Lager zu schleichen: τίς ἀνδρῶν ὁ βάς; — Θεσσαλός ἢ

700   παραλίαν Λεκρῶν νεμόμενος πόλιν;
       ἢ νησιώτην σποράδα κέκτηται βίον;

Obgleich wir Heracl. 84 lesen: σὺ νησιώτην, ὦ ξένε, τρίβω βίον, so habe ich doch an der vorliegenden Stelle kein Bedenken getragen ἢ νησιώτης σποράδα κέκτηται βίον zu verbessern. Denn νησιώτης und σποράς sind zu heterogene Begriffe, um eine solche Verbindung einzugehen wie die hergebrachte Lesart sie zeigt. Nachdem νησιώτης σποράδα in νησιώτη σποράδα übergegangen war, lag es sehr nahe νησιώτη in νησιώτην zu verwandeln.

Gleich darauf finden wir folgende Wechselrede des in zwei Hälften getheilten Chors:

       ΗΜΙΧ. ἆρ' ἔστ' Ὀδυσσέως τοὔργον ἢ τίνος τόδε;
705   εἰ τοῖς πάρεσθε χρὴ τεκμαίρεσθαι, τί μήν;
       ΗΜΙΧ. δοκεῖ γάρ; ΗΜΙΧ. τί μὴν οὔ;
       ΗΜΙΧ. θρασὺς γοῦν ἐς ἡμᾶς.

Dass V. 705 nicht, wie es ehemals geschah, als Antwort auf V. 704 zu nehmen ist, ergibt sich aus der Antistrophe: mit Recht hat daher Kirchhoff die Bezeichnung des Halbchors vor 705 mit B getilgt. Statt τί μήν scheinen AC τί μή zu lesen; in BC fehlen diese Worte gänzlich, und vermuthlich sind sie aus V. 706 hier eingedrungen. Allerdings finden wir τί μήν; wie τί μὴν οὔ; in bejahendem Sinne gebraucht [1]): aber mir wenigstens ist kein Beispiel weiter bekannt wo τί μήν; den Nachsatz zu einer voraufgehenden Bedingung enthält, und dass derselbe Halbchor so hinter einander τί μήν; und τί μὴν οὔ; anwenden

---

[1]) Timaei Lex. Plat. p. 259: τί μήν: κατέφασιν δηλοῖ, ἐντὶ τοῦ πῶς γὰρ οὔ; ἢ διὰ τί γὰρ οὔ; Belege im Passowschen Handwörterb. 5. Aufl. II, 1 p. 236. Am ersten dürfte das Lateinische quid laudem? quid enim? geeignet sein die Proprietät dieser Formel wiederzugeben, vgl. Schneidewin zu Aesch. Agam 14. In τί μὴν οὔ; findet Vater, wenn ich seine Worte recht verstehe, eine starke Negation. Er sagt p. 277: «Quare veror, ut alterum locum (nämlich Rhes. 706) recte interpretati sint viri docti. Nam cum semidoro quaerunti: Ulixesne hoc fecit an alius quis? responsum esset: Fortasse: siquidem ex prioribus factioribus licet fieri coniecturam, pergunt priores: Crediane igitur Ulixem fuisse? Quibus respondetur: Minime ego quidem. At audax quidem est, illi dicunt. Tum hi quaerunt: Quis tandem? cuius virtutem praedicas? Ulixem. aiunt. Tum iidem qui supra τί μὴν οὔ; dixerunt: Ne furit magno aestima nequitiam. Unde perspicitur nolvisse altorum semichorum Ulixi hanc laudem tribuere.» Hier wird τί μὴν οὔ; durch minime ego quidem übersetzt und die Negation darauf bezogen dass die eine Hälfte des Chores das Lob nicht wolle gelten lassen welches die andere Hälfte dem Odysseus spendet. Aber dies Lob (θρασὺς γοῦν) folgt erst nach dem τί μὴν οὔ, und derselbe Halbchor welcher das τί μὴν οὔ; spricht, fragt erst wem das Lob gelte, bevor er gegen die Anerkennung des verschmitzten Odysseus protestirt. Vaters Erklärung streitet somit gegen den Zusammenhang unserer Stelle, und eben so wenig wird sie durch andere Belege empfohlen, wie Soph. El. 1280: ΗΛ. ξυναινεῖς; ΟΡ. τί μὴν οὔ; wo es keinem einfallen wird der Antwort des Orestes einen negativen Sinn beizulegen. Das τί μὴν οὔ; ist ganz einfach unser «warum denn nicht?», und wenn τί μήν; von τί μὴν οὔ; nicht wesentlich verschieden ist, so beruht dies einerseits auf der Unbestimmtheit des τί μήν, andrerseits und vorangsweise auf der verschiedenen Bedeutung welche τί in beiden Formeln hat.

sollte, ist nicht eben glaublich. Folgen wir also der Autorität der Handschriften BC, so werden wir uns nach einer anderen Ergänzung für 705 umsehen müssen, und zwar dürfte zu schreiben sein: εἰ τοῖς πάροιθε χρή τεκμαίρεσθαι, δοκεῖ. HMIX. δοκεῖ γάρ. HMIX. τί μὴν οὔ; Das δοκεῖ γάρ enthält eine Bestätigung des voraufgehenden δοκεῖ, wie Phil. Soph. 756: ΝΕΟΠΤ. δεινόν γε τοὐπίσαγμα τοῦ νοσήματος. ΦΙΛ. δεινὸν γὰρ οὐδὲ ῥητόν. Die Lesart δοκεῖ γάρ halte ich für nothwendig, auch wenn sie nur auf C beruhen sollte: gewöhnlich schreibt man δοκεῖς γάρ.

Der Wagenlenker des Rhesus erzählt von der Ermordung seines Herren:

790 θερμὸς δὲ κρουνὸς δεσπότου παρὰ σφαγαῖς
βάλλει με δυσθνήσκοντος αἵματος νέου

Das seltsame δυσθνήσκων finden wir noch einmal überliefert, Eur. El. 843: πᾶν δὲ σῶμ᾽ ἄνω κάτω ἤσπαιρεν ἠλάλαζε δυσθνῇσκον φόνῳ, und G. Hermann setzte dieselbe Form Phoen. 1438 durch Conjectur in den Text, στέρνων δ᾽ ἄπο φύσημ᾽ ἀνεὶς δυσθνῄσκων Ἐτεοκλῆς ἄναξ, statt des gangbaren δύστλητον, das jetzt auf Grund der besten Handschrift in δύσθνητον geändert worden ist. Wäre die Euripideische Electra uns nicht erhalten, so würde die Form δυσθνῄσκων als ein höchst gewichtiges Argument für die Unechtheit des Rhesus geltend gemacht werden, und jeder Versuch dieselbe zu beseitigen als misslich erscheinen. Jetzt lässt man δυσθνῄσκων dem Autor des Rhesus, weil ein zweites Zeugniss für diese Form vorhanden ist, und vergisst zu fragen ob irgend ein Griechischer Autor ein Verbum δυσθνῄσκω bilden konnte: wenigstens halten es Dindorf, Vater u. a. für unnöthig δυσθνῄσκων als auffallend zu bezeichnen, und im Thes. Gr. L. wird dazu das Participium Aor. δυσθανόντα aus Schol. Lucian. p. 206 angeführt, mit Unrecht, da schon die Handschriften eine bessere Lesart geben. Lobeck erklärt dass δυσθνῄσκων den Gesetzen der Griechischen Wortbildung widerstrebe, findet jedoch eine Art von Entschuldigung darin dass an beiden Stellen das Participium gebraucht sei, und meint es sei nicht leicht gewesen *aliud eiusdem sententiae et mensurae verbum producere* (Phryn. p. 616). Die richtige und gesetzmässige Form statt δυσθνῄσκειν war vielmehr δυσθνητεῖν, ein Derivatum von δύσθνητος. Vgl. Nicolaus Damasc. fr. 52 bei Müller Fragm. Hist. vol. 3 p. 387: δυσθνητοῦντα δ᾽ αὐτὸν ὁ ἀδελφὸς ᾔξε Δάρχος. Es wird somit Rhes. 791 δυσθνητοῦντος, El. 843 δυσθνητοῦν zu schreiben sein. Ganz ähnlich gebildet sind die Verba δυσθανατέω oder δυσθανατάω (Lob. Phryn. p. 627. Thes. Gr. L. vol. 2 p. 1753), εὐθανατέω, βιοθανατέω mit der schlecht beglaubigten Variante βιαιοθανατέω. Nicht minder fehlerhaft als δυσθνῄσκων ist δυστετίμηται, das Hermann dem Aeschylus beilegen wollte (Sept. 1031), und ἀτιμάω, welches an zahlreichen Stellen sich in unseren Texten unangefochten behauptet[1]). Manche andere falsche Bildungen, wie δυσελπίζω, δυσίζω, δυσβλέπω, δυσπροσί-

---

[1] Il. A, 11: οὕνεκα τὸν Χρύσην ἠτίμησ᾽ ἀρητῆρα. Α, 94: ὃν ἠτίμησ᾽ Ἀγαμέμνων. Α, 356: ἠτίμησεν ἑλὼν γὰρ ἔχει γέρας (oben so Δ, 507. Β, 240). Ζ, 522: ἔργον ἀτι- | μήσειε μάχης. Θ, 163: νῦν δέ σ᾽ ἀτιμήσουσι. Ι, 62 μύθον ἀτιμήσει. Ι, 111: ἠτίμησας· ἑλὼν γὰρ ἔχεις γέρας Ξ, 127: μύθον ἀτιμήσειε πεφασμένον. Od. ξ, 57: ξεῖνον ἀτιμήσαι

εμαι, δυσμηχανάω (Lob. Phryn. p. 569. 570. 630. 632), können als längst beseitigt jetzt füglich mit Stillschweigen übergangen werden: δυστυμαίνω ist kein Compositum, sondern ein Derivatum von δύστυμος (vgl. δυσκελαίνω, δυσμεναίνω), eben so ist δυστεμίω von δυστεμής, δυσκωφίω von δύκωφος, δυσνοίω von δύσνους, δυσφερέω von δύσφερος, δυσυπνέω von δύσυπνος, δυσπενθέω von δυσπενθής herzuleiten. Unrichtig scheint δυσανών bei Plut. Mor. p. 106 D, wie δυσαρεσκέμεναι, δυσαρεσκομένην und δυστεπάζοντες bei Hesychius. Auch λυσσίζω ist eine seltsame Bildung; auf keinen Fall ist das Wort ein Compositum von εἴζω. Untadlig sind Δύσπαρις und Δυσελένη, gebildet wie ψευδάγγελος, ψευδενέδρα, Ψευδηρακλῆς u. ä., verdächtig dagegen δύσμητερ (Od. ψ, 97. Lycophr. 1174. Nonnus Dion. 46, 194), wofür man δύσμητορ erwarten sollte, und δύσφυσιν (Hesych.). — Uebrigens sind die obigen Worte im Rhesus noch anderweitig verunstaltet: δυστνητοῦντες gehört zu δεσπότου, während andrerseits κρουνός αἵματος νέου verbunden werden muss. Die Zusammenstellung δυστνητοῦντος αἵματος νέου ist fehlerhaft, weil sie ein unvermeidliches Missverständniss hervorruft. Man sollte etwa folgende Ausdrucksweise erwarten:

θερμός δὲ δυστνητοῦντες ὥστε δεσπότου
βάλλει με κρουνός αἵματος νεοσφαγής.

Hier würde αἵματος νεοσφαγοῦς nicht kühner sein als νεοσφαγῆ φόνον Soph. Ai. 546. Nur möchte ich einer so gewaltsamen Aenderung nicht das Wort reden; vielleicht wissen andere ohne Beeinträchtigung des Sinnes dem überlieferten Texte sich enger anzuschliessen.

Auf die Kunde von dem nächtlichen Ueberfall des Odysseus und Diomedes eilt Hector herbei, um die Wächter ihrer Unachtsamkeit wegen mit den schärfsten Strafen zu bedrohen:

πῶς, ὦ μέγιστα πήματ' ἐξειργασμένοι,
μελόντες ὑμᾶς πολεμίων κατασκοπεῖν
810   λήζουσιν αἰσχρῶς; καὶ κατέσφαγη στρατός κτέ.

Obgleich Hector die Wächter für das geschehene verantwortlich macht, so passt das μέγιστα πήματ' ἐξειργασμένοι doch viel besser auf Odysseus und Diomedes, sofern ἐξεργάζεσθαι

π. 374: εἰ δέ μ' ἀτιμήσουσι. π. 307: οἱ δ' ἀτιμᾷ τοῖον | 11 wird von Bekker die Variante ντίμασει angemerkt. ἰόντα. υ, 133: τὸν δὲ τ' ἀτιμᾷ ἀτιμήσειε. φ, und ντίμασει ἀργύρα bieten die Schol. Dionys. Thr. 99: ὃν τότ' ἀτιμᾷ ἔμεντε ἐν μεγάροις. ψ, 28: ἢ ξεῖνος, τὸν p. 934, 18. Ueber die wenigen Stellen wo ἀτιμᾷς bei den πάντες ἀτίμων (andere ἀτίμων) ἐν μεγάροισιν. Hymn. Apoll. Attikern überliefert ist, brauchen wir kaum noch etwas Del. 72: νέσον ἀτιμήσας, ἐπεὶ κρανανγιαθὲς εἰμι. Hes. hinzuzufügen. Soph. Ai. 1129. μὴ νῦν ἀτίμα θνούς, θεοί Op. 185: εἴ φα δὲ γηράσκοντες ἀτιμήσουσι γονέας. Pind. σεσωσμένος, hat Elmsley ἀτίζε hergestellt: nachdem dies Pyth. 9, 80: οὐκ ἀτιμάσαντέ νιν Demetrius bei Diog. L. in ἀτίμαζε übergegangen war, vgl. Eur. Alc. 1037), setzte 5, 85: ζωὸν ἀτιμάσαντες (ἀτιμήσαντες Arsenius p. 438, 18 man zu Gunsten des Metrum ἀτίμα. Dass bei Demosthe- L.) ἀποφθίμενον κοσεύσιν. Müssen wir in ἀτιμάω eine nes ἀτιμήσατε und ντιμώσατε verwechselt werden und bei falsche und aller Analogie widerstrebende Bildung sehen, Isocrates ἀτιμώτέον in ἀτιμητέον corrumpirt worden ist, so reicht das häufige Vorkommen dieses Verbum in unerinnert Cobet N. L. p. 752. Gesetzwidrig ist auch die seren Dichtertexten noch nicht aus um darzuthun dass Form ἀτίω (Lob. Phryn. p. 562 bei Theogn. 621: τὰς die alten Dichter einen groben Sprachfehler gemacht τις κλώσσων ἄνδρα τίει, τίει δὲ πονηρόν, aber der Ge- haben: es kann eben so wohl die Willkür späterer Ver- genatz zu τίει kann die Verletzung der Regel entschul- besserer einen und demselben Irrthum öfters wiederholt digen; ausser dem von Lobeck aus Plat. Parmen. p. 156 haben. An den meisten der oben angeführten Stellen B angeführten ὁμοιοῦσθαί τε καὶ ἀνομοιοῦσθαι vgl. Hes. werden wir ἀτιμάω statt ἀτιμάω zu setzen haben. H. A. Op. 355: φιλέη μέν τε φίλοντι, ἐδῶρῃ δ' οὔτις ἔδωκεν.

fast durchweg einen Begriff hat der dem Deutschen «etwas durchsetzen» nahe kommt. Ein μέγιστα πήματ' ἐξειργασμένος kann nur derjenige sein welcher geflissentlich und absichtlich das grösste Unglück angerichtet oder die abscheulichsten Unthaten verübt hat. Wenn Hector die Wächter so titulirt, so lässt sich dies zur Noth aus seiner blinden Leidenschaft erklären; aber viel wahrscheinlicher ist es dass in den jetzigen Worten ein Fehler liegt, der durch die kaum nennenswerthe Aenderung πῶς εἶ statt πῶς ὦ zu heben sein wird.

Nachdem der Chor seine Unschuld betheuert hat, bezeichnet der Wagenlenker des Rhesus den Hector als Urheber der That:

τί ταῦτ' ἀπειλεῖς βάρβαρός τε βαρβάρου
835   γνώμην ὑφαιρεῖ τὴν ἐμήν, πλέκων λόγους;

Den letzten Worten fehlt es an Schärfe und Bestimmtheit. Soll ausgedrückt werden, Hector mache leere Worte, so würde λέγων λόγους (oben S. 156) vorzuziehen sein; ist dagegen gemeint, was dem Zusammenhange ohne Zweifel besser zusagt, Hector suche das begangene Verbrechen künstlich zu verhüllen, so werden wir πλέκων δόλους schreiben müssen. Vgl. Aesch. Cho. 220: ἀλλ' ἡ δόλον τιν', ὦ ξέν', ἀμφί μοι πλέκεις; fr. 363: δεινοὶ πλέκειν τοι μηχανάς Αἰγύπτιοι. Eur. Andr. 66: ποία μηχανὰς πλέκουσιν αὖ; Andr. 995: μηχανὴ πεπλεγμένη. Plat. Symp. p. 203 D: ἀεί τινας πλέκων μηχανάς. Eur. Ion 1280: ἐκ τέχνης τέχνην ἔαν ἔπλεξε. Ar. Vesp. 644: διὰ δέ σε παντοίας πλέκειν εἰς ἀπόφευξιν παλάμας. Endlich könnte man auch geneigt sein mit der Handschrift C des Chr. pat. 2324 κλέπτων λόγους zu setzen (wie κλέπτουσι μύθους εἰ μεγάλοι βασιλῆς Soph. Ai. 189), wodurch Hector als Lügner bezeichnet würde: aber πλέκων δόλους scheint treffender. Der Wagenlenker sagt hierauf: 835

σὺ ταῦτ' ἔδρασας· οὐδέν' ἂν δεξαίμεθα
οὔτ' οἱ παθόντες οὔτ' ἂν οἱ τετρωμένοι
ἄλλον· μακροῦ γε δεῖ σε καὶ σοφοῦ λόγου,
ὅτῳ με πείσεις μὴ φίλους κατακτανεῖν.

Das unverständliche παθόντες V. 836 hat man entweder in πατοῦντες oder in θανόντες geändert: nur die letztere Aenderung ist sinngemäss; denn auch das τετρώκεσθαι ist ein πάσχειν, und somit können die παθόντες nicht den Verwundeten gegenüber gestellt werden. Immer aber bleibt es ein Räthsel, wie der Wagenlenker sagen kann dass Rhesus selbst von keinem andern als dem Hector ermordet zu sein wähne: was von der Ermordung des Rhesus oben V. 762 ff. erzählt ist, lehrt ganz unzweideutig dass der Wagenlenker über den muthmasslichen Mörder aus dem Munde seines Herrn nichts gehört hat. Darum wird V. 836 besser fehlen: er scheint das Werk eines Fälschers zu sein, welcher aus dem Pluralis δεξαίμεθα den thörichten Schluss zog, der Wagenlenker rede von mehreren Personen. Die Worte selbst sind offenbar entlehnt aus V. 819 f.: ἡμεῖς δὲ καὶ τετρωμέθ', οἱ δὲ μείζονος (vielmehr μείζονα mit Elmsley) παθόντες οὐχ ὁρῶσιν ἡλίου φάος. Hiernach werden wir uns nicht bedenken das unpassende οὔτ' οἱ παθόντες dem Verfasser von V. 836 zuzugestehen; es ist klar dass der Interpolator die beiden Verba deren er bedurfte, aus der späteren Stelle mechanisch herübernahm. Wenn in B² θανόντες steht, so ist dies offenbar nichts weiter als eine Verbesserung des fehlerhaften μαζόντες; dass aus καζόν unendlich oft μαζόν geworden ist, bedarf kaum der Erwähnung.

Der Wagenlenker hält es für unmöglich dass ein Argiver den Angriff auf Rhesus ausgeführt habe:

μὴ γάρ τι λέξῃς ὥς τις Ἀργείων μολὼν
διώλεσ' ἡμᾶς· τίς δ' ὑπερβαλὼν λόχους
845 Τρώων ἐφ' ἡμᾶς ἦλθεν, ὥστε καὶ λαθεῖν;

Statt ἦλθεν hat, wie Kirchhoff sagt, Lenting ἦλθ' ἄν vermuthet. Vor Lenting machte schon Beck Diatr. de Rheso p. 451 diesen Vorschlag, und neuerdings glaubte Herwerden Exercit. crit. p. 140 etwas ganz neues zu sagen, wenn er denselben Fehler als seine Entdeckung uns vorführte[1]). Denselben Fehler, sage ich; denn der Vocal ε als Endung der dritten Person wird vor der Partikel ἄν bei den Attischen Dichtern niemals elidirt[2]). Vater hält die Einschaltung des ἄν hier für vollkommen unstatthaft; der Wagenlenker könne nicht sagen «nemo venisset», vielmehr meine er «nemo venit; si raro venisset, minime latuisset». Mir scheint die Einschaltung des ἄν vollkommen berechtigt; der Wagenlenker kann und

---

1) H. van Herwerden erzählt p. VI mit naiver Unbefangenheit, er habe seine Exercitationes crit. auf dem Lande abgefasst ohne diejenigen praesidia, quae publicae bibliothecae in urbe viventibus uberiora quam suppetunt rusticantibus solent offerre. Darauf heisst es: inde fieri posse non nego, ut inter meas emendationes reperiantur, quas iam aliis ante me facere contigerit. Diese Vorsicht, mit welcher die Möglichkeit nicht in Abrede gestellt wird, dass unter den hier vorgetragenen Emendationen sich welche finden, die schon andere vor Herwerden zu machen das Glück gehabt haben, nimmt sich seltsam aus, wenn man sich klar macht wie unvorsichtig der Verfasser in seinem ganzen Buche verfahren ist. Auch wer sich angelegentlichst bemüht bei jeder Vermuthung die Priorität anderer zu ihrem Rechte kommen zu lassen, wird in Folge des Umfangs und der Zersplitterung der philologischen Litteratur zumal in den Tragikern unvermeidlicher Weise vieles übersehen, vieles wieder vergessen, vieles niemals erfahren. Herwerden arbeitet ohne die ganzbarsten Hilfsmittel zu benutzen, er setzt jedes Leser in Erstaunen durch seine Nichtachtung des fremden Eigenthums, und dennoch meint er allen schuldigen Rücksichten sei genügt mit dem Zugeständniss der Möglichkeit dass andere vor ihm auch etwas gesehen haben. Aus der Vorrede erfahren wir dass zwischen dem Beginn und der Vollendung des Druckes jener Exercitationes ungefähr ein Jahr verstrich: der Verfasser konnte doch wohl in dieser Zeit sich nach den nöthigen Büchern umthun, um wenigstens am Schlusse der Arbeit seine Unterlassungssünden zu beichten unter detaillirter Angabe alles dessen was er sich unrechtmässig beigelegt. Gewissenhafter wäre es freilich gewesen vor dem Beginn des Druckes die Ergebnisse jener rusticatio einer sorgfältigen Controle zu unterwerfen. Oder ist es erlaubt dem gelehrten Publikum eine litterarische Arbeit zu bieten, die eine solche Unkenntniss oder Vernachlässigung der einschlagenden Litteratur verräth? Aber H. van Herwerden treibt die Verachtung des Publikums so weit, dass er keinen Anstand nimmt ihm folgende auf seinen «Emendationen» beruhende Trimeter vorzuführen:

ζῆν τέχν' ἔλοντε καὶ καρήνουσα κακά p. 48.
πιστὸν μὲν οὖν ἀνάγκη τὸν θανόντα p. 49.
καὶ μαστὸν τόνδε πέλλαιος νέποισι θείς p. 157.

Nicht minder überraschend ist es wenn das Verwerfen der Elision des Iota im Dativ schlechtweg als eine vetus superstitio bezeichnet wird (p. 31), oder wenn wir hören der Accus. Ἀπόλλω statt Ἀπόλλωνα sei bei den antiqissimos nur üblich gewesen in der Formel νὴ τὸν Ἀπόλλω und (seltsam genug) in den carmina melica (p. 61 f.), oder wenn ἠλύθον im Trimeter nicht geduldet werden soll (p. 69). Solchen καινοτομήματα gegenüber können wir dem Verfasser nur jene Verse zurufen, mit denen er p. 61 die Fragmente des Euripideischen Phaethon bereichert hat: μή Χέγης ἡμῶν, παιδίον, ἐπείπερ ὤν,
μή 'να,ζης τὸν δίφρον τόνδ' ἐλῶν μή, μολών.
Die Ansicht dass das Wort ταυδίον der Tragoedie eben so fremd sei wie θηρίον, ist vermuthlich auch nichts weiter als eine vetus superstitio. Dass dagegen von αὐτός das Neutrum αὐτόν lautet, war mir völlig neu: αὐτὸς ἔφα p. 125.

2) Vgl. Elmsley zu Eur. Med. p. 150 und Th. I p. 22. Das unrichtige ἦλθ' ἄν wurde auch Alc. 125 von Monk vorgeschlagen. Befremdlicher ist es dass sogar Meineke in der Ausgabe des Aristophanes an zwei Stellen gegen die Elmsleysche Beobachtung gefehlt hat, Ran. 946: ἀλλ' οὐδὲν πρώτιστα μέν μοι τὸ γένος εἴπ' ἂν εὐθύς, und Plut. 1012: ἔπειτ' ἴσως ἤρετ' ἂν εἰς ὑπερύματα.

muss sagen «nemo clam venisset», d. h. si quis venisset, non fefellisset Troianos». Nur werden wir die Partikel anders stellen müssen:

τίς ἂν ὑπερβαλὼν λόχους
Τρώων ἐφ' ἡμᾶς ἦλθεν, ὥστε καὶ λαθεῖν;

Zur Bestätigung des τίς ἂν ἦλθεν dient eine nachfolgende Stelle:

852 τίς δ' ἂν χαμεύνας πολεμίων κατ' εὐφρόνην
Ῥήσου μολὼν ἐξηῦρεν, εἰ μή τις θεῶν
ἔφραζε τοῖς κτανοῦσιν;

Hier steht τίς ἂν πολεμίων ἐξηῦρεν ganz in demselben Sinne wie oben τίς ἂν ἦλθεν, «kein Feind hätte ausfindig gemacht». Ob das auffallende Hyperbaton in 852 f. auf Rechnung des Dichters kommt oder durch eine starke Fälschung des ursprünglichen Textes hervorgerufen ist, wage ich nicht zu entscheiden. Die Worte εἰ μή τις θεῶν ἔφραζε τοῖς κτανοῦσιν können dagegen meiner Ansicht nach nur von einem Interpolator herrühren. Statt ἔφραζε müsste wohl ἔφρασε stehen, und τοῖς κτανοῦσιν erscheint als absurd, da der Wagenlenker keinen andern für den Mörder hält als den Hector, der über die Lagerstätte des Rhesus nicht erst von einem Gotte belehrt zu werden brauchte.

So lange das Volk der Achaeer in unserem Lande ist, sagt Hector, verkehren wir mit Bundesgenossen,

κοὐδὲν πρὸς αὐτῶν οἶδα κλημμελὲς κλύων·
ἐν σοὶ δ' ἂν ἀρχοίμεσθα· μή μ' ἔρως ἕλοι
890 τοιοῦτος ἵππων ὥστ' ἀποκτείνειν φίλους.

Der Ausdruck ἐν σοὶ δ' ἂν ἀρχοίμεσθα könnte kaum anders verstanden werden als von einer Neigung des Hector beim Wagenlenker des Rhesus den Anfang zu machen mit einem Verrath an den Bundesgenossen, wie λέγοιμ' ἂν ἤδη nur eine höfliche Form ist statt λέξω ἤδη. Auf die richtige Lesart führt uns das Bruchstück eines Cod. Ambrosianus, welches Rhes. 856 — 84 enthält und 883 allein das richtige Τρωιᾶν ἀνάγει bietet: statt ἂν (oder αὖ nach Cl) steht dort ἄρ', wonach ich geschrieben habe: ἐν σοὶ δ' ἄρ' ἀρχοίμεσθα; «bei dir also soll ich den Anfang machen?» — Hector fährt fort: auch dies hat Odysseus gethan [1]), und ich fürchte, derselbe hat den Dolon getödtet:

895 χρόνον γὰρ ἤδη φροῦδος ὢν οὐ φαίνεται.

Für die hier vorliegende Anwendung des Accus. χρόνον kann man sich auf Od. δ, 599 berufen: οὐ δέ με χρόνον ἔνταῦθ' ἐρύκεις. Auch bei Herodot findet sich öfters χρόνον absolut gebraucht, jedoch im Sinne von χρόνον τινά, aliquamdiu, was für die Stelle des Rhesus nicht in Betracht kommt. Sonst dürfte sich schwerlich eine entsprechende Ausdrucksweise auftreiben lassen, und der Umstand dass πολὺν χρόνον, τὸν πλεῖστον χρόνον, χρόνον οὐχὶ βαιόν,

---

[1] Gewöhnlich liest man: καὶ ταῦτ' Ὀδυσσεὺς· τίς γὰρ ἄλλος ἄν ποτε ἔδρασεν ἢ ἐβουλεύσεν Ἀργείων ἀνήρ; Aber ταῦτ' Ὀδυσσεὺς kann nicht statt ταῦτ' Ὀδυσσεὺς ἔπραξεν gebraucht werden. Die einzige Stelle welche für eine derartige Ellipse sich anführen liesse, Soph. Trach. 1276: κοὐδὲν τούτων ὅ τι μὴ Ζεύς, beruht auf Interpolation. Hier ist ohne Zweifel καὶ ταῦτ' Ὀδυσσέως herzustellen, wie schon Fix erkannt hat.

χρόνον τρίμηνον, βραχὺν χρόνον, χρόνον τινά und ähnliche Ausdrücke in der Tragoedie wie sonst bei den Attikern sehr gewöhnlich sind, muss uns gegen das ganz isolirte χρόνον in den angeführten Worten noch misstrauischer machen. Da V. 856 mit χρόνον μὲν ἤδη beginnt, so dürfte es nicht zu verwegen sein hier δαρὸν γὰρ ἤδη zu vermuthen. Inzwischen können wir uns noch strenger an die Ueberlieferung binden, indem wir corrigiren:

χρόνος γὰρ ἤδη φροῦδος ὢν οὐ φαίνεται.

Womit zu vergleichen χρόνος γὰρ ἄπεστιν V. 559. χρόνον ἀπόντα Iph. A. 1099. χρονίαν ἀκούσαν ἐκ δόμων Suppl. 91. χρόνος οὐσ᾽ ἐκ δωμάτων Andr. 84.

Der Wagenlenker des Rhesus wünscht in seiner Heimath zu sterben; Hector entgegnet:

870   μὴ 'νήσχ'· ἅλις γὰρ τῶν τεθνηκότων ὄχλος.

Hier scheint ὄχλος wegen der verächtlichen Nebenbedeutung, die dem Worte mehrentheils anhaftet, nicht passend zu sein. Wie es Hec. 278 einfach heisst τῶν τεθνηκότων ἅλις, so vermuthe ich an der vorliegenden Stelle:

μὴ 'νήσχ'· ἅλις γὰρ τῶν τεθνηκότων, ἅλις.

In Betreff der rhetorischen Wiederholung des ἅλις vgl. Rhes. 579: θρασὺς γάρ Ἕκτωρ νῦν, ἐπεὶ κρατεῖ, θρασύς. Hipp. 327: κἄκ᾽, ὦ τάλαινα, σοὶ τάδ᾽, εἰ πεύσει, κακά. Alc. 722: φίλον τὸ φέγγος τοῦτο τοῦ θεοῦ, φίλον. Bacch. 963: μόνος σὺ πόλεως τῆσδ᾽ ὑπερκάμνεις, μόνος. Heracl. 307: δότ᾽, ὦ τέκν᾽, αὐτοῖς χεῖρα δεξιάν, δότε. Alc. 809: ἄγαν ἐκεῖνός ἐστ᾽ ἄγαν φιλόξενος. Alciphr. 3, 36: χαλεπὸς ἦν ὑμῖν ὁ στρατιώτης, χαλεπός.

Den Conflict zwischen Hector und dem Wagenlenker löst ein *deus ex machina*. Die Muse Terpsichore, des Rhesus Mutter, erscheint in den Lüften um den Tod ihres Sohnes zu beklagen; der Chor kündigt diese Göttererscheinung an mit den Worten:

τίς ὑπὲρ κεφαλῆς, θεός, ὦ βασιλεῦ,
τὸν νεόδμητον νεκρὸν ἐν χεροῖν
φοράδην πέμπει,

890   ταρβῶ λεύσσων τόδε πῆμα.

Das Verbum πέμπει 888, welches ein Geleiten bezeichnet, ist hier offenbar unrichtig: Valckenaers Vermuthung πενθεῖ halte ich trotz der Leichtigkeit der Aenderung für unwahrscheinlich, weil zu φοράδην ein anderes Verbum vermisst wird; man sagt wohl φοράδην κομίζειν τινά, aber schwerlich φοράδην πενθεῖν τινα. Sinngemäss wäre φοράδην αἴρει, was aus Chr. pat. 1456 sich entnehmen lässt, αἴρειν φοράδην τὸν νεόδμητον χρεών. Freilich dürfte es unmöglich sein zu entscheiden ob der Verfasser des christlichen Drama das Verbum αἴρειν vorgefunden oder nach eigenem Dafürhalten gesetzt hat; noch weniger möchte ich auf Grund des angeführten Verses die Worte νεκρὸν ἐν χεροῖν (oder ἐν χεροῖν) mit Hartung aus dem Texte verbannen. Dem Verse 889 können wir nach der jetzigen Lesart auf keine Weise einen passenden Sinn abgewinnen; denn weder lässt τόδε πῆμα sich verstehen, da das Erscheinen der Göttin noch nicht als Unglück zu betrachten ist, noch wird jemand durch die Interpunction ταρβῶ, λεύσσων τόδε, πῆμα helfen wollen, die dem Dichter den Vorwurf der Undeutlichkeit zuziehen würde. Mit den Vorschlägen τόδε σῆμα und τόδε δεῖμα kann ich nicht einverstanden sein. Was der Sinn fordert, hat Hartung in seiner Uebersetzung «der Anblick macht mich erbeben» vollkommen richtig ausgedrückt. Es muss verbessert werden:

ταρβῶ λεύσσων τόδε φάσμα.

Ganz entsprechend sind Verbindungen wie ὁρῶ δ' ἄελπτον φάσμα, von denen oben S. 84 die Rede war; desgleichen Herc. F. 817: οἷον φάσμ' ὑπὲρ δόμων ὁρῶ.

Der Chor äussert seine Theilnahme für das Herzeleid der gebeugten Mutter, indem er sagt:

ὅσον προσήκει μὴ γένος κοινωνίαν
903   ἔχοντι, λύπῃ τὸν σὸν οἰκτείρω γόνον.

So lautet die hergebrachte Lesart, wogegen Kirchhoff aus B²C λύπην aufgenommen hat mit der Bemerkung «*corrigendum videtur* ὅσον προσήκει μὴ γένους κοινωνίᾳ ἔχοντι λύπην *sive* ἔχοντι λύπης». Der Genetiv λύπης ist mir unverständlich; der andere Vorschlag würde den Sinn geben «ich bemitleide deinen Sohn, soweit es einem zukommt der nicht in Folge seiner Verwandtschaft betrübt ist». Aber weder dürfte diese geschraubte Redeweise sich billigen lassen, wo einfacher gesagt werden konnte «soweit es einem zukommt der dir nicht verwandt ist», noch halte ich den Dativ κοινωνίᾳ in der hier verlangten Anwendung für möglich. Wenn Kirchhoff annimmt dass in allen Handschriften κοινωνίαν aus κοινωνίᾳ gemacht sei, so werden andere mit gleichem Rechte in λύπην eine Corruptel des anderweitig bezeugten λύπῃ sehen[1]). Freilich ist λύπῃ οἰκτείρω ein Pleonasmus; darum wollte ich ehemals den Nominativ λύπη setzen und die Interpunction ändern: ὅσον προσήκει — λύπη, τὸν σὸν οἰκτείρω γόνον. Jetzt möchte ich lieber κἀγώ statt λύπῃ corrigiren nach Chr. pat. 1283: ὡς γὰρ προσήκει μὴ γένους κοινωνίαν ἔχοντι, κἀγὼ τὸν νέκυν τιμῶ φίλον, und 1160: ὅσον δέον γὰρ μὴ γένους κοινωνίαν ἔχοντι μύστῃ, τοῦτον οἰκτείρω κἀγώ.

Die Muse hat mitgetheilt dass Odysseus und Diomedes auf Antrieb der Göttin Athene den Mord verübt haben; umsonst also, meint der Chor, wurden wir vom Wagenlenker angeschuldigt. Darauf sagt Hector:

882   ᾔδη τάδ'· οὐδὲν μάντεως ἔδει φράσαι
Ὀδυσσέως τέχναισι τόνδ' ὀλωλότα.

Die ehemalige Lesart ᾔδειν ist hier für immer beseitigt, seit bekannt ist dass ᾔδη in C sich findet; vielleicht haben wir die richtige Endung nur der Gedankenlosigkeit eines Abschrei-

---

[1] Dass den beiden einander sehr nahe stehenden Handschriften B und C manche offenbare Fehler eigenthümlich sind, lehren folgende Proben: Ὀρφεῖ statt Ὀρφεύς Rhes. 499. παρεστάτες Φρυγῶν statt παρεστάτης πυλῶν 505. φῆς οὖ oder φῆς γε statt φῆς οὔ 512. πότμῳ statt μόρῳ 517. Θρῃκὶ δ' statt Θρῃκί τ' 521. Πληϊάδες statt Ἰλιάδες 530. οὐδέ statt ὅδε 537. ἤκουσας statt οὐκ ἤκουσας und ὡς ἦμε ὕσφος statt ἢ μανὶς ὕσφος 565. νευστάζμων statt νευστάζμων 591. διεθηγμένον statt διεθηγμένοι 596. ἐπαύριον statt ἐς αὔριον 600. ἦμει statt ἴσται 607. ὡς ἰδὼν statt εἰσιδὼν 659. οὐ statt οὐ δὴ 686. κράτα statt πῶρα 716. εἰς βόλον γὰρ ἴσως τις ἔρχεται statt ἴσως γὰρ εἰς βόλον τις ἔρχεται 730. ἰδὼν statt ἰσιδὼν 734. μέλοντες ἐπίκουρον statt μέλοντ' ἐπίκουρον 753. αὐθὶς statt αὐθῖ 765. πάνεχωρίτη statt πανεχωρίτην 775. ἔπυσε δ' αὐτοὺς μὴ πλαθεῖν (oder πελάζειν) statt ἤνυσε δ' αὐτοῖς μὴ πιλάζεσθαι 776. ῥοήν statt ῥάχιν 783. αὐτῶν statt αὐτὸν 865. μὴ κελῇ statt μὴ ἐγκελῇ 878. Θρυμαὸν statt Στρυμαὸν 929. ξυμμαχίαν statt καὶ ξυμμαχίᾳ 934.

bern beizumessen, welcher ἤδη scribam und ἤδη iam verwechselte. Hipp. 404 sind unsere Handschriften ebenfalls getheilt zwischen ἤδη, ἤδη und ἤδειν: wenn Tro. 655 und Cycl. 649 ἤδειν überliefert ist, so werden wir unbedenklich mit Heath ἤδη substituiren müssen. wie die librarii sich nicht bedachten das Attische ᾔδη in ᾔδειν zu verwandeln¹). Statt πάντως bieten B²C den Pluralis πάντων, den zu verwerfen kein Grund vorhanden ist. Ganz eben so heisst es bei Soph. Ant. 631, obwohl nur an den Tiresias gedacht wird: ταχ᾽ εἰσόμεσθα μάντεων ὑπέρτερον. Nach Cic. Tusc. 1, 2, 3 machte Cato dem M. Fulvius Nobilior zum Vorwurf quod is in provinciam poetas (nämlich den Ennius) duxisset. Der Pluralis poetas ist weder hier in gehässigem Sinne gebraucht, wie Bernhardy Grundr. der Röm. Litt. Anm. 265 meinte, noch bei Hor. Sat. 1, 4, 33: omnes hi metuunt versus, odere poetas, sondern er bezeichnet einfach die Gattung, vgl. oben S. 103.

Hector ist bereit zu Ehren des Rhesus eine glänzende Todtenfeier zu veranstalten,
ὡς φίλος γὰρ φίλων δυστυχῶς ἀπέρχεται.
Statt des letzten Wortes sollte man, wenn ich nicht irre, den Begriff periit, mortuus est erwarten; ich vermuthete daher ἀπέχεται, woran schon Vater dachte; passender ist vielleicht διοίχεται nach Soph. Ai. 973: ἀλλ᾽ ἐμοὶ λιπὼν ἀνίας καὶ γόους διοίχεται. War διοίχεται in διέρχεται übergegangen (wie Soph. Oed. Col. 574 unsere Handschriften zwischen beiden Formen schwanken), so lag die Correctur ἀπέρχεται nahe genug.

In den anapaestischen Schlussworten, τάχα δ᾽ ἂν νίκην δοίη δαίμων ὁ μεθ᾽ ἡμῶν, bieten die Handschriften V. 995 τάχα δ᾽ ἂν νίκαν. Die Dorische Form ist allerdings höchst unwahrscheinlich (vgl. Dindorf Soph. ed. tert. Oxon. vol. 8 p. 206), aber vielleicht genügt es den Accent zu ändern, τάχα δ᾽ ἂν νικᾶν δοίη, δαίμων ὁ μεθ᾽ ἡμῶν, wie es V. 597 hiess: εἰ μὴ κτανεῖν σφῶν Ἕκτορ᾽ ἢ Πάριν θεὸς δίδωσιν.

Das Kirchhoffsche Verzeichniss von Citaten und Benutzungen einzelner Verse des Rhesus ist durch folgenden Nachtrag zu ergänzen.

V. 8 vgl. Anecd. Bachm. vol. 1 p. 186, 30 und Suidas v. γοργωπὸν ἕδραν.

V. 27 Hesychius vol. 2 p. 1572: ψαλίοις· ἵππων· χαλινοῖς ἵππων, κωλυτηρίας. M. Schmidt hat die Quelle dieser Glosse richtig erkannt und demgemäss ψαλίοις ἵππους verbessert.

---

1) Für die Praxis der Abschreiber sind belehrend stellen wie Soph. Oed. Col. 944. Ant. 18. El. 1018, wonach man Oed. R. 433. Oed. Col. 946. Ant. 446. El. 1183. Trach. 87 berichtigt hat. Ausführlicher handelt über diese Frage Dawes Misc. crit. p. 426—481 ed. Kidd. Selbst der anonyme Komiker bei Plut. Mor. p. 777 C (Com. 5 p. 123) dürfte nicht geschrieben haben, wie man jetzt edirt, τουτὶ μὲν ᾔδειν πρὶν Θέογνιν γεγονέναι, sondern τουτὶ μὲν ᾔδη. Für die erste Person ᾔδειν lässt sich aus dem Herrich des Atticismus mit einigem Scheine nur anführen Anaxandrides Com. 3 p. 162 bei Ath. XIV p. 642 B:

ὡς δ᾽ ἀντεφώνησεν, ἡ τράπεζ᾽ εἰσήρετο,
τοσοῦτ᾽ ἔχουσα βρώματ᾽ ὅσα μὰ τοὺς θεοὺς
καὶ τὰς θεὰς οὐδ᾽ ᾔδειν ἔνι᾽ ᾔδειν ἐγώ.

Der Kirschigschen Vermuthung οὐδ᾽ εἰ γέγνοιτ᾽ ᾔδειν ἐγώ, für welche Cobet N. L. p. 107 Parallelstellen beibringt, muss das Lob des Scharfsinns zugestanden werden; ob die Hand des Dichters damit hergestellt sei, möchte ich des ᾔδειν wegen in Zweifel ziehen.

V. 118 Hesychius vol. 1 p. 408: ἀντύγων χνόαι· αἱ περιφέρειαι τοῦ ἅρματος, οἱ τροχοί. Suidas: ἀντιγέχνοιαι· εἰ τροχοὶ τοῦ ἅρματος.
V. 206 Ioh. Damasc. in Stob. Ecl. ed. Gaisf. p. 726, 28.
V. 488 Hesychius vol. 2 p. 354: κρότημα· ἐπὶ τῶν δολίων τάσσεται.
V. 503 Hesychius vol. 1 p. 283: ἀμπείρας· διχάσας.
V. 732 Hesychius vol. 2 p. 296: κεῖτον ἰαύει· εἰς τὴν κοίτην ἐγκομιᾶται.
V. 933 vgl. Men. monost. 253: ταὸν ὑπερχῶν μὴ δόκει λεληθέναι.

Der Druck dieses zweiten Theiles meiner Euripideischen Studien näherte sich bereits dem Ende, als die gediegene Dissertation von H. Hirzel, *de Euripidis in componendis diverbiis arte* (Bonn 1862), durch die Güte ihres Verfassers in meine Hände kam. Der Autor hat den Nachweis geliefert, dass Euripides namentlich in den älteren und mit grösserer formaler Strenge gearbeiteten Tragoedien (Med. Hec. Hipp. Audr. Alc.) vielfach eine symmetrische Gliederung der Trimeter beobachtet hat, und indem er diesen Gesichtspunkt eben so consequent als behutsam verfolgte, gewann er für die Kritik des Euripideischen Textes Resultate von durchgreifender Wichtigkeit. In ähnlicher Weise haben schon früher mehrere Gelehrte ihr Augenmerk darauf gerichtet, so zu sagen, antistrophische Responsionen in den Trimetern herzustellen, wie denn namentlich in der Behandlung des Aeschylos diese Richtung zur Geltung gekommen ist. Aber jene Versuche trugen mehr oder weniger den Stempel subjectiver Willkür, weil sie mehrentheils mit einem fertigen Postulate hervortraten, dessen Berechtigung nicht hinreichend erwiesen war. Zwar fehlte es nicht an manchen Thatsachen, die für derartige, eine gewisse Zahlensymmetrie bezweckende kritische Operationen günstig stimmen konnten: einerseits kam in Betracht die ganze Richtung des Hellenischen Geistes, der in seinen künstlerischen Productionen die Freiheit des Schaffens durch eine herbe und unbeugsame Strenge der Form zügelte und zugleich anregte, und diese Strenge ganz besonders auch in dem erwogenen Ebenmaasse einer architektonischen Gliederung kund gab; andrerseits gab es nicht wenige, aus eben jener Richtung herzuleitende Analogieen, die peinliche Genauigkeit in der Ausgleichung der Chorgesänge, die in je zwei Trimetern fortgeführten Wechselreden, endlich die schon von den Alten beobachteten und benannten στιχομυθίαι und ἀντιλαβαί. Alles dies aber reichte nicht aus, um die weiteren Consequenzen, die man zog, zu rechtfertigen und vor dem Scheine eines willkürlichen Mechanismus zu schützen. Wenn nun vollends alles und jedes in feste Zahlenverhältnisse gebracht werden sollte, wenn man den Sinn und Zusammenhang opferte und zu gewaltsamen ätzenden Mitteln griff, um die gewünschte Symmetrie zu erreichen, so war es nicht zu verwundern dass gegen ein derartiges Postulat wiederkehrender Zahlen sich skeptische Stimmen erhoben. Ich selbst habe zwar an manchen Stellen zu Gunsten der verletzten Stichomythie Aenderungen angerathen, zumal wenn zugleich andere Gründe auf einen Fehler des Textes hinzuweisen schienen, aber mich nicht mit dem Gedanken befreunden können dass bei längeren Wechselreden ein genaues Ausgleichen des Umfangs oder ein mechanisches Abzählen der Trimeter von dem schöpferischen Genius eines Dichters sich erwarten liesse. Inzwischen ist es klar dass die Frage, ob die antiken Dichter einem solchen Mechanismus gehuldigt, nicht *a priori* verneint werden darf: es würde voreilig sein nach der Formlosigkeit der Neueren die Technik und Zucht des Hellenischen Alterthums bemessen zu wollen. Nur eine sorgfältige Beobachtung kann das Factum constatiren und daraus mit Vorsicht weitere Folgerungen ableiten. Indem H. Hirzel für Euripides zuerst eine derartige Untersuchung mit strenger Methode zu führen suchte, bemühte er sich zunächst durch eine Zusammenstellung der betreffenden Thatsachen eine feste Basis zu gewinnen, und sodann band er sich an das von jedem Kritiker zu beherzigende Gesetz, nicht zu viel sehen zu wollen, d. h. er hütete sich vor der nahe liegenden Klippe, aus Vorliebe für Zahlensymmetrie in Willkür zu verfallen, und gerade um dieser Besonnenheit willen ist seine Abhandlung als ein erheblicher Gewinn für die Euripideische Kritik zu betrachten. Wäre diese Abhandlung mir früher zur Hand gewesen, so würde ich manche Ansicht mit grösserer Entschiedenheit ausgesprochen, einzelne Vermuthungen auch wohl unterdrückt oder modificirt haben: gleichwohl kann ich im Ganzen nicht bedauern dass ich erst nachträglich sie benutzen konnte, namentlich deshalb weil es äusserst gefährlich ist bei Athetesen die Rücksicht auf äussere Symmetrie entscheiden zu lassen: allerdings darf diese Symmetrie als letztes bestätigendes Moment für muthmassliche Interpolationen oder Lücken in Betracht kommen; wo sie dagegen als Richtschnur für die Kritik geltend gemacht wird, ist der Willkür Thür und Thor geöffnet. Es ist nun meine Aufgabe die Ergebnisse der Hirzelschen Schrift für die hier besprochenen Stücke Hippolytus, Alcestis und Andromache kurz zu verzeichnen.

Im Hippolytus habe ich V. 500 (oben S. 18), V. 513—15 (S. 20 ff.), V. 625 f. (S. 25 f.), V. 1049 f. (S. 41) als unecht verworfen; diese Athetesen werden bestätigt durch die Darlegungen von Hirzel p. 37 f. 49. 82; dasselbe gilt für Alc. 332 f. (oben S. 59 f. und Hirzel p. 60) wie von Andr. 655 f. (S. 115 und Hirzel p. 72). In meiner Ausgabe des Euripides bezeichnete ich Hipp. 666 als einen höchst nüchternen Vers; Hirzel lehrt p. 49, dass dieser Vers die Symmetrie stört. Die S. 58 verlangte Ausscheidung der Worte πάντι τῆς ἐμῆς ψυχῆς καταστήσασα Alc. 282 f. bekommt jetzt eine neue Stütze durch die von Hirzel p. 88 nachgewiesene Gliederung der Rede der Alcestis. Derselbe macht es wahrscheinlich dass nicht nur der von mir (S. 58) verurtheilte Vers Alc. 308, sondern auch die beiden unmittelbar folgenden Trimeter von fremder Hand eingeschoben sind. Als ich die Unechtheit von Alc. 178 nachwies (S. 53 f.), ahnte ich nicht dass mit der Ausscheidung dieses Verses eine höchst merkwürdige Symmetrie gewonnen wird: die Rede des Dieners gliedert sich nunmehr so, dass nach einer Einleitung von vier Versen sechs Gruppen folgen, von denen jede einzelne aus sieben Versen besteht: 152—55; 156—62, 163—69, 170—76, 177—84, 185—91. 192—98. (Die einleitenden vier Verse und die ersten drei Gruppen von sieben Versen hat Hirzel p. 26 f. richtig erkannt; in Betreff des Schlusses ist er zu keiner sicheren Entscheidung gelangt, weil er V. 178 für echt hielt.)

Dagegen war es entschieden falsch, wenn ich Hipp. 330 f. aus dem Texte verbannen wollte (S. 11); wir müssen vielmehr, wie Hirzel p. 17 gesehen hat, lediglich eine Umstellung der Verse 330—32 vornehmen:

330 ΦΑΙ. ὀλεῖς· τὸ μέντοι πρᾶγμ' ἐμοὶ τιμὴν φέρει.
332 ΤΡΟ. οὐκ οὖν λέγουσα τιμιωτέρα φανεῖ;
331 ΦΑΙ. ἐκ τῶν γὰρ αἰσχρῶν ἐσθλὰ μηχανώμεθα.
330 ΤΡΟ. κἄπειτα κρύπτεις χρῆσθ' ἱκνουμένης ἐμοῦ;
333 ΦΑΙ. ἄπελθε πρὸς θεῶν δεξιᾶς τ' ἐμῆς μέθες.

Gegen meine Vermuthung (S. 114) dass die Worte καὶ πατρὸς κλεινοῦ γεγώς, κῆδος συνάψας Andr. 647 f. von einem Interpolator herrühren, spricht die von Hirzel p. 72 nachgewiesene Gliederung: der Fehler wird somit auf andere Weise zu heben sein. Ferner hat Hirzel p. 66 richtig erkannt dass nach Andr. 198 ein Vers ausgefallen ist, und eben so hat er die Unechtheit von Hipp. 970. 1019 f. Andr. 220 f. 450. 668 — 77 in überzeugender Weise dargethan. Bei der zuletzt bezeichneten Stelle weiss man in der That nicht, ob man sich über die Verwegenheit der alten Interpolatoren oder über die Duldsamkeit der Herausgeber mehr wundern soll. Sie lautet so:

κἀκεῖνο νῦν ἄθρησον· εἰ σὺ παῖδα σὴν
δούς τῳ πολιτῶν, εἶτ' ἔπασχε τοιάδε,
σιγῇ καθῆσ' ἄν; οὐ δοκῶ· ξένης δ' ὕπερ
τοιαῦτα λάσκεις τοὺς ἀναγκαίους φίλους;
καὶ μὴν ἴσον γ' ἀνήρ τε καὶ γυνὴ σθένει
ἀδικουμένη πρὸς ἀνδρός· ὡς δ' αὔτως ἀνὴρ
γυναῖκα μωραίνουσαν ἐν δόμοις ἔχων.
καὶ τῷ μὲν ἐστιν ἐν χεροῖν μέγα σθένος,
τῇ δ' ἐν γονεῦσι καὶ φίλοις τὰ πράγματα.
οὐκ οὖν δίκαιον τοῖς γ' ἐμοῖς ἐπωφελεῖν;

Müssen wir nicht eingestehen dass wir alle mit Blindheit geschlagen waren, wenn wir ein so sinnloses Gerede dem Euripides zutrauen konnten?

Zu manchen in der vorstehenden Abhandlung besprochenen Fragen kann ich Nachträge und Berichtigungen geben, die ich nach der Reihenfolge der Seiten hier beifüge.

S. 2 Z. 4 war εἴσον Od. η, 163 zu erwähnen, wofür vielleicht ἔσσον zu schreiben ist; vgl. Pind. Pyth. 4, 273: ῥᾴδιον μὲν γὰρ πόλιν σεῖσαι καὶ ἀφαυροτέροις· ἀλλ' ἐπὶ χώρας αὖτις ἕσσαι δυσπαλὲς δὴ γίγνεται. Hesychius: ἔσσας· καθίσας, wo der neuste Herausgeber fälschlich an Od. ξ, 396 erinnert.

S. 3 zu Ende. Ueber εὐπατέρεια vgl. man die von Krah Philol. 17 p. 205 angeführten Stellen, namentlich Orph. Hymn. 55, 10. 59, 16. 79, 1.

S. 25 Anm. Einen Hiatus nach τί will auch Meineke Philol. 19 p. 232 dem Aeschylus vindiciren, indem er Prom. 905 οὐκ ἔχω τί ἂν γενοίμαν vorschlägt statt τίς ἂν γενοίμαν. Allerdings scheint τί nothwendig, aber der Fehler liegt wohl tiefer.

S. 32 Z. 29. Tro. 1267 hat Pierson Moer. p. 175 f. σάλπιγγος ἠχήν gefordert; zur Bestätigung dient Chr. pat. 1755. Ganz ähnlich ist Τυρσηνικῆς σάλπιγγος αὐδήν Rhes. 989. Umgekehrt reden spätere Schriftsteller von einer σάλπιγξ λόγου (vgl. Joseph Rhacend. bei Walz Rhet. vol. 3 p. 560, 16). Wie geneigt die Abschreiber waren ἠχώ statt ἠχή zu setzen, lehrt auch Rhes. 290, wo Β πολλῇ γὰρ ἠχοῖ bietet.

S. 34 Z. 30 konnte noch angeführt werden: τὰ κρύπτ᾿ ἄρα πέφηνε, διὰ δ᾿ ἔλλυσαι· Hipp. 593. τοὐμὸν δὲ τίς ἄρ᾿ ἔλαχε, τέκος, ἔνεπε Tro. 247 (vgl. S. 137). — S. 35 Z. 1 ist Hel. 654 hinzuzufügen.

S. 41 Anm. ist zu schreiben: «in den N. Jahrb. f. Philol. und Paed. LXXXV p. 178».

S. 61 Anm. Statt κοὐκ ἀπαρνοῦμαι τὸ μή ist wohl τὸ μὴ οὐ zu emendiren, wie ehemals G. Hermann wollte, der später (ad Vig. p. 800 f.) seine Ansicht geändert hat.

S. 65 Z. 12. Die Form ἀνοχοῦ ist vielleicht Tro. 101 herzustellen, wo man jetzt liest: μεταβαλλομένου δαίμονος ἀνέχου.

S. 72 Z. 14. Die Form εἴσθας ist neuerdings noch zum Vorschein gekommen bei Babrius 95, 14: ὁ λέων, ἔφασκεν, οἶσθας, ἐστί μοι γείτων. So nämlich bietet die Handschrift vom Berge Athos, wie Dindorf Philol. 17 p. 333 bezeugt [1]). Danach ist vielleicht auch 63, 12 zu schreiben: πρὸς ταῦτα λοιπὸν αὐτός οἶσθας εἰ θύσεις, und 124, 19: εἴσθας ἠρέμους ὥρας (vgl. Philol. 6 p. 410). — Die Form εἶδας (S. 72 Z. 33) möchte ich bei Quintus Smyrn. 1, 734 herstellen statt der Vulgate οἶσθα: vgl. 2, 71. 3, 114. 253. 5, 313. 6, 420. 7, 267. 9, 496.

S. 80 Z. 9. In gleicher Weise sagt Libanius Decl. vol. 4 p. 839, 22 ἀστὸν ἐξ ἀμφοῖν.

S. 81 Z. 21. Il. Ψ, 345: οὐκ ἔσθ᾿ ὅς κέ σ᾿ ἕλῃσι μεταλμένος· οὐδὲ παρέλθῃ. Theognis 902: οὐδεὶς δ᾿ ἀνθρώπων ἐσθ᾿ ὃς ἅπαντα σοφός; (so Meineke Philol. 17 p. 356).

S. 85 Z. 25. φίλῳ δ᾿ ἦκτο τακῇ Quintus Smyrn. 7, 567. μαινομένῳ δ᾿ ἤικτε 12, 411. — S. 85 Z. 35. προσεμφερής haben auch Agathon fr. 4 p. 593 und Theodectes fr. 6 p. 624 gebraucht, παρεμφερής Isidorus Trag. fr. 1 p. 644.

S. 95 Z. 1. Statt Andr. 935 ist Suppl. 963 zu schreiben.

S. 97 Anm. Ueber εἰ mit nachfolgendem οὐ konnte noch angeführt werden Il. Ω, 296: εἰ δέ τοι οὐ δώσει ἑὸν ἄγγελον εὐρύοπα Ζεύς. Od. τ, 85: εἰ δ᾿ ὁ μὲν ὡς ἀπόλωλε καὶ οὐκέτι νόστιμός ἐστιν. Soph. Ai. 1268: εἰ σοῦ γ᾿ ἔδ᾿ ἀνήρ οὐδ᾿ ἐπὶ σμικρῶν λόγων, Αἴας, ἔτ᾿ ἴσχει μνῆστιν. Men. Com. 4 p. 107: εἰ δ᾿ οὐ σεαυτοῦ, τῆς τύχης δὲ πάντ᾿ ἔχεις. Damoxenus Com. 4 p. 529: εἰ δ᾿ οὐχ ἱκανόν σοι. Bion 7, 4: εἰ δ᾿ οὐχ ἀδέα ταῦτα. Apoll. Rhod. 1, 904: εἰ δ᾿ οὔ μοι πέπρωται ἐς Ἑλλάδα γαῖαν ἱκέσθαι. 3, 511: εἰ δ᾿ οὔ τοι μάλα θυμὸς ἐῇ ἐπι-

---

[1]) Aus der von Dindorf mitgetheilten Collation lässt sich der Text des Babrius noch an mehreren Stellen mit leichter Aenderung berichtigen. So dürfte zu schreiben sein μὴ πόλλας ἀνθρώπων 70, 6. τοῖσιν ἑτέρων γὰρ ἐμπερί- πων στεργηθῇσῃ 72, 24. οὐ τοί με πέρνει μικρός ὢν ἐβλα- στήμεις 89, 4. ἀλλ᾿ ἀρκέσει σοι μή τι καὶ κακὸν πάσχειν 94, 10.

πάγχυ πέπαυαν ηνορέῃ. Quintus Smyrn. 3, 454: εἰ δέ κεν οὐ φθίσῃ ἑ κακὴ περὶ υἱέος ὄσσα.
14, 243: εἰ δέ οἱ οὐκ ἀλέγοντες ἐπικλώοιτε θάλασσαν
S. 123 Z. 20. Mit dem Hesiodeischen πήματι κύρσαι vgl. Panyasis bei Ath. II p. 36 D.
Quintus Smyrn. 3, 451. — S. 123 Anm. 2. Belege für εἰς ἓν aus dem späteren Epos gibt Köchly zu Quintus Sm. 4, 506.

S. 124 Z. 24. An πήμασι πληγαῖς dachte auch Herwerden Exerc. crit. p. 137.

Endlich glaube ich noch zu Hipp. 263 eine sichere Verbesserung geben zu können. Die τροφός, welche mit unbegränzter Liebe an ihrer Herrin hängt und durch deren Leiden auf das schwerste mitleidet, ist zu der Ueberzeugung gelangt, man müsse in der Zärtlichkeit nicht zu weit gehen; denn es sei hart, wenn ein Herz die Schmerzen zweier durchzukämpfen habe. Darauf heisst es:

βιότου δ' ἀτρεκεῖς ἐπιτηδεύσεις
φασὶ σφάλλειν πλέον ἢ τέρπειν
τῇ δ' ὑγιείᾳ μᾶλλον πολεμεῖν.

Der ungefähre Sinn muss wohl dieser sein, eine allzu strenge Moralität bringe mehr Noth als Freude. Damit verträgt es sich auf das beste, dass unmittelbar nachher V. 264 — 66 das μηδὲν ἄγαν als Princip der Lebensweisheit empfohlen wird. Höchst seltsam aber klingt es, wenn die ἀτρεκεῖς βιότου ἐπιτηδεύσεις der Gesundheit nachtheilig sein sollen; dieser Gedanke ist weder in solcher Allgemeinheit richtig noch irgend wie poetisch. Es muss, denke ich, heissen: τῇ τ' εὐσοίᾳ μᾶλλον πολεμεῖν. In dem ὑγιείᾳ der Handschriften BCd liegt eine Spur dieser Lesart; statt ΤΗΙΤΕΥΓΟΙΑΙ las man ΤΗΙΤΕΥΓΕΙΑΙ. Das seltene Wort εὔσοια (Soph. Oed. C. 390. fr. 119) ist auch bei Theognost p. 103, 11 herzustellen, wo jetzt ἔσσοια gelesen wird.